註解 月印釋譜(卷1,2)

註解 姜圭善

도서출판 보고사

「月印釋譜」第一·第二(二卷 一册)에 대하여

이 책은 西江大學校 圖書館에 所藏된 것으로 鄭 燃燦 教授의 解題를 요약하면 다음과 같다.

世祖 命編 世祖 五年(天順 三年 1459 A.D)刊으로 木板 原刊 初刷 校正本이라 한다. 이 校正本은 喜方寺 復刻板의 底本이며, 世祖 때의 原刊本에 거의 의심 없는 것이라고 주장한다.

이 「月印釋譜」 出現 以前의 것은 喜方寺에서 刊行된 覆刻本 내지는 그 後刷本들이었다. 卷末에 「隆慶二年戊辰十月日慶尙道 豊基地 小伯山池叱方寺開刊」이란 刊記가 있으니, 隆慶 二年은 宣祖 元年(1567 A.D)인 것을 봐도 이 「月印釋譜」는 第一·第二는 最古의 唯一善本일 수밖에 없다는 주장을 하고 있다.

필자는 이 「월인석보」 제일·제이를 주해함에 있어 부족함을 통감하면서도 이 부분의 주해에는 더 이상의 자세한 것을 볼 수 없어 주해에 임하게 된 것이다. 주해의 내용에 있어 첨언할 것은

1. 불교 관계의 용어는 한자 차음어나, 훈을 이용해서 나타낸 것들은 梵語(Sanskrit)는 (범)으로 팔리(Pali)어로 된 것은 (파)로 표시하였다.
2. 단어의 주해는 주로 그 의미의 정확성을 위해서 형태분석을 세밀히 하였다.

기타 문법적인 용어나 중요한 사항들은 필자의 주관적인 해석에 치중하였고, 오류가 있는 것들은 점차 다시 고쳐갈 것이다.

註解者 씀

차 례

世솅宗종御ᅌᅥᆼ製졩訓훈民민正졍音ᅙᅳᆷ

製졩ᄂᆞᆫ 글지ᅀᅳᆯ씨니 御ᅌᅥᆼ製졩ᄂᆞᆫ 님금 지ᅀᅳ신 그리라 訓훈ᄋᆞᆫ ᄀᆞᄅᆞ칠 씨오 民민ᄋᆞᆫ 百ᄇᆡᆨ姓셩이오 音ᅙᅳᆷᄋᆞᆫ 소리니 訓훈民민正졍音ᅙᅳᆷᄋᆞᆫ 百ᄇᆡᆨ姓셩 ᄀᆞᄅᆞ치시논 正졍ᄒᆞᆫ 소리라

國귁之징語ᅌᅥᆼ音ᅙᅳᆷ이

國귁ᄋᆞᆫ 나라히라 之징ᄂᆞᆫ 입겨지라 語ᅌᅥᆼᄂᆞᆫ 말ᄊᆞ미라

나랏 말ᄊᆞ미

異ᅌᅵᆼ乎ᅘᅩᆼ中듕國귁ᄒᆞ야

異ᅌᅵᆼᄂᆞᆫ 다ᄅᆞᆯ씨라 乎ᅘᅩᆼᄂᆞᆫ 아모 그ᅌᅦ ᄒᆞ논 겨체 ᄡᅳ는 字ᄍᆞᆼㅣ라 中듕國귁ᄋᆞᆫ 皇ᅘᅪᇰ帝뎽 겨신 나라히니 우리나랏

常쌍談땀애 江강南남이라 ᄒᆞᄂᆞ니라

中듕國귁에 달아

與영文문字ᄍᆞᆼ로 不붏相샹流륳通통ᄒᆞᆯᄊᆡ 與영ᄂᆞᆫ 이와 뎌와 ᄒᆞᄂᆞᆫ 겨체 ᄡᅳᄂᆞᆫ 字ᄍᆞᆼㅣ라 文문은 글와리라 不붏은 아니ᄒᆞᄂᆞᆫ ᄠᅳ디라 相샹ᄋᆞᆫ 서르 ᄒᆞ논 ᄠᅳ디라 流륳通통ᄋᆞᆫ 흘러 ᄉᆞᄆᆞᄎᆞᆯ씨라

文문字ᄍᆞᆼ와로 서르 ᄉᆞᄆᆞᆺ디 아니ᄒᆞᆯᄊᆡ

故공로 愚웅民민이 有ᅌᅮᇢ所송欲욕言언

ᄒᆞ야도 故공ᄂᆞᆫ 젼ᄎᆞ라 愚웅ᄂᆞᆫ 어릴씨라 有ᇢᄂᆞᆫ 이실씨라 所송ᄂᆞᆫ 배라 欲욕ᄋᆞᆫ ᄒᆞ고져 ᄒᆞᇙ씨라 言언ᄋᆞᆫ 니ᄅᆞᆯ씨라

이런 젼ᄎᆞ로 어린 百ᄇᆡᆨ姓셩이 니르고져 ᄒᆞᇙ배 이셔도

而ᅀᅵᆼ終즁不ᄇᆞᇙ得득伸신其끵情쪙者쟝ㅣ 多당矣ᅌᅵᆼ라 而ᅀᅵᆼᄂᆞᆫ 입겨지라 終즁ᄋᆞᆫ ᄆᆞᄎᆞ미라 得득ᄋᆞᆫ 시를씨라 伸신ᄋᆞᆫ 펼씨라 其끵ᄂᆞᆫ 제라 情쪙ᄋᆞᆫ ᄠᅳ디라 者쟝ᄂᆞᆫ 노미라 多당ᄂᆞᆫ 할씨라

ᄂᆞᆫ 말ᄆᆞᄎᆞᆫ 입겨지라

ᄆᆞᄎᆞᆷ내 제 ᄠᅳ들 시러 펴디 몯ᄒᆞᇙ 노미 하

니라

予ᅌᅧᆼㅣ 爲윙 此ᄎᆞᆼ憫민然ᅀᅧᆫᄒᆞ야 予ᅌᅧᆼᄂᆞᆫ 내ᄒᆞᅀᆞᆸ

시ᄂᆞᆫ ᄠᅳ디시니라 此ᄎᆞᆼᄂᆞᆫ 이라 憫민然ᅀᅧᆫ은 어엿비 너기실 씨라

내 이ᄅᆞᆯ 爲윙ᄒᆞ야 어엿비 너겨

新신制졩二ᅀᅵᆼ十씹八밣字ᄍᆞᆼᄒᆞ노니 新신

ᄋᆞᆫ 새라 制졩ᄂᆞᆫ ᄆᆡᇰᄀᆞᄅᆞ실 씨라 二
ᅀᅵᆼ十씹八밣ᄋᆞᆫ 스믈여듧비라

새로 스믈여듧字ᄍᆞᆼᄅᆞᆯ ᄆᆡᇰᄀᆞ노니
欲욕使ᄉᆞᆼ人ᅀᅵᆫ人ᅀᅵᆫᄋᆞ로 易잉習씹ᄒᆞ야
便뼌於헝日ᅀᅵᇙ用용耳ᅀᅵᆼ니라 使ᄉᆞᆼᄂᆞᆫ ᄒᆡᅇᅧ ᄒᆞ논 마

리라 人ᅀᅵᆫᄋᆞᆫ 사ᄅᆞ미라 易잉ᄂᆞᆫ 쉬ᄫᅳᆯ 씨라
習씹ᄋᆞᆫ 니길 씨라 便뼌ᄋᆞᆫ 便뼌安한ᄒᆞᆯ 씨
라 於헝ᄂᆞᆫ 아모그에 ᄒᆞ논 겨체 ᄡᅳ논 字ᄍᆞᆼ
ㅣ라 日ᅀᅵᇙᄋᆞᆫ 나리라 用용ᄋᆞᆫ ᄡᅳᆯ 씨라 耳ᅀᅵᆼ
ᄂᆞᆫ ᄯᆞᄅᆞ미라
ᄒᆞ논 ᄠᅳ디라

사ᄅᆞᆷ마다ᄒᆡᅇᅧ수ᄫᅵ니겨날로ᄡᅮ메便

뼌安한킈ᄒᆞ고져ᄒᆞᇙᄯᆞᄅᆞ미니라

ㄱ는牙앙音흠이니如셩君군ㄷ字ᄍᆞᆼ初

총發벓聲셩ᄒᆞ니並뼝書셩ᄒᆞ면如셩虯

ᄁᆛᇹㅸ字ᄍᆞᆼ初총發벓聲셩ᄒᆞ니라牙앙ᄂᆞᆫ어미라

如셩ᄂᆞᆫᄀᆞᄐᆞᆯᄊᆡ라初총發벓聲셩은처ᅀᅥᆷ

펴아나ᄂᆞᆫ소리라並뼝書셩ᄂᆞᆫᄀᆞᆯᄫᅡᄡᅳᆯ씨

라

ㄱ·는 :엄쏘·리·니 君군ㄷ字·ᄍᆞᆼ ·처ᅀᅥᆷ ·펴·아

·나·ᄂᆞᆫ 소·리 ·ᄀᆞ·ᄐᆞ·니 ·골·ᄫᅡ·쓰·면 虯끃ᄫᅳᆼ字·ᄍᆞᆼ

·처ᅀᅥᆷ ·펴·아 ·나·ᄂᆞᆫ 소·리 ·ᄀᆞ·ᄐᆞ·니·라

ㅋ·는 牙앙音음·이·니 如ᅀᅧᆼ快쾡ᅙ字·ᄍᆞᆼ 初

총發·벓聲셩ᄒᆞ·니·라

ㅋ·는 :엄쏘·리·니 快쾡ᅙ字·ᄍᆞᆼ ·처ᅀᅥᆷ ·펴·아

·나·ᄂᆞᆫ 소·리 ·ᄀᆞ·ᄐᆞ·니·라

ㆁᄂᆞᆫ 牙앙音음이니 如ᅀᅧᆼ業업字ᄍᆞᆼ初총發벓聲셩ᄒᆞ니라

ㆁᄂᆞᆫ 엄쏘리니 業업字ᄍᆞᆼ 처ᅀᅥᆷ 펴아나ᄂᆞᆫ 소리 ᄀᆞᄐᆞ니라

ㄷᄂᆞᆫ 舌쎯音음이니 如ᅀᅧᆼ斗ᄃᆕᇢᄫ字ᄍᆞᆼ初총發벓聲셩ᄒᆞ니 並뼝書셩ᄒᆞ면 如ᅀᅧᆼ覃땀ᄇ字ᄍᆞᆼ初총發벓聲셩ᄒᆞ니라

舌쎯은 혀라

ㄷ는 혀쏘리니 斗ᄃᆞᇢ봉字ᄍᆞᆼ 처ᅀᅥᆷ 펴아
나는 소리 ᄀᆞ트니 ᄀᆞᆯᄫᅡ 쓰면 覃ᄄᆞᆷㅂ字
ᄍᆞᆼ 처ᅀᅥᆷ 펴아 나는 소리 ᄀᆞ트니라
ㅌ는 舌ᄊᆈᇙ音ᅙᅳᆷ이니 如ᅀᅧᆼ呑ᄐᆞᆫㄷ字ᄍᆞᆼ 初
총發벓聲셩ᄒᆞ니라
ㅌ는 혀쏘리니 呑ᄐᆞᆫㄷ字ᄍᆞᆼ 처ᅀᅥᆷ 펴아
나는 소리 ᄀᆞ트니라

ㄴᄂᆞᆫ 舌써ᇙ音ᅙᅳᆷ이니 如ᅀᅧᆼ那낭ᅙ字ᄍᆞᆼ初총發ᄇᆞᇙ聲셩ᄒᆞ니라

ㄴᄂᆞᆫ 혀쏘리니 那낭ᅙ字ᄍᆞᆼ 처ᅀᅥᆷ 펴아 나ᄂᆞᆫ 소리 ᄀᆞᄐᆞ니라

ㅂᄂᆞᆫ 脣쓘音ᅙᅳᆷ이니 如ᅀᅧᆼ彆볋字ᄍᆞᆼ初총發ᄇᆞᇙ聲셩ᄒᆞ니 並뼝書셩ᄒᆞ면 如ᅀᅧᆼ步뽕ᅙ字ᄍᆞᆼ初총發ᄇᆞᇙ聲셩ᄒᆞ니라 脣쓘은 입시우라라

ㅂᄂᆞᆫ 입시울쏘리니 彆볋字ᄍᆼ 처ᅀᅥᆷ 펴아 나ᄂᆞᆫ 소리 ᄀᆞᄐᆞ니 ᄀᆞᆯᄫᅡ 쓰면 步뽕 ᅙ字ᄍᆼ 처ᅀᅥᆷ 펴아 나ᄂᆞᆫ 소리 ᄀᆞᄐᆞ니라

ㅍᄂᆞᆫ 脣쑨音ᅙᅳᆷ이니 如ᅀᅧᆼ漂푷字ᄍᆼ初ᄎᆼ發벓聲셩ᄒᆞ니라

ㅍᄂᆞᆫ 입시울쏘리니 漂푷字ᄍᆼ 처ᅀᅥᆷ 펴아 나ᄂᆞᆫ 소리 ᄀᆞᄐᆞ니라

ㅁᄂᆞᆫ 脣쑨音ᅙᅳᆷ이니 如ᅀᅧᆼ彌밍ㆆ字ᄍᆞᆼ 初
총發벓聲셩ᄒᆞ니라
ㅁᄂᆞᆫ 입시울쏘리니 彌밍ㆆ字ᄍᆞᆼ 처ᅀᅥᆷ
펴아 나ᄂᆞᆫ 소리 ᄀᆞᄐᆞ니라
ㅈᄂᆞᆫ 齒칭音ᅙᅳᆷ이니 如ᅀᅧᆼ即즉字ᄍᆞᆼ 初총
發벓聲셩ᄒᆞ니 並뼝書셩ᄒᆞ면 如ᅀᅧᆼ慈ᄍᆞᆼ
ㆆ字ᄍᆞᆼ 初총發벓聲셩ᄒᆞ니라 齒칭ᄂᆞᆫ 니라

ᅎ·ᄂᆞᆫ ·니쏘·리·니 即즉字ᄍᆞᆼ 처ᅀᅥᆷ ·펴·아·나
ᄂᆞᆫ 소·리 ·ᄀᆞ·ᄐᆞ니 ·ᄀᆞᆯᄫᅡ 쓰·면 慈ᄍᆞᆼᅙ字ᄍᆞᆼ
처ᅀᅥᆷ ·펴·아 ·나ᄂᆞᆫ 소·리 ·ᄀᆞ·ᄐᆞ니·라
ㅊ·ᄂᆞᆫ 齒칭音ᅙᅳᆷ·이·니 如ᅀᅧᆼ侵침ㅂ字ᄍᆞᆼ 初
ᄎᆞᆼ發벓聲셩ᄒᆞ·니·라
ㅊ·ᄂᆞᆫ ·니쏘·리·니 侵침ㅂ字ᄍᆞᆼ 처ᅀᅥᆷ ·펴·아
·나ᄂᆞᆫ 소·리 ·ᄀᆞ·ᄐᆞ니·라

ㅅ·ᄂᆞᆫ 齒칭音ᅙᅳᆷ·이·니 如ᅀᅥᆼ戌슗字·ᄍᆞᆼ初총
發·ᄇᆞᇙ聲셩ᄒᆞ·니 並·뼈ᇰ書셩ᄒᆞ·면 如ᅀᅥᆼ邪썅
ㆆ字ᄍᆞᆼ初총發·ᄇᆞᇙ聲셩ᄒᆞ·니·라
ㅅ·ᄂᆞᆫ ·니쏘·리·니 戌슗字·ᄍᆞᆼ ·처ᅀᅥᆷ·펴·아·나
·ᄂᆞᆫ 소·리·ᄀᆞ·ᄐᆞ·니 ·ᄀᆞᆯ·ᄫᅡ ·쓰·면 邪썅ㆆ字·ᄍᆞᆼ
·처ᅀᅥᆷ·펴·아·나·ᄂᆞᆫ 소·리·ᄀᆞ·ᄐᆞ·니·라
ㆆ·ᄂᆞᆫ 喉ᅘᅮᇢ音ᅙᅳᆷ·이·니 如ᅀᅥᆼ挹ᅙᅳᆸ字ᄍᆞᆼ初총

發벓聲셩ᄒᆞ니라 喉ᅘᅮᇢ는 모기라

ㆆᄂᆞᆫ목소리니挹ᅙᅳᆸ字ᄍᆞᆼ처ᅀᅥᆷ펴아나

ᄂᆞᆫ소리ᄀᆞᄐᆞ니라

ㅎᄂᆞᆫ喉ᅘᅮᇢ音ᅙᅳᆷ이니如ᅀᅥᆼ虛헝ㆆ字ᄍᆞᆼ初

총發벓聲셩ᄒᆞ니並뼝書셩ᄒᆞ면如ᅀᅥᆼ洪

ᅘᅮᇰㄱ字ᄍᆞᆼ初총發벓聲셩ᄒᆞ니라

ㅎᄂᆞᆫ목소리니虛헝ㆆ字ᄍᆞᆼ처ᅀᅥᆷ펴아

나ᄂᆞᆫ소리ᄀᆞᄐᆞ니ᄀᆞᆯᄫᅡ쓰면洪ᅘᅩᇰㄱ字
ᄍᆞᆼ처ᅀᅥᆷ펴아나ᄂᆞᆫ소리ᄀᆞᄐᆞ니라
ㅇᄂᆞᆫ喉ᅘᅮᇢ音ᅙᅳᆷ이니如ᅀᅧᆼ欲욕字ᄍᆞᆼ初총
發ᄇᆞᇙ聲셩ᄒᆞ니라
ㅇᄂᆞᆫ목소리니欲욕字ᄍᆞᆼ처ᅀᅥᆷ펴아나
ᄂᆞᆫ소리ᄀᆞᄐᆞ니라
ㄹᄂᆞᆫ半반舌쎠ᇙ音ᅙᅳᆷ이니如ᅀᅧᆼ閭령ㆆ字

ᄍᆞᆼ初총發벓聲셩ᄒᆞ니라

ㄹᄂᆞᆫ半반혀쏘리니閭령ᇹ字ᄍᆞᆼ처ᅀᅥᆷ

펴아나ᄂᆞᆫ소리ᄀᆞᄐᆞ니라

ㅿᄂᆞᆫ半반齒칭音ᅙᅳᆷ이니如ᅀᅧᆼ穰ᅀᅣᆼㄱ字

ᄍᆞᆼ初총發벓聲셩ᄒᆞ니라

ㅿᄂᆞᆫ半반니쏘리니穰ᅀᅣᆼㄱ字ᄍᆞᆼ처ᅀᅥᆷ

펴아나ᄂᆞᆫ소리ᄀᆞᄐᆞ니라

ㆍ·ᄂᆞᆫ 如ᅀᅥᆼ呑ᄐᆫㄷ字·ᄍᆼ中듕聲셩ᄒᆞ·니·라

中듕은 가온ᄃᆡ라

ㆍ·ᄂᆞᆫ 呑ᄐᆫㄷ字·ᄍᆼ 가·온·ᄃᆡᆺ소·리ᄀᆞ·ᄐᆞ니

·라

ㅡ·ᄂᆞᆫ 如ᅀᅥᆼ即즉字·ᄍᆼ中듕聲셩ᄒᆞ·니·라

ㅡ·ᄂᆞᆫ 即즉字·ᄍᆼ 가·온·ᄃᆡᆺ소·리ᄀᆞ·ᄐᆞ니·라

ㅣ·ᄂᆞᆫ 如ᅀᅥᆼ侵침ㅂ字·ᄍᆼ中듕聲셩ᄒᆞ·니·라

ㅣ·ᄂᆞᆫ 侵침ㅂ字·ᄍᆞᆼ 가·온·ᄃᆡᆺ소·리·ᄀᆞ·ᄐᆞ니

·라

ㅗ·ᄂᆞᆫ 如ᅀᅥᆼ洪ᅘᅩᇰㄱ字·ᄍᆞᆼ中듕聲셩ᄒᆞ·니·라

ㅗ·ᄂᆞᆫ 洪ᅘᅩᇰㄱ字·ᄍᆞᆼ 가·온·ᄃᆡᆺ소·리·ᄀᆞ·ᄐᆞ니

·라

ㅏ·ᄂᆞᆫ 如ᅀᅥᆼ覃땀ㅂ字·ᄍᆞᆼ中듕聲셩ᄒᆞ·니·라

ㅏ·ᄂᆞᆫ 覃땀ㅂ字·ᄍᆞᆼ 가·온·ᄃᆡᆺ소·리·ᄀᆞ·ᄐᆞ니

·라

ㅜ·ᄂᆞᆫ 如ᅀᅧᆼ君군ㄷ字·ᄍᆞᆼ中듕聲셩ᄒᆞ·니·라

ㅜ·ᄂᆞᆫ 君군ㄷ字·ᄍᆞᆼ 가·온·ᄃᆡᆺ소·리ᄀᆞ·ᄐᆞ니

·라

ㅓ·ᄂᆞᆫ 如ᅀᅧᆼ業·업字·ᄍᆞᆼ中듕聲셩ᄒᆞ·니·라

ㅓ·ᄂᆞᆫ 業·업字·ᄍᆞᆼ 가·온·ᄃᆡᆺ소·리ᄀᆞ·ᄐᆞ니·라

ㅛ·ᄂᆞᆫ 如ᅀᅧᆼ欲·욕字·ᄍᆞᆼ中듕聲셩ᄒᆞ·니·라

ㅛᄂᆞᆫ 欲욕字ᄍᆞᆼ 가온ᄃᆡᆺ소리 ᄀᆞᄐᆞ니라

ㅑᄂᆞᆫ 如ᅀᅧᆼ穰ᅀᅣᆼㄱ字ᄍᆞᆼ中듕聲셩ᄒᆞ니라

ㅑᄂᆞᆫ 穰ᅀᅣᆼㄱ字ᄍᆞᆼ 가온ᄃᆡᆺ소리 ᄀᆞᄐᆞ니
라

ㅠᄂᆞᆫ 如ᅀᅧᆼ戌슗字ᄍᆞᆼ中듕聲셩ᄒᆞ니라

ㅠᄂᆞᆫ 戌슗字ᄍᆞᆼ 가온ᄃᆡᆺ소리 ᄀᆞᄐᆞ니라

ㅕᄂᆞᆫ 如ᅀᅧᆼ彆ᄇᆑᇙ字ᄍᆞᆼ中듕聲셩ᄒᆞ니라

ㅕᄂᆞᆫ 彆볋字ᄍᆞᆼ 가온ᄃᆡᆺ소리 ᄀᆞᄐᆞ니라

終즁聲셩은 復뿔用용初총聲셩ᄒᆞᄂᆞ니라 復뿔ᄂᆞᆫ 다시 ᄒᆞ논 ᄠᅳ디라

乃냉終즁ㄱ소리ᄂᆞᆫ 다시 첫소리ᄅᆞᆯ ᄡᅳᄂᆞ니라

ㅇᄅᆞᆯ 連련書셩脣쑨音음之징下ᅘᅡᆼᄒᆞ면 則즉爲윙脣쑨輕켱音음ᄒᆞᄂᆞ니라 連련은 니

슬씨라 下ᅘᅡᆼᄂᆞᆫ 아래라 則즉은 아모리ᄒᆞ
면ᄒᆞᄂᆞᆫ 겨체 ᄡᅳᄂᆞᆫ 字ᄍᆞᆼㅣ라 爲윙ᄂᆞᆫ ᄃᆞ욀
씨라 輕켱은 가
ᄇᆡ야ᄫᆞᆯ 씨라

ㅇᄅᆞᆯ 입시울ᄡᅩ리 아래 니ᅀᅥ ᄡᅳ면 입시
울가ᄇᆡ야ᄫᆞᆫ소리 ᄃᆞ외ᄂᆞ니라

初총聲셩을 合ᅘᅡᆸ用용ᄒᆞᇙ디면 則즉 並뼝
書셩ᄒᆞ라 終즁聲셩도 同똥ᄒᆞ니라 合ᅘᅡᆸ은 어
울씨라 同똥은 ᄒᆞᆫ가
지라 ᄒᆞᄂᆞᆫ ᄠᅳ디라

첫소리ᄅᆞᆯ어울워ᄡᅳᇙ디면ᄀᆞᆯᄫᅡᄡᅳ라乃
냉終즁ㄱ소리도ᄒᆞᆫ가지라
ㆍㅡㅗㅜㅛㅠ란附뿡書셩初총聲셩之
징下ᅘᅡᆼᄒᆞ고 附뿡ᄂᆞᆫ브틀씨라
ㆍ와ㅡ와ㅗ와ㅜ와ㅛ와ㅠ와란첫소
리아래브텨ᄡᅳ고
ㅣㅏㅓㅑㅕ란附뿡書셩於ᅙᅥᆼ右ᅌᅮᇢᄒᆞ라

右ᅌᅮᇢᄂᆞᆫ 올ᄒᆞᆫ녀기라

ㅣ와ㅏ와ㅓ와ㅑ와ㅕ와란 올ᄒᆞᆫ녀긔 브텨쓰라

凡뻠字쫑ㅣ必빓合햅而싱成쎵音음ᄒᆞᄂᆞ니 凡뻠은 믈읫ᄒᆞ논 ᄠᅳ디라 必빓은 모로매ᄒᆞ논 ᄠᅳ디라 成쎵은 일씨라

믈읫字쫑ㅣ 모로매 어우러사 소리이ᄂᆞ니

左장加강一ᅙᅵᇙ點뎜ᄒᆞ면則즉去컹聲셩이오 左장ᄂᆞᆫ 왼녀기라 加강ᄂᆞᆫ 더을씨라 一ᅙᅵᇙ은 ᄒᆞ나히라 去컹聲셩은 ᄆᆞᆺ노ᄑᆞᆫ소리라

왼녀긔ᄒᆞᆫ點뎜을더으면ᄆᆞᆺ노ᄑᆞᆫ소리오

二ᅀᅵᆼ則즉上썅聲셩이오 二ᅀᅵᆼᄂᆞᆫ 둘히라 上썅聲셩은 처ᅀᅥ미 ᄂᆞᆺ갑고 乃냉終즁이 노ᄑᆞᆫ 소리라

點뎜이 둘히면 上썅聲셩이오

無뭉則즉 平뼝聲셩이오 無뭉는 업슬씨라 平뼝聲셩은 ᄆᆞᆺ ᄂᆞᆺ가ᄫᆞᆫ 소리라

點뎜이 업스면 平뼝聲셩이오

入십聲셩은 加강點뎜이 同똥而싱 促쵹急급ᄒᆞ니라 入십聲셩은 ᄲᆞᆯ리 긋ᄃᆞᆮᄂᆞᆫ 소리라 促쵹急급은 ᄲᆞᄅᆞᆯ씨라

入십聲셩은 點뎜 더우믄 ᄒᆞᆫ가지로ᄃᆡ

ᄲᆞᄅᆞ니·라
漢한音흠齒칭聲셩은有:웋齒칭頭뚷正
졍齒칭之징別·볋ᄒᆞ·니 漢한音흠은中듕國·귁소·리·라頭뚷ᄂᆞᆫ머·리·라別·볋은ᄀᆞᆯᄒᆡᇙ·씨·라
中듕國·귁소·리·옛·니쏘·리ᄂᆞᆫ齒칭頭뚷
·와正·졍齒칭·왜ᄀᆞᆯᄒᆡ요·미잇ᄂᆞ·니
ᅎᅔᅏᄼᄽ字·ᄍᆞᆼᄂᆞᆫ用·용於헝齒칭頭뚷

ᄒᆞ고 이 소리ᄂᆞᆫ 우리 나랏 소리예셔 열ᄫᅳ니 혓 그티 웃닛 머리예 다ᄔᆞ니라

ᅎᅔᅏᄼᄽ字ᄍᆼᄂᆞᆫ 齒칭頭뚷ㅅ 소리예 ᄡᅳ고

ᅐᅕᅑᄾᄿ字ᄍᆼᄂᆞᆫ 用용於ᅙᅥᆼ 正졍齒칭ᄒᆞᄂᆞ니 이 소리ᄂᆞᆫ 우리 나랏 소리예셔 두터ᄫᅳ니 혓 그티 아랫닛므유메 다ᄔᆞ니라

ᅐᅕᅑᄾᄿ字ᄍᆼᄂᆞᆫ 正졍齒칭ㅅ 소리

·예·ᄡᅳ·ᄂᆞ·니

牙앙舌·쎯脣쓘喉ᅘᅮᇢ之징字·쭝·ᄂᆞᆫ通통用

용於헝漢·한音흠ᄒᆞ·ᄂᆞ·니·라

·엄과·혀·와입시·울·와·목소·리·옛字·쭝·ᄂᆞᆫ

中듕國·귁소·리·예通통·히·ᄡᅳ·ᄂᆞ·니·라

訓·훈民민正·졍音흠

兜率来儀

毘藍降生

四門遊觀

逾城出家

雪山修道

樹下降魔

鹿苑轉法

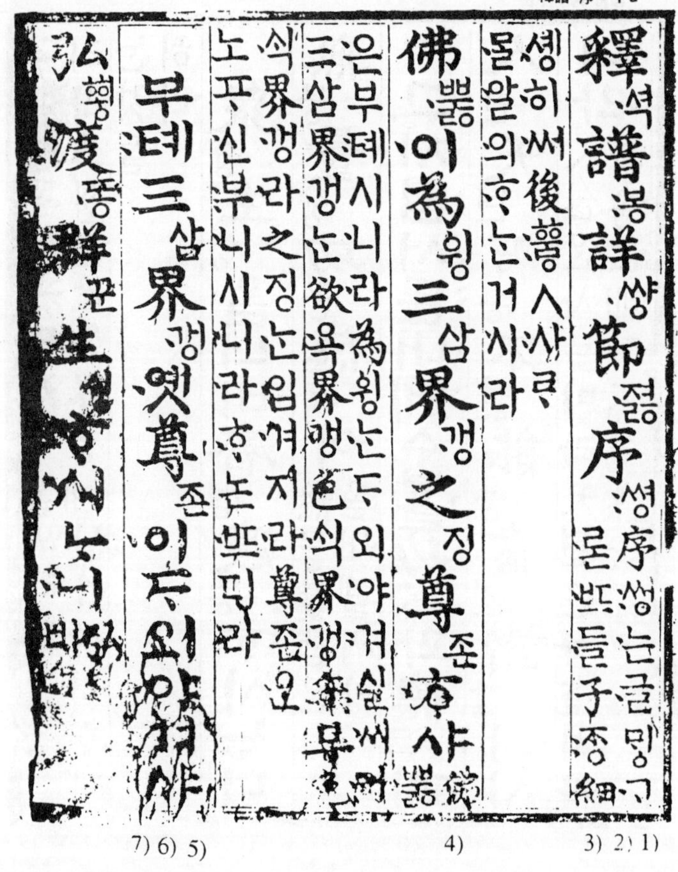
釋譜 序・1a

釋셕譜봉詳썅節졇序쎵 序쎵ᄂᆞᆫ 글 밍ᄀᆞ론 ᄠᅳ들 子ᄌᆞᆼ細솅히 ᄡᅥ 後ᅘᆸ人ᅀᅵᆫ사ᄅᆞ미 몰 알의 ᄒᆞᄂᆞᆫ 거시라
佛뿛이 爲윙三삼界갱之징尊존ᄒᆞ샤 佛뿛은 부톄시니라 爲윙ᄂᆞᆫ ᄃᆞ외야 겨실 ᄊᆡ니 三삼界갱ᄂᆞᆫ 欲욕界갱 色ᄉᆡᆨ界갱 無뭉色ᄉᆡᆨ界갱라 之징ᄂᆞᆫ 입겨지라 尊존ᄋᆞᆫ 노ᄑᆞ신 부니시니라 ᄒᆞᄂᆞᆫ ᄠᅳ디라
부톄 三삼界갱옛 尊존이 ᄃᆞ외야 겨샤 弘ᅘᆼ渡똥群꾼生싱ᄒᆞ시ᄂᆞ니

7) 6) 5) 4) 3) 2) 1)

1).東國正韻式 表記: 李朝의 漢字音 表記를 明나라식 表記로 하기 위하여 洪武正韻을 본떠서 만든 것. 당시 우리의 實際的인 漢字音이 아님.

2).節졇: 'ㅭ'은 東國正韻 序文의 "以 影 補 來"인데 洪武正韻의 규정된 漢字音 終聲이 'ㄷ'으로 끝 난 것이 東音에서는 'ㄹ'로 發音되기 때문에 東國正韻(洪武正韻)의 규정대로 'ㄷ'받침으로 回歸 시키기 위한 方法이다.

3).밍ᄀᆞ론ᄠᅳ들: 밍ᄀᆞᆯ(다)+오+ㄴ+ᄠᅳᆮ+을 '-오-'는 선어말어미(삽입모음)이다. 관형사형어미 'ㄴ' 앞에서 음을 고르게 하기 위해서 사용된 것이다.

4).三界: (범)Trayo-dhātavah. (파)Tayodhātavo. 生死 流轉이 쉴새 없는 迷界를 셋으로 分類한 것. 欲界-貪慾으로 食慾, 淫慾, 垂慾이 致誠한 世界. 色界-욕계와 같은 貪慾은 없으나, 微妙한 形體가 있는 세계. 無色界-色界와 같은 微妙함도 없고, 純 精神的 存在의 世界.

5).부톄: 부텨+ㅣ. 주격조사 'ㅣ'가 결부된 것.

6).三界옛尊: 삼계+예+ㅅ+존. '예'는 앞의 음이 'ㅣ' 모음으로 끝났기 때문에 hiatus를 방지하기 위한 방법으로 짧은 'ㅣ'모음(j)을 개입시켜서 '예'가 된 것이다. 'ㅅ'은 屬格助詞이며, 促音으로 다음에 오는 무성음 'ㅈ'에 영향을 주지 않게 하기 위함이다.

7).ᄃᆞ외야: ᄃᆞ외(다)+(j)+아. '야'는 hiatus에 의해 반모음 'j'를 취한 것이다.

釋譜 序・1b

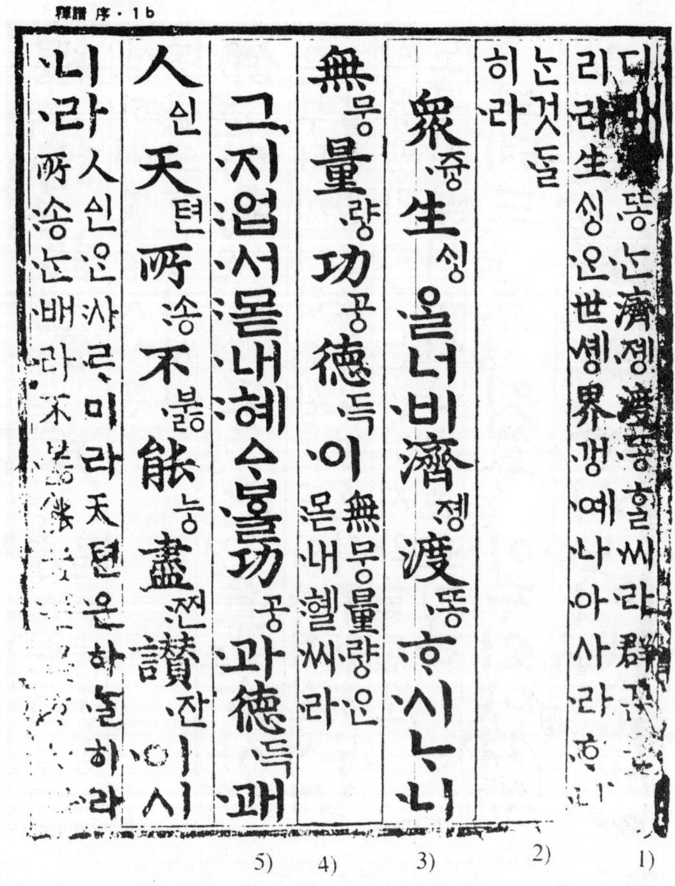

衆즁生ᄉᆡᇰ ᄋᆞᆯ 너비 濟졩渡똥ᄒᆞ시ᄂᆞ니

無뭉量량功공德득이 無뭉量량ᄋᆞᆫ 몯 내 혤 씨라

그지 업서 몯 내 혜ᅀᆞᄫᆞᆯ 功공과 德득괘

人신天텬 所송不붏能능 盡찐讚잔이시

니라 人신ᄋᆞᆫ 사ᄅᆞ미라 天텬ᄋᆞᆫ 하ᄂᆞᆯ히라

5)　4)　3)　2)　1)

---

1).濟渡: 此岸에서 彼岸으로 건너게 한다는 것이다. 이는 煩惱의 강을 또는 강에서 건지거나 건너게 한다는 거이다. (범) pāremitā (涅槃에 이르는 길. 6종 10종의 菩薩修行의 길. 이는 般若波羅密多心經의 要諦이기도 하다.)

2).돌ㅎ: ᄃᆞ+올〉돌ㅎ(복수를 나타내는 접미사로 사용되고 있다. 'ㅎ' 종성체언).

3).衆生(범)(sattva): 情識이 있는 生物 이는 唐나라 玄奘 以前의 解釋이고, 以後는 有情이라 飜譯되고 있다. 여러 生을 輪廻한다. 여럿이 함께 산다. 많은 緣이 化合하여 비로소 生한다는 뜻이 있다. 넓은 의미는 悟界의 佛, 菩薩에게도 該當되지만 보통으로는 迷界의 生類들을 말한다.

4).無量: 헤아릴 수 없는 많은 量이나 數를 뜻하는 佛教的 用語. 例: 無量覺(아미타불), 無量光(아미타불의 광명), 無量壽殿, 無量寺……

5).혜ᅀᆞᄫᆞᆯ: "혜다"에 ᅀᆞᆸ이 결부된 것(혜(다)+ᅀᆞᆸ+을). ᅀᆞᆸ, ᄉᆞᆸ, ᄌᆞᆸ 등의 謙讓의 先語末語尾가 사용될 수 있는 경우는 문장 내에서 話者와 聽者 보다 位相 높은 客語를 대우하기 위한 것이다. 話者〈客語〉聽者의 공식적인 位相이 성립되는 것은 必須的인 것이다. 위 문장 "그지 업서 몯내 혜ᅀᆞᄫᆞᆯ 功과 德괘"에서 '功과 德'은 부처의 功과 德임으로 말하는 자 首陽과 듣는 자 讀者나 그 시대의 사람들은 부처가 베푼 功과 德보다 위상이 낮은 것으로 取扱되고 있기 때문에 -ᅀᆞᆸ-이 사용될 수 있다. '-ᅀᆞᆸ-'의 객어는 '功과德'이다.

ᄒᆞᄂᆞᆫ ᄠᅳ디라 盡찐ᄋᆞᆫ 다ᄋᆞᆯ 씨라 讚잔ᄋᆞᆫ 기릴 씨라

사ᄅᆞᆷᄃᆞᆯ콰 하ᄂᆞᆯᄃᆞᆯ히 내내 기리ᅀᆞᆸ디 몯ᄒᆞᅀᆞᆸ논 배시니라

世솅之징學ᅘᅡᆨ佛뿛者쟝ㅣ 世솅ᄂᆞᆫ 世솅間간이라 學ᅘᅡᆨᄋᆞᆫ 비홀 씨라 者쟝ᄂᆞᆫ 사ᄅᆞ미라 ᄒᆞ돗ᄒᆞᆫ ᄠᅳ디라

世솅間간애 부텻 道뚕理링 비호ᅀᆞᄫᆞ리

9)8)7) 6) 5) 4) 3) 2) 1)

---

1). 사롬돌과하놀돌히: '콰나 히'는 '돌'과 하눌이 'ㅎ'종성체언이기 때문이다.

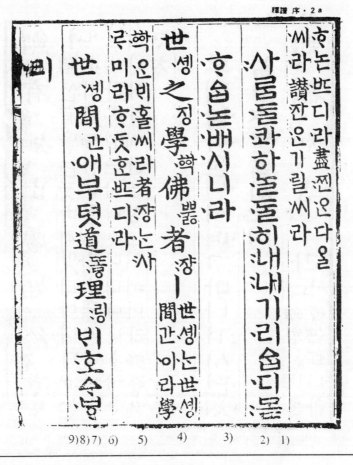

2). 기리숩디: 기리(다)+숩+디. 겸양의 先語末語尾는 p.2의 註5)를 참고. '기리+숩+디'는 어미 '디'가 부정의 어미이기 때문에 뒤에는 필히 부정의 용언이 나타난다.

3). ᄒᆞ숩논배: ᄒᆞ+숩+ᄂᆞ+오+ㄴ+바+ㅣ. 'ᄂᆞ'는 現在時制의 형태소이고, 삽입모음 '-오-'는 어미 'ㄴ' 때문이며 'ㄴ'이 사용된 것은 의존명사 '바'가 있기 때문이다.

4). 學佛者ㅣ: 'ㅣ'는 주격조사이다. 주어가 모음으로 끝났기 때문에 'ㅇ'이 빠진 'ㅣ'만이 쓰인 것이다.

5). 비홀씨라: 비호(다)+ㄹ씨+라. 기본형은 '비호다'이고, 'ㄹ씨라'는 어미이다.

6). ᄒᆞ돗ᄒᆞᆫᄠᅳ디라: ᄒᆞ(다)+돗ᄒᆞ(다)+ㄴ+ᄠᅳᆮ+이라(하는 듯한 뜻의 의미다.)

7). 부텻 道理: 부텨+ㅅ+도리. 'ㅅ'은 屬格과 促音이다. 促音은 '부텨'의 마지막 모음 'ㅕ'속에 들어있는 'ㅣ' 모음이 길게 이어나는 소리를 빨리 끝나게 해서 다음의 '도리'의 'ㄷ'소리에 영향을 받지 않게 하기 위한 것이다.

8). 부텨: 佛陀 (범) Buddha (漢)佛, 佛陀, 浮屠, 浮圖, 浮陀, 部陀, 浮頭, 勃馱, 母馱, 沒馱, 등으로 音譯. 迷妄을 여희고, 스스로 모든 法의 眞理를 깨닫고, 다른 衆生을 敎導하며 깨닫게 하는 自覺, 覺他의 二行을 圓滿히 成就한 사람.

9). 비호숩ᄋᆞ리: 비호(다)+숩+올+이.에서 '이'는 대명사 '사람'이다.

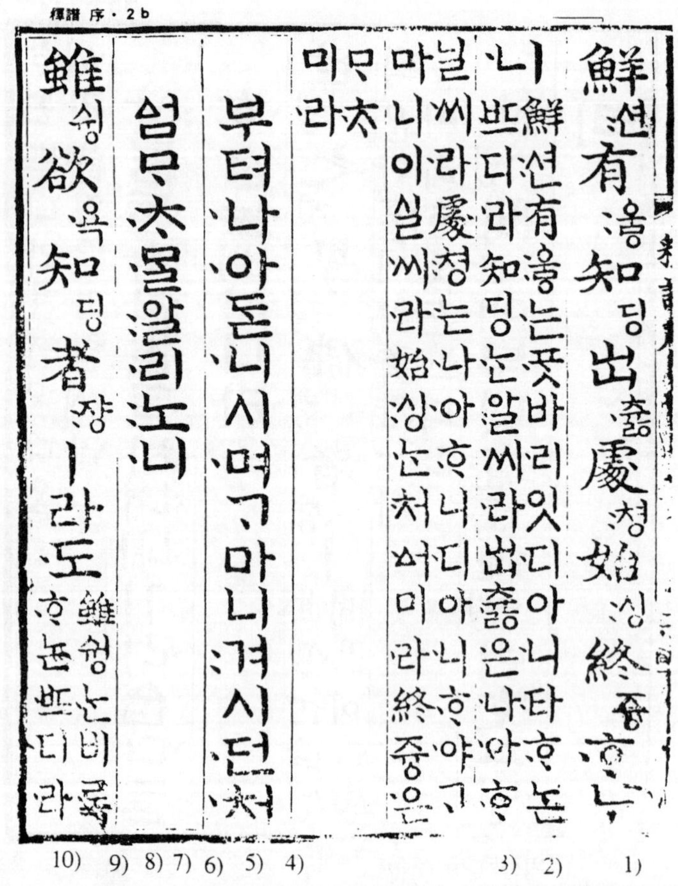

釋譜 序 · 2b

鮮션有ᅌᅮᇢ知딩出츓處쳥始싱終즁ᄒᆞᄂᆞ니 鮮션有ᅌᅮᇢᄂᆞᆫ 곳바리 잇디 아니타 ᄒᆞ논 ᄠᅳ디라 知딩ᄂᆞᆫ 알 ᄊᆡ라 出츓은 나아 ᄒᆞ닐 ᄊᆡ라 處쳥ᄂᆞᆫ 나아 ᄒᆞ디 아니ᄒᆞ야 ᄀᆞ마니 이실 ᄊᆡ라 始싱ᄂᆞᆫ 처ᅀᅥ미라 終즁은 ᄆᆞᄎᆞ미라

부텨 나아 ᄃᆞᆫ니시며 ᄀᆞ마니 겨시던 처ᅀᅥᆷ ᄆᆞᄎᆞᆷ 몰 알리 노니

雖슁欲욕知딩者쟝ㅣ라도 雖슁ᄂᆞᆫ 비록 ᄒᆞ논 ᄠᅳ디라

10) 9) 8) 7) 6) 5) 4) 3) 2) 1)

1).始終ᄒᆞᄂᆞ니: 'ᄂᆞ'는 現在時制의 先語末語尾.

2).곳비리잇디: 곳비리(흔히)+잇(이시다)+디.(부정의 연결어미 뒤에는 필히 부정의 용언이 온다)

3).아니타ᄒᆞ논ᄡᅳ디라: 아니ᄒᆞ다+ᄒᆞ+ᄂᆞ+오+ㄴ+ᄠᅳᆮ+이라. (삽입모음 '오'는 관형사형 어미'ㄴ' 앞 에 온다. 말을 우아하게 하는 것. '이라'는 서술격 조사).

4).부텨: 주격조사 'ㅣ'가 생략되었다.

5).ᄃᆞᆫ니시며: ᄃᆞᆮ(다)(走)+니(다)(行)+시+며. ᄃᆞᆮ니다〉ᄃᆞᆫ니다〉ᄃᆞ니다〉다니다. '-시-'는 주체존칭 선어말어미.

6).겨시다: 겨시다는 '겨+시+다'가 아니고, '이시다'(있다)의 높임 말이다. 기본형은 '겨시다'이다.

7).처ᅀᅥᆷ: 처ᅀᅥᆷ〉처엄〉처음(類推와 强化作用이다)

8).알리: 아ᄅᆞ(다)+이〉알+이〉알리. '아ᄅᆞ'에서 'ᄅᆞ'의 'ㆍ'는 뒤의 '이'(사람) 관계에서 hiatus 때문에 탈락함, '이'는 '리'가 된 것은 'ㄹ' 첨가이다. '이'는 사람을 지칭하는 대명사.

9). 노니: 놀(다)(드물다)+니. '노다(귀하다)'와는 무관하다. 'ㄹ'은 'ㄴ'앞에서 탈락.

10). 雖欲知者ㅣ라도: 'ㅣ'는 서술격조사의 어간이다.

欲욕ᄋᆞᆫ ᄒᆞ고져 홇ᄊᆡ라

비록 알오져 ᄒᆞ리라도

亦역不붏過광八밣相샹而ᅀᅵᆼ止징ᄒᆞᄂᆞ니라 亦역은 ᄯᅩ ᄒᆞ논 ᄠᅳ디니 사ᄅᆞ미 ᄯᅡ모ᄅᆞ거늘 其끵中듕에 알오져 ᄒᆞ리 비록 이셔도 仔ᄌᆞᆼ細솅히 모ᄅᆞᆯᄊᆡ 라 ᄒᆞ니라 不붏은 아니 ᄒᆞ논 ᄠᅳ디라 過광ᄂᆞᆫ 너믈ᄊᆡ라 八밣은 여ᄃᆞ비라 相샹ᄋᆞᆫ 양지라 八밣相샹ᄋᆞᆫ 兜둫率솛來링儀잉 毗삥藍람降강生ᄉᆡᆼ 四ᄉᆞᆼ門몬遊융觀관 踰융城쎵出츓家강 雪셣山산修슘道똫 樹쓩下

5) 4) 3) 2) 1)

---

1). 홇씨라: ᄒᆞ+ㄹ씨라. 그러나, 'ㄹ씨라'는 근원적으로, 'ㄹ'은 관형사형 어미, '씨'는 'ㄹ+ᄉᆞ'(원시 추상명사)+이라(서술격조사)인데 'ㄹ'의 절음 부호인 'ㅅ'을 겹쳐 사용한 것이다.

2). 알오져: '-오'는 '-고'인데 'ㄹ' 뒤에서 'ㄱ'이 탈락한 것. '-고져'는 '-고쟈'의 誤綴이며, 願望形語尾.

3). ᄒᆞ리라도: 'ᄒᆞ(다)+ㄹ+이+라+도'. '이'는 대명사, '도'는 보조조사.

4). 여들비라: 여듧+이라, '이어듧'에서 '어'의 순행동화에 의해 '듧'의 'ㅡ'가 'ㅓ'로 바뀐 것이다. 그리하여 '여덟'이 된다. '여슷'이 '여섯'으로 되는 것과 같은 것이다.

5). 八相: 부처가 나서 入寂할 때까지의 가장 간단한 여덟 가지의 모습을 말한다. 法住寺의 八相殿은 八相의 代表的인 建築物이다.

- o. 兜率來儀- 兜率天에서 補處로 있다가 이 땅에 내려오려는 모양을 갖추고 있는 모습.
- o. 毘藍降生- 印度의 가비라성에 白象을 타고 내려와서 모친의 胎에 들어감.
- o. 四門遊觀- 城門을 나와서 人生 四苦를 실제로 목격하고, 깊이 思考하게됨.
- o. 逾城出家- 太子의 자리도 마다하고, 衆生을 깨우치기 위하여 성을 영원히 나옴.
- o. 雪山修道- 雪山에서 衆生을 濟度하기 위해 깊은 修道에 들어감.
- o. 樹下降魔- 보리수나무 밑에서 修道하고 있을 때 魔鬼들이 女人으로, 무서운 짐승으로 그를 위협하고, 회유했으나 得道하고 魔鬼들을 降伏시켰다.
- o. 鹿苑傳法- 鹿苑에서 그의 제자들에게 佛法을 전했다.
- o. 雙林涅槃- 雙林(사라쌍수)에서 涅槃에 들다.

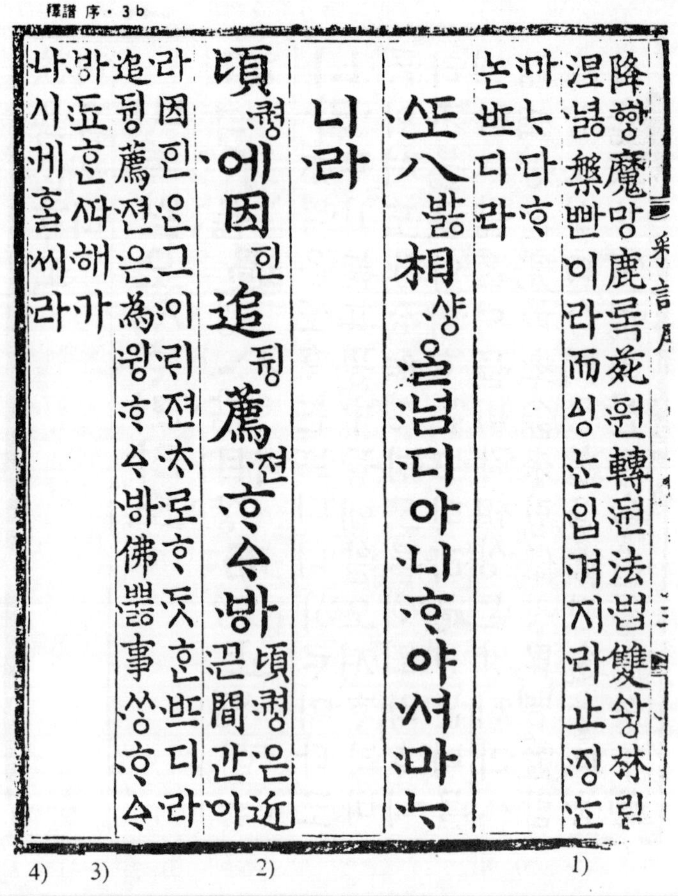
釋譜 序·3b

降향魔망鹿록苑원轉뎐法법雙상林림涅넗槃빤이라[1] 而싱ᄂᆞᆫ 입겨지라 止징ᄂᆞᆫ ᄆᆞᄎᆞ다 ᄒᆞ논 ᄠᅳ디라 ᄯᅩ 八밣相샹ᄋᆞᆯ ᄂᆞᆸ디 아니ᄒᆞ야 ᄡᅧ ᄆᆞᄂᆞ니라

頃켱에 因힌 追됭薦젼[2]ᄒᆞᅀᆞᄫᅡ 頃켱ᄋᆞᆫ 近끈間간이라 因힌ᄋᆞᆫ 그ᅌᅵ리 젼ᄎᆞ로 ᄒᆞᄃᆞᆺ ᄒᆞᆫ ᄠᅳ디라 追됭薦젼ᄋᆞᆫ 為윙ᄒᆞᅀᆞᄫᅡ 佛뿛事ᄊᆞᆼᄒᆞᅀᆞᄫᅡ[4] 됴ᄒᆞᆫ ᄯᅡ해[3] 가나시게 ᄒᆞᆯ 씨라

---

1). 涅槃(범)Nirvṇa (파)Nibbāna 佛教의 최고 理想. 니원(泥洹), 열반나(涅槃那)라 음역. 멸(滅), 적멸(寂滅), 멸도(滅度), 원적(圓寂), 무위(無爲), 무작(無作), 무생(無生) 등으로 번역함. 모든 속박에서 解脫하고, 眞理를 窮究하여 迷한 生死를 超越해서 不生 不滅의 법을 體得한 境地. 小乘에서는 몸과 마음이 죄다 없어지는 것을 이상으로 여김.

心身이 있고, 없음에 따라 有餘依, 無餘依의 2종으로 涅槃을 세우고 大乘에서는 積極的으로 3덕과 4덕을 갖춘 열반을 말하여, 實相, 眞如와 같은 뜻으로 本體 혹은 實在의 의미로도 쓴다. 法相宗에서는 4종 涅槃을 세운다.

2). 追薦(追善): 追福, 追修, 追嚴. 즉, 죽은 이의 冥福을 빌기 위하여 좋은 일을 行하는 것. 죽은 이의 冥福을 빌기 위하여 그 죽은 날에 佛事를 행함. 부처의 선양을 위해하는 행위.

3). 됴ᄒᆞᆫᄯᅡ해: 둏(다)ᄋᆞ+ㄴ+ᄯᅡㅎ+애.

4). 追薦ᄒᆞᅀᆞᄫᅡ: '佛事ᄒᆞᅀᆞᄫᅡ' 등도 p. 2의 註5)와 같은 이유 때문에 겸양의 선어말어미 '-ᅀᆞᆸ-'이 사용된 것이다.

5). 'ᄒᆞᄃᆞᆺ ᄒᆞᆫᄠᅳ디라와 ᄒᆞ논 ᄠᅳ디라'가 사용되는 곳이 있는데 전자는 단어와 설명이 的確하게 맞지 않는 것이고, 후자는 的確하게 들어맞는 경우를 설명하는 것이다.

近끈間간애追뒹薦젼ᄒᆞᅀᆞᄫᆞᆯ因힌ᄒᆞᅀᆞᄫᅡ 爰원采칭諸졍經경ᄒᆞ야 爰원은 이제ᄒᆞᄂᆞᆫ 디라 采칭ᄂᆞᆫ ᄀᆞᆯᄒᆡᆯ 씨라 諸졍ᄂᆞᆫ 여러 가지라 經경은 부텻 그리라 이저긔 여러 經경에 ᄀᆞᆯᄒᆡ여내야 別볋爲윙一흻書성ᄒᆞ야 別볋은 닫내야 ᄒᆞᄃᆞᆺ ᄒᆞᆫ ᄠᅳ디라 爲윙ᄂᆞᆫ 밍ᄀᆞᆯ 씨라 一흻은 ᄒᆞ나히라 書성ᄂᆞᆫ 글와리라

5) 4) 3) 2) 1)

---

1). ᄀᆞᆯᄒᆡ여내야: ᄀᆞᆯᄒᆡ(다)+(j)+어+내(다)+(j)+아.

2). 이저긔: 이적+의(처소 부사격 조사)

3). ᄒᆞ나히라: ᄒᆞ나ㅎ+이라.

4). 글왈: 글ᄫᆞᆯ>글왈(글월).

5). 一흻: '흻'의 'ㅭ'은 東國正韻 序文에 있는 것으로 소위 '以影補來'로 'ㆆ'으로써 'ㄹ'을 도와 준다는 것이다. 東音에서는 한자음의 받침이 당시 중국에서 'ㄷ'으로 끝난 것을 'ㄹ'로 발음했다. 조선의 학자들은 당시 明의 한자음 발음과 같게 하려고 洪武正韻을 본떠서 東國正韻을 만들었는데 우리의 한자음은 중국이 北方音(t→d→ð→r)을 이어 받았기 때문에 우리는 北方音을 사용하고 있는 것이다. 李朝의 學者들은 明의 한자음과 東音의 그것과 같게 하려는 생각으로 'ㄹ'로 끝난 한자음은 'ㆆ'을 첨가해서 'ㄷ'받침의 음으로 만들려는 意圖는 言語의 生成, 死滅, 變遷하는 일반적인 이치를 무시한 처사인 것이다. 순수한 우리말에 사용된 'ㅭ'은 以影補來가 아니고, 이때의 'ㆆ'은 絶音 符號이거나, 다음에 올 無聲子音을 된소리로 만들기 위한 것이다.

釋譜 序·4b

各각別볋ᄒᆞᆫ 그를 ᄆᆡᇰᄀᆞ라

名명之징曰웛釋셕譜봉詳썅節졇이라

ᄒᆞ고 名명은 일후미니 名명之징ᄂᆞᆫ 일훔 지ᅀᅳᆯ 씨라 曰웛은 ᄀᆞ로ᄃᆡ ᄒᆞᄂᆞᆫ ᄠᅳ디라 釋셕은 釋셕迦강ㅣ시니라 譜봉ᄂᆞᆫ 平뼝生ᄉᆡᇰ앳 처ᅀᅥᆷ 乃냉終즁ㅅ 이ᄅᆞᆯ 다 ᄡᅳᆫ 글와리라 詳썅은 조ᅀᆞᄅᆞᄫᆞᆫ 말란 子종細솅히 다 ᄡᅳᆯ 씨라 節졇은 조ᅀᆞᄅᆞᆸ디 아니ᄒᆞᆫ 말란 더러 ᄡᅳᆯ 씨라

일훔 지ᅀᅥ ᄀᆞ로ᄃᆡ 釋셕譜봉詳썅節졇

5) 4) 3) 2) 1)

---

1). 釋迦: 釋迦牟尼 (범) śākyamuni. 釋迦文, 能仁寂默이라고도 번역, 석가는 種族 이름, 釋迦牟尼는 석가씨의 성자. 中印度 가비라 벌솔도의 성주 정반왕의 태자. 어머니는 摩耶. 623(B. C) 룸비니 동산 무우수 아래서 誕生. 誕生하면서 4方으로 7步를 걸으면서 "天上天下唯我獨尊"이라 외쳤다 고함. 난지 7일 후에 어머니를 잃고 이모인 波闍波提에게 자라다. 어릴 때 이름은 喬答摩 혹은 실달다 자라면서 科學, 文學의 大要와 4 吠陀를 배우며 武藝도 鍊磨하였다. 선각왕의 딸 야수다라와 결혼 아들 라후라를 낳다. 29세에 王城의 4門으로 다니면서 生, 老, 病, 死를 보고, 출가할 뜻을 내어 하루 밤에 왕성을 넘어서 藍摩城 밖 숲에서 俗服을 벗다. 남방으로 가서 跋伽婆, 阿藍伽藍, 鬱陀羅 등의 선인을 만나 6년 동안 苦行을 한 끝에 禁慾만으로는 無益함을 알고, 부다가야의 보리나무 아래서 大悟徹底하여 불타가 되다. 그 때 나이 35세, 이 때부터 녹야원에서 아야교진여 등 5인과, 3가섭, 사리불, 목건련 등을 제도함. 후에 부왕을 뵙고, 친족들을 제도, 여러 나라에서 왕들을 교화하고, 사라쌍수에서 누어 最後의 敎誡를 하시고, 45년간의 교화를 마치시고, 涅槃에 들다.(B.C 544월 2월 15일 나이 80이었다.)

2). 다ᄡᅳᆫ글: 다+ᄡᅳ(다)+우+ㄴ+글. '-우-'는 선어말어미(삽입모음).

3). 조ᅀᆞᄅᆞᄫᆞᆫ말란: 조ᅀᆞᄅᆞᄫᅵ(다)+ㄴ+말+란. ('ㄴ'은 관형사형, '란'은 보조조사). '종요로운 말은'의 뜻.

4). 조ᅀᆞᄅᆞᆸ디: 조ᅀᆞᄅᆞᆸ(다)+디. 뜻은 '종요롭다'.

5). 쓰다: 글(글씨)을 쓰는 것. ᄡᅳ다: 使, 冠, 苦, 등으로 각 각 다르게 사용되었다.

이라ᄒᆞ고
既긩據겅所송次ᄎᆞᆼᄒᆞ야 既긩ᄂᆞᆫᄒᆞ마ᄒᆞ ᄂᆞᆫᄡᅳ디라據겅
ᄂᆞᆫ브틀씨라次ᄎᆞᆼᄂᆞᆫ次ᄎᆞᆼ 第뗑혜여글월밍ᄀᆞᆯ씨라
ᄒᆞ마次ᄎᆞᆼ第뗑혜여밍ᄀᆞ론바ᄅᆞᆯ브터
繪ᅘᅬᆼ成쎵世솅尊존成쎵道ᄄᅗ之징迹젹
ᄒᆞᅀᆞᆸ고 繪ᅘᅬᆼᄂᆞᆫ그릴씨라成쎵은일울씨 라世솅尊존은世솅界갱예몯尊
존ᄒᆞ시닷ᄠᅳ디라道ᄄᅗᄂᆞᆫ부텻法법이라
迹젹은처ᅀᅥᆷ으로셔ᄆᆞᄎᆞᆷ니르리ᄒᆞ샨믈

7) 6) 5) 4) 3) 2) 1)

---

1). 브틀씨라: 븥(다)+을씨라. (기)븥다>붙다(원순모음). 순음(ㅁ, ㅂ, ㅃ, ㅍ)+ㅡ=순음+ㅜ(순음 때문에 'ㅡ'모음이 순음을 닮아가기 위하여 원순모음 'ㅜ'로 변하는 현상.

2). 밍ᄀᆞ론바ᄅᆞᆯ: 밍ᄀᆞᆯ(다)+오+ㄴ+바+ᄅᆞᆯ. ('-오-'가 관형사형어미 'ㄴ' 때문에 개입된 것. 'ㄴ'은 의존명사 '바' 때문에 존재한다.

3). 일울씨라: 일(다)(成)+우(선어미). 기본형은 '일우다', '닐다(起)'와 비교 고찰이 필요함.

4). 몯존ᄒᆞ시닷ᄠᅳ디라: 몯(몯)+존ᄒᆞ(다)+시+다+ㅅ+ᄠᅳᆮ+이+라('ᄠᅳᆮ'을 통사적으로 꾸며주는 관형사형 어미가 사용되어야 할 것이지만 促音의 음운론적 이유 때문에 'ㅅ'이 사용된 것이다. 그러므로 'ㅅ'은 'ㄴ'으로의 해석이 필요한 것이다. 'ㄴ'을 사용했을 경우 그 뒤에 오는 'ㅳ'의 무성음에 영향을 주는 것을 꺼렸던 것이다.

5). 부텻法: 부텨+ㅅ+법. 'ㅅ'은 촉음과 속격조사의 역활을 하고있는 것이다.

6). 니르리ᄒᆞ샨: 니를(다)+이+ᄒᆞ(다)+시+아+ㄴ. '이'는 부사화 접미사 '아'는 삽입모음(관형사 'ㄴ' 앞).

7). 믈읫: 믈읫>믈읏>므릇> 무릇.

釋譜 序 · 5b

윗이리라
世솅尊존ㅅ道똫 일우샨 이릐 양ᄌᆞ를
그려 일우ᅀᆞᆸ고
又ᇂ 以잉 正졍音흠으로 就쯍加강 譯역
解갱ᄒᆞ노니 又ᇂ는 ᄯᅩ ᄒᆞ논 ᄠᅳ디라 以잉
는 ᄡᅳ논 ᄠᅳ디라 正졍音흠
은 正졍ᄒᆞᆫ 소리니 우리 나랏 마ᄅᆞᆯ 正졍히
반ᄃᆞ기 올히 ᄡᅳ논 그릴ᄊᆡ 일훔을 正졍音
흠이라 ᄒᆞᄂᆞ니라 就쯍는 곧 因인ᄒᆞ야 ᄒᆞ
ᄂᆞᆫ ᄠᅳ디니 漢한字ᄍᆞᆼ로 몬져 그를 ᄆᆡᆼ골

7) 6) 5) 4) 3) 2) 1)

1). 世尊ㅅ道 'ㅅ'은 관형격조사의 역활을 하기도 하며 促音의 역활을 하기도 한다.(세존의 도)

2). 일우샨이릐양ᄌᆞ: 일+우(다)+시+아+ㄴ+ᄋᆡ+양ᄌᆞ→ 일(다)+우(선어미)+시+아(삽입모음)+ㄴ+ᄋᆡ(의). 이때 삽입모음을 '-오-'로 분석하는 학자들도 있으나 '시+오'는 '쇼'가 되므로 '-아-'를 주장한다.

3). 그려일우ᅀᆞᆸ고: 그리(다)+어+일(다)+우+ᅀᆞᆸ+고. '-ᅀᆞᆸ-'의 객어는 '세존의 도' 이므로 그 客語는 話者보다 聽者보다 上位의 목적어 이므로 겸양의 선어말어미 '-ᅀᆞᆸ-'을 사용할 수 있는 것이다.

4). ᄒᆞ노니: ᄒᆞ+ᄂᆞ+오+니. '-오-'는 1人稱 主語의 話者 表示인 것이다. 여기서 1인칭이며 주어인 것은 世祖이다.

5). 졍히, 반ᄃᆞ기, 올히는 '졍ᄒᆞ다, 반ᄃᆞᆨᄒᆞ다, 옳다'의 용언에서 전성된 부사이다.

6). 몬져: 몬지어〉먼지어〉먼져〉먼저. 마지막 '-어'가 원격 역행 동화현상을 일으킨 것이다.

7). ᄆᆡᆼᄀᆞᆯ오: 'ᄆᆡᆼᄀᆞᆯ(다)+고'인데 'ㄹ' 아래서 'ㄱ'이 탈락한 것.

오그를곧因힌ᄒᆞ야正졍音흠으로밍ᄀᆞᆯ
ᄡᅵ곧因힌ᄒᆞ다ᄒᆞᄂᆞ니라加강ᄂᆞᆫ힘드려ᄒᆞ
다ᄒᆞ듯ᄒᆞᆫᄠᅳ디라譯역은飜펀譯역이니
ᄂᆞ미나랏그를제나랏글로고텨쓸씨라
ᄯᅩ正졍音흠으로ᄡᅥ곧因힌ᄒᆞ야더飜
펀譯역ᄒᆞ야사기노니
庶셩幾긩人신人신이易잉曉흉ᄒᆞ야而
싱歸귕依흭三삼寶봉焉언이니라庶셩幾긩
ᄂᆞᆫ그러ᄒᆞ긧고ᄇᆞ라노라ᄒᆞ논ᄠᅳ디라人
신人신ᄋᆞᆫ사ᄅᆞᆷ마다라易잉ᄂᆞᆫ쉬ᄫᅳᆯ씨라

7) 6) 5) 4) 3) 2) 1)

---

1). ᄒᆞ둣ᄒᆞᆫᄠᅳ디라: ᄒᆞ(다)+둣ᄒᆞ(다)+ㄴ+ᄠᅳᆮ+이라. (설명하는 사실이 설명하려는 대상과 완전 부합되지 않고, 비슷한 경우에 사용된다. ᄒᆞ논ᄠᅳ디라: ᄒᆞ+논+ᄠᅳᆮ+이라(설명하는 사실이 설명하려는 사실과 거의 같은 경우에 사용한다.

2). 제: '저의' 뜻. (참고) '·제'(부사)'스스로'의 뜻. '·제'(명) '때에, 적에'.

3). 쓸씨라: 쓰(다)+ㄹ씨라. '쓰다'와 ᄡᅥ(ᄡᅳ다)의 차이는 '쓰다'는 글을 쓰는 것이고, 'ᄡᅳ다'는 사용하다. 입에 쓰다. 머리에 모자를 쓰다에 사용했다.

4). 사기노니: '사기(다)+ᄂᆞ+오+니' 인데 '오'는 1인칭 주어의 화자 표시임. 사기>새기(ㅣ모음역행동화).

5). 人人: 한자에서 같은 글자가 두 번 겹치면 "…마다"의 해석이 필요하다.(사람마다)

6). 三寶: 佛, 法, 僧. 즉, 佛寶…부처가 깨닫는 것처럼 깨달음을 말하는 것. 法寶…부처님이 말씀한 교법, 모법이 된다는 뜻. 僧寶…부처의 敎法대로 수행하는 자. 여기서 寶는 귀중하다는 뜻이다.

7). 쉬ᄫᅳᆯ씨라: 쉽(다)+을씨라.

釋譜 序 · 6b

曉ᅘᅧᇢᄂᆞᆫ 알씨라 歸귕ᄂᆞᆫ 나ᅀᅡ갈씨라 依ᅙᅴᆼ
ᄂᆞᆫ 브틀씨라[1)] 三삼寶봉ᄂᆞᆫ 佛뿛와 法법과
僧승괘라[2)] 爲윙언
ᄋᆞᆫ 입겨지라
사ᄅᆞ마다 수ᄫᅵ 아라 三삼寶봉애 나ᅀᅡ
가 븓긧고[3)] ᄇᆞ라노라[4)]
正졍統통 十씹 二ᅀᅵᆼ 年년 七칧 月ᅌᅯᇙ 二ᅀᅵᆼ
十씹 五옹 日ᅀᅵᇙ 에 首슣陽양君군 諱ᅘᅱᆼ 序
쎵ᄒᆞ노라 正졍統통ᄋᆞᆫ 이젯[5)] 皇ᅘᅪᇰ帝뎽[6)]셔 신 後ᅘᅮᇢ로 샹녜ᄡᅳᄂᆞᆫ 힛 일후미라[7)][8)]

1).브틀씨라: 븥(다)+ㄹ씨라. '의지하는 것, 歸依'.

2).'佛와 法과 僧괘라'의 '괘'는 중세국어에서는 마지막 공동격의 체언에도 사용하였다. 과+이라.

3).븓긧고: 副詞로 뜻은 붙도록. (본문에서는 '의지하게 되도록'의 뜻).

4).'.....노라': ᄂᆞ+오+라에서 '오'는 1人稱 主語의 話者 표시.(삽입모음)

5).'이젯' : 지금의 (이+제+ㅅ). ㅅ은 촉음.

6).皇帝: 중국 명의 임금. (正統도 그 皇帝의 年號).

7).'샹녜ᄡᅳᄂᆞᆫ힛일후미라': 샹녜+ᄡᅳ(다)+ᄂᆞᆫ+ᄒᆡ+ㅅ+일훔+이라.(늘 사용하는 이름이다).

8).正統 12年(明의 영종의 연호 1436--1449).

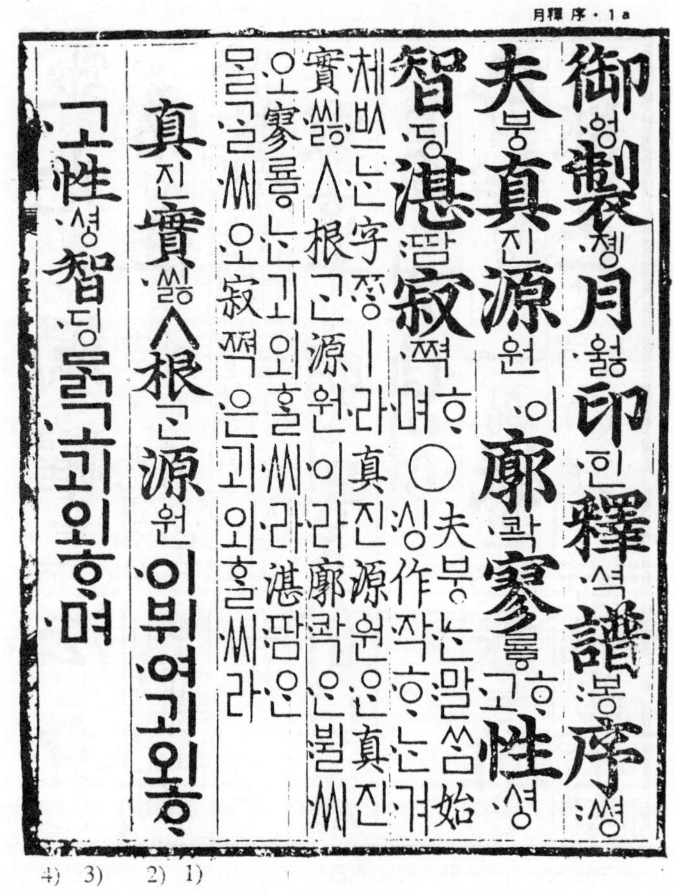
月釋 序・1a

御엉製졩月웛印힌釋셕譜봉序쎵
夫붕眞진源원이 廓확寥룡ᄒᆞ고 性셩
智딩湛땀寂쪅ᄒᆞ며 ○ 夫붕ᄂᆞᆫ 말ᄊᆞᆷ 始
作작ᄒᆞᄂᆞᆫ 겨체ᄡᅳᄂᆞᆫ 字쭝ㅣ라 眞진源원은 眞진
實씷ㅅ根근源원이라 廓확은 뷜씨
오 寥룡ᄂᆞᆫ 괴외ᄒᆞᆯ씨라 湛땀은
ᄆᆞᆯᄀᆞᆯ씨오 寂쪅은 괴외ᄒᆞᆯ씨라
眞진實씷ㅅ根근源원이 뷔여 괴외ᄒᆞᆫ
고 性셩智딩ᄆᆞᆰ고 괴외ᄒᆞ며

4) 3) 2) 1)

---

1). 뷔여: 뷔(다)+(j)+어. 마음의 근본이 五慾 七情에 물들지 않고, 깨끗함.

2). 眞實ㅅ根源: 본래부터 가지고, 태어난 본 마음.

3). 性智: 性-性質. 나면서부터 가진 本然의 性品. 機性과 같다. 事物의 自體, 本體, 현상 차별의 相對的 모양에 대하여 5蘊, 平等 眞如를 말함. 不變 不改의 뜻. 본래부터 고쳐지지 않는 성질. 金性, 火性, 佛性과 같은 것.

智-(범) Jñāna. (파) Ñāṇa. 사나야나라 音譯. 決斷하는 뜻. 모든 事象과 道理에 대하여 그 是非, 邪正을 분별 판단하는 마음의 작용. 智는 慧 의 여러 작용의 하나이나 智慧라 붙여서 쓴다. 불교에서는 悟界의 眞因은 지를 얻는 데 있다하고, 佛果에 이르러서도 智를 主德으로 한다. 理智를 爲主하는 경향이 있으므로, 智에 대하여 복잡한 分析과 說明이 있다.

4). ᄆᆞᆰ고괴외ᄒᆞ며: ᄆᆞᆰ(다)+고, 괴외ᄒᆞ(다)+며. 湛寂의 뜻인데 위의 1)처럼 廓寥와 같은 의미로 쓰인 것임. 인간의 마음이 雜되지 않고, 깨끗하며, 어떤 작용이 와도 波濤가 일지 않는 心的作用.

月釋 序·1b

靈령光광·이 獨·독耀·욯ᄒᆞ·고 法·법身신·이 常쌍住·뜡ᄒᆞ·야 ○ 光광ᄋᆞᆫ 비·치·라 獨·ᄠᅩᆨᄋᆞᆫ ᄒᆞ오·ᅀᅢ·오 耀·욯ᄂᆞᆫ 빗·날·씨·라 身신ᄋᆞᆫ 모·미·라 住·뜡ᄂᆞᆫ 머·므·러 이·실·씨·라 靈령ᄒᆞᆫ 光광明명·이 ᄒᆞ오·ᅀᅡ 빗나·고 法·법身신·이 샹·녜 이·셔 色·ᄉᆡᆨ相·샹·이 一·ᅙᅵᇙ 泯·민ᄒᆞ·며 能능所:송ㅣ 都동亡망ᄒᆞ·니 ○ 色·ᄉᆡᆨ·은 비·치·오 相·샹ᄋᆞᆫ 얼구·리·라 泯

1). 본 면의 첫 문장은 앞의 文章은 주어가 光明이고, 뒤 文章은 法身이다.

2). ᄒᆞ오ᅀᅡ: ᄒᆞ오ᅀᅡ〉호ᅀᅡ〉혼자

3). 法身: (범) Dharma-kāya. 法은 眞如, 法界의 理와 일치한 부처님의 眞身. 빛깔도 형상도 없는 本體身. 현실로 인간에 出現한 부처님 理想으로 영원한 佛의 本體. 부처님이 말씀하신 敎法, 혹은 부처님이 얻은 戒, 定, 慧, 解脫, 解脫知見을 法身이라 하기도 하나, 일반으로 大乘에서는 本體 혹은 宇宙의 本體인 眞如 實相 등의 法. 또는 그와 일치한 佛身을 法身이라 한다.

4). 샹녜: 常例. 언제나.

5). 이셔: '이시다'(有)에서 '이시+어'

6). 얼구리라: 얼구+이라. 中世語에서 '얼굴'은 몸전체를 지칭한다.

1).能은내호미오: 내히(다)+오+ㅁ+고. 동명사형.

2).能과所: 能은 能動的인 것이고, 所는 被動的인 것이다.

3).'色相이'와 '能所ㅣ'의 '이'와 'ㅣ'는 주격조사다. '이'는 받침이 있는 주어 밑에 사용될 수 있고, 'ㅣ'는 모음으로 끝난('ㅣ'모음을 제외한) 주어 밑에 사용되는 것이다.

4).焉有去來리오: '-리오'가 쓰일 수 있는 것은 '焉'이 있기에 의문형 종결어미가 사용될 수 있는 것이다.(결과적으로는 설의법으로 '없다'는 의미가 된다.)

月釋序 · 2b

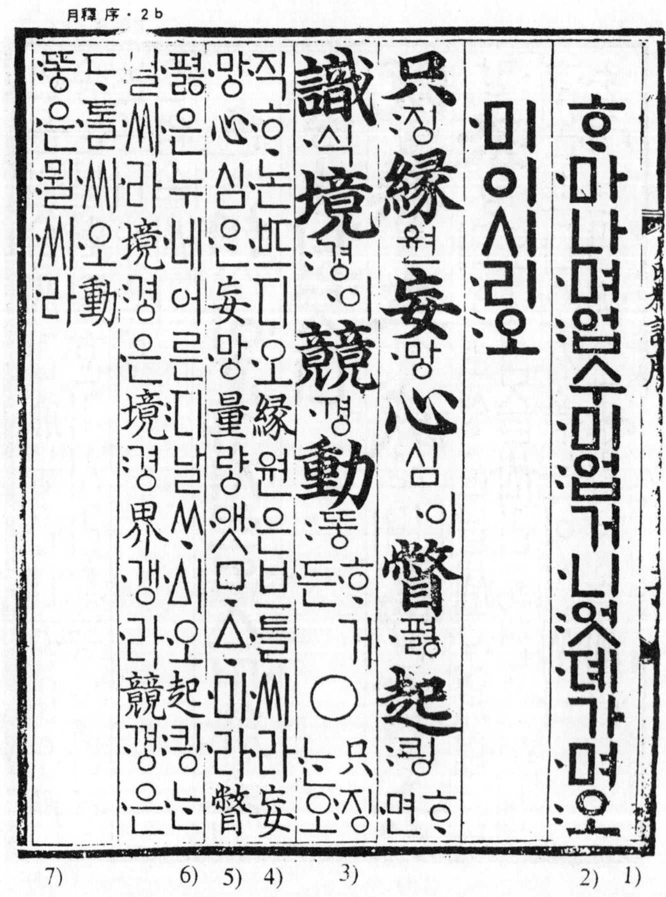

ᄒᆞ마 나며 업수미 업거니 엇뎨 가며 오
미 이시리오
只징緣원妄망心심이 瞥평起킹ᄒᆞ면
識식境경이 競꼉動똥ᄒᆞ거든 ○ 只징ᄂᆞᆫ 오
직ᄒᆞ논 ᄠᅳ디오 緣원은 브틀 씨라 妄
망心심은 妄망量량앳 ᄆᆞᅀᆞ미라 瞥
평은 누네 어른디날 ᄊᆡ시오 起킹ᄂᆞᆫ
닐 씨라 境경은 境경界갱라 競꼉은
ᄃᆞ톨 씨오 動
똥은 뮐 씨라

7) 6) 5) 4) 3) 2) 1)

---

1). 업수미: 없(다)+우+ㅁ+이. '-우-'는 선어말어미(삽입모음)'없다'의 동명사형으로 사용된 것이다.

2). 오미: 기보형 '오다'에서 '오+오+ㅁ+이'의 형태인 데 '-오-'가 개입된 것이 보이지 않을 뿐이다.

3). 識境: 識--(범)Vijñāna. (파)Viññāṇa. 了別하는 뜻(了別境識과 같은 뜻. 了別境識은 모든 識이 모두 大境을 了別하는 작용이 있거니와 거칠게 了別하는 것은 전6식에 한한다). 境界에 대하여 認識하는 마음의 작용. 마음의 작용을 心, 意, 識으로 나누어 말하기도 함. 12因緣의 제3. 小乘에서는 과거세의 惑, 業에 의하여 心識이 처음 모태에 들어가는 1찰나의 地位. 大乘에서는 미래에 3계에 태어날 몸의 주체인 제8식을 낼 異熟無記의 종자를 말함.

境--(범) Viṣaya ; Artha ;Gocara. (파)Visaya: Attha: Gocara 境界하고도 한다. 인식작용의 대상, 혹은 對境의 뜻. 5識 또는 6識에 대한, 5경 혹은 6경을 말한다. 어느 곳에 도달하는 지위와 果報. "無我의 境" "唯佛與佛의 경"과 같다. 널리는 인식하거나 가치를 판단하는 대상이 되는 것을 모두 경이라 한다.

4). 緣: 因緣이다. 因은 가까운 관계를, 緣은 먼 관계를 이른다.

5). 망량앳 ᄆᆞᅀᆞᆷ: 망량+애+ㅅ+ᄆᆞᅀᆞᆷ. '애'는 처소부사격조사이며, 'ㅅ'은 속격조사다. ᄆᆞᅀᆞᆷ〉ᄆᆞᅀᆞᆷ〉마ᅀᆞᆷ〉마음.

6). 디날ᄊᆞᅀᅵ오: 디나(다)+ㄹ+ㅅ+ᄉᆞᅀᅵ+고. 'ㅅ'은 促音의 구실을 하고 있다. 참고로 'ᄉᆞᅀᅵ〉ᄉᆞ이〉사이'가 되며, 'ᄉᆞᅀᅵ'는 두 개의 물건 사이를 이를 때 사용되고, '서리(셔리)'는 여럿의 관계를 이를 때 사용된다.

7). 뮈다: 움직이다.

오직 妄망量량앳 숨ᄉᆞ「글득니라
몰ᄇᆞ면 識식境경이 난겻뮈여나거
든
攀판緣원 取츙著땩ᄒᆞ야 恒ᅘᅳᆼ繫곙業
업報ᄇᆞᇢᄒᆞ야 ○ 攀판ᄋᆞᆫ 뻘씨라 取츙ᄂᆞᆫ
가질씨오 著땩ᄋᆞᆫ 브틀
씨라 恒ᅘᅳᆼᄋᆞᆫ 長땅常썅이오 繫곙ᄂᆞᆫ
ᄆᆡᆯ씨라 業업ᄋᆞᆫ 이리오 報ᄇᆞᇢᄂᆞᆫ 가ᄑᆞᆯ
씨니 제 지ᅀᆞᆫ 이릐 됴ᄒᆞ며 구주ᄆᆞ로 後
ᅘᅮᆼ에 됴ᄒᆞ며 구주믈 가포ᄆᆞᆯ 얻ᄂᆞ니라

9) 8) 7) 6) 5) 4) 3) 2) 1)

---

1). 妄量: 煩惱. 헛된 마음.

2). 난겻: 다투다.

3). 業報: 善·惡의 업에 의하여 받는 병. 반드시 면치 못할 것. =業果: 선악의 행위에의 하여 받는 果報.

4). 業: (범) Karma, (파)Kamma. 羯磨라 音譯. 몸, 입, 뜻으로 짓는 말과 동작과 생각하는 것과 그 세력을 말한다. 업은 짓는 다는 의미로서 정신으로 생각하는 작용 곧, 意念이며, 이것이 뜻을 결정하고, 선악을 짓게 하여 業이 생긴다. 業은 思業과 思已業 으로 나눈다. 思業으 뜻오로 활동하는 정신 내부의 意業. 思已業은 한번 뜻을 결정한 후에 외부에 표현되는 身業, 口業. 곧, 身, 口, 意를 3業이라 한다. 몸과 입으로 외부에 표현되는 表業에 의하여 그 表業이 끝난 후에도 밖으로는 표현되지 않아도 그 善業이나 惡業을 相續하는 것은 無表業이다. 업은 善業, 惡業으로 나눈다. 善業 중 주요한 것은 10善業, 그 반대는 10惡業. 이밖에도 업의 分類에 여러 가지가 있다. 그러나, 惡業만을 단순히 業이라 하기도 한다.

5). 長常: 恒常과 같음.

6). 제지ᅀᆞᆫ이릐: '제'는 주격. '짓(다)+오+ㄴ+일+ᄋᆡ'.

7). 둏다: 좋다. 좋다: 깨끗하다.

8). 구주ᄆᆞ로: 궂(다)+우+ㅁ+ᄋᆞ로(동명사형).

9). 가포ᄆᆞᆯ: 갚(다)+오+ㅁ+ᄋᆞᆯ.

月釋 序・3b

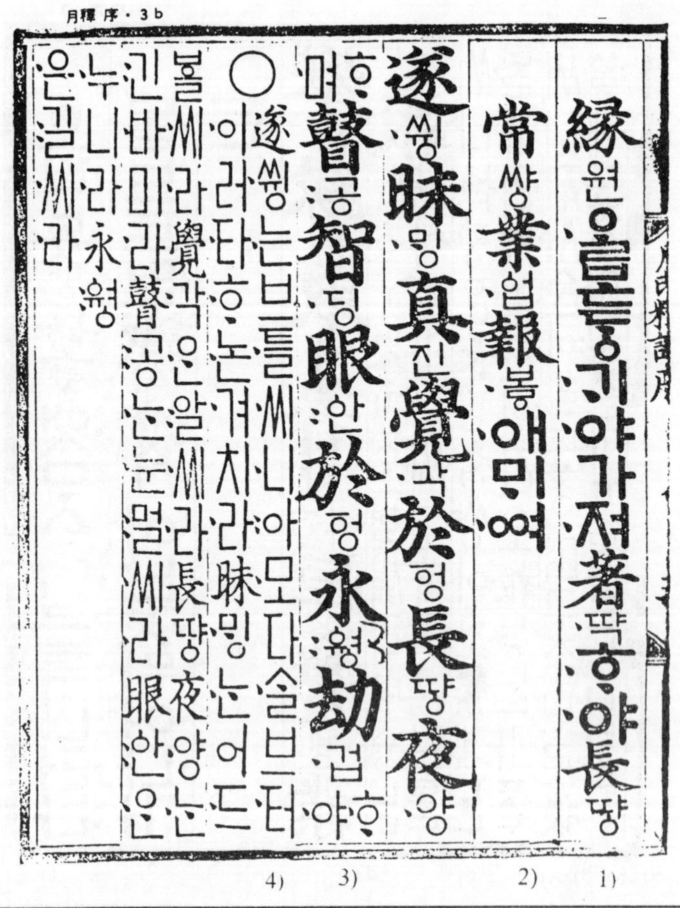
緣원을븓둥긔야가져著땩ᄒᆞ야長땽
常썅業업報봉애미ᅇᅧ
遂쓍昧밍眞진覺각於헝長땽夜양
ᄒᆞ며瞽공智딩眼안於헝永웡劫겁ᄒᆞ야
○遂쓍ᄂᆞᆫ브틀씨니아모다ᄉᆞᆯ브터
이러타ᄒᆞᆫ논겨치라昧밍ᄂᆞᆫ어드
ᄫᆞᆯ씨라覺각ᄋᆞᆫ알씨라長땽夜양ᄂᆞᆫ
긴바미라瞽공ᄂᆞᆫ눈멀씨라眼안ᄋᆞᆫ
누니라永웡
ᄋᆞᆫ길씨라

4) 3) 2) 1)

---

1). 븓둥기야: 븓둥기(다)+(j)+아. 뜻은, '잡아당기다'.

2). 믹ᅇᅧ: 믹(다)+이+어. '이'는 피동의 선어말어미.

3). 永劫: 永, 劫(범) Kalpa. 劫波, 劫跛, 劫簸, 羯臘波라 音譯. 分別時分, 分別時節, 長時, 大時라 飜譯. 印度에서는 梵天의 하루, 人間世界의 4억 3천 2백만 년을 1겁이라 한다. 불교에서는 보통 年月日로는 헤아릴 수 없는 아득한 시간. 대개 劫을 표현하는데 개자를 가득 채워 놓고, 長壽天人이 3 년마다 한 알씩 기지고 가서, 죄다 없어질 때까지를 1겁. 拂石劫 또는 盤石劫이란 둘레 40리 되는 돌을 하늘 사람이 무게 3銖되는 天衣로 3년마다 한번씩 스쳐 그 돌이 닳아 없어질 때까지의 기간을 1겁. 또, 겁에는 大, 中, 小의 3종이 있다. 둘레 40리 되는 성 또는 돌을 위에서 말한 바와 같이 하는 것을 1小劫, 둘레 80리를 1능겁, 120리를 1대겁. 혹은 人壽 8만 4천세 때로부터 백년마다 한 살씩 줄어 10세 때까지 이르고, 다시 백년마다 한 살씩 줄어 인수 8만 4천세에 이르되, 한 번 주로 한 번 느는 동안을 1소겁, 20소겁을 1중겁, 4중겁을 1대겁. 한 번 늘거나, 한 번 줆을 1소겁, 한 번 늘고, 한 번 주는 동안을 1중겁. 成劫, 住劫, 壞劫, 空劫이 각 각 20 중겁. 합하여 80중겁을 1대겁이라 한다.

4). 다술브터: 다술(다)+브터. 다술다(다스리다. 다스려지다).

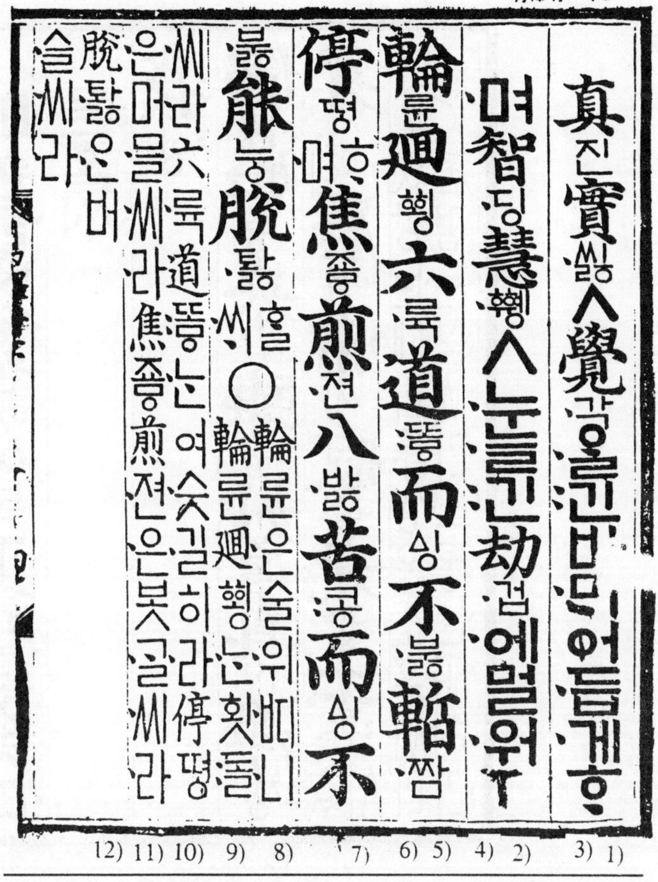
月釋 序·4a

眞진實씷ㅅ覺각ᄋᆞᆫ 긴 바ᄆᆡ 어듭게ᄒᆞ
며 智딩慧쀙ㅅ 누ᄂᆞᆫ 긴 劫겁에 멀워
輪륜廻횅 六륙道똫而싱不붏暫짬
停뗭ᄒᆞ며 焦쥼煎젼八밣苦콩而싱不
붏能능脫톼ᇙᄒᆞᇙᄊᆡ ○ 輪륜은 술위ᄭᅵ니
輪륜廻횅ᄂᆞᆫ 횟돌
ᄊᆡ라 六륙道똫ᄂᆞᆫ 여슷 길히라 停뗭
은 머믈 씨라 焦죵煎젼은 봇ᄀᆞᆯ 씨라
脫톼ᇙ은 버슬 씨라

12) 11) 10) 9) 8) 7) 6) 5) 4) 2) 3) 1)

1). 眞覺ㅅ覺: 覺一(범)Buddha. 佛陀라 음역. 覺者라 번역해야 함. 그러나 각이라 한다. 각에는 覺察·覺悟의 주 가지 뜻이 있다. 覺察은 나쁜 일을 살펴보아 아는 것. 각오는 眞理를 깨닫은 것. (범)Vitarka로 尋이라 飜譯. 즉, 찾아 살펴 알려고 하는 정신 작용. (범) Bodhi 菩提라 音譯. 찾아 알려는, 깨달은 知慧. 覺은 佛陀라고 하므로 깨달은 자 즉, 부처와 같은 차원으로 지칭하고 있다.

2). 智慧: 般若(범)Prajñā, 波若, 鉢若, 般羅若 등으로 하며, 慧, 明, 智慧와 같이 번역. 각을 터득한 이는 부처이므로 覺=부처이다.

3). 어듭게: 어듭(다)+게 . 어듭다>어둡다(원순모음화)

4). 멀워: 멀(다)+우+어 '-우-'는 선어말어미.

5). 輪廻:(범) Saṃsara 사람이 죽었다가 나고 났다가 죽어 몇 번이고 이렇게 반복함을 말한다. 佛教에서 말하는 3界6道에서 迷의 生死를 거듭하는 것.

6). 六道: 衆生이 業因에 따라 輪廻하는 길을 6으로 나눈 것. 地獄道, 餓鬼道, 畜生道, 阿修羅道, 人間道, 天上道. 이렇게 生死의 범위를 벗어나지 못하고, 언제나 苦痛을 받는 흐름의 流轉을 계속하는 것.

7). 八苦: 衆生들이 받는 8종의 苦痛. 生苦, 老苦, 病苦, 死苦, 愛別離苦, 怨憎會苦, 求不得苦, 五陰 盛苦이다.

8). 술위�: 술위+ᄭᅵ(수에바퀴)

9). 횟돌씨라: 회+ㅅ+돌+ㄹ씨라(빨리 도는 것), ('ㅅ'은 촉음).

10). 여슷: 이어슷>이어섯>여섯('어'가 순행 동화한 것).

11). 길히라: 길ㅎ+이라('길ㅎ'은 'ㅎ'종성체언).

12). 봇ᄀᆞᆯ씨라: 봇ㄱ(다)+ㄹ씨라.

月釋 序 · 4b

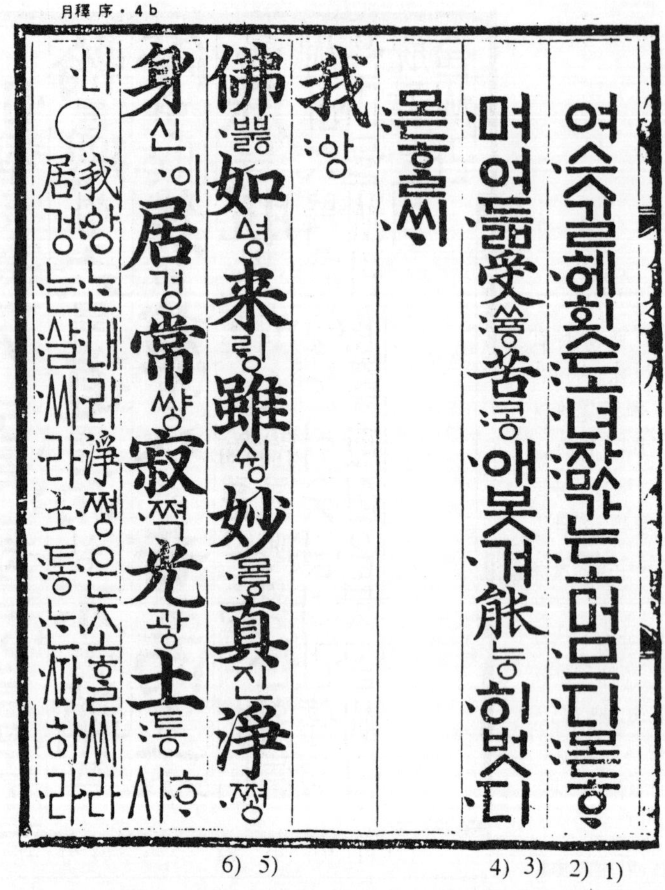
여ᄉᆞᆺ길헤횟도녀잠간도머므디몯ᄒᆞ
며여듧受쓯苦콩애ᄇᆞᆺ겨能ᄂᆞᆼ히업스니
몯ᄒᆞᆯ씨
我앙
佛뿛如셩來링雖슁妙묳眞진淨쪙
身신이居겅常썅寂쩍光광土통애ᄉᆞ시ᄒᆞ
○我앙ᄂᆞᆫ내라淨쪙은조ᄒᆞᆯ씨라
居겅ᄂᆞᆫ살씨라土통ᄂᆞᆫᄯᅡ히라

6) 5) 4) 3) 2) 1)

---

1).횟도녀: 회+ㅅ+돌(다)+녀(다).즉, 돌(다)+녀(다)에서 'ㄹ'이 탈락한 복합용언.

2).잠간:잠(暫)+간(間)의 복합에서 'ㅅ'은 촉음.

3).여듧: 이어듧〉이어덟〉여덟.('여슷'처럼 '어'의 순행동화 현상.

4).受苦: 衆生이 輪廻 六道에서 벗어 나지 못하고, 輪廻를 거듭하는 苦痛.

5).佛: 佛陀 (범) Buddha의 준말. 佛은 Buddha의 借音이다.

6).如來: (범) Tathāgata. 부처님 10호의 1이다. 多陀阿伽陀, 多陀阿伽度, 怛他蘖多라 音譯. 위의 Tathāgata는 tathā와 gata의 合成語로 tathā는 眞實, 眞理, 如是, 如實의 뜻, gata는 가다(逝)와 오다(來)의 뜻. tathā+gata는 지금까지 부처님네와 같이 정도의 같은 길을 걸어서 涅槃의 彼岸에 간 사람이란 意味. 즉, 善逝, 到彼岸의 의미. tatha+āgata는 眞理에 到達한 사람이란 의미. tatha+āgata는 지금까지의 諸佛과 같이 저들과 같은 길을 걸어서 동일한 理想境에 도달한 사람이란 의미. āgata를 오다(來)로 해석하면 如來라는 것은 부처님네와 같은 길을 걸어서 이세상에 來現한 사람, 여실한 진리에 수순하여 이 세상에 와서 진리를 보여주는 사람이란 의미. 漢譯에서는 이 뜻에 의하여 如來를 해석하여 如로서 來生한 사람이라고 함.

月釋 序·5a

妙묳眞진淨쪙身신은 淸청淨쪙法
법身신을 ᄉᆞᆲᄫᆞ시니라 ᄆᆞ로ᄃᆡ 寂쪅
寂쪅호미 일후미 긋거늘 엇뎨 法법
身신이라 일훔 지ᄒᆞ뇨 對됭答답ᄒᆞ
ᄃᆡ 法법이 實씷로 일훔 업건마ᄅᆞᆫ 機
긩ᄅᆞᆯ 爲윙ᄒᆞ야 ᄀᆞᆯᄒᆞ야 니ᄅᆞ노라 ᄒᆞ
야 寂쪅寂쪅體텡ᄅᆞᆯ ᄉᆞᆲᄫᆞᄃᆡ 구티여
法법身신이라 일ᄏᆞᆮᄌᆞᄫᆞ니라 ○ 常
쌍ᄋᆞᆫ 곧 法법身신이오 寂쪅ᄋᆞᆫ 곧 解
갱脫퇋이오 光광ᄋᆞᆫ 곧 般반若샹ㅣ
니 옮디 아니ᄒᆞ며 變변티 아니호미
常쌍이오 이슘 여희며 업슘 여희유
미 寂쪅이오 俗쑉 비취며
眞진 비취유미 光광이라

10) 9) 8) 7) 6) 5) 4) 3) 2) 1)

1). 妙眞淨身: 淸淨法身: 淸淨—(범) Śuddhā 나쁜 짓으로 지은 허물이나 煩惱의 더러움에서 벗어난 개끗함. 自性淸, 離垢淸淨의 두 종류가 있다. 法身—(범)Dharma-kāya 법은 眞如 法界의 理와 일치한 부처님의 眞身. 빛깔도 형상도 없는 本體身. 현실로 인간에 출현한 부처님 이상으로 열원한 佛의 本體. 부처님이 말씀하신 敎法. 혹은 부처님이 얻은 戒, 定, 慧, 解脫, 解脫知見을 법신이라 하기도 하나, 一般으로 大乘에서는 本體論的으로 宇宙의 本體인 眞如 實像 등으 法. 또는 그와 일치한 佛身을 法身이라 말한다. 妙眞은 奧妙한 眞如의 뜻.

2). 무로디: '묻(다)+오+디'에서 'ㄷ'변칙. '오'는 '디'앞이 삽입모음. **3)**. 긋거늘: 긋(긑다)+거늘. **4)**. 짛(다): 붙이다.(예: 아바님 지ᄒᆞ신 일훔 엇더ᄒᆞ시니〈龍歌 90〉. 사ᄂᆞᆫ 짜ᄒᆞ로 일훔지ᄒᆞ니라〈月釋一〉 23. 짓다: 만들다.(예: 계우즌 바비나 비서히애〈時用, 相杵〉. 새집 지서슈믄 곧 河濱이로다 〈杜詩初 十六, 24〉).

5). ᄀᆞᆯᄒᆞ야니ᄅᆞ노라: ᄀᆞᆯᄒᆞ(다)+(j)+아+니ᄅᆞ(다)+ᄂᆞ+오+라. 'ᄀᆞᆯᄒᆞ다'는 'ᄀᆞᆯ히다'와 같이 사용된다. 뜻은 '가리다' 선택의 의미가 있다. '-노라'는 1인칭 주어의 화자표시.

6). 술보디: 숣(다)+오+디. 사뢰다. 말씀드리다.

7). 일콛ᄌᆞᄫᆞ니라: 일콛(다)+ᄌᆞᆸ+ᄋᆞ니라. '일콛다'는 말하다. '-ᄌᆞᆸ-'은 법신을 목적어로 받았기 때문이다.

8). 解脫: (범) Vimokṣa ; Vimukta ; Vukti. (파) Vimokha ; Vimutta ; Vimutti . 毘木叉·毘木底 木底라 음역. 煩惱의 束縛을 벗어나 自由로운 境界에 이르는 것. 涅槃의 다른 이름. 涅槃은 佛敎 구경의 理想이니 여러가지 束縛에서 벗어난 상태이므로 解脫. 禪定의 다른 이름. 束縛을 벗고, 자재함을 얻는 것이 禪定의 德이므로 解脫이라 한다.

9). 般若: (범) Prajñā. 班若, 波若, 鉢若, 般羅若, 鉢刺若, 鉢羅枳孃이라고도 쓰며 慧, 明, 智慧라 飜譯. 法의 실다운 이치에 契合한 最上의 智慧. 이 般若를 얻어야 成佛하며 般若를 얻은 이는 부처님이므로 般若는 모든 부처님의 스승 또는 어머니라 일컬으며, 法의 如實한 理致에 계합한 平等, 絶對, 無念, 無分別일 뿐만 아니라 반드시 相對差別을 觀照하여 衆生을 敎化하는 힘을 가지고 있는 것이 특색. 이를 보통 2종, 3종, 5종 등으로 나눈다.

10). 변티아니호미, 이슘, 업슘, 여희유미, 비취유미 등은 모두 동사형으로 된 것들임. 고로 삽입모음개입.

月釋 序・5b

우리부텨如ᅀᅧᆼ來ᄅᆡᆼㅣ妙묳眞진淨
쪙身신이常썅寂쩍光광土통애사ᄅᆞ
시나釋셕迦강牟뭏尼닝ㅅ일후미毗
삥盧롱遮쟝那낭ㅣ시니그부텨
住뜡ᄒᆞ신ᄯᅡ해일후미
常썅寂쩍光광이라
以잉本본悲빙願원으로運운無뭉緣
원慈쫑ᄒᆞ샤現현神씬通통力륵ᄒᆞ샤○
運운은뮈울씨라現현은
나ᄐᆞᆯ씨라力륵은히미라

5) 4) 3) 2) 1)

1).常寂光土: 寂光土라고도함. 宇宙의 眞理를 國土라고 보는 것. 여기 住하는 부처님을 法身佛이라 함. 이 法身佛도 佛陀가 證得한 眞理를 佛身이라고 보는 것이어서 體는 다르지 않다. 다만 佛身觀의 發達에 따라 住하는 이와 住할 바 國土를 分立하여 法身이라한 것 그러므로 寂光土라 함은 眞理가 있는 곳. 곧, 宇宙 전체를 말함.

2).毘盧遮那: (범) Vairocana 毘盧舍那, 鞞盧折那, 吠嚧遮那, 盧舍那, 遮那라고도 쓰며, 遍一切處, 光明遍照라 번역. 遍照라고도 한다. 부처님의 眞身을 나타내는 칭호. 부처님의 身光을 智光이 理事無礙의 법계에 두루 비추어 圓明한 것을 의미함. 상호는 좌수로 우수의 인지를 잡고 있음.

3).悲願: 불, 菩薩이 衆生을 濟度하려는 大慈悲心으로 세운 誓願. 阿彌陀佛의 48誓願, 藥師如來의 12誓願 등이 있다.

4).無緣慈: 無緣慈悲의 준말. 3연자비의 하나 . 5蘊의 공적한 이치를 관하고 일으킨 慈悲. 地藏 菩薩의 자비. 이것을 衆生緣, 法緣의 慈悲에 대해서 大悲라 한다. 그러나 無緣觀心에 대하면 아직 聯關이 있으므로 小悲라한다. 心相을 모두 없애 분별 연관하는 것이 없이 저절로 지어지는 慈悲. 이것은 부처님의 大無量心으로써 緣觀 修習하는 3觀의 小悲에대하여 無緣의 大悲라 한다.
無緣이란 마음에 眞如를 관하지도 않고, 平等 第一의 중에서 自然히 安住함을 말한다. 부처님의 大悲 가운데서의 無緣.

5).神通力: 우리의 마음으로 헤아리기 어렵고, 생각할 수 없는 無礙 自在한 힘.

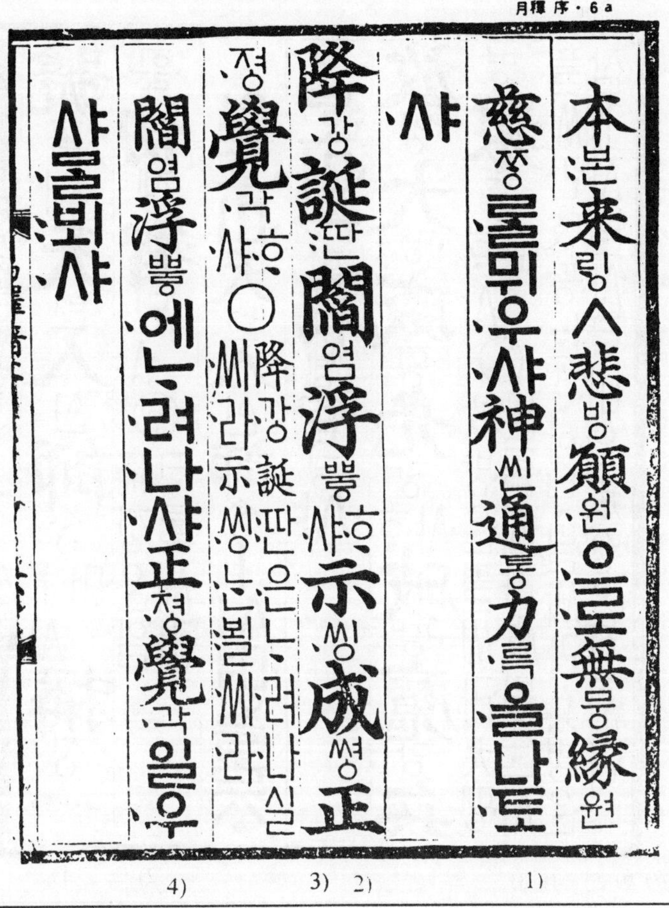

---

1). 뮈우샤: 뮈(다)+우+샤(주체존칭 선어말어미). '-우-'는 사동의 선어말어미.

2). 閻浮: 閻浮提의 준말. (범) Jambu-dvipa 閻浮提鞞波, 贍部洲. 須彌四洲의 하나. 須彌山의 남쪽에 있으며 7금산과, 대철위산 중간 짠물 바다에 있는 大洲 이름. 穢洲, 穢樹城이라 飜譯함은 閻浮나무가 繁盛한 나라의 뜻. 勝金洲. 好金土라 함은 閻浮鍛金을 產出하는 나라의 뜻.

3). 正覺: 앞 주에서 설명.

4). 일우샤ᄆᆞᆯ뵈샤: 일(다)+우+시+아+ㅁ+ᄋᆞᆯ. ('아'는 어말어미(삽입모음)으로 혹자는 '오'를 사용한다 하나 '그렇게 주장하면 '샴'이 되지 못하고 '숌'이 된다). 뵈샤: 보(다)+샤.

月釋 序 · 6b

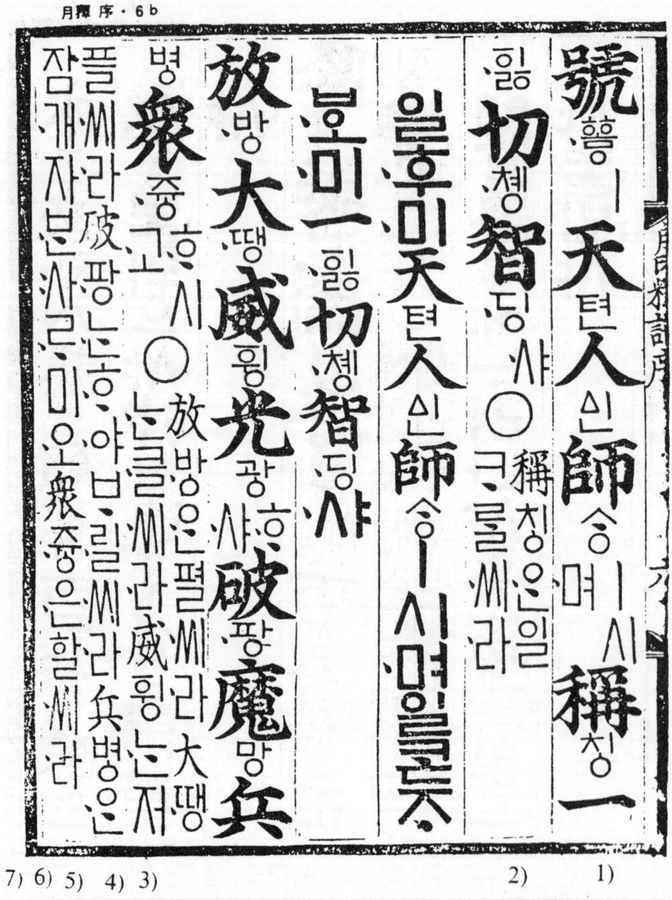
號ᅘᆞᇢㅣ天텬人ᅀᅵᆫ師ᄉᆞᆼㅣ시며稱칭一ᅙᅵᇙ切쳉智딩샤 ◯ 稱칭ᄋᆞᆫ 일ᄏᆞᄅᆞᆯ씨라 일후미天텬人ᅀᅵᆫ師ᄉᆞᆼㅣ시며일ᄏᆞ로미一ᅙᅵᇙ切쳉智딩샤放방大땡威ᅙᅱᆼ光광ᄒᆞ샤破팡魔망兵병衆즁ᄒᆞ시고 ◯ 放방ᄋᆞᆫ 펼씨라 大땡ᄂᆞᆫ 클씨라 威ᅙᅱᆼᄂᆞᆫ 저플씨라 破팡ᄂᆞᆫ ᄒᆞ야ᄇᆞ릴씨라 兵병ᄋᆞᆫ 잠개 자ᄇᆞᆫ 사ᄅᆞ미오 衆즁ᄋᆞᆫ 할씨라

7) 6) 5) 4) 3) 2) 1)

1).天人師: (범) Devamanuṣyaśāstṛ '데파마누사사다'라 音譯. 부처님은 天과 人의 스승이라는 의미.
天人: (범) Apsara 또는 飛天. 樂天. 天上의 有情들. 虛空을 날아다니며 音譯을 하고, 하늘 꽃을 흩기도 하며 항상 즐거운 경계에 있지마는 그 복이 다하면 五衰의 괴로움이 생긴다. (범)Devamanuṣya 人天. 天上의 有情과 人間의 有情. 곧, 天과 人. 예: 上元寺 범종의 飛天像은 천인의 활동하는 모습을 보인 것.

2).智: (범) Jñāna (파)Ñāṇa 闍那, 若那라음역. 決斷하는 뜻. 모든 事象의 道理에 대하여 그 是非·邪正 곧, 分別 判斷하는 마음의 작용. 智는 慧의 여러 作用의 하나이나. 智慧라 붙여서 쓴다. 佛敎에서는 悟界의 眞因은 智를 얻는 데 있다하고, 佛果에 이르러 智를 主德으로 한다. 智에도 二智, 三智, 四智, 五智, 八智, 十智, 十一智, 二十智, 四十八智, 七十七智 등이 있다.

3).ᄇᆞ릴씨라: ᄇᆞ리(다)+ㄹ씨라

4).저플씨라: 젛(다)+브(다)+ㄹ씨라. '젛다'는 동사로, 두렵다는 의미이고, '-브다'는 형용사화 접미사. 저프다는 '젛다'에서 전성된 것.

5).잠개: 장기. 쟁기. 곧, 병장기(무기)를 뜻함.

6).잠개자ᄇᆞᆫ사ᄅᆞ미오: 무기를 잡은 사람은 兵卒을 말한다. '-이오'는 '-이고'임.

7).할씨라: 하(다)+ㄹ씨라. '하다'는 많다의 뜻이므로 大衆을 말한다.

月釋 序 · 7a

큰威ᅙᅱᆼ光광ᄋᆞᆯ펴샤魔망兵병衆즁ᄋᆞᆯ
ᄒᆞ야ᄇᆞ리시고[1]
大땡啓켕三삼乘씽ᄒᆞ시며廣광演연[2]
八밣敎ᇢᄒᆞ샤 ○ 啓켕ᄂᆞᆫ 열씨라 廣광ᄋᆞᆫ 너블씨오 演연ᄋᆞᆫ[3]
부를씨라
三삼乘씽ᄋᆞᆯ 크게 여르시며 八밣敎ᇢ
ᄅᆞᆯ 너비 부르샤

1). ᄒᆞ야ᄇᆞ리시고: 헐어버리다. 예: 마계를 뮈워 ᄒᆞ야ᄇᆞ려 〈愣嚴 九. 47〉

2). 三乘: 聲聞, 緣覺, 菩薩에 대한 세가지 敎法. 乘은 물건을 실어 옮기는 것을 목표로 함. 부처 님의 敎法도 衆生을 실어 涅槃의 언덕에 이르게 하는데 比喩함. 聲聞僧은 四諦의 法門이므로 부처님이 말씀하는 소리를 듣고, 解脫을 얻음. 緣覺僧은 12因緣의 法門이니, 스승에게 가지 않고, 스스로 잎이 피고, 꽃이지는 따위의 理致를 깨닫는 것. 菩薩僧은 6婆羅密의 法門이므로 菩薩은 이 法門에 의하여 스스로 解脫하고, 남을 解脫케하여 부처를 이룸. 三乘法에 의하여 각기 修行을 마치고, 얻은 聲聞果, 緣覺果, 菩薩果를 말한다.

3). 八敎: 天台宗에서 말하는 化儀四敎와 化法四敎를 말한다. 化法四敎는 天台宗에서 釋尊 一代의 敎說을 敎化하는 法. 곧, 敎理의 내용에 의하여 四種으로 分類한 것. 藏敎, 通敎, 別敎, 圓敎이다. 藏敎--經, 律 論의 3장으로 된 小乘敎. 通敎--聲聞, 緣覺, 菩薩이 3乘이 함께 받는 法. 別敎--釋種이 三界 밖의 衆生들에게 대하여 萬有는 이로보면 平等하여 差別이 없음을 가르치는 敎法. 圓敎--華嚴經의 '圓滿因緣修多羅' 또는 '圓滿經'이란 말이 있다. 이것으로 佛敎를 批判하여 勝劣, 淺深을 定하는 敎相判釋을 삼고, 漸頓圓의 3敎를 세운 것. 頓敎-- 一定한 차례에 의하지 않고, 變則的으로 한꺼번에 깨달아 解脫함. 곧, 부처님이 成道한 直後에 說한 華嚴經을 말한다. 漸敎--점점 차례를 밟아 說한 敎. 阿含經, 方等經, 般若經의 차례로 法華經, 涅槃經에 이르는 敎說을 말한다. 秘密敎--秘密 否定의 뜻. 상대의 性質, 知識 들이 일정치 않으므로 平等하게 그 요구에 응하기 위하여 듣는 사람들이 제 각기 지기의 나름으로 이해할 수 있는 巧妙한 敎. 듣는 사람들은 제 각기 알고 있으나, 그 각각 다르게 알고 있는 내용은 서로 알지 못하는 것이 否定敎의 特色이다.

月釋 序·7b

潤슌之징六륙合합ᄒᆞ시며沾텸之징十씹方방ᄒᆞ샤 ○ 潤슌沾텸은저질씨라合합은對됭ᄒᆞ야서르ᄧᅡᆨ마촐씨니六륙合합은天텬地띵四ᄉᆞᆼ方방이라 六륙合합애저지시며十씹方방애저지샤 言언言언이攝셥無뭉量량妙묭義읭ᄒᆞ시고句궁句궁ㅣ含함恒ᅘᆼ沙상

5) 4) 3) 2) 1)

---

1).六合: 천,지, 사방(동, 서, 남, 북) 곧, 우주를 지칭한다.

2).十方: 四方, 東北, 東南, 西南, 西北, 上, 下와 東, 西, 南, 北을 합하여 十方이라한다. 온 宇宙를 意味 하기도 한다. 十方世界, 十方淨土(十方에 있는 무수한 여러 부처님네의 淨土. 十方座斷)

3).언언이: '이'는 주격조사. 句句ㅣ: 'ㅣ'도 주격조사

4).無量: 헤아릴 수 없는 많은 數, 量, 無量覺, 無量光, 無量光明土, 無量光天, 無量四諦 등으로 사용되거고 있다. 感慨無量 같은 常用句는 여기서 나온 말이다.

5).恒沙: 恒河沙가 원말. 殑伽沙, 恒水沙, 恒水邊流沙, 恒邊沙, 恒河의 모래란 뜻. 無量, 無數의 大數.

法법門몬ᄒᆞ샤 ○ 攝셥은 모도디닐씨라 義읭ᄂᆞᆫ ᄠᅳ디라 句궁ᄂᆞᆫ 말ᄊᆞᆷ 그츤 ᄯᅡ히라 含ᅘᅡᆷ은 머구믈 씨라

말ᄊᆞᆷ마다 그지업슨 微밍妙묳ᄒᆞᆫ ᄠᅳ들 모도잡ᄂᆞ시고 句궁마다 恒ᅘᅳᆼ沙상法

법門몬을 머구므샤

開캥鮮갱脫탏門몬ᄒᆞ샤 納납淨쪙法

법海ᄒᆡ ᄒᆞ시니 ○ 開캥ᄂᆞᆫ 열씨라 解갱 脫탏은 버슬씨니 아

4) 3) 2) 1)

---

1). 모도: 모도>모두(모음조화의 파괴. 강화작용)

2). 머구믈씨라: 먹(다)+우+ㅁ+ㄹ씨라. '먹다'의 동명사형.

3). 法門: 法은 敎法. 門은 드나드는 것. 부처님의 敎法은 衆生으로 하여금 나고, 죽는 苦痛의 세계를 벗어나 理想境인 涅槃에 들게 하는 門이므로 이렇게 이른다.

4). 淨法: 부처의 敎法.

月釋 序·8b

모ᄃᆡ 도ᄆᆞ 긴 ᄃᆡ 업서 듣긇ᄠᅴ 걸위디

몯홀씨라 納납ᄋᆞᆫ 드릴씨오 海힝ᄂᆞᆫ

바ᄅᆞ리라

解갱脫퇋門몬ᄋᆞᆯ 열르샤 淨쪙法법海

힝예 드리시니

其끵撈롷摝록人신天텬ᄒᆞ시며 拯징

濟젱四ᄉᆞᆼ生ᄉᆡᆼᄒᆞ신 功공德득을 可캉

勝싱讚잔哉징아 ○ 撈롷ᄂᆞᆫ 므레 거릴씨오 摝록ᄋᆞᆫ

6) 5) 4) 3) 2) 1)

---

1). 듣긇떡: 듣글+ㆆ+떡. '듣글'은 틱글. 'ㆆ'은 절음부호. 떡(垢)이다.

2). 걸위디몯홀씨라: 걸위(다)+디+몯ᄒᆞ(다)+ㄹ씨라. '걸위다'는 걸리다.

3). 드릴씨오: 드리(다)+ㄹ씨+고. '드리다'는 本第入納에서의 납(納)은 '드리다'

4). 바ᄅᆞ리라: '바ᄅᆞᆯ'과 '바다'의 공존과 '바다'의 득세에 의해 '바ᄅᆞᆯ'이 死語가 됨.

5). 解脫: (범) Vimukta Vimokṣa (파) Vimokha Vimutta Vimutti 毘木叉. 毘木底. 木底라 音譯. 煩惱으 束縛을 벗어나 自由로운 境界에 이르는 것. 涅槃의 딴 이름. 禪定의 딴 이름. 束縛을 벗고, 自在함을 얻는 것이 禪定의 德이므로 解脫이라고 한다.

6). 四生: (범) Catasro-yonayaḥ 생물이 나는 형식의 네가지. 胎生, 卵生, 濕生, 化生의 길.

月釋序·9a

뻘씨라 拯징은 거려낼씨오 濟젱는
건날씨라 可캉는 어루ᄒᆞ논마리오
勝싱은 이긜씨라 哉징는
입겨체 ᄡᆞ논 字쭝ㅣ라
人신天텬을 거려내시며 四ᄉᆞᆼ生ᄉᆡᆼ을
거려 濟젱度똥ᄒᆞ신 功공德득을 어루
이긔여 기리ᅀᆞᄫᆞ려
天텬龍롱所송誓쎙願원 以잉流륳
通통이시며 國귁王왕所송受쓩囑죡

7) 6) 5) 4) 3) 2) 1)

1). 뻘시라: 뻘(다)+ㄹ씨라. 곧, 떨아버리다, 떨치다.

2). 어루: 가히(부사).

3). 이길씨라: 이긔(다)+ㄹ씨라. 이긔다>이기다(긔>기는 단모음화).

4). "人天을 …기리ᅀᆞᄫᆞ려"의 문장은 주어가 부처이고, 그 문장속의 '-시-'는 주체존칭 선어말 어미로 부처를 높여준다. '-ᅀᆞᆸ-'은 부처의 功德이므로 話者나 聽者보다 位相이 높은 것이기에 '-ᅀᆞᆸ-'을 사용할 수 있는 것이다.

5). 天龍: 天龍八部의 준말이다. 천용팔부는 1.天--(범)Deva 提婆라음역. 광명, 자연, 청정, 자재, 최승 등의 뜻이있다. 또, 인도에서는 모든 神을 總稱하는 말. 萬物을 主宰하는 이, 造物主, 上帝 등. 人間 世界보다 수승한 果報를 받는 좋은 곳. 欲界天, 色界天, 無色界天이 있다. 2. 龍--(범)Nāga 八部中의 하나. 佛法을 守護하는 神. 本來 印度에 사는 龍 種族들이 뱀을 숭배하는 신화에서 일어난 것. 3. 夜叉--(범) Yakṣa 八部中의 하나. 威德, 暴惡, 勇健, 貴人,捷疾鬼, 司祭鬼라 飜譯. 천야차, 공야차 허공야차의 세 종이 있다. 4. 阿修羅, 5. 가루라, 6. 건달바, 7. 긴나라, 마후라가 등이 있다. 모두 불법을 수호하는 神將들이다

6). 誓願: 결정코 목적을 이루려고 맹세함. 불, 보살에게는 반드시 總誓願, 別誓願이 있으니 總誓願은 四 弘誓願 으로 모든 佛, 菩薩이 다 일으키는 것이고, 별서원은 이타불의 四十八서원 藥師如來의 十二. 誓願과 같이 한 부처님에게만 국한한 誓願이 있다.

7). 咐囑: 부처님은 설법한 뒤에 천중 가운데서 어떤 이를 가려내어 그 법의 傳授를 부탁하는 것 이 常例이다. 經文 가운데서 咐囑하는 일을 말한 부분을 囑樓品, 咐囑段이라 한다. 흔히 經의 맨 끝에 있다. 法華經과 같은 것은 예이다.

月釋 序 · 9b

以擁護ㅣ니 天龍이 誓願ᄒᆞ샤 流通ᄒᆞ시논 배시며 國王이 付囑 받ᄌᆞᄫᆞ 擁護ᄒᆞᄂᆞᆫ 배니 昔在丙寅ᄒᆞ야 昭憲王后ㅣ 奄棄榮養ᄒᆞ야시ᄂᆞᆯ 痛言在疚ᄒᆞ야

1).“天龍이 誓願ᄒᆞ샤… 流通ᄒᆞ시논 배시며… 국왕이 咐囑 받ᄌᆞᄫᆞ… 옹호ᄒᆞᄂᆞᆫ배니”의 첫 문장은 주어가 天龍이기 때문에 ‘-시-’로 존경한 것이다. 둘째 문장의 ‘-즙-’이 쓰인 것은 釋尊의 咐囑을 받은 자가 국왕이기에 話者〈客語〉聽者의 位相에 만족하는 것이다.

2).昭憲王后ㅣ: ‘ㅣ’는 주격조사.

3).榮養: 왕비로서의 대접을 받는 것.

4).ᄒᆞ야시ᄂᆞᆯ: 하시거늘

月釋 序·10a

罔망知딩攸윻措총ᄒᆞ다니 ㊀ 昔셕은 녜라 在ᄶᆡᆼ는 이실 씨라 奄험은 믄득 ᄒᆞ논 ᄠᅳ디라 棄킹는 ᄇᆞ릴 씨라 縈ᅙᅧᆼ養양은 縈ᅙᅧᆼ華ᅘᅪᆼㅅ 供공養양이라 痛통은 셜볼 씨라 言언은 말ᄊᆞᆷ 겨체 ᄡᅳᄂᆞ니라 疚궁ᄂᆞᆫ 슬허ᄒᆞᄂᆞᆫ 病뼝이라 罔망은 업슬 씨오 攸융ᄂᆞᆫ 所송字ᄍᆞᆼᄒᆞᆫ 가지오 措총ᄂᆞᆫ 둘 씨라

녜 丙병寅인年년에 이셔 昭ᅗᅳᇢ憲헌王왕后ᅘᅮᇢㅣ 縈ᅙᅧᆼ養양ᄋᆞᆯ 奄험棄킹ᄒᆞ시ᄂᆞᆯ

6) 5) 4) 3) 2) 1)

---

1). 昔은녜라: '녜'는 녜+이라. 옛날이라.

2). 믄득: 문득(원순모음화 현상).

3). ᄇᆞ릴씨라: ᄇᆞ리(다)+ㄹ씨라.(ᄇᆞ〉버는 어근의 모음 교체 현상)

4). 셜볼씨라: 셟(다)+을씨라.

5). 슬허ᄒᆞ: ᄉᆞᇙ(다)+어+ᄒᆞ(다). 'ᄉᆞᇙ다'는 동사. ᄉᆞᇙ(다)+브다(형용사화 접미사)와 결부되어 형용사.

6). 이셔: '이시+어'로 '이시다'가 기본형이다.

月釋 序 · 10b

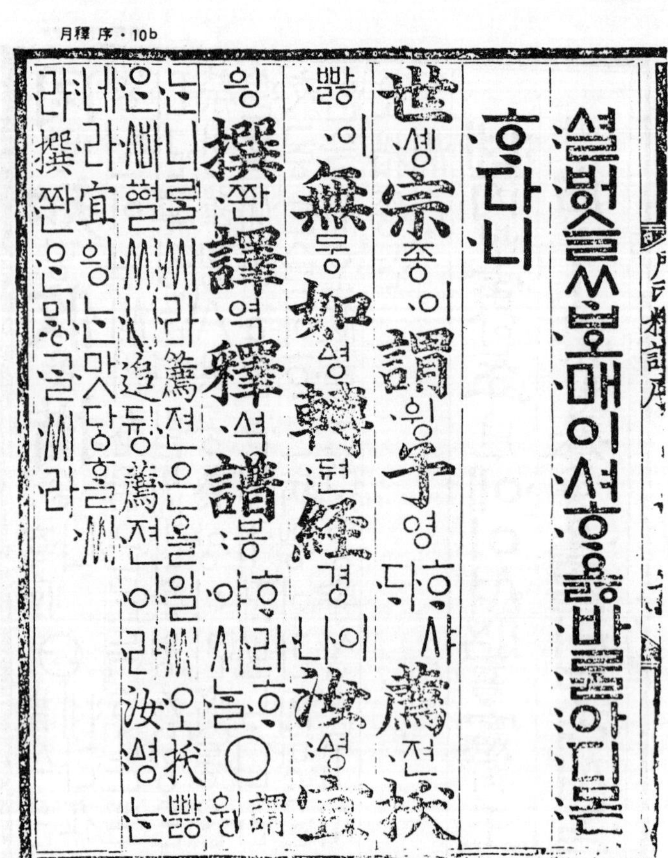
셜ᄫᅥ슬ᄊᆞᄫᆞ매 이셔 ᄒᆞ욜 바ᄅᆞᆯ 아디몯
ᄒᆞ다니
世솅宗종이 謂윙予영ᄒᆞ샤ᄃᆡ 薦젼拔
빯이 無뭉如ᅀᅧᆼ轉뒨經경이니 汝ᅀᅧᆼ宜
잉撰쫜譯역釋셕譜봉ᄒᆞ야 시라 ᄒᆞ시ᄂᆞᆯ ○ 謂윙
ᄂᆞᆫ 니ᄅᆞᆯ 씨라 薦젼은 올일 씨오 拔빯
은 ᄲᅢ혈 씨니 追듕薦젼이라 汝ᅀᅧᆼᄂᆞᆫ
네라 宜잉ᄂᆞᆫ 맛당ᄒᆞᆯ 씨
라 撰쫜은 ᄆᆡᇰᄀᆞᆯ 씨라

6) 5) 4) 3) 2) 1)

---

1). 셜버슬쏘ᄫᆞ매: 셟(다)+어+ᇰ(다)+ᅀᆞᆸ+오+애. '셟다'와 '슳다'의 복합. '쏘'의 'ㅆ'는 '슳다'의 'ㅎ'이 대표 소리 'ㅅ'으로 된 것이므로, 'ㅆ'의 'ᄊᆞᆸ'이 된 것이다.

2). ᄒᆞ욜바: 'ᄒᆞ(다)+오+ㄹ+바'에서 'ᄒᆞ'와 '오'사이 에서 모음충돌 회피 현상에 의하여 반모음 'j'가 개입되어 '요'가 된것이다.

3). 아디몯ᄒᆞ다니: 알(다)+디+몯ᄒᆞ(다)+다+니. '다'는 회상시제 선어말 어미 '더'에 삽입모음 '아'가 개입되어 '-다-'가 된 것이다. 이'-다-'는 1인칭 주어의 화자표시. '-더-'는 중세국어에서는 2, 3인칭에 사용.

4). 予는 '나'를 뜻하는 것이고, 汝는 너를 의미하는 것이다.

5). 올일씨라 : 올이(다)+ㄹ씨라.

6). ᄲᅢ혈씨라: ᄲᅢ혀(다)+ㄹ씨라. 'ᄲᅢ혀다'는 '빼다'.

月釋 序 · 11a

世솅宗종이 날ᄃᆞ려 니ᄅᆞ샤ᄃᆡ 追됭爲

쪈이 轉둰經경ᄀᆞᆮᄒᆞ니업스니 네 釋셕

譜봉ᄅᆞᆯ ᄆᆡᇰᄀᆞ라 飜펀譯역ᄒᆞ미 맛당ᄒᆞ

니라 ᄒᆞ야시ᄂᆞᆯ

予영受쓯

慈ᄍᆞᆼ命명방ᄒᆞᅀᆞ 盡찐用용覃땀思ᄉᆞᆼ

ᄒᆞ야 得득見견祐웋宣숸二ᅀᅵᆼ律륧師

7) 6) 5) 4) 3) 2) 1)

1). 날ᄃᆞ려: 나+ᄅᆞᆯ+ᄃᆞ려. 'ᄃᆞ려'는 '에게'로 여격조사다.

2). 니ᄅᆞ샤ᄃᆡ: 니ᄅᆞ(다)+시+아+ᄃᆡ. '아'는 삽입모음, '-ᄃᆡ'는 삽입모음을 필요로 한다. '니ᄅᆞ다'는 말하다.

3). 轉經: 轉은 여기서 저리로 옮겨가는 의미. 祈願등을 할 때는 많은 經典을 읽어 넘기는 것. 곧, 轉讀이라 한다. 또, 眞讀이라고도 한다.經文의 글자를 따라서 낱낱이 읽는 것이 아니고, 卷마다 처음과 가운데와 끝에서 몇 줄씩만을 읽고, 나머지는 책장만을 넘겨서 읽는 시늉을 한다.

4). 轉經ᄀᆞᆮᄒᆞ니업스니: ᄀᆞᆮᄒᆞ(다)+ㄴ+이+없+으니. '이'는 의존명사.

5). ·네: 네+주격조사가 생략된 것.

6). 予受하고, 밑에 생략된 것은 다음 바로 慈命이란 世宗이 내린 命(그것은 세종과 같게 생각한 것)이 있기 때문이다.

7). 律師: 戒律을 잘 아는 이. 僧鋼職의 하나, 佛制에 의하여 僧尼의 그릇된 일을 檢察하는 僧官.

月釋 序·11b

ᄉᆞᆼㅣ各각有ᅌᅮᇢ編변譜봉ᄒᆞ되而ᅀᅵᆼ
쌍略략·이不붏同똥커늘 ○ 命명은 시기논마리
라盍혁은더을씨라覃땀은너블씨 오思ᄉᆞᆼᄂᆞᆫᄉᆞ랑ᄒᆞᆯ씨라見견은볼씨
라祐ᅌᅮᇢᄂᆞᆫ南남齊쪵律륧師ᄉᆞᆼ僧ᄉᆞᆼ 祐ᅌᅮᇢㅣ오宣숸은唐땅律륧師ᄉᆞᆼ道
똥宣숸이라編변은글월밍ᄀᆞᆯ씨라 略략은저글씨라南남齊쪵와唐땅
과ᄂᆞᆫ나랏 일훔이라
·내慈ᄍᆞᆼ命명·을받ᄌᆞᄫᅡ·더욱ᄉᆞ랑·ᄒᆞ몰

7) 6) 5) 4) 3) 2) 1)

1). 시기논마리라: 시기(다)+ᄂᆞ+오+ㄴ+말+이라.
2). 더을씨라: 더으(다)+ㄹ씨라. '더으다'는 더하다, 보태다.
3). 思ᄂᆞᆫᄉᆞ랑ᄒᆞᆯ씨라: 'ᄉᆞ랑'은 생각하다.
4). 져글씨라: 젹(다)+을씨라. 생략하다.
5). 나랏일후미라: 나라+ㅅ+일훔+이라. '일훔'은 이름.
6). ·내: 주격조사가 생략된 상태.
7). ᄉᆞ랑호몰: ᄉᆞ랑+ᄒᆞ+오+ᄋᆞᆯ. 'ᄉᆞ랑ᄒᆞ다'의 명사형.

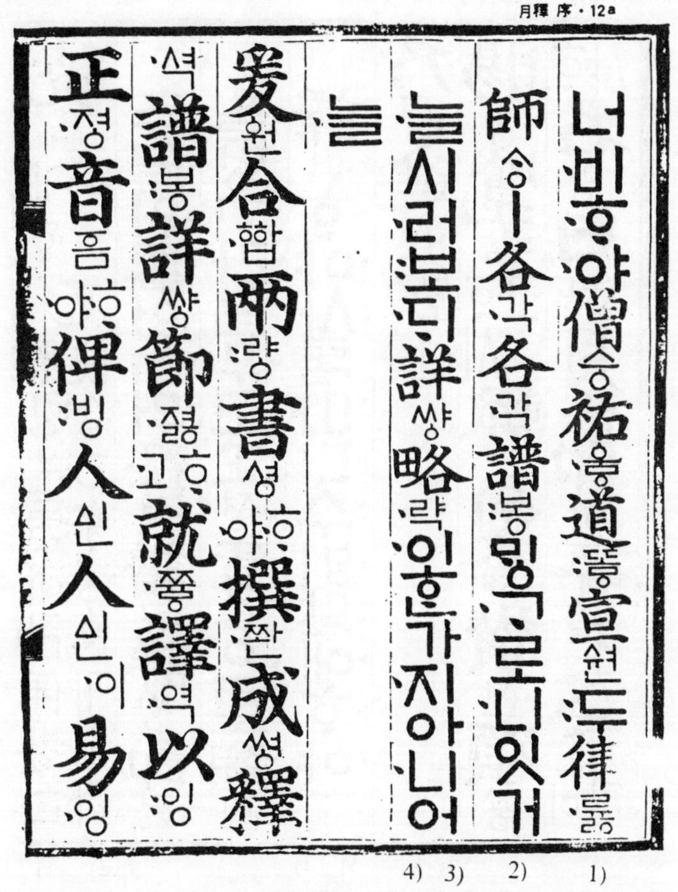

너비 ᄒᆞ야 僧승祐ᅌᅮᇢ道ᄄᆞᇢ宣숸 두 律륧
師ᄉᆞᆼ ㅣ 各각各각 譜봉 ᄆᆡᇰᄀᆞ로니 잇거
늘 시러보ᄃᆡ 詳썅略략이 ᄒᆞᆫ가지 아니어
늘
爰원合합兩량書셩ᄒᆞ야 撰쫜成쎵釋
셕譜봉詳썅節졇ᄒᆞ고 就쯯譯역以잉
正졍音흠ᄒᆞ야 俾빙人신人신ᄋᆡ 易잉

4) 3) 2) 1)

1).너비: 넙(다)+이. '이'는 부사화 접미사. 후에 '넙'에 'ㄹ'이 첨가된 것.

2).ᄆᆡᇰᄀᆞ로니: ᄆᆡᇰᄀᆞᆯ(다)+오+ㄴ+이. '이'는 의존명사. '오'는 관형사형 'ㄴ' 때문에 개입된 것.

3).시러보ᄃᆡ: 실(다)+어+보+오+ᄃᆡ. '-오-'는 보이지 않지만 'ᄃᆡ' 앞에는 삽입모음이 존재한다. '실다'는 '얻다'로 '得'字의 해석이다.

4).ᄒᆞᆫ가지아니어늘: ᄒᆞᆫ+가지+아니+거늘. '어늘'은 'ㅣ'모음 뒤에서 'ㄱ'이 탈락한 것. (이 부분의 해석은 두 律師의 編譜가 다르다는 것이다.)

月釋 序 · 12b

曉ᅘᅸᇢ케ᄒᆞ야 ○兩랑ᄋᆞᆫ 둘히라 俾빙ᄂᆞᆫ 使ᄉᆞᆼᅙ字ᄍᆞᆼᄒᆞᆫ가지라

두글워ᄅᆞᆯ 어울워 釋셕譜봉詳썅節졇

을 ᄆᆡᇰᄀᆞ라 일우고 正졍音ᅙᅳᆷ으로 翻펀

譯역ᄒᆞ야 사ᄅᆞᆷ마다 수비 알에 ᄒᆞ야

乃ᄂᆡᆼ進진ᄒᆞᅀᆞᄫᆞ니

賜ᄉᆞᆼ覽람ᄒᆞ시고 輒뎝製졩讚잔頌쑝

ᄒᆞ샤 名몡曰ᅌᅪᇙ 月ᅌᅯᇙ印ᅙᅵᆫ千쳔江강이라

7) 6) 5) 4) 3) 2) 1)

1). 둘히라: 둘ㅎ+이라. '둘'은 'ㅎ'종성 체언.

2). 俾빙ᄂᆞᆫ使ᄉᆞᆼᅙᄍᆞᆼ: 'ᅙ'는 받침 없는 한자음 밑에서 사이 소리로 사용되던 부호다.

3). 어울워: 어울(다)우+어. '어울우다'가 기본형.

4). 수비: 숩(다)+이. '이'는 부사화 접미사.

5). 알에: 알(다)+게.

6). 乃進밑에 줄을 비워둔 것은 다음에 賜覽(세종이 보고 주셨다는 것)이 있기 때문이다.

7). 乃進ᄒᆞᅀᆞᄫᆞ니: 내진ᄒᆞ(다)+ᅀᆞᆸ+오+니. '-ᅀᆞᆸ-'의 객어는 釋譜詳節이다. 즉, 그 객어는 話者 〈客語〉 聽者의 位相이기 때문이다.

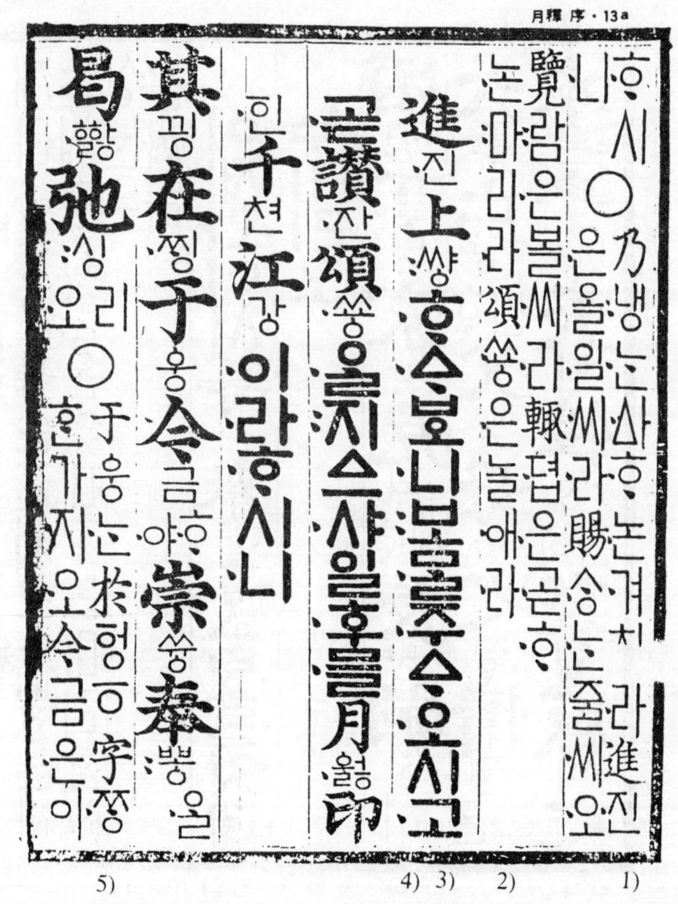

月釋 序 · 13a

ᄒᆞ시나 ○ 乃냉ᄂᆞᆫ ᅀᅡᄒᆞᄂᆞᆫ 겨치라 進진은 올일씨라 賜ᄉᆞᆼᄂᆞᆫ 줄씨오 覽람은 볼씨라 輒텹은 곧ᄒᆞᄂᆞᆫ 마리라 頌쑝은 놀애라

進진上썅ᄒᆞᅀᆞᄫᅩ니 보샤 주ᅀᆞ오시고

곧 讚잔頌쑝을 지ᅀᅳ샤 일훔을 月웛印

힌千쳔江강이라 ᄒᆞ시니

其끵在찡于웅今금ᄒᆞ야 崇쑹奉뽕을

曷ᅘᆞᇔ弛싱리오 ○ 于웅ᄂᆞᆫ 於헝ᅙ字쫑 ᄒᆞᆫ가지오 今금은 이

5) 4) 3) 2) 1)

1). -ᅀᅡᄒᆞᄂᆞᆫ: -야하다.

2). 놀애: 노래.

3). 進上ᄒᆞᅀᆞᄫᅩ니: 進上ᄒᆞ+ᄉᆞᆸ+오+니. '-오-'는 삽입모음(윗글의 주어는 보이지 않지만 일인칭 곧, 이 글을 쓰고 있는 수양이다. 자신의 말을 자신이 하는 1인친 주어의 화자 표시인 '-오-'이다.

4). 주ᅀᆞ오시고: 주(다)+ᄉᆞᆸ+ᄋᆞ시+고. '-ᄉᆞᆸ-'의 'ㅂ'이 '오'로 변한것. '주ᄉᆞᆸᄋᆞ시고'에서 '주ᅀᆞ오시고'가 된 것이다. 객어는 '세종이 보시고 주신 것'(월인석보)

5). 于웅ᄂᆞᆫ於헝ᅙ쫑: 36쪽의 주). 2)와 같음.

月釋 序・13b

제라 崇쓩은 尊존ᄒᆞᇙ 씨오 奉뽕은 바
들 씨라 曷ᅘᅡᇙ은 엇뎨ᄒᆞ논 마리오 弛
싱는 누
길 씨라
이제 와 이셔 尊존奉뽕ᄒᆞᅀᆞᄫᅩᆯ 엇뎨
누기리오
頃쿵丁뎡家강戹획ᄒᆞ야 長댱嗣쑹ㅣ
夭ᅙᅧᇢ亡망ᄒᆞ니 父뿡母뭏之징情쪙은
本본乎ᅘᅩᆼ天텬性셩이라 哀ᅙᅵᆼ戚쳑之

7) 6) 5) 4) 3) 2) 1)

---

1).누길씨라: 누기(다)+ㄹ씨라. 천천히 하다.

2).이셔: 이시(다)+어. (有).

3).尊奉: 世宗의 말을 받들어 모시는 것.

4).尊奉ᄒᆞᅀᆞ보ᇙ: 존봉ᄒᆞ(다)+ᅀᆞᆸ+오+ㅁ+올. '-ᅀᆞᆸ-'의 客語는 尊奉이다.

5).엇뎨: 어찌.

6).家戹ᄒᆞ야長嗣ㅣ夭亡: 세조(수양)의 맏아들이 스무살 때 죽은 것. 'ㅣ'는 주격조사.

7).天性: 본래부터 타고난 性質.=天質

月釋 序 · 14a

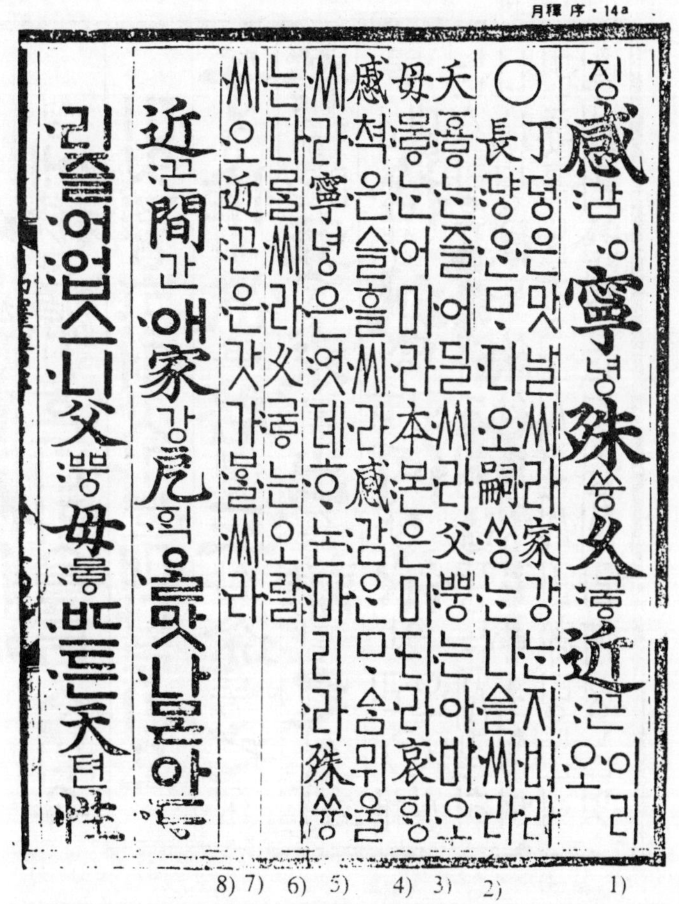
징感감·이寧녕殊쓩久궇近끈·이리오
丁뎡은 맛날씨라 家강는 지비라
○長댱은 ᄆᆞ·디오 嗣쓩는 니슬씨라
夭ᅙᅧᇢ는 즐어딜씨라 父뿡는 아비오
母뭏는 어미라 本본은 미티라 哀ᅙᆡᆼ
慼쳑은 슬흘씨라 感감은 ᄆᆞᅀᆞᆷ뮈울
씨라 寧녕은 엇뎨ᄒᆞᄂᆞᆫ 마리라 殊쓩
는 다ᄅᆞᆯ씨라 久궇는 오랄
씨오 近끈은 갓가ᄫᆞᆯ씨라
近끈間간·애 家강尼닝·ᄅᆞᆯ 맛나ᅀᆞᄫᅡ
리 즐어 업스니 父뿡母뭏 ᄇᆞᄃᆞᆫ 天텬性

8) 7) 6) 5) 4) 3) 2) 1)

1).-이리오: 이+리+오. '이'는 서술격 조사의 어간. '리'는 추측의 선어말어미. '-오'는 의문형어미로, 설의법을 나타낸다.

2).니슬씨라: 닛(다)+을씨라.

3).즐어딜씨라: 즐(다)+어+디(다)+ㄹ씨라. '즐다'는 '없어지다', '죽다'.

4).미티라: 밑+이라. '밑'은 근본.

5).ᄆᆞᅀᆞᆷ뮈울씨라: ᄆᆞᅀᆞᆷ>마움>마음. 뮈울씨라: 뮈(다)+우+ㄹ씨라. (움직이게 하다.)

6).다ᄅᆞᆯ씨라: 다ᄅᆞ(다)+ᄋᆞᆯ씨라. 다ᄅᆞ다>다르다.

7).오랄씨오: 오라(다)+ㄹ씨+고.(久). 'ㅣ'모음 뒤에서 'ㄹ'탈락.

8).갓가ᄫᆞᆯ씨라: 갓갑(다)+ᄋᆞᆯ씨라.

月釋 序・14b

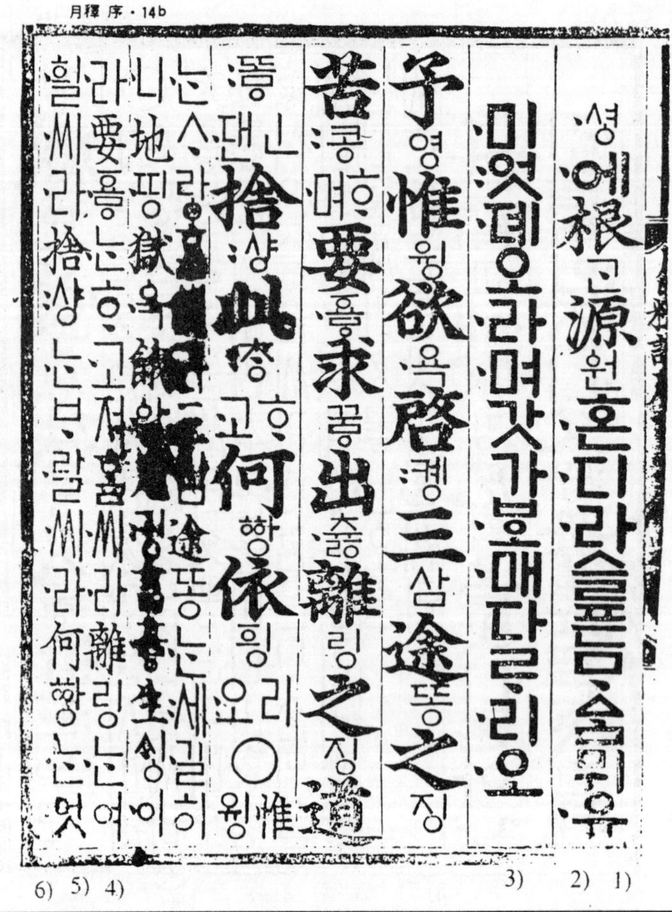

6) 5) 4) 3) 2) 1)

---

1). 根源혼디라: 근원ᄒᆞ(다)+오+ㄴ+디라. '-오-'는 삽입모음이다. 'ㄴ'은 관형사형 어미이고, '디'이 원래모양은 'ᄃᆞ'(원시추상명사)+이라. 의 'ᄃᆞ이>디'(모음충돌회피)로 된 것이다.

2). 뮈유미: 뮈(다)+(j)+우(삽.모)+ㅁ+이. 인데 '뮈+j(반모음)+우+ㅁ+이'가 되었다. 'j'는 모음충돌회피 현상 때문에 개입되어 '-유-'가 된 것이다.

3). 갓가봄매: 갓갑(다)+오+ㅁ+애. '애'는 원인격 조사.

4). ᄒᆞ고져: ᄒᆞ(다)+고져. '고져'는 '고쟈'로 되어야 함.

5). 여흴씨라: 여희(다)+ㄹ씨라. '여희다'는 이별하다.

6). ᄇᆞ릴씨라: ᄇᆞ리(다)+ㄹ씨라. ᄇᆞ리다>버리다(어근의 모음 교체 현상).

月釋 序・15a

뎨라ᄒᆞ논 마리라
내ᄉᆞ랑호ᄃᆡ 三삼途똥ㅅ 受쓩苦콩애
열오져ᄒᆞ며 나 여희욣 道똫ᄅᆞᆯ 求끃코
져ᄒᆞᇙ딘댄 이ᄇᆞ리고 어듸 ᄡᅳ트리오
轉둰成쎵了룧義읭호마 雖슁則즉旣
긩多당ᄒᆞ나 ○ 了룧義읭ᄂᆞᆫ 決궗斷돤ᄒᆞ야 ᄉᆞᄆᆞᆺ 츤ᄡᅳ디니 大
땡乘씽敎꾤ᄅᆞᆯ 니ᄅᆞ니라

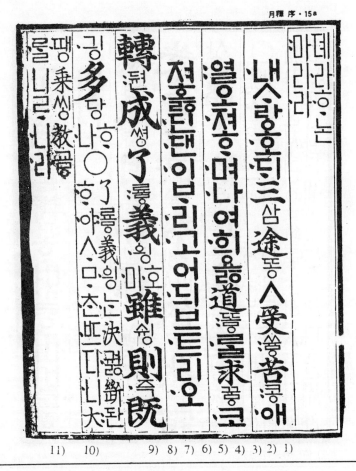

11)　10)　9)　8)　7)　6)　5)　4)　3)　2)　1)

1). 내ᄉᆞ랑호ᄃᆡ: 내(주격조사가 내재함)+ᄉᆞ랑ᄒᆞ(다)+오+ᄃᆡ. '-오-'는 삽입모음.

2). 三途: 三塗라고도 함. 火塗, 刀塗, 血塗이니 地獄, 餓鬼, 畜生을 말한다.

3). 三途ㅅ受苦: 'ㅅ'은 관형격 촉음. 受苦는 輪廻에 매여 벗어나지 못하고, 늘 고통을 당하는 것.

4). 受苦애: '애'는 처소격이 아니고, 목적격으로 보아야한다. 受苦는 죽사리의 고통을 받는 것.

5). 열오져: 열(다)+고져.

6). 여희욣道: 여희(다)+(j)+오+ㅭ+道. 'ㅭ'은 'ㄹ'관형사형 어미와 'ㆆ'은 경음부호, 절음부호, '요'는 'j'+오에서 온 것으로 모음충돌 회피현상에 의한 것. 곧, '여희욣'은 道를 수식하는 것.

7). ᄒᆞᇙ딘댄: ᄒᆞ(다)+오+ㅭ+딘댄(어미).

8). 이ᄇᆞ리고: 이+ᄇᆞ리(다)+고. '이'는 '이것' 즉, 月印釋譜를 말한다.

9). ᄡᅳ트리오: ᄫᅳᆯ(다)+으리+오. '-리-'는 추측의 선어말어미, '-오'는 의문형어미. 설의법으로 '의지할 곳 없다'의 뜻.

10). 사ᄆᆞᆺ츤ᄡᅳ디니: ᄉᆞᄆᆞᆾ(다)+ㄴ+ᄠᅳᆮ+이+니. (통달하다).

11). 大乘教: 成佛한다는 高尚하고 遠大한 큰 理想을 말한 教法. 이는 華嚴經, 法華經 등 여러 經에서 說한 것. 法相宗의 三時教에서는 空教를 大乘教라 하고, 三論宗의 二藏에서는 菩薩藏을 天台宗의 通教 以上을 華嚴宗의 五教에서는 始教 以上을 眞言宗의 十住心에서는 他緣大乘心 以上을 大乘教라 한다.

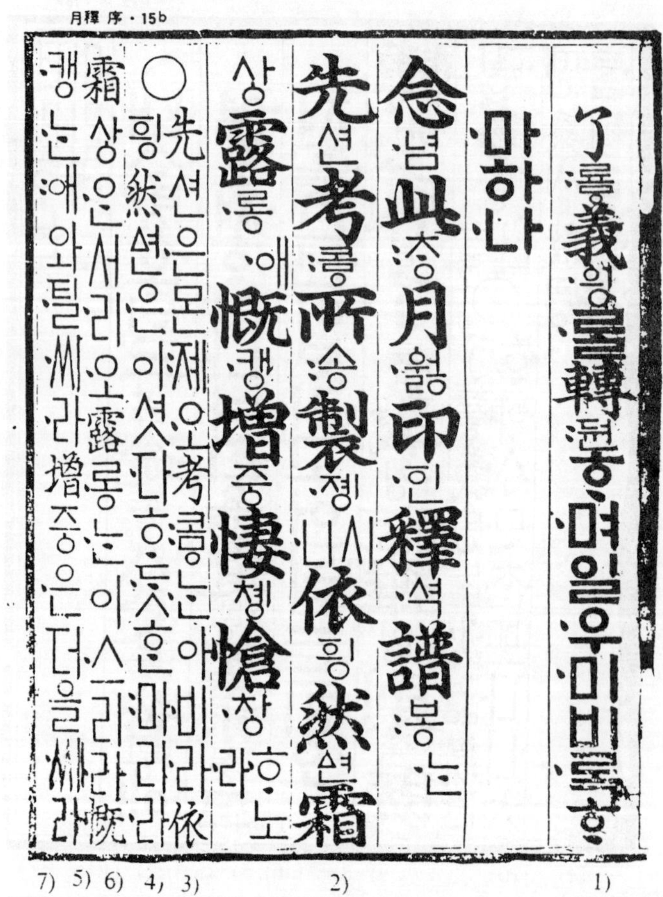

月釋 序 · 15b

了ᄅᆞᇢ義ᅌᅴᆼ를轉ᄃᆑᆫᄒᆞ며일우미비록ᄒᆞ
·마·하·나
念념此ᄎᆞᆼ月ᅌᅯᇙ印ᅙᅵᆫ釋셕譜봉ᄂᆞᆫ
先션考콩所송製졩니시依ᅙᅴᆼ然ᅀᅧᆫ霜
상露롱애慨캥增증悽쳥愴창ᄒᆞ노라
○先션은몬졔오考콩ᄂᆞᆫ아비라依
ᅙᅴᆼ然ᅀᅧᆫ은이셧다ᄒᆞᆫᄃᆞᆺᄒᆞᆫ마리라
霜상은서리오露롱ᄂᆞᆫ이스리라慨
캥ᄂᆞᆫ애와틸씨라增증은더을씨라

7) 5) 6) 4) 3) 2) 1)

1).了義: 了는 끝까지란 뜻. 佛法의 理致를 말하여 다한 것.

2).先考: 돌아가신 부친.(先은 먼저고, 考는 아버지의 뜻.)

3).몬졔오: 몬져+이+고. 몬져>몬 지어>에서 '어'가 원격 역행동화 현상을 주어서 '먼져>먼저.

4).이셧다: 이셧ᄒᆞ다(비슷하다).

5).애와틸씨라: 애와티(다)+ㄹ씨라. 애타다, '애완브다'는 분하다의 뜻.

6).'몬졔오, 서리오' 등은 '-고'가 'ㅣ'모음 아래에서 'ㄱ'이 탈락하여 '-오'가 된 것.

7).슬허ᄒᆞ논양지라: 슳(다)+어+ᄒᆞ(다)+ᄂᆞ+오+ㄴ+양ᄌᆞ+이라.

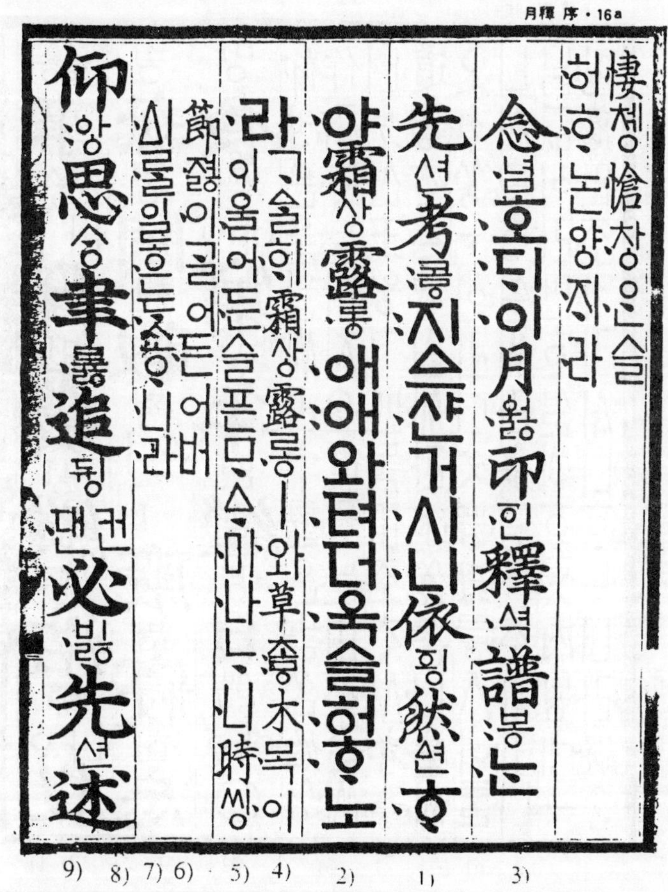
月釋 序 · 16a

悽쳉愴창ᄒᆞᆫ 슬허ᄒᆞ논 양ᄌᆞ라

念념호ᄃᆡ 이 月웛印힌釋셕譜봉ᄂᆞᆫ

先션考콯ㅣ 지ᅀᆞ샨거시니 依횡然션ᄒᆞ

야 霜상露롱애 애와텨 더옥 슬허ᄒᆞ노

라 ᄀᆞ술히 霜상露롱ㅣ 와 草촣木목이

이울어든 슬픈 ᄆᆞᅀᆞ미 나ᄂᆞ니 時씽

節졇이 ᄀᆞᆯ어든 어버

ᅀᅵ를 일흔 ᄃᆞᆺᄒᆞ니라

仰양思ᄉᆞᆼ 聿륧追뒹컨댄 必빓先션述

9) 8) 7) 6) 5) 4) 2) 1) 3)

---

1). 지ᅀᆞ샨거시니: 짓(다)+ᄋᆞ시+아+ㄴ+것+이+니. '-아'는 선어미(삽입모음)이다. 관형사형 어미 'ㄴ' 앞에 개입된 것.

2). 슬허ᄒᆞ노라: ᄉᆞᆶ(다)+어+ᄒᆞ(다)+ᄂᆞ+오+라. '-노라'는 감탄종결어미이며, 1인칭 주어의 화자 표시.

3). 念호ᄃᆡ: 念ᄒᆞ+오+ᄃᆡ.

4). ᄀᆞ술히: ᄀᆞ숧+ᄋᆡ(처소부사격 조사). ᄀᆞ숧〉ᄀᆞ옳〉가옳〉가읋('ㅎ'종성체언).

5). 霜露ㅣ와 草木이: 'ㅣ'와 '이'는 주격조사.

6). ᄀᆞᆯ어든: ᄀᆞᆯ(다)+거든. 'ᄀᆞᆯ다'는 바뀌다. '갈다'의 뜻이 있다.

7). 어버ᅀᅵ: 어버이(부, 모).

8). 일흔ᄃᆞᆺᄒᆞ니라: 잃(다)+ᄋᆞᆫ+ᄃᆞᆺᄒᆞ(다)+니라.

9). 聿追: 말을 따르는 것.

月釋 序・16b

쓿 事쑹ㅣ 萬먼幾긩縱종浩흫ᄒᆞ나 豈
킝 無뭉閑ᅘᅡᆫ暇ᅘᅡᆼ오ㅣ리 廢벵寢침忘
망 食씩ᄒᆞ야 窮궁年년繼곙日ᅀᅵᇙᄒᆞ야 ○
仰앙ᄋᆞᆫ 월ᄊᆡ라 聿률ᄋᆞᆫ 말ᄊᆞᆷ 始싱
作작ᄒᆞᄂᆞᆫ 겨차ᄊᆡ오 追뒹ᄂᆞᆫ 미조출ᄊᆡ
니 先션王왕ㄱᄠᅳ들 미조ᄎᆞ사 孝흥
道똫ᄒᆞᄉᆞᄫᆞ실ᄊᆡ라 述쓿ᄋᆞᆫ 니ᅀᅳᆯᄊᆡ
오 事ᄊᆞᆼᄂᆞᆫ 이리니 父뿡母뭏ㅅ 이를
니ᅀᅥ 무ᄎᆞ실ᄊᆡ라 幾긩ᄂᆞᆫ 조가 가니
님금이 ᄒᆞ리 만ᄒᆞ실ᄊᆡ ᄒᆞᄅᆞᆺ 內뇡예 一
힗 萬먼 조가 가 시다 ᄒᆞᄂᆞ니라 縱종

8) 7) 6) 5) 4) 3) 2) 1)

1).萬幾: 여러 가지 조각. 王의 하는 일이 많음을 나타낸 말이다.

2).縱浩: 많다.

3).豈無閑暇ㅣ리오: '豈無閑暇'만 가지고도 '어찌 한가함이 없겠는가'의 뜻이 된다. '-ㅣ리오'를 붙여 그 의미를 확실히 하고 있다. '-ㅣ리오'의 '-오'는 설의법을 나타낸다.

4).廢寢 忘食: 잠자는 것, 밥을 먹는 것 모두를 잊어버리는 것. 그만큼 어떤 일에 몰두하는 것.

5).窮年 繼日: 해(年)을 다하고, 날을 잇(밤에도 일을 하는 것)는 것.

6).미조출씨라: 미좇(다)+올씨라. 뒤쫒다.

7).先王ㄱᄠᅳ들: 'ㄱ'은 사잇 소리. 王의 받침'ㆁ'은 같은 계열의 全淸 소리인 'ㄱ'으로 絶音의 역할을 하게한 것. 訓民正音 창제 당시에는 엄격히 지켜지고 있었다. 즉, 받침 'ㄴ'밑에는 'ㄷ'이 'ㅁ'뒤에는 'ㅂ'이 'ㄹ'뒤에는 'ㆆ'이 받침이 없는 한자 밑에도 'ㆆ'이 사용되고 있었다.

8).父母ㅅ이를: 'ㅅ'도 사이 소리이다. 訓民正音 창제 이후에는 주7)과 같은 규칙은 벗어나고 있는 것이다.

은비록ᄒᆞᆫ논ᄠᅳ디오浩ᅘᅩᇢᄂᆞᆫ남ᄀᆞᆯ
씨라豈킝ᄂᆞᆫ엇뎨ᄒᆞ논마리라閑ᅘᅡᆫ
暇ᅘᅡᆼᄂᆞᆫ겨르리라[1] 廢뱅ᄂᆞᆫ말씨오[2] 寢
침ᄋᆞᆫ잘씨라忘망ᄋᆞᆫ니즐씨오[3] 食씩
ᄋᆞᆫ바ᄇᆡ라窮꿍ᄋᆞᆫ다ᄋᆞᆯ
씨라[4] 繼곙ᄂᆞᆫ니슬씨라
올워러律륧追됭ᄅᆞᆯᄉᆞ랑ᄒᆞ건댄모로
매[5] 일ᄌᆞ일우ᅀᆞᄫᅩᄆᆞᆯ[6] 로뎌ᇙ디니[7] 萬
면幾긩비록하나[8] 엇뎨겨르리업ᄉᆞ리
오자디[9] 아니ᄒᆞ며飮ᅙᅳᆷ食씩ᄋᆞᆯ니저ᄒᆞ

1).겨르리라: 겨를+이라. 겨를은 일을 하다가 쉬는 틈.
2).말씨오: 말(다)+ㄹ씨고.
3).니즐씨오:닞(다)+ㄹ씨고. 닞다〉잊다.
4).다올씨라: 다ᄋᆞ(다)+ㄹ씨라.
5).모로매: 모름지기.
6).일우ᅀᆞᄫᅩᆷᄋᆞᆯ: 일+우(다)+ᅀᆞᇦ+오+ㅁ+ᄋᆞᆯ. 일다(成), 우(선어미), 오(삽.모).
7).ᄒᆞᇙ디니: ᄒᆞ(다)+ㅭ+디+니. 'ㄹ'은 관형사형어미이고, 'ㆆ'은 절음 부호.
8).하나: 하(다)+나. '하다'는 많다. 'ᄒᆞ다'는 爲의 뜻이다.
9).자디: 자(다)+디. '디'는 부정의 연결어미로 뒤에는 부정의 보조용언이 온다.

月釋 序・17b

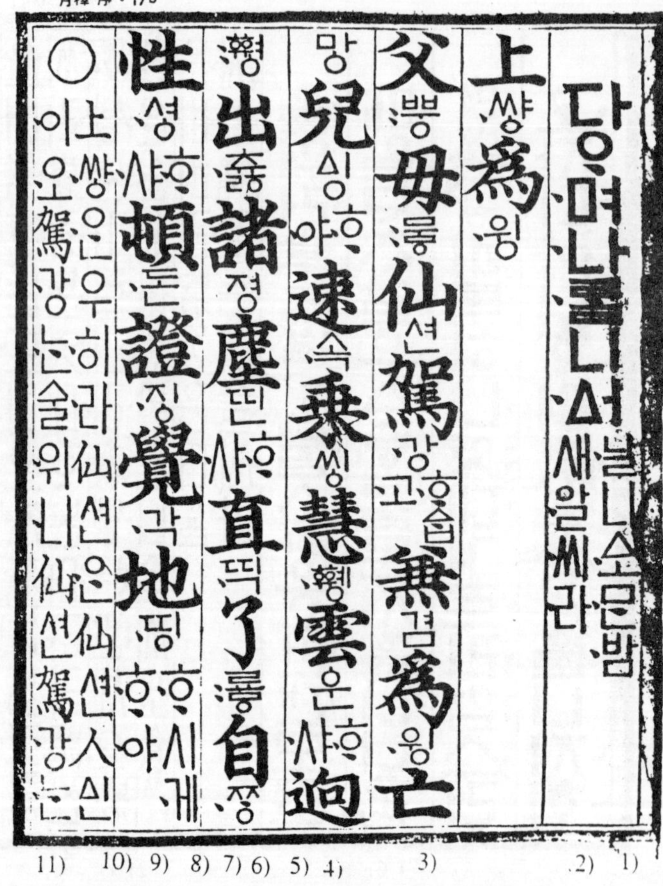

당ᄋᆞ며 나ᄅᆞᆯ 니ᅀᅥ 날니ᅀᅩᄆᆞᆫ 밤 새 알ᄡᅵ라
上썅爲윙
父뿡母뭏仙션駕강ᄒᆞᅀᆞᆸ고 無뭉爲윙ㅅ
망兒ᅀᅵᆼᄒᆞ야 速쏙乘씽慧휑雲운ᄒᆞ샤 迥
휑出츓諸졍塵띤ᄒᆞ샤 直띡了룡自ᄍᆞᆼ
性셩ᄒᆞ샤 頓돈證징覺각地띵ᄒᆞ야 ᄒᆞ시게
上썅ᄋᆞᆫ 우히라 仙션ᄋᆞᆫ 仙션人ᅀᅵᆫ
○ 이오 駕강ᄂᆞᆫ 술위니 仙션駕강ᄂᆞᆫ

11) 10) 9) 8) 7) 6) 5) 4) 3) 2) 1)

---

1). 나롤 니어: 날(日)+올. 닛(다)+어. 낮과 밤을 모두 다 사용하여 일을 하는 것.

2). 니ᅀᅩ몬: 닛+오+ㅁ+온(동명사형). '-오-'는 삽입모음.

3). 仙駕: 돌아가신 분을 뜻하는 말.

4). 乘: (범) Yāna 실어서 운반하는 뜻. 사람을 실어서 理想의 境地에 이르게 하는 教法.

5). 慧雲: 智慧의 구름. 彼岸에서 此岸으로 가는 智慧인지라 이는 菩薩 修行을 뜻한다. 그 구름은 어느 곳이라도 갈 수 있는 것.

6). 諸塵: 온세상의 煩惱.

7). 直了: 직접 알아서 마치는 것.

8). 自性: 法相宗, 俱舍宗과 같이 物件의 性質과 모양을 研究하는 宗에서는 自相이라고도 한다. 萬有 諸法의 體性, 體相을 말함이니 무탐, 무진, 무치의 三善根이나 慚, 愧의 心作用. 本性은 清淨한 眞如이므로 自性清淨心이라 한다.

9). 頓證: 빨리 증명하는 것.

10). 頓證覺地: 부처님이 계신 땅임을 빨리 증명하게 함. 속히 知慧의 구름을 타고 諸塵에서 벗어나 自性을 직접 다한다면 부처님이 계신 땅임을 빨리 아는 것.

11). 술위니: 술위+이+니. '술위'는 수레.

月釋 序 · 18a

업스시닐 ᄉᆞᆯᄫᆞ시논마리라 無겸은
아올씨라 見·싱ᄂᆞᆫ 아ᄒᆡ라 速·쏙ᄋᆞᆫ ᄲᆞ
ᄅᆞᆯ씨오 乘씽ᄋᆞᆫ ᄐᆞᆯ씨라 慧ᅘᆒᆼᄂᆞᆫ 智딩
慧ᅘᆒᆼ오 雲운ᄋᆞᆫ 구루미라 迴ᅘᆗᆼᄋᆞᆫ 멀
씨라 直띡ᄋᆞᆫ 바ᄅᆞᆯ씨라 自ᄍᆞᆼᄂᆞᆫ 제라
頓돈ᄋᆞᆫ ᄲᆞᄅᆞᆯ씨오 證징ᄋᆞᆫ 마긔와알
씨라 覺각ᄋᆞᆫ 알씨오 地띵ᄂᆞᆫ ᄯᅡ히
나 覺각地띵ᄂᆞᆫ 부텻 地띵位윙라
우ᄒᆞ로 父뿡母믐 仙션駕강
ᄅᆞᆯ 爲윙ᄒᆞᅀᆞᆸ고 亡망兒싱ᄅᆞᆯ
조쳐 爲윙ᄒᆞ야 ᄲᆞᆯ리 智딩慧

11) 10) 9) 8) 7) 6) 5) 4) 3) 2) 1)

1). 업스시닐: 없(다)+으시+ㄴ+이+ㄹ. '이'는 대명사. 곧, 돌아가신 수양의 부、모.
2). ᄉᆞᆯᄫᆞ시논마리라: ᄉᆞᆲ(다)+ᄋᆞ시+ᄂᆞ+오+ㄴ+말+이라. 'ᄉᆞᆲ다'는 말씀드리다.
3). 아올씨라: 아올(다)+ㄹ씨라. '아올다'는 병행하다. 함께하다.
4). 아ᄒᆡ라: 아ᄒᆡ+이라. '아ᄒᆡ'는 아이.
5). 바ᄅᆞᆯ씨라: 바ᄅᆞ(다)+ㄹ씨라. '바ᄅᆞ다'는 바르다.
6). 제라: 저+이라.
7). 마긔와알씨라: 마긔오(다)+아+알+ㄹ씨라. '마긔오다'는 증명하다.
8). ᄯᅡ히니: ᄯᅡᇂ+이라. 'ᄯᅡᇂ'는 땅. 'ㅎ'종성체언.
8). 覺: 앞 주에서 설명.
9). 우ᄒᆞ로: 우ㅎ+로. '우ㅎ'는 '위'이며, 'ㅎ'종성체언.
10). 조쳐: 마저.
11). ᄲᆞᆯ리: ᄲᆞᄅᆞ(다)+이>ᄲᆞᆯ이>ᄲᆞᆯ리(ㄹ첨가). 전성부사.

月釋 序·18b

ㅅ구루믈 ᄉᆞ샤 諸졍塵띤에 머리 나

샤 ᄇᆞᆰ 自ᄍᆞᆼ性셩을 ᄉᆞᄆᆞᆺ 알ᄋᆞ샤 覺각

地띵를 득 證징ᄒᆞ시게 호리라 ᄒᆞ야

乃냉講강劘망研연精졍於헝舊끃

卷권ᄒᆞ며 隱흔括괋更깽添텸於헝新

신 編편ᄒᆞ야 ○ 講강은 議읭論론ᄒᆞᆯ씨오 劘망ᄂᆞᆫ ᄀᆞ다ᄃᆞᄆᆞᆯ씨

라 研연은 다ᄃᆞᆮ게 알씨라 아ᄆᆞᆺ 몯 것도 至징極끅ᄒᆞᆫ 거시 精졍이라 ᄀᆞ 舊끃ᄂᆞᆫ

4) 3) 2) 1) 6) 5)

---

1). 智慧ㅅ구루믈: 'ㅅ'은 광형격 촉음.

2). 머리: 멀(다)+이. 머리>멀리(전성부사).

3). ᄉᆞᄆᆞᆺ: 꿰뚫게, 통달하게.

4). 호리라: ᄒᆞ(다)+오+리+라. '오'는 삽입모음, '리'는 의도를 나타내는 선어말어미. '오'는 의도법을 나타낸다.

5). ᄀᆞ다ᄃᆞᄆᆞᆯ씨라: ᄀᆞ다ᄃᆞᆷ(다)+ᄋᆞᆯ씨라.

6). 다ᄃᆞᆮ게: 다ᄃᆞᆮ(다)+게. 다다르다.

月釋 序 · 19a

네오 卷권은 글월 ᄆᆞ로니라 櫽ᅙᅳᆫ은
구븐 것 고틸 씨오 括괋은 方방ᄒᆞᆫ 것
고틸 씨라 更깅은 다시 ᄒᆞᆯ
씨오 添텸은 더을 씨라
녯 글워레 講강論론ᄒᆞ야 다ᄃᆞᆫ 마다
ᄃᆞᆫ게 至징極끅게 ᄒᆞ며 새 ᄆᆡᆼᄀᆞ논 글워
렉 고텨 다시 더어
出츌入십 十씹二싱部뽕之징修슝
多당羅랑호ᄃᆡ 曾증靡밍遺윙力륵ᄒᆞ며

4) 3) 2) 1)

---

1). 네오: 네+고. 네>예. 'ㅣ'모음 뒤에서 'ㄱ'이 탈락.

2). ᄆᆞ로니라: ᄆᆞᄅᆞ(다)+오+ㄴ+이라. 'ᄆᆞᄅᆞ다'는 裁의 뜻으로 만들다.

3). 구븐것: 굽(다)+으ㄴ+것.

4). 十二部修多羅: 十二部經--부처님의 一代 敎說을 그 經文의 性質과 形式으로 區分하여 十二로 나눈 것. 修多羅--契經, 法本이라 飜譯. 散文體의 經典. 그것을 韻文으로 노래한 것. 授記--經中에 말한 뜻을 問答 解釋하고, 제자가 다음 세상에 날 것을 豫言한 것. 伽陀--諷誦, 孤起頌이라 飜譯 優陀那--無問自說아라 飜譯. 남이 묻지 않는데 부처님이 스스로 말씀한 經. 尼陀那-- 緣起, 因緣이라 飜譯 부처님을 만나 法들 들은 因緣 등을 말한다. 阿波陀那--比喩라 飜譯. 經典 中에서 比喩로써 隱密히 敎理를 明白하게 한 것. 伊帝曰多伽--本事라 飜譯. 부처님이나 제자들의 지난 세상 因緣을 말한 것. 沙陀伽--本生이라 번역. 부처님 자신의 지난 세상에 行하던 菩薩行을 말한 것. 毘佛略--方廣, 方等이라 번역, 方正, 廣大한 眞理를 말한 것. 阿浮陀達摩 --未曾有法, 稀有法이라 번역, 부처님의 여러 가지 神通力不思議를 나타내는 것을 말한 것. 優波提舍--論議라번역, 敎法의 義理를 論議 問答한 經文을 말함.

月釋 序·19b

增중減감一힗兩량句궁之징去컹
取츙ᄒᆞ던期끵致딩盡찐心심ᄒᆞ야 ○ 入십
은 ᄃᆞᆯ씨라 增중은 곧ᄒᆞ논ᄠᅳ디오 靡
ᄒᆞᄂᆞᆫ 업슬씨오 遺윙ᄂᆞᆫ 기틀씨라 減
ᄆᆞᆫ 덜씨라 去컹ᄂᆞᆫ 덜씨오 取츙ᄂᆞᆫ
가질씨라 期끵ᄂᆞᆫ 그지오 致딩ᄂᆞᆫ 니
를씨라 에 홀
十씹二싱部뽕修슐多당羅랑애出츓
入십ᄒᆞ되 곧 기트니 미 업스며 ᄒᆞᄂᆞ 句

4) 3) 2) 1)

1). 기틀씨라: 기티(다)+을씨라. '기티다'는 끼치다.

2). 덜씨라: 덜(다)+ㄹ씨라. 덜다.

3). 그지오: 그지+고. '그지'는 기약.

4). 修多羅: (범) Sūtra. (파) Sutta 線, 條, 挺의 뜻이 있다. 契經, 直說, 聖敎, 法本, 善語敎 등이라 飜譯. 12部經의 하나, 阿難이 誦出한 거시고, 이것은 따로 結集한 것을 가리킴.

궁ᄅᆞᆯ 더으며 더러ᄇᆞ리며 ᄡᅮ디ᄆᆞᆯ 含다
ᄫᅩᄆᆞᆯ 닐윓ᄀᆞ장ᄒᆞ야
有ᅌᅮᇢ所송疑ᅌᅵᆼ處청ㅣ 어든 必빓資ᄌᆞᆼ
博박問문ᄒᆞ야 ○ 疑ᅌᅵᆼ는 疑ᅌᅵᆼ心심이오 處청는 고디라 資
ᄌᆞᆼ는 바ᄃᆞᆯ ᄊᆞ라 博박은 너블 ᄊᆞ오 問문은 무를 ᄊᆞ라
疑ᅌᅵᆼ心심ᄋᆞᆫ ᄃᆞ뵌 고ᄃᆡ 잇거든 모로매 너
비 무루믈 터 묻더신 사ᄅᆞᄆᆞᆫ 慧覺尊者信眉와 判禪宗事守

7) 6) 5) 4) 3) 2) 1)

---

1). ᄡᅮ디: ᄡᅳ(다)+우+디. 사용하다. '디' 앞에는 삽입모음이 개입.

2). 다ᄫᅩᄆᆞᆯ: 답(다)+오+ㅁ+ᄋᆞᆯ. 명사형.

3). 닐윓ᄀᆞ장: 닐위(다)+ᅘ+ᄀᆞ장. '닐위다' 이루다. 'ᄀᆞ장'은 끝.

4). 有所疑處ㅣ어든: 'ㅣ 어든'은 이거든.

5). 무를씨라: 묻(다)+ㄹ씨라. 묻>물은 'ㄷ'변칙.

6). ᄃᆞ뵌고디: ᄃᆞ뵈(다)+ㄴ+곧+이.

7). 묻더신사ᄅᆞᄆᆞᆫ: 묻(다)+더+시+ㄴ+사ᄅᆞᆷ+ᄋᆞᆫ. '더'와 '시'의 선어말 어미의 형태는 시제 선행법이다. 현대로 오면서 時制先行法은 尊稱先語末語尾와 도치된 것.

月釋 序・20b

眉와 判教宗事雪峻과 行慶住持弘濬
과 前檜菴住持曉雲과 前大慈住持智
海와 前逍遙住持海超와 大禪師斯智
와 學悅와 學祖와 嘉靖大夫同知中樞
院事金守
溫괘라
庶셩幾긩搜숭剔텩玄ᅘᅯᆫ根ᄀᆞᆫᄒᆞ야 敷
풍究궁一ᅙᅵᇙ乘씽之징妙묭旨징ᄒᆞ며
磨망礱롱理링窟쿯ᄒᆞ야 疏송達ᄠᆞᇙ萬
먼法법之징深심原원ᄒᆞᄂᆞ니 ○ 搜숭ᄂᆞᆫ 求

4) 3) 2) 1)

1).信眉와 守眉는 법주사 주지를 지냈고, 신미는 世祖의 스승이었으며, 刊經都監에서의 諺解는 信眉의 功이다.

2).여러 사람에게 묻고, 助言을 받았지만 그 중에는 儒學者인 金守溫이 있는 것을 알 수 있다.

3).搜剔玄根: 근본적인 뿌리를 찾는 것.

4).一乘: 一乘佛. 승은 타는 것. 곧, 수레나 배를 탄다는 것인데 우리들을 깨닫게 하는 경계에 運搬함. 부처님의 教法. 教法에는 小乘, 大乘, 三乘, 五乘의 區別이 있다. 一切 衆生이 모두 成佛한다는 견지에 그 救濟하는 教法이 하나 뿐이고, 또, 절대 眞實한 것이라고 주장하는 것이 一乘, 法華經을 一乘經, 또는 一乘의 妙典이라 한다. 이것을 依憑하는 天台宗을 圓宗이라 함은 이 뜻.

月釋 序・21a

꿍홀씨오剔텩은ᄇᆞ릴씨라玄현은
머러그지업슬씨오根근은불휘라
敷풍ᄂᆞᆫ펼씨오究궁ᄂᆞᆫᄀᆞ장홀씨라
旨징ᄂᆞᆫᄠᅳ디라磨망礱롱ᄋᆞᆫ돌ᄀᆞ다
ᄃᆞ몰씨라窟콣ᄋᆞᆫ굼기라疏송達땷
ᄋᆞᆫᄉᆞᄆᆞᄎᆞᆯ씨라深심原원ᄋᆞᆫ기픈根
근源원이라
먼불휘를求꿓ᄒᆞ야다ᄃᆞ마一힗乘씽
의微밍妙묳ᄒᆞᆫᄠᅳ들펴ᄀᆞ장ᄒᆞ며道뜰
理링ㅅ굼글다ᄃᆞ마萬먼法법의기

8) 7) 6) 5) 4) 3) 2) 1)

---

1). ᄇᆞ릴씨라: ᄇᆞ리(다)+ㄹ씨라. 'ᄇᆞ리다'는 뼈를 바르다, 살을 깎다 등으로 원래의 모습을 찾기 위 한 노력을 하다의 뜻.

2). 그지업슬씨오: 긏+이+없+을씨고. '긏'은 끝의 의미.

3). 불휘라: 불휘+이라. '이'는 모음충돌 회피 현상에 의해서 탈락함. 불휘>불위>부뤼>부리>뿌리.

4). 돌가다ᄃᆞ몰씨라: 돌('ㅎ'종성 체언)+가다돔(다)+올씨라. '가다돔다'는 '가다듬다'의 뜻.

5). 굼기라: 굼+ㄱ+이라. '굼'은 '구무'가 단독체이며, 〈공식〉은 '구무-마지막모음+ㄱ+격조사'=얻고자하는 格의 값. '굼기라'는 '구멍이라'의 의미이다.

6). ᄉᆞᄆᆞ촐씨라: ᄉᆞᄆᆞᆾ(다)+올씨라. 'ᄉᆞᄆᆞᆾ다'는 통하다의 뜻.

7). ᄀᆞ장ᄒᆞ며: ᄀᆞ장ᄒᆞ(다)+며. 'ᄀᆞ장ᄒᆞ다'는 '끝까지 노력한다'는 의미.

8). 굼글: 구무-마지막모음+ㄱ+을. '을'은 목적격조사. '구멍을'의 의미이다.

月釋 序・21b

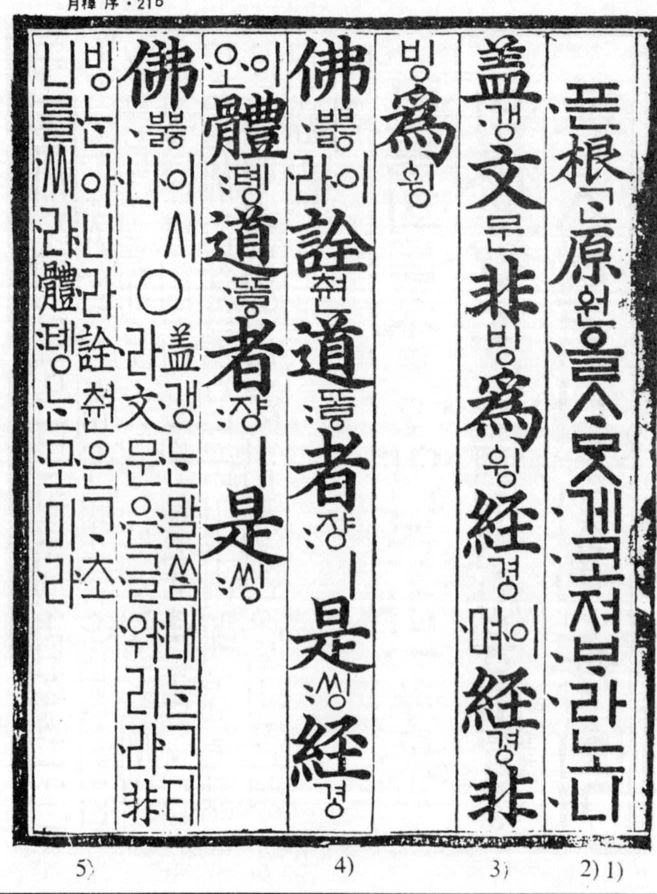
根ᄀᆞᆫ原원을 ᄉᆞᄆᆞᆺ게코져 ᄇᆞ라노니
蓋갱文문非빙爲윙經경이며 經경非빙
爲윙佛뿛이라
佛뿛이라 詮촨道똫者쟝ㅣ是씽經경이오
體텡道똫者쟝ㅣ是씽
佛뿛이시니 ○ 蓋갱는 말ᄊᆞᆷ내ᄂᆞᆫ 그티라 文문은 글워리라 非
빙는 아니라 詮촨은 ᄀᆞ초 니를씨라 體텡는 모미라

5) 4) 3) 2) 1)

1). ᄉᆞᄆᆞᆺ게코져: ᄆᆞᆺ(다)+게+ᄒᆞ(다)+고져. 'ᄉᆞᄆᆞᆺ다'는 '통하다'의 뜻, '코져'는 'ㅎ+고져'의 결합. '고져'는 願望形 語尾.

2). ᄇᆞ라노니: ᄇᆞ라(다)+ᄂᆞ+오+니. '-오-'는 1인칭 주어의 화자 표시. 이 글에서는 수양대군이 바라는 이야기를 스스로가 말하고, 있는 것이다.

3). 盖文非爲經이며 經非爲佛이라: 글월 그 자체가 佛經이 아니고, 佛經도 그 자체가 經이 아니라는 말. 우리들이 부처의 말씀이나, 佛經 자체를 입으로 외우거나, 눈으로 본다고, 그것이 부처의 行하던 眞髓가 아니고, 實踐의 行爲가 부처의 意味라는 것.

4). 詮道者ㅣ是經이오 體道者ㅣ是佛이시니: 행할 바를 갖추어 설함이 불경이고(불경을 그저 그대로 전해주는 것은 불경이 아니라는 것), 몸소 도리를 실천함이 이것이야말로 부처라 할 수 있다.

5). ᄀᆞ초니를씨라: ᄀᆞ초(다)+니르(다)+ㄹ씨라. '갖추어 알려주다'

月釋 序·22a

글월이經경이아니며經경이부톄아
니라道똫理링닐온거시이經경이오
道똫理링로몸사ᄆᆞ시니이부톄시니
讀똑是씽典뎐者쟝ᄂᆞᆫ所송貴귕迴
횡光광以잉自쫑照쥼ᇰ一ᅙᅵᇙ切쳉忌끵
執집指징而싱留륳筌쳔이니○讀똑
은닐글씨오典뎐은經경이라迴횡
ᄂᆞᆫ두르혈씨라照쥼ᇰᄂᆞᆫ비췰씨라切

8) 7) 6) 5) 4) 3) 2) 1)

---

1)."글월이 經이 아니며 經이 부톄 아니라."의 '글월이'의 '이'와, '經이'의 '이'는 주격조사이고, 앞의 '經이'의 '이'와 '부톄'의 'ㅣ'는 보격조사다.

2).닐온거시: 니르(다)+오+ㄴ+것+이. 삽입모음 '-오-'는 'ㄴ' 때문에 개입되었고, 'ㄴ'은 의존명사 '것'을 통사적으로 돕고 있다.

3).이經이오: '이'는 대명사. '-오'는 '-고'의 'ㄱ'이 생략된 것. '이'는 '道理 닐온 것'을 받고 있다.

4).몸사ᄆᆞ시니: 몸+삼(다)+ᄋᆞ시+ㄴ+이. '이'는 대명사.

5).이부톄시니: '이+부텨+이+시+니'에서 '이'는 대명서로 '도리로 몸사ᄆᆞ시니'를 받고 있다.

6).닐글씨오: 닑(다)+을씨+오. 닑다>읽다. '-오'는 '-고'의 'ㄱ'탈락.

7).두르혈씨라: 두르(다)+혀(다)+ㄹ씨라. 의미는 돌이키다.

8)."道理 닐온거시 이 經이오, 도리로 몸사마시니 이 부톄시니"는 "올바른 길을 알려주는 것이 부처의 말씀이고, 그 도리를 몸소 실천하는 것이 부처 바로 그것이니"라는 해석이다.

---

1). 저플씨라: 젛(다)+브(다)+ㄹ씨라. 두렵다.

2). 숝가라기오: 손+ㅅ+가락+이+고.

3). 밍ᄀᆞ론거시라: 밍ᄀᆞᆯ(다)+오+ㄴ+것+이라.

4). 닐긇사ᄅᆞ믄: 닑(다)+읋+사ᄅᆞᆷ+ᄋᆞᆫ. 'ㆆ'은 以影補來의 영향을 받은 것이지만 以影補來라고는 말하지 않는다. 'ㆆ'은 촉음이며, 경음부호이다.

5). 제: 스스로.

6). 비취요미: 비취(다)+(j)+오+ㅁ+이. '오'는 'j'가 개입되어 모음충돌을 회피시켜준다. 그 결과 '요'가 된 것이다.

7). "숝가락자ᄫᅡ며 筌두ᄀᆞ장슬ᄒᆞ니라"는 달 가리키는 손가락만 보고 달을 보지 못하는 것과 같은 어리석음과 고기를 잡고 그 고기는 등한히 하고, 고기 잡던 그릇만 중히 여기는 어리석음을 비유한 것인데 佛經을 보고 佛經의 文句만 사로 잡혀서 그것을 올바로 解釋이나 生活로 삼지 못하는 어리석음과 같음을 말한 것이다. 經文을 백 번 읽는 것보다 한 번도 읽지 못한 사람일망정 利他的 행위와 布施로 行하는 것이 부처의 行했던 바이고, 부처가 願하는 일인 것이다.

月釋 序・23a

르슬ᄇᆞ리디아니ᄒᆞᆯ씨니라 經
경文문에븓들인病뼝이라
嗚홍呼홍ㅣ라 梵뻠軸뜩이 崇쑹積젹ᄒᆞ
이어 觀관者쟝ㅣ 猶융難난於헝讀
똑誦쑹ᄒᆞ니 方방言언이 謄뜽布봉
ᄒᆞ면 聞문者쟝ㅣ 悉싫得득以잉景경
仰양ᄒᆞ리 ○ 嗚홍呼홍ᄂᆞᆫ 한숨디ᄐᆞᆺ
ᄒᆞᆫ겨치라 軸뜩ᄋᆞᆫ 글월
ᄆᆞᄅᆞ니라 崇쑹ᄋᆞᆫ 노ᄑᆞᆯ씨오 積젹ᄋᆞᆫ
싸ᄒᆞᆯ씨라 觀관ᄋᆞᆫ 볼씨오 猶융ᄂᆞᆫ 오

7) 6) 5) 4) 3) 2) 1)

1). 經文에 븓들인病이라: 經文에 사로잡힌 그 經文을 行함의 道理로 깨닫게 하지 못하고, 틀에 박힌 해석만 하는 잘못을 말함이다.

2). 嗚呼ㅣ라: 감탄사 아-하고 탄식함.

3). 梵軸: Sanskrit語로된 佛經을 말함.

4). 崇積: 수북히 쌓여있음.

5). 方言: 우리말.(중국의 한자를 제외한 모든 언어는 방언으로 여겼음).

6). 한숨디ᄐᆞᆺᄒᆞᆫ겨치라: 한(하다)+숨+디(다)+ᄒᆞ(다)+ㄴ+겿+이라.

7). ᄆᆞᄅᆞ니라: ᄆᆞᄅᆞ(다)+오+ㄴ+이라. 'ᄆᆞᄅᆞ다'는 재단하다. 규모 있게 꾸미는 일. 'ㅁ'과 '이라'사이에 의존명사 '이'가 보이지 않게 있는 것을 알아야 한다.

月釋 序・23b

히려ᇹ、논마리라 難난은 어려ᄫᅳᆯ씨
라 誦쑝은 외올씨라 方방言언은 우
리 東동方방ㅅ마리라 騰뜽은 올길
씨오 布봉는 펼씨라 聞문은 드를씨
라 悉싫은 다ᄒᆞᆯ씨라 景경은
클씨오 仰양은 울월씨라
西솅天텬ㄷ字쫑앳經경이 노ᄑᆡ 사햇
거든 보ᇙ사ᄅᆞ미 오히려 讀똑誦쑝을 어
려ᄫᅵ 너기거니와 우리나랏 말로 옮겨
써 펴면 드르ᇙ사ᄅᆞ미 다 시러귀 울월리니

15)14)13)12) 11) 10) 9) 8) 7) 6) 5) 4) 3) 2) 1)

---

1). 어려ᄫᅳᆯ씨라: 어렵(디)+을씨라.

2). 외올씨라: 외오(다)+ㄹ씨라.

3). 東方ㅅ마리라: 'ㅅ'은 관형격 촉음.

4). 다ᄒᆞᆯ씨라: 다ᄒᆞ(다)+ㄹ씨라. 다하다='다ᄋᆞ다'(盡).

5). 울월씨라: 울월(다)+ㄹ씨라. 우러르다.

6). 西天ㄷ字앳經: 'ㄷ'은 사잇소리로(절음과 촉음의 구실) 받침 'ㄴ'아래 'ㄷ', 'ㆁ'아래 'ㄱ', 'ㅁ'아래 'ㅂ', 받침 없는 곳에는 'ㆆ'이 훈민정음 창제 초기에는 엄격히 지켜지고 있었다. '앳'의 'ㅅ'은 촉음. '西天ㄷ字'는 梵語를 뜻함. **7)**. 노ᄑᆡ: 높(다)+이.부사. **8)**. 사햇: 샇(다)+아+잇(이시다).

9). 보ᇙ사ᄅᆞ미: 보(다)+ᅘ+사ᄅᆞᆷ+이. **10)**. 어려ᄫᅵ: 어렵(다)+이.(형용사에서 전성된 부사)

11). 너기: 너기(다)〉녀기다〉여기다.(생각하다)

12). 옮겨써: 옮기(다)+어+쓰(다)+어.

13). 드르ᇙ사ᄅᆞ미: 들(듣다)+ᅘ+사ᄅᆞᆷ+이. 'ㆆ'은 주9)와 같음.

14). 시러귀: 싣(다)+어+크(다)+이. '싣다'는 得과 같은 의미이고, '크+이'는 'ㅡ'의 탈락으로 '키'(전성부사)가 된 것이다.

15). 울월리니: 울월(다)+이니. '리'는 '이'가 'ㄹ'첨가된 현상.

肆ᄉᆞᆼ與영宗종宰징勳훈戚쳑百빅官관四ᄉᆞᆼ衆즁과結겷願원軫진於헝不블朽흏ᄒᆞ며植씩德득本본於헝無뭉窮꿍ᄒᆞ야 ○ 肆ᄉᆞᆼᄂᆞᆫ故공ᅙ字쫑ᄒᆞᆫ가지라宗종ᄋᆞᆫ宗종親친이오宰징ᄂᆞᆫ宰징相샹이오勳훈ᄋᆞᆫ功공臣씬이오戚쳑ᄋᆞᆫ아ᅀᆞ미오百빅官관ᄋᆞᆫ한朝뜡士ᄊᆞᆼㅣ오四ᄉᆞᆼ衆즁ᄋᆞᆫ比삥丘쿻와比삥丘쿻尼닝와優ᅙᅮᇰ婆빵塞ᄉᆞᆨ과優ᅙᅮᇰ婆빵夷잉왜라結겷ᄋᆞᆫ ᄆᆡᆯ씨오軫진ᄋᆞᆫ술

10) 9) 8) 7) 6) 5) 4) 3) 2) 1)

---

1).宗宰: 종친과 재상. 2).勳戚: 공신과 친척.

3).百官: 조정에서 政務를 돌보는 사람들.

4).四衆: 比丘, 比丘尼, 優婆塞, 優婆夷.

5).아ᅀᆞ미오: 겨레, 親族, 親戚. 아ᅀᆞᆷ+이고.

6).朝士ㅣ오: 朝政의 선비. 朝士+이고.

7).比丘: (범) Bhikṣu (파) Bhikkhu 苾芻, 煏芻, 比呼,라고도 쓴다. 乞士, 怖魔, 破惡, 除饉, 勤事男이라 飜譯. 男子로서 出家하려 乞食으로 生活하는 僧侶로 250戒를 받아 지니는 사람.

8).比丘尼: (범) Bhikṣunī 苾芻尼, 라고도 쓴다. 乞士女, 饉事女라 飜譯. 女子로서 出家하여 348戒 를 받아 지니는 사람. 여자는 業障이 두터우므로 比丘가 지키는 戒律보다 더 많다. 釋尊의 姨母인 大愛道가 부처님의 許諾을 얻어 중이 된 것이 比丘尼의 始初.

9).優婆夷: (범) Upāsikā 優婆斯, 鄔婆斯迦,라 음역. 近事女, 近善女, 淸信女라 飜譯. 俗家에 있으면서 佛教를 믿는 여자. 착한 일을 행하고 比丘尼에 親近承事하고 三歸戒를 받고, 5계를 갖는 女子.

10).優婆塞: (범) Upāsaka 7衆의 하나. 鄔婆塞迦, 優波娑迦라 音譯. 近事男, 近宿男, 近善男, 淸信士라 飜譯. 俗家에 있으면서 부처님을 믿는 남자. 착한 일을 하고 善士를 섬기고 3歸戒를 받고, 5戒를 지니는 사람. 우리 나라에서 흔히 優婆塞라 발음하나 優婆塞이 된다.

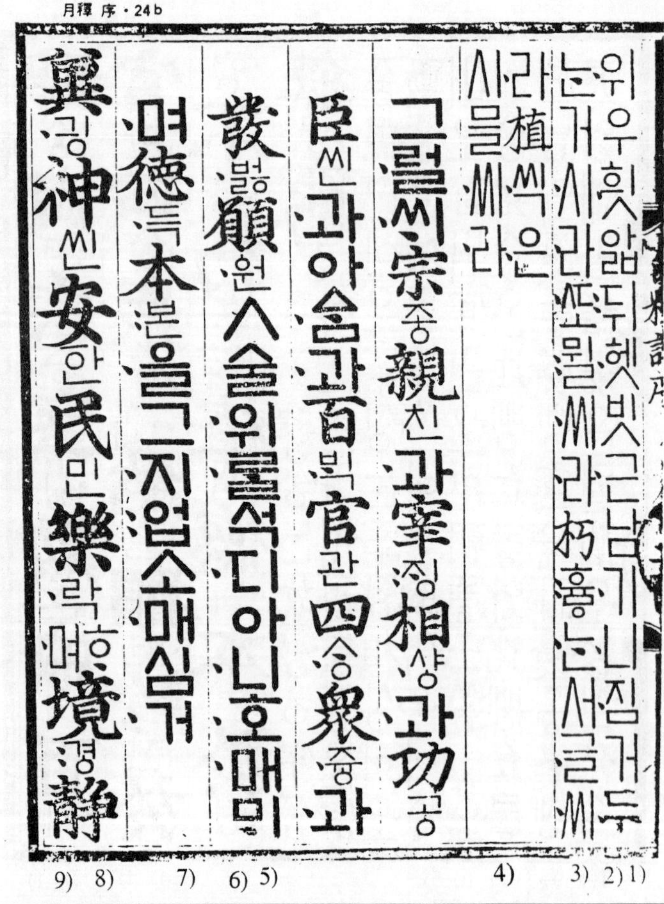

1). 우흿앒뒤헷빗근: 우ㅎ+의+ㅅ+앒(앞)+뒤ㅎ+에+ㅅ+빘(다)+은. '우ㅎ', '뒤ㅎ'은 'ㅎ' 종성 체언, '빘다' 는 '비뚤다'

2). 남기니: 남(나모)+ㄱ+이니. '남기'는 '나모'의 서술격. = 나무이니.

3). 서글씨라: 석(다)+을씨라. '석·다'는 '썩다'이고, '석다'는 '섞다'이다.

4). 시믈씨라: 심(ㄱ다)+을씨라.

5). 發願ㅅ술위: 'ㅅ'은 관형격 촉음, '술위'는 '수레'

6). 석디아니호매: 석+디+아니ᄒ(다)+오+ㅁ+애.

7). 그지업소매심거: 긎+이+없+오+ㅁ+애+심+어. '긎'은 끝이고, '이'는 보격 조사, '오+ㅁ'은 '끝이 없다'의 동명사형.

8). 冀神安民樂: '위로는 신령들이 아래로는 백성들이 편안하고, 즐거우며'의 뜻.

9). 境靜祚固: 변방이 고요하고 행복이 계속되며.(외적의 친입이 없음)

쪙祚쫑固공ᄒᆞ며時씽泰탱而싱歲솅
有ᇢᇰᄒᆞ며福복臻즌而싱災징消숗ᄒᆞ노
니 ○ 冀긩ᄂᆞᆫ欲욕字쫑ᄒᆞᆫ가지라安
한ᄋᆞᆫ便뼌安한ᄒᆞᆯ씨라樂락ᄋᆞᆫ
즐길씨라境경은나랏ᄀᆞᇫ이오靜쪙
은괴외ᄒᆞ야일업슬씨라祚쫑ᄂᆞᆫ福
복이오固공ᄂᆞᆫ구들씨라時씽ᄂᆞᆫ時
씽節졇이오泰탱ᄂᆞᆫ便뼌安한ᄒᆞᆯ씨
라歲솅ᄂᆞᆫᄒᆡ니歲솅有ᇢᇰᄂᆞᆫ녀름ᄃᆞ
욀씨라臻즌ᄋᆞᆫ니를씨라災징ᄂᆞᆫ厄
ᄒᆡᆨ이오消숗ᄂᆞᆫ
스러딜씨라

6) 5) 4) 3) 2) 1)

---

1). 時泰而歲有: 시절이 태평하고 농사가 잘 되며.(太平聖代)

2). 福臻而災消ᄒᆞ노니: 복이 계속 이러지며 災殃이 소멸하고. 'ᄒᆞ노니'는 'ᄒᆞ+ᄂᆞ+오+니' 1인칭 주 어의 화자표시. 이 부분의 내용은 이 月印釋譜를 읽고 '太平聖代'가 오기를 비는 마음을 世祖가 설하는 부분이다.

3). 나랏ᄀᆞᇫ이오: 나라+ㅅ+ᄀᆞᆺ+이+고. 변방을 뜻함. 'ᄀᆞᇫ'은 'ᄀᆞᆺ'의 'ㅅ'이 유성음화한 것.

4). 구들씨라: 굳(다)+을씨라. '굳다'는 오래 가다. 튼튼하다.

5). 녀름ᄃᆞ욀씨라: 녀름+ᄃᆞ외+ㄹ씨라. '녀름'은 '농사'와 '여름'의 의미가 있다. 여기서는 '농사'의 뜻. 'ᄃᆞ외다'는 '되다' 농사가 잘 되는 것은 富國을 뜻한다.

6). 스러딜씨라: 스러디(다)+ㄹ씨라. '없어지다'의 뜻.

月釋 序·25b

神씬靈령이便뼌安ᄒᆞ시고百ᄇᆡᆨ姓
셩이즐기며나랏ᄀᆞᅀᅵ괴외ᄒᆞ고福복
이구ᄃᆞ며時씽節졇이便뼌安ᄒᆞ고
녀르미ᄃᆞ외며福복이오고厄ᅙᅴᆨ이스러
디과뎌ᄒᆞ노니
以잉向향所송修슝功공德득으로迴
횅向향實씷際졩ᄒᆞ야願원共꽁一힗

4) 3) 2) 1)

---

1).神靈이: 윗대의 돌아가신 조상님들.

2).나랏ᄀᆞᅀᅵ괴이ᄒᆞ고: 나라+ㅅ+ᄀᆞᇫ+이+괴외ᄒᆞ(다)+고.국경이 조용한 것은 전쟁이 없는 상태.

3).녀르미ᄃᆞ외며: 농사가 잘 되며.

4).스러디과뎌: 스러디(다)+과뎌. '과뎌'는 '고져'(고쟈)와 같이 願望形語尾.
이 부분의 내용은 佛敎의 힘으로 護國的 의미의 내용을 엿볼 수 있다.

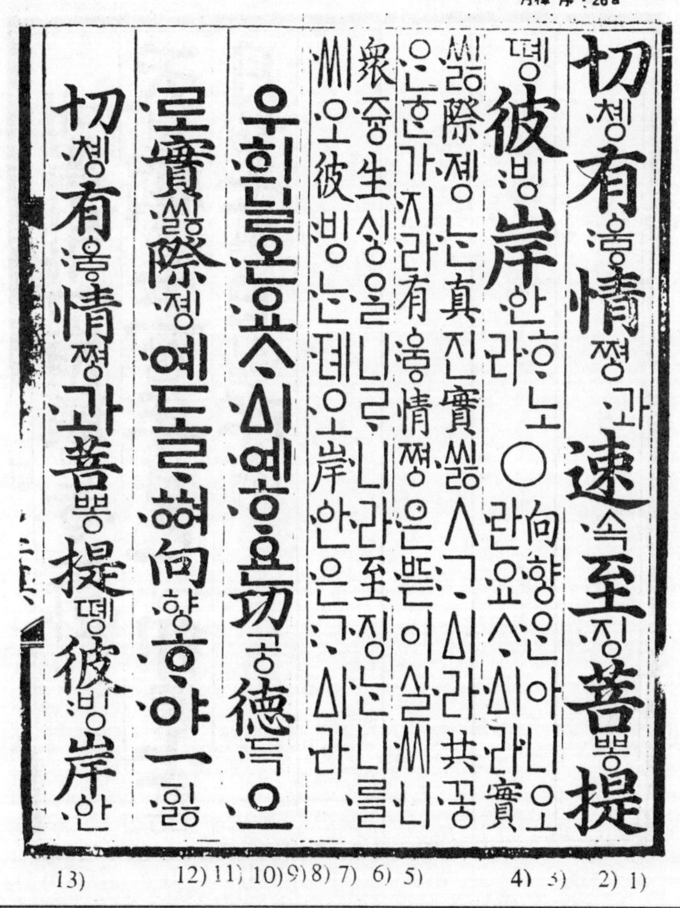

月釋 序 : 26a

切쳉有웅情쪙과 速속至징菩뽕提
뗑彼빙岸안ᄒᆞ노라 ○ 向향ᄋᆞᆫ 아니오란 요ᄉᆞᅀᅵ라 實
씽際졩ᄂᆞᆫ 真진實씷ㅅ ᄀᆞᅀᅵ라 共꽁ᄋᆞᆫ ᄒᆞᆫ가지라 有웅情쪙은 ᄠᅳ디 이실씨니
衆즁生ᄉᆡᆼ을 니ᄅᆞ니라 至징ᄂᆞᆫ 니를씨오 彼빙ᄂᆞᆫ 뎌오 岸안ᄋᆞᆫ ᄀᆞᅀᅵ라
우희 닐온 요ᄉᆞᅀᅵ예 ᄒᆞ욘 功공德득으
로 實씷際졩예 도ᄅᆞ혀 向향ᄒᆞ야 一힗
切쳉有웅情쪙과 菩뽕提뗑彼빙岸안

13) 12) 11) 10) 9) 8) 7) 6) 5) 4) 3) 2) 1)

1). 一切有情: 情識이 있는 生物. 곧, 衆生.

2). 菩提: (범) Bodhi 道, 智, 覺, 이라 飜譯. 佛敎 최고의 理想인 佛陀 正覺의 智慧. 곧, 佛果 佛陀 正覺의 智慧를 얻기 위하여 닦는 道. 곧, 佛果에 이르는 길을 말함.

3). 彼岸: 구족하게는 到彼岸. 梵語 바라밀다의 飜譯. 모든 煩惱에 얽매여 苦痛의 세계인 生死 苦海를 건너서 理想境인 涅槃의 저 언덕에 到達하는 것.

4). -ᄒᆞ노라: 수양대군의 생각과 자신의 원하는 바를 기원적으로 서술하고 있다.

5). 이실씨라: 이시(다)+ㄹ씨라. '이시다'는 '있다'(有).

6). 니ᄅᆞ니라: 니ᄅᆞ(다)+니라. '니ᄅᆞ다'는 말하다, 이야기하다.

7). 니를씨라: 니르(다)+ㄹ씨라. '니르다'는 도착의 의미가 있다.

8). 뎌오: 뎌+이+고. 뎌>져>저. '이'는 서술격조사의 어간.

9). ᄀᆞᅀᅵ라: ᄀᆞᆺ+이라.

10). 우희: 우ㅎ+의.

11). 닐온요ᄉᆞᅀᅵ예: 니ᄅᆞ(다)+오+ㄴ+요ᄉᆞᅀᅵ+예. 'ㄴ' 때문에 삽입모음 '-오-'가 개입됨. '요ᄉᆞᅀᅵ'는 '요ᄉᆞ이'와 함께 쓰였다. '예'는 'ㅣ'모음 뒤에 사용되는 처격조사.

12). ᄒᆞ욘功德: ᄒᆞ(다)+(j)+오+ㄴ+공덕. '-요-'는 hiatus에 의한 'j'의 개입으로 '-요-'가 되었다.

月釋 序・26b

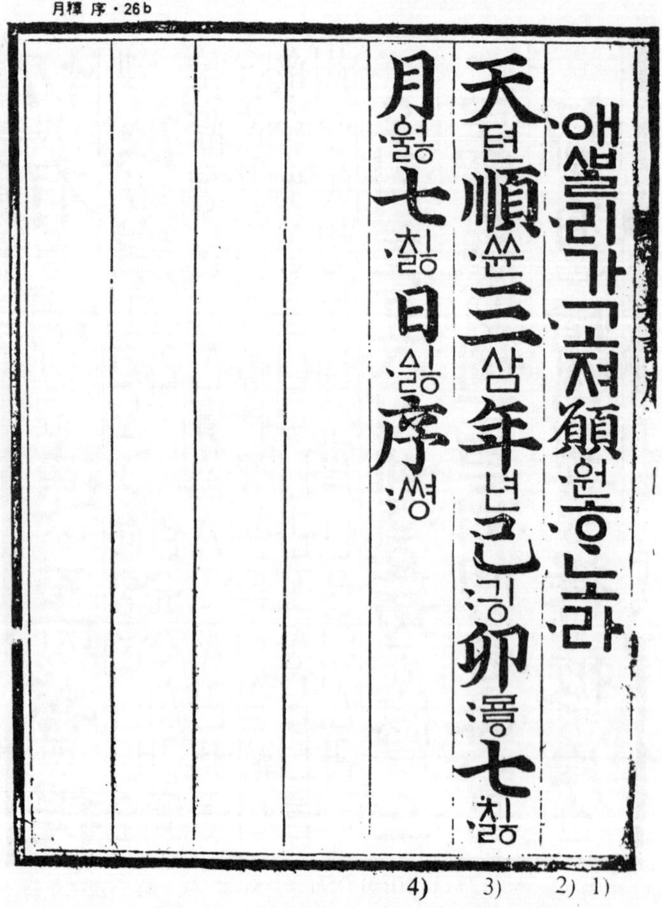
애ᄲᆞᆯ리가고져願원ᄒᆞ노라
天텬順쓘三삼年년己긩卯묭七칧
月윓七칧日싫序쎵

4) 3) 2) 1)

(앞 주에서 계속됨)

13).菩提薩埵: 菩薩이 준말. 覺有情, 開士, 大士, 始士, 高士라 飜譯. 成佛하기 위하여 修行에 힘쓰는 이의 總稱. 넓은 의미로는 일반으로 大乘敎에서 歸依한 이. 菩薩이란 것은 큰 마음을 내어 佛道에 들어오고, 四弘誓願을 내어 六婆羅密을 修行하며 위로는 보리를 구하고, 아래로는 一切 衆生을 敎化하여 三아승기 百劫의 긴 歲月에 自利, 利他의 行을 닦으며, 五十一位의 修養階段을 지나 드디어 佛果를 證得하는 이. 다만 地藏菩薩과 같이 衆生 濟度를 위하여 영영 成佛하지 않는 이도 있다. 이를 大悲闡提라 한다. 小乘에서는 阿羅漢果를 最上의 證果로 삼고 부처님은 오직 서가모니불과 未來에 成佛할 彌勒 뿐이라고 하므로 菩薩은 서가모니불이 성불하기 전의 호명 보살과 앞으로 成佛할 彌勒 菩薩밖에는 없다고 하지 마는 大乘에서는 成佛하는 것을 目的으로 하므로 서가모니불 한 분만이 아니고 한없는 부처님을 말하고 또 在家, 出家를 莫論하고 大乘法을 修行하는 이는 모두 菩薩이라 한다. 朝政에서 德이 높은 스님에게 주는 稱號. 우리 나라에서는 優婆夷를 尊稱하는 말로 쓰니 그 어원을 알 수 없으나 菩薩戒를 받았다 하여 그렇게 말하는 듯하다.

1).菩提彼岸애ᄲᆞᆯ리가고져원ᄒᆞ노라: 菩薩修行을 해서 빨리 彌陀刹 世界에 到達하기를 바란다는 세조의 願望이 들어있다. **2)**.-ᄒᆞ노라: 1인칭 주어이며 화자를 나타낸다.

3).天順: 중국 明나라 영종때의 연호. 서기(1457-1467). 天順3年은 서기 1459년, 世祖 5년임.

4).序: 수양대군(세조)가 月印釋譜의 序文을 쓴 것이다.

世宗御製月印千江之曲: 세종께서 지으신 월인천강지곡은

昭憲王后同證正覺: 소헌왕후와 같이 정각(부처님이 올바른 가르침이)이 함께 한다는 것을 증명하고자 한다

今上纂述釋譜詳節
慈聖王妃共成佛果

今上纂述釋譜詳節: 이제 임금께서 纂述하신 석보상절은

慈聖王妃共成佛果: 자애롭고 성스러웠던 왕비와 함께 성불하시는 근본으로 삼는다.

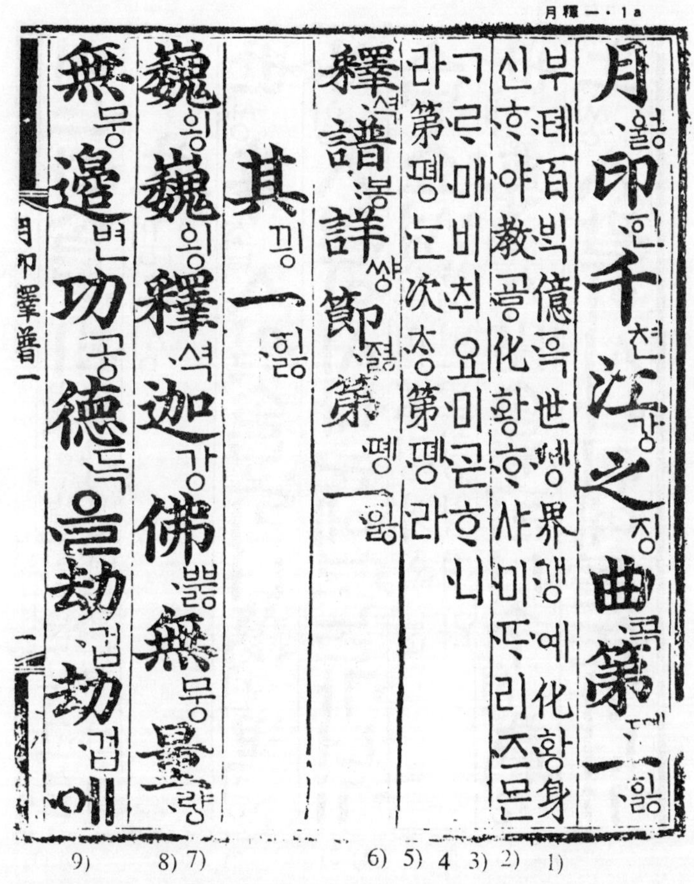
月釋一·1a

月(웛)印(힌)千(쳔)江(강)之(징)曲(콕)第(똉)一(힗)

부톄 百(빅)億(흑)世(솅)界(갱)예 化(황)身(신)ᄒᆞ야 敎(굥)化(황)ᄒᆞ샤미 ᄃᆞ리 즈믄 ᄀᆞᄅᆞ매 비취요미 ᄀᆞᆮᄒᆞ니라 第(똉)는 次(ᄎᆞᆼ)第(똉)라

釋(셕)譜(봉)詳(썅)節(졇)第(똉)一(힗)

其(끵)一(힗)

巍(욍)巍(욍)釋(셕)迦(강)佛(뿛)無(뭉)量(량)無(뭉)邊(변)功(공)德(득)을 劫(겁)劫(겁)에

月印釋譜 一　一

9)　8) 7)　6) 5) 4 3) 2) 1)

---

1).化身: (범) Nirmāṇa-kāya 變化身이라는 뜻. 衆生들을 濟度하기 위하여 알맞은 對象으로 化現하는 것. 부처님 形相이 아닌 人間, 龍, 鬼 등으로 보여주는 몸. 없다가 갑자기 나타나는 形相. 구족 하게는 變化身. 衆生들을 救濟하기 위하여 부처님이 스스로 變現하여 衆生의 모양이 되는 것.

2).敎化: 敎導轉化의 뜻. 사람을 가르쳐 凡夫를 聖人이 되게 하고, 疑心하는 이를 믿게 하고, 그릇된 이를 바른 길로 돌아가게 하는 것.

3).敎化ᄒᆞ샤미 : 敎化ᄒᆞ(다)+시+아+ㅁ+이. '-아-'는 삽입모음.

4).즈믄: 千의 고유어. **5)**.ᄀᆞᄅᆞ매: ᄀᆞᄅᆞᆷ+애.

6).비취요미: 비취(다)+(j)+오+ㅁ+이. '이'는 주격조사.

7).巍巍: 崇, 峯 등의 글자처럼 巍巍는 높고도 큰 것이며, 이것보다는 더 크고, 높은 것은 없다.

8).佛: 佛陀 (범) Buddha 浮圖 浮陀, 부두, 발타, 母馱 沒馱라고도 音譯. 覺者라 飜譯. 迷妄을 여의고 스스로 모든 法의 眞理를 깨닫고 다른 衆生을 敎導하여 깨닫게 하는 自覺, 覺他의 2行을 원만히 成就한 이. 이것은 처음 菩提나무 아래서 成道한 釋尊에 대한 稱號로 쓴 것. 佛陀는 釋尊뿐이었으나 뒤에 佛敎의 敎理가 발달함에 따라 過去, 現在, 未來의 모든 부처님이 있게되고, 十方의 모든 부처님으로 발전하여 드디어 그 수가 限量없게 되었다. 이것이 처음은 歷史的 人物 이던 것이 점점 理想化되어 有形 無形 온갖 방면으로도 圓滿한 人格的 存在가 되었다.

9).無量無邊: 끝이 없이 많고, 많은. 원래 無量은 阿彌陀佛을 지칭하던 것.

月釋一·1b

어느다ᄉᆞᆯᄫᆞ리 巍욍巍욍ᄂᆞᆫ 놉고 클씨라 邊변은 ᄀᆞᇫ이라

其끵二ᅀᅵᆼ

世솅尊존ㅅ 일 ᄉᆞᆯᄫᅩ리니 萬먼里링

外욍ㅅ 일이시나 눈에 보논가 너기

ᅀᆞᄫᆞ쇼셔 萬먼里링外욍ᄂᆞᆫ 萬먼里링 밧기라

世솅尊존ㅅ 말 ᄉᆞᆯᄫᅩ리니 千쳔載ᄌᆡᆼ

上썅ㅅ 말이시나 귀예 듣논가 너기

7) 6) 5) 4) 3) 2) 1)

---

1). 어느다술ᄫᆞ리: 어느+다+숣(다)+리. 어찌 다 말할 수 있겠는가. '어느, 다'는 부사로 '숣다'를 한정한다. '-리-' 다음의 생략된 것은 '-요'인데 이 것은 설의법으로 '부처의 공덕이 너무 커서 다 말할 수 없다'는 것이다.

2). 世尊ㅅ일술ᄫᅩ리니: 세존+ㅅ+일+숣(다)+오+리+니. 'ㅅ'은 관형격촉음. '-오-'는 '-리-'의 의도 때문에 개입된 것.

3). 눈에보논가: 눈+에+보(다)+ᄂᆞ+오+ㄴ+가.

4). 너기ᅀᆞᄫᆞ쇼셔: 너기(다)+ᅀᆞᆸ+ᄋᆞ쇼셔. '-ᅀᆞᆸ-'의 객어는 '세존의 말, 일'이므로 화자, 청자보다 위상이 높다.

5). 밧기라: '밧'은 'ㄱ'곡용하는 명사, 밧+ㄱ+이라. '밧'(外)의 서술격.

6). 千載上: 천년 전, 즈믄.

7). 보논가, 듣논가: 듣(다)+ᄂᆞ+오+ㄴ+가.

* 世尊의 하신 일이나 그의 말이 천년 전(그 당시 연대로)의 행해졌던 것이나, 눈에 보이고, 귀에 들리는 듯하다는 것. 그만큼 생생하다. 곧, 지금도 그의 가르침을 받들고 사는 우리로는 바로 옆에 존재하는 것처럼 느껴진다는 것.

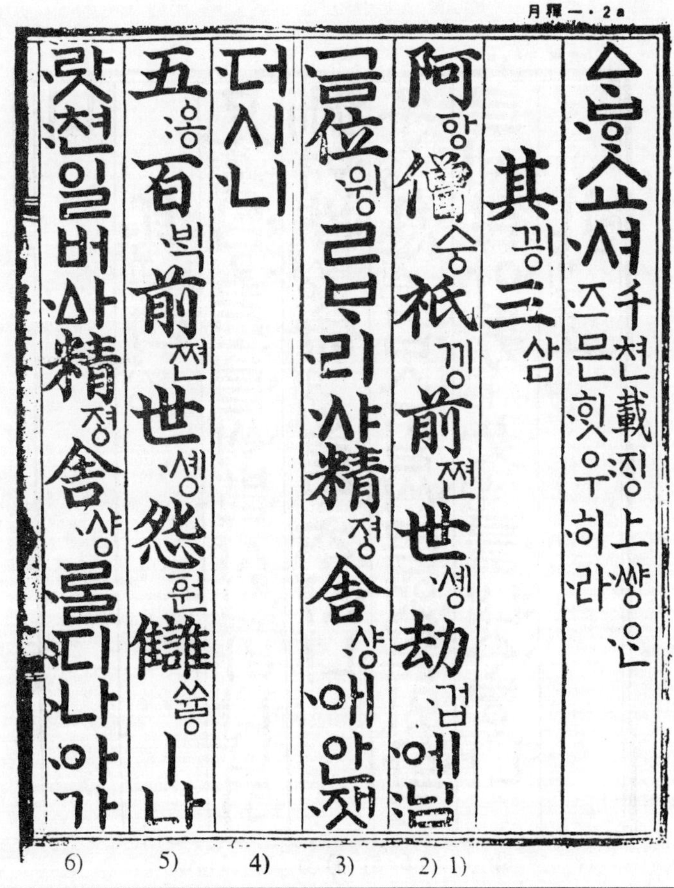
月釋 一 · 2a

ᄉᆞᆸ쇼셔 千쳔載징上썅ᄋᆞᆫ 즈믄힛우희라

其끵三삼

阿항僧승祇낑前쪈世솅劫겁에 님

금位윙ᄅᆞᆯ ᄇᆞ리샤 精졍舍샹애 안잿

더시니

五옹百빅前쪈世솅怨원讎쓩ㅣ 나

랏쳔 일버ᅀᅡ 精졍舍샹ᄅᆞᆯ 디나아가

6) 5) 4) 3) 2) 1)

---

1).阿僧祇: (범) Asaṃkya 인도의 큰수. 상세히는 阿僧祇耶, 僧祇, 무수, 무앙수라 번역. 숫자로 표현할 수 없는 가장 많은 수.

2).阿僧祇 前世劫: 헤아릴 수 없는 많고, 많은 세월을 뛰어넘어온 과거.

3).안잿더시니: 앉(다)+아+잇(이시다)+더+시+니. '아'는 연결어미.

4).더시니: 시제선행법.

5).五百前世怨讎ㅣ: '오백전세'는 오백년 전이 아니고, 世는 사람이 태어나서 죽는 것을 1世라고 한다. 그러므로, 生死 流轉의 의미를 내포한다. 여기서는 불교의 因緣說을 생각할 수 있다. 그리하여 오래 전의 세상에서 원수지간인 業에 의하여 다시 후에 그 業報를 받는 것이다. 'ㅣ'는 주격조사.

6).精舍: 精廬, 精練한 修行者가 居住하는 집. 곧, 절.

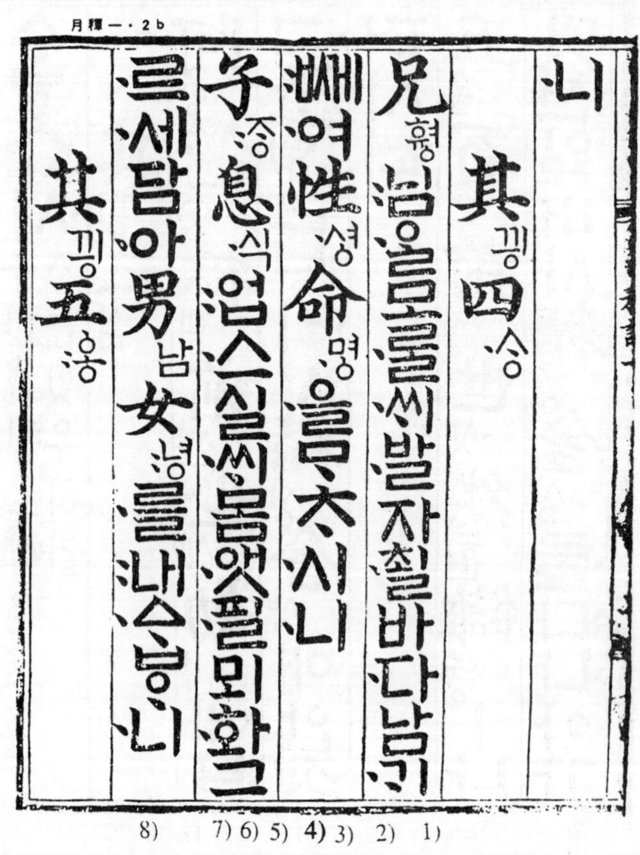
月釋一·2b

니

其끵四ᄉᆞᆼ

兄훵님을 모ᄅᆞᆯ씨 발자ᄎᆞᆯ 바다 남ᄀᆡ

ᄢᅦ여 性셩命명을 ᄆᆞᄎᆞ시니

子ᄌᆞᆼ息식 업스실씨 몸앳필 뫼화 그

르세 담아 男남女녕를 내ᅀᆞᄫᆞ니

其끵五ᅌᅩᆼ

8) 7) 6) 5) 4) 3) 2) 1)

---

1). 모ᄅᆞᆯ씨: 모ᄅᆞ(다)+ㄹ씨.

2). 바다: 받(다)+아. 받·다(受), 받·네(衝), 받·네(밟다).

3). 남ᄀᆡ: 남(모)+ㄱ+ᄋᆡ. 나무에. '나모'의 처소 처격조사.

4). ᄢᅦ여: ᄢᅦ(다)+(j)+어. 꿰다.

5). 性命: 목숨.

6). ᄆᆞᄎᆞ시니: ᄆᆞᄎᆞ(다)+시+니. '-니'는 詩的餘韻의 서술격 종결어미. '도다'의 의미.

7). 몸앳필뫼화: 몸+애+ㅅ+피+ㄹ+뫼호(다)+아. '뫼호다'는 '모으다'의 의미.

8). 男女를 내ᅀᆞᄫᆞ니: 내(다)+숩+ᄋᆞ니. '숩'은 목적격인 '男女'를 客語로 삼았고, 이 男女는 석존의 전세상의 인물들이기 때문에 '-숩-'으로 대우하는 것이다.

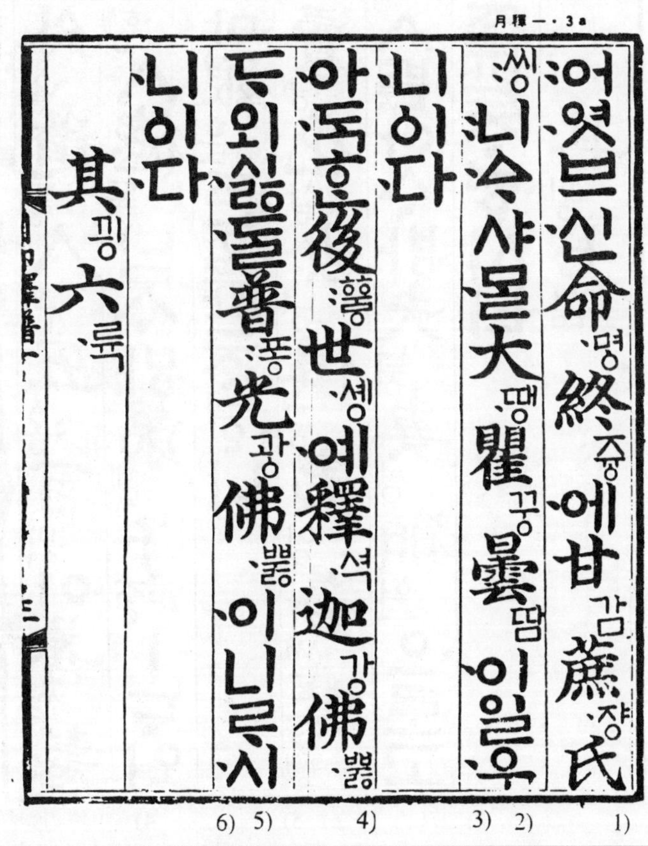
月釋一·3a

어엿브신命명終즁에甘감蔗쟝氏씽니ᅀᆞ샤몰大땡瞿꿍曇땀이 일우니이다
아독ᄒᆞᆫ後ᅘᅮᇢ世솅예釋셕迦강佛뿛ᄃᆞ외싫ᄃᆞᆯ普퐁光광佛뿛이니ᄅᆞ시니이다
其끵六륙

1) 2) 3) 4) 5) 6)

---

1). 어엿브신命終: 어엿(브다)+시+ㄴ+명종. '어엿브신'은 '불쌍하신'.
2). 니ᅀᆞ샤몰: 닛(다)+ᄋᆞ시+아+ㅁ+ᄋᆞᆯ. '이의시다'의 명사형. '-아-'는 삽입모음.
3). 일우니이다: 일(다)+우+니+이+다. '니'는 과거 시제선어미 '았/었'이며, '이'는 '-ㅂ니-'이다.
4). 아독ᄒᆞᆫ: 아득한.
5). ᄃᆞ외싫ᄃᆞᆯ: ᄃᆞ외(다)+시+ㅭ+ᄃᆞ+ㄹ. 'ᄃᆞ'는 원시 추상명사. 'ㆆ'은 촉음과, 절음의 효과를 나타낸다.
6). 불쌍한 죽음에 大瞿曇이 甘蔗氏로 다시 태어나게 함을 이루었습니다. 아주 먼 後世에 그가 釋迦牟尼 부처가 되실 줄을 普光佛이 말씀하셨습니다.

月釋 一·3b

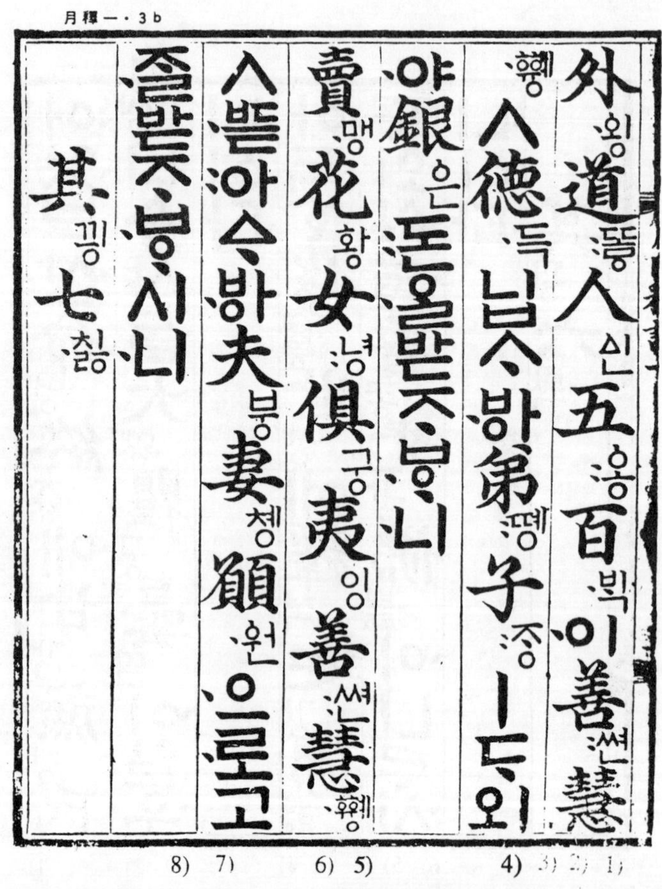

外道人五百이 善慧ㅅ德 닙ᄉᆞᄫᅡ 弟子ㅣ ᄃᆞ외야 銀돈ᄋᆞᆯ 받ᄌᆞᄫᆞ니
賣花女俱夷 善慧ㅅᄠᅳ들 아ᄅᆞ샤 夫妻願ᄋᆞ로 고ᄌᆞᆯ 받ᄌᆞᄫᆞ시니
其七

8) 7) 6) 5) 4) 3) 2) 1)

---

1).外道: (범) Tirthika 外敎, 外學, 外法이라고도 한다. 印度에서 佛敎 以外의 모든 敎學. 種類가 많다 96種이 있고, 부처님 당시에 6種의 外道가 있었다. Tirthakasms 神聖하고, 尊敬할만한 隱遁者라는 뜻이지만 佛敎에서 보면 모두 다른 敎學이므로 外道라 한다. 佛敎 以外의 宗敎, 곧, 外道의 法을 받드는 이도 外道라 한다.

2).善慧: 釋迦牟尼의 전 세상 인물 많은 生死의 경지를 지나서 釋迦牟尼로 現身한다.

3).善慧ㅅ德 닙ᄉᆞᄫᅡ: '선혜의 덕을' 목적어로한 客語이기 때문에 '숩'을 사용할 수 있다.

4).弟子ㅣ ᄃᆞ외야: 제자+ㅣ+ᄃᆞ외(다)+(j)+아. '제자'가 보격 'ㅣ'는 보격조사 '-야'는 '-아'인데 'j'의 개입에 의해 '야'가 된 것으로 모음충돌회피 현상이다.

5).俱夷: 석가모니 부인의 전세상 사람. 선혜와 同時期의 인물이다.

6).善慧ㅅᄠᅳᆮ: 선혜의 뜻은 衆生救濟를 위해서 부처에게 獻花하려는 갸륵한 뜻이었다. 이 뜻을 구이가 알고, 자신이 가지고 있던 꽃 다섯 송이를 주고, 다시 후에 부부가 되기를 祈願하는 뜻에서 두 송이의 꽃을 준다. 이것으로 그들은 因緣이 되어서 현생에서 夫婦가 된다.

7).고ᄌᆞᆯ받ᄌᆞᄫᆞ시니: 곶+올+받+좁+ᄋᆞ시+니. '-좁-'의 객어는 꽃인데 꽃에도 겸양의 선어말 어미 '-좁-'을 사용한 것은 그 꽃이 부처에게 바칠 꽃이기 때문이다. 부처에게 바치는 것은 중생구제에 있기 때문에 또한 '좁'을 사용할 수 있는 것이다.

8).여기 사용된 '-니'는 모두 詩的餘韻의 先語末語尾이다.

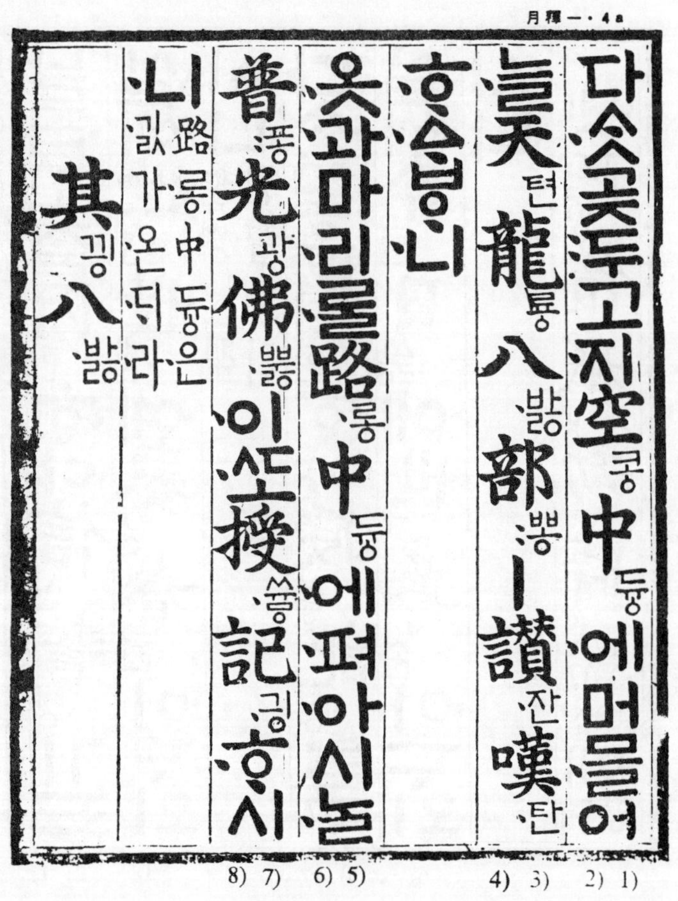
月釋 一·4a

다ᄉᆞᆺ곶두고지空콩中듕에머믈어
늘天텬龍룡八밣部뿡ㅣ讚잔嘆탄
ᄒᆞᅀᆞᄫᆞ니
옷과마리로路롱中듕에펴아시ᄂᆞᆯ
普퐁光광佛뿛이ᄯᅩ授쓯記긩ᄒᆞ시
니路롱中듕은 긼가온ᄃᆡ라
其끵八밣

8) 7) 6) 5) 4) 3) 2) 1)

---

1). 다ᄉᆞᆺ곶: 다ᄉᆞᆺ+곶. 다ᄉᆞᆺ〉다섯(모음조화 파괴). 곶〉꽃(경음화, 격음화).

2). 머믈어늘: 머믈(다)+거늘. 'ㄹ'뒤에서 'ㄱ'탈락.

3). 天龍八部ㅣ: 불법을 수호하는 여덟 神將. 八部鬼中. 25쪽, 주5). 참고.

4). 讚嘆: 칭찬하여 감탄함.

5). 마리: 마리〉 머리. 어근의 모음교체 현상.

6). 펴아: 펴(다)+아. '아'는 '펴-'가 陰聲이므로 응당 '어'로 함이 만땅하나 강화작용에 의해 '아'로 된 것이다.

7). 普光佛: 석가모니불이 現身하기 전에 있었던 부처 이 부처가 善慧를 후에 부처가 될 것을 예언함.

8). 授記: (授記說). Vyākaraṇa 부처님께서 보살이나 다른 사람에게 다음 세상에서 成佛하리란 것을 낱낱이 豫言하는 敎說.

月釋 一 · 4 b

닐굽 고ᄌᆞᆯ 因힌ᄒᆞ야 信신誓쎵 기프

실ᄊᆡ 世솅世솅예 妻쳉眷권이 ᄃᆞ외

시니 誓쎵ᄂᆞᆫ 盟명誓쎵라

다ᄉᆞᆺ ᄭᅮ믈 因힌ᄒᆞ야 授쓯記긩 ᄇᆞᆰ

실ᄊᆡ 今금日싏에 世솅尊존이 ᄃᆞ외

시니

녯 阿항僧숭祇낑劫겁 時씽節졇에 阿항

1).닐굽: 일곱.

2).信誓: 誠心으로 하는 盟誓. 그렇게 하도록 하는 盟誓.

3).世世: 대대로.

4).다숫꿈: 선혜가 부처가 될 수 있음을 예측하게하는 다섯가지의 꿈이다.

5).볼ᄀᆞ실ᄊᆡ: ᄇᆞᆰ(다)+ᄋᆞ시+ㄹᄊᆡ.

6).今日에 世尊이 ᄃᆞ외시니: 이 문장은 주어가 생략되었다. '이'는 보격(변성격)조사. 현대문 "선혜가 세존이 되다"에서 '선혜가'의 '-가'와 '세존이'의 '이'는 '가'가 주격조사이며, '이'는 보격조사이다.

月釋一·5a

僧승祇낑ᄂᆞᆫ그지업슨數숭ㅣ라ᄒᆞ논 마리라 劫겁은 時씽節젏이라ᄒᆞ논ᄠᅳ디라 ᄒᆞᆫ 菩뽕薩삻이 王왕ᄃᆞ외야 겨샤 菩뽕薩삻ᄋᆞᆫ 菩뽕提똉薩삻埵똥ㅣ라ᄒᆞᆫ 마ᄅᆞᆯ 조려 니ᄅᆞ니 菩뽕提똉ᄂᆞᆫ 부텻 道뚷理링오 薩삻埵똥ᄂᆞᆫ 衆즁生싱ᄋᆞᆯ 일울씨니 부텻 道뚷理링로 衆즁生싱 濟졩渡똥ᄒᆞ시ᄂᆞᆫ 사ᄅᆞᄆᆞᆯ 菩뽕薩삻이시다 ᄒᆞᄂᆞ니라 나라ᄒᆞᆯ 아ᅀᆞ 맛디시고 道뚷理링 비호라 나아가샤 瞿꿍曇땀婆빵羅랑門몬ᄋᆞᆯ 맛나샤 瞿꿍

1).그지업슨수: 긎+이+없+ㄴ+수.
2).ᄒᆞ논마리라: ᄒᆞ(다)+ᄂᆞ+오+ㄴ+말+이라.
3).菩薩: 菩提薩埵. 菩提는 菩提彼岸에 이르러 있는 자이고, 薩埵는 衆生濟度할 수 있는 자이다.
4).조려니ᄅᆞ니: 조리(다)+어+니ᄅᆞ(다)+니. '조리다'는 '줄이다'.
5).衆生ᄋᆞᆯ일울씨니: 중생+ᄋᆞᆯ+일(다)+우+ㄹ씨니. 중생을 제도하다.
6).나라ᄒᆞᆯ: 나라ㅎ+ᄋᆞᆯ.
7).맛디시고: 맜(다)+이+시+고. '-이-'는 선어말 어미, '맜이다'.
8).비호라: 비호(다)+라(러). '러'의 연결어미가 모음조화 때문에 '라'로 됐다.
9).나아가샤, 맛나샤 등의 '-샤'는 존칭 선어말 어미.

月釋 一·5b

曇땀ᄋᆞᆫ 姓셩이라 婆빵羅랑門몬ᄋᆞᆫ 조ᄒᆞᆫ ᅘᆡᆼ뎌기라 ᄒᆞᄂᆞᆫ 마리니 뫼해 드러 일업시 이셔 ᅘᆡᆼ뎌기 조ᄒᆞᆫ 사ᄅᆞ미라 ᄌᆞ갸 오ᄉᆞ란 밧고 瞿꿍曇땀ᄋᆡ 오ᄉᆞᆯ 니브샤 深심山산애 드러 果광實씷와 믈와 좌시고 深심山산ᄋᆞᆫ 기픈 뫼히라 坐쫭禪쎤ᄒᆞ시다가 坐쫭禪쎤ᄋᆞᆫ 안ᄌᆞ이셔 기픈 道ᄯᅩᇢ理링ᄉᆞ랑ᄒᆞᆯ씨라 나라해 빌머그라 오시니다 몰라보ᅀᆞᆸ더니 小會 瞿꿍曇땀이라 ᄒᆞ

12) 11) 10) 9) 8) 7) 6) 5) 4) 3) 2) 1)

1). 瞿曇: 喬答摩. (범) Śaradvat라고노 하는 옛적 仙人의 이름으로. 釋迦族의 祖上. 후에 釋迦種族의 姓. 특히 釋尊을 가리키는 말.

2). 婆羅門: (범)Brāhmaṇa 印度 四姓의 하나 淨行, 淨志, 淨裔, 梵志라 飜譯. 印度 四姓의 最高 지위에 있는 宗族으로 僧侶의 階級. 婆羅門敎의 全權을 掌握하여 임금보다 윗자리에 있으며 神의 後裔라 自稱하며 政權의 陪審을 한다. 사실상의 神의 代表者로서 權威를 떨치다.

3). 조ᄒᆞᆫ: 좋(다)+ᄋᆞᆫ. 깨끗ᄒᆞᆫ. **4)**. 뫼해: 묗+애.

5). 일업시: 일+없+이. 하는 일이 없다는 것이 아니고. 악행이나 도덕적으로 지탄을 받지 않는 행동을 하지 않는다는 것.

6). ᄌᆞ갸오ᄉᆞ란: ᄌᆞ갸+ㅅ+옷+ᄋᆞ란. 'ᄌᆞ갸'는 자신의 높임말, 'ᄋᆞ란'은 대격조사.

7). 瞿曇ᄋᆡ: 'ᄋᆡ'는 속격. **8)**. 果實와 믈와: 과실+과. 믈+과. 믈>물

9). 좌시고: 좌시(다)+고. '좌시다'는 '잡수시다'.

10). 坐禪: 禪宗에서 修行하는 方法. 定, 慧가 均等한 心的 狀態. 本來 佛敎에서는 戒, 정, 慧를 三學이라 하여 修行의 根本을 삼으며, 菩薩修行의 종류도 布施, 持戒, 忍辱, 精進, 禪定, 智慧의 六道로 나누어서 禪定을 필요한 修行法으로 삼고 있다.

11). 빌머그라: 빌(다)+먹(다)+으라. ':빌다'와 '먹다'의 통사적 복합어. ':빌·다'는 乞, 祈, 祝, 借의 뜻이 있다. 여기서는 乞의 뜻.

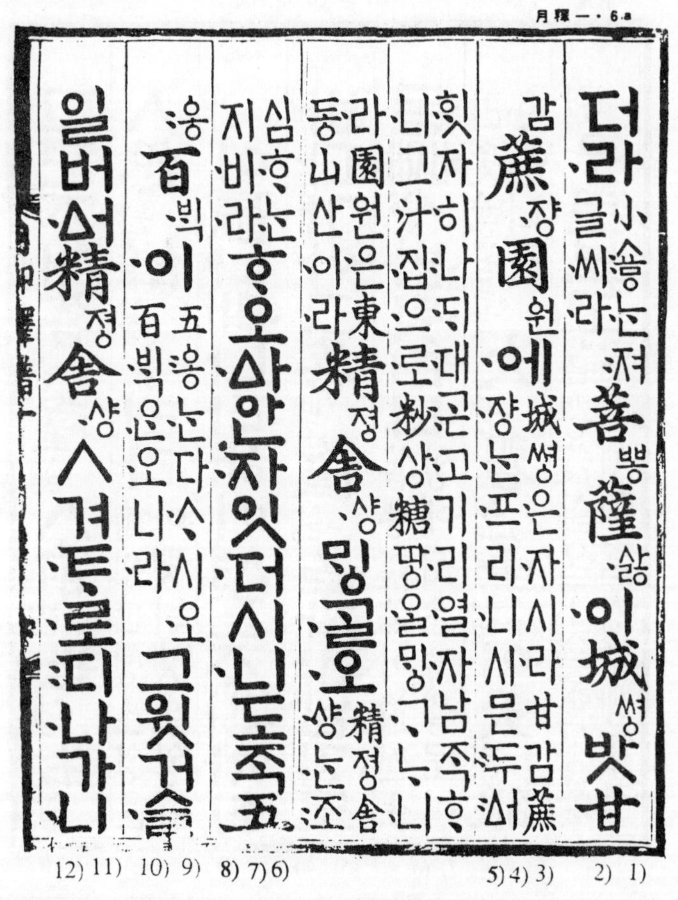
月釋 一 · 6.a

더라 小솧ᄂᆞᆫ 져글씨라 善뽕薩삻이 城쎵 밧 甘
감蔗쟝園원에 城쎵은 자시라 甘감蔗쟝ᄂᆞᆫ 프리니 시믄 두ᅀᅥ
힛자히 나ᄃᆡ 대 곧고 기리 열 자남ᄌᆞᆨᄒᆞ니 그 汁집으로 粆상糖땅ᄋᆞᆯ 밍ᄀᆞᄂᆞ니
라 園원은 東동山산이라 精정舍샹 밍ᄀᆞ로 精정舍샹ᄂᆞᆫ 조
심ᄒᆞᄂᆞᆫ 지비라 ᄒᆞ오ᅀᅡ 안자 잇더시니 도ᄌᆞᆨ 五
ᅌᅩᆼ百빅이 五ᅌᅩᆼᄂᆞᆫ 다ᄉᆞ시오 百빅ᄋᆞᆫ 오니라 그윗거슬
일버ᅀᅥ 精정舍샹ㅅ 겨ᄐᆞ로 디나가니

12) 11) 10) 9) 8) 7) 6) 5) 4) 3) 2) 1)

(앞 주에서 계속됨)

12). 小瞿曇: 대구담은 승의 이름이고, 그 스승의 옷을 빌려 입고, 정사에 앉아서 도를 닦고, 있으니 다른 이들이 소구담이라 하였다.

1). 져글씨라: ':젹(·다)+을씨라'. ':젹·다'는 작다의 뜻.(작다도 함께 쓰였다).

2). 밧: ㄱ곡용체언. '밨'은 단독체이다.

3). 자시라: 잣+이라.

4). 프리니: 플+이니.

5). 甘蔗는 프리니 시믄(지)두ᅀᅥ힛자히나ᄃᆡ: 의존명사 '지'가 생략된 것. '심은 지'. 두ᅀᅥ+ᄒᆡ(年)+ㅅ+자ㅎ+이+나+ᄃᆡ. '-ᄃᆡ'는 어미.

6). ᄒᆞ오ᅀᅡ: ᄒᆞᄫᆞᅀᅡ〉ᄒᆞ오ᅀᅡ〉호ᅀᅡ〉혼자.

7). 안자잇더시니: 앉(다)+아+잇(이시다)+더+시+니. '앉다'와 '이시다'의 복합. '시더'는 時制先行法.

8). 도ᄌᆞᆨ: 도적.

9). 오니라: 온+이라. 온=百

10). 그윗거슬: 그위+ㅅ+것+을. '그위'는 官衙. 官廳.

11). 일버ᅀᅥ: 일벗(다)+어. '일벗다'는 도둑질하다.

12). 精舍ㅅ겨ᄐᆞ로: 곁+ᄋᆞ로. 'ㅅ'은 관형격 촉음.

月釋 一·6b

그도ᄌᆞ기菩뽕薩삻ㅅ前쪈世솅生싱
ㅅ怨훤讎쓩ㅣ러라 前쪈世솅生싱ᄋᆞᆫ 아랫뉘옛生싱이라
이틄나래나라해이셔도ᄌᆞ기자최
바다가아그菩뽕薩삻ᄋᆞᆯ자바남기모
몰뻬ᅀᆞ바뒷더니 菩뽕薩삻이前쪈生ᄉᆡᆼ애지ᅀᅳᆫ罪쬥로이
리受쓯苦콩ᄒᆞ시니라 大땡瞿꿍曇땀이天텬眼
ᄋᆞ로보고 菩뽕薩삻ᄋᆞᆯ小ᄉᆖᇢ瞿꿍曇땀이시다ᄒᆞᆯ씨婆빵羅랑

8) 7) 6) 5) 4) 3) 2) 1)

---

1). 前世生: 佛敎에서는 三生의 삶을 주장한다. 즉, 前生, 現生, 來生이다. 그러나, 우리가 前生에서 살고 있다고 하면 그 時點이 現生이 되는 것이다. 또한 우리가 죽어서 저승으로 가있다고 하면 그 時點이 現生이 되는 것이다. 그러므로 그 輪廻는 계속 이어지는 것이다.

2). 怨讐ㅣ러라: 원수+이+더+라. 'ㅣ'는 서술격조사의 어간, '-더-'가 '-러-'로 변한 것은 'ㅣ'모음 뒤에서 유음화가 된 것이다.

3). 이틄나래: 이틀+ㅅ+날+애. 'ㅅ'은 촉음. '이튿=이틀'은 'ㄷ'과 'ㄹ'의 互轉이다.

4). 남기: 남(나모)+ㄱ+익. 나무에.

5). 모몰뻬ᅀᆞ바뒷더니: 몸+올+뻬(다)+ᅀᆞᆸ+아+뒷(다)+더+니. '뻬다'는 꿰다, '뒷다'는 두었다. '-ᅀᆞᆸ-'이 사용된 것은 소구담의 몸을 목적격으로한 客語이기 때문에(소구담이 후에 석존이 되므로) 사용된 것이다.

6). 지ᅀᅳᆫ죄로: 짓(다)+오+ㄴ+죄+로.

7). 전싱애지ᅀᅳᆫ罪로 이리 受苦: 前生의 지은 罪는 일종의 業이다. 그때 因緣의 業에 의하여 지금 苦痛을 받는 것이다.

8). 天眼: 五眼의 하나. 天趣에 나거나 禪定을 닦아서 얻게 되는 눈. 微細한 사물까지도 멀리, 널리 볼 수 있으며, 衆生들이 未來에 生死하는 것도 미리 알 수 있다. 修得과 生得이 있으니 人間에서 禪定을 닦아 天眼을 얻은 것을 修得天眼, 色界天에 나므로 이것을 生得天眼이라 한다.

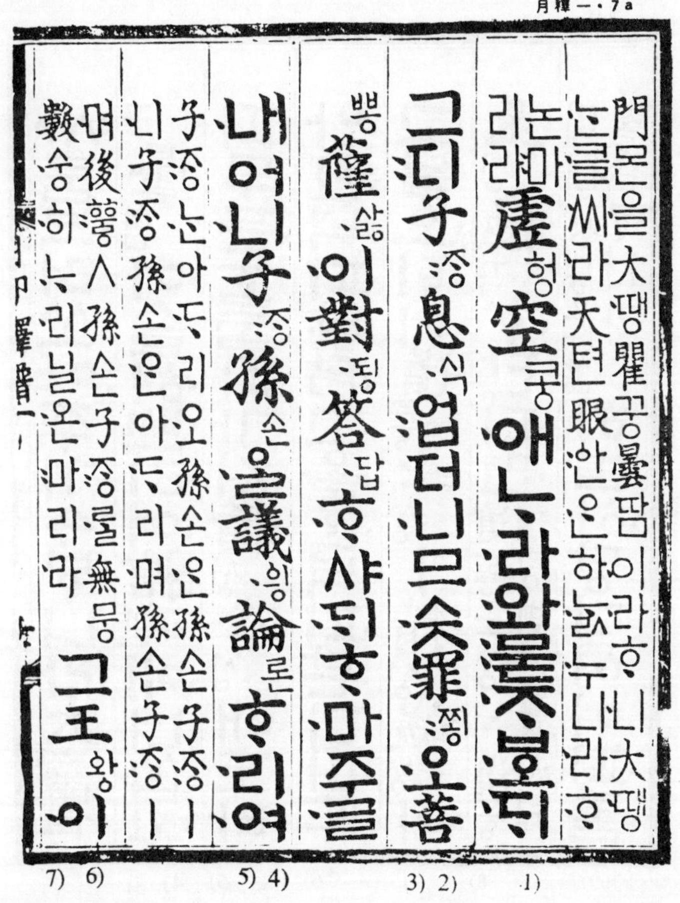
門몬을 大땡瞿꿍曇땀이라 ᄒᆞ니 大땡
눈 글씨라 天텬眼안은 하ᄂᆞᆳ 누니라 ᄒᆞ
리논 마리라 虛헝空콩애 ᄂᆞ라와 묻ᄌᆞᆸ보ᄃᆡ
그ᄃᆡ 子ᄌᆞᆼ息식 업더니 므슷 罪쬥오 菩
뽕薩삻이 對됭答답ᄒᆞ샤ᄃᆡ ᄒᆞ마 주글
내어니 子ᄌᆞᆼ孫손ᄋᆞᆯ 議읭論론ᄒᆞ리여
子ᄌᆞᆼ는 아ᄃᆞ리오 孫손ᄋᆞᆫ 孫손子ᄌᆞᆼㅣ
니 子ᄌᆞᆼ孫손ᄋᆞᆫ 아ᄃᆞ리며 孫손子ᄌᆞᆼㅣ
며 後흫ㅅ孫손子ᄌᆞᆼ롤 無뭉
數숭히 ᄂᆞ리 닐온 마리라 그 王왕이

7) 6) 5) 4) 3) 2) 1)

1).虛空애ᄂᆞ라와묻ᄌᆞᆸ보ᄃᆡ: 이것을 再構하면 '대구담이 허공에 나라와 묻좁오ᄃᆡ'인데 現時點으로 보면 대구담은 스승이므로 '-좁-'을 소구담에게 사용할 수 없는데 '-좁-'을 사용한 것은 후에 그가 부처가 될 사람이기 때문에 작가적 시점으로 사용한 것이다.

2).그ᄃᆡ: '그:ᄃᆡ'는 'ᄀᆞᄃᆡ'에 주격조사 'ㅣ'가 결부된 것으로 '그대가'의 뜻이며, '그ᄃᆡ'는 그저 '그대'의 뜻이다.

3).므슷: 무슨.

4).내어니: 나+이+거니.

5).ᄒᆞ리여: ᄒᆞ(다)+리+여. '하겠는가'.

6).ᄂᆞ리: 내리, 계속해서.

7).닐온마리라: 니ᄅᆞ(다)+오+ㄴ+말+이라.

月釋一·7b

사ᄅᆞᆷ브려쏘아주기ᅀᆞᄫᆞ니라大땡瞿
꿍曇땀이슬허ᄢᅳ리여棺관애녀ᅀᆸ고
피무든ᄒᆞᆰ올파가져精졍舍샹애도라
와왼녀긔피닫담고올ᄒᆞᆫ녀긔피닫다마두
고닐오ᄃᆡ이道ᄯᅩᇢ士ᄊᆞᇰㅣ精졍誠쎵이
至징極끅ᄒᆞ단디면 道ᄯᅩᇢ士ᄊᆞᇰ는道ᄯᅩᇢ 理링비호ᄂᆞᆫ사ᄅᆞ
미니菩뽕薩삻 ᄋᆞᆯᄉᆞᆯᄫᆞ니라 하ᄂᆞᆯ히당다이이피를

10) 9) 8) 7) 6) 5) 4) 3) 2) 1)

1). 사ᄅᆞᆷ브려: 브리(다)+어. '시키다'.
2). 쏘아: 쏘(다)+아. 활로 쏘다.
3). 슬허ᄢᅳ리여: 슳(다)+어+ᄢᅳ리(다)+어. 'ᄢᅳ리다'는 '안다'(抱).
4). 녀ᅀᆸ고: 녛(다)+ᅀᆸ+고.
5). ᄒᆞᆰ올파가져: ᄒᆞᆰ+올+파(다)+아+가지(다)+어.
6). 닫담고: 닫담(다)+고. 따로 담고.
7). 道士ㅣ: 도사(대구담 자신). 'ㅣ'는 주격조사.
8). ᄒᆞ단디면: ᄒᆞ다+ㄴ+ᄃᆞ+이+면.
9). 하ᄂᆞᆯ히: 하ᄂᆞᆯㅎ+이.
10). 당다이: 마땅히, 응당히.

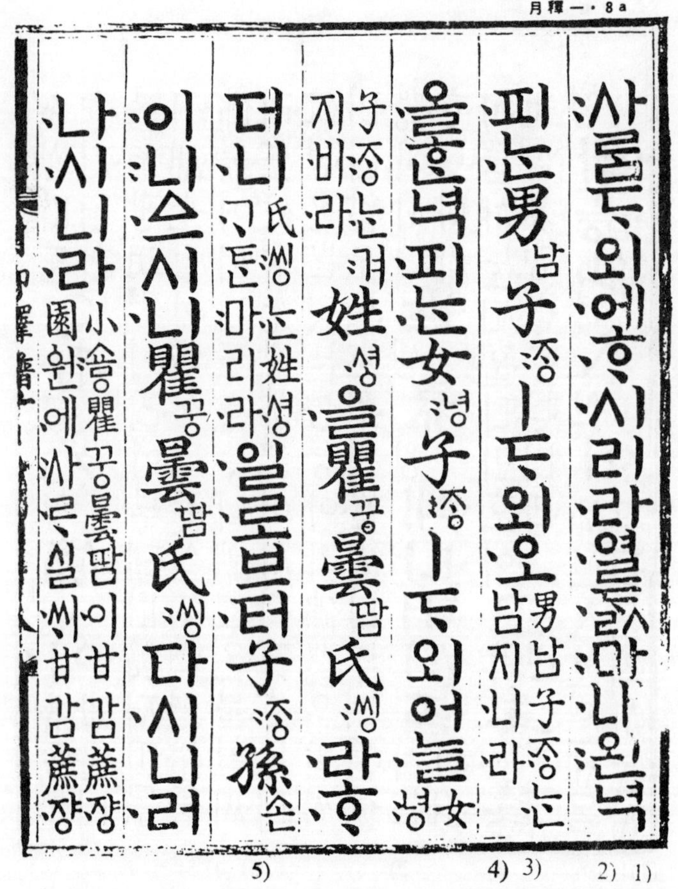

月釋 一 · 8a

사ᄅᆞᆷ ᄃᆞ외에 ᄒᆞ시리라 열ᄃᆞᆲ마내 왼녁
피ᄂᆞᆫ 男남子ᄌᆞᆼㅣ ᄃᆞ외오 男남子ᄌᆞᆼᄂᆞᆫ 남지니라
올ᄒᆞᆫ녁 피ᄂᆞᆫ 女녕子ᄌᆞᆼㅣ ᄃᆞ외어늘 女녕
子ᄌᆞᆼᄂᆞᆫ 겨지비라 姓셩을 瞿꿍曇땀氏씽라 ᄒᆞ
더니 氏씽ᄂᆞᆫ 姓셩 ᄀᆞᄐᆞᆫ 마리라 일로브터 子ᄌᆞᆼ孫손
이 니ᅀᅳ시니 瞿꿍曇땀氏씽 다시 니러
나시니라 小숗瞿꿍曇땀이 甘감蔗쟝園원에 사ᄅᆞ실ᄊᆡ 甘감蔗쟝

5) 4) 3) 2) 1)

1). ᄃᆞ외에: ᄃᆞ외(다)+게.

2). 열ᄃᆞᆲ마내: 열ᄃᆞᆲ+ㅅ+만+애.

3). 男子ㅣ ᄃᆞ외오: 남자+ㅣ+ᄃᆞ외(다)+고. 'ㅣ'는 보격조사.

4). 남지니라: 남진+이라. '남진'은 男人이다. 남신>남진.

5). 일로브터: 이+로부터. '일'은 '로'의 'ㄹ' 때문에 'ㄹ'첨가가 된 것이다.

月釋一·8b

氏씽라도 ᄒᆞ더니라 ○普퐁光광佛뿛이 普퐁光광은 너븐 光광明명이라 이부톄 나샳저긔 몺ᄀᆞᇫ애 光광이 燈등 ᄀᆞᄐᆞ실ᄊᆡ 燃연燈등佛뿛이시다도 ᄒᆞᄂᆞ니 燃션은 블혈씨라 ᄯᅩ 錠뎡光광佛뿛이시다도 ᄒᆞᄂᆞ니 錠뎡은 발 잇는 燈등이라 佛뿛은 알씨니 나ᄅᆞᆯ 알오 ᄂᆞᄆᆞᆯ 조쳐 알욀씨니 부텨를 佛뿛이시다 ᄒᆞᄂᆞ니라 世솅界갱예 나거시ᄂᆞᆯ 하ᄂᆞᆯ히며 ᄉᆞ람ᄉᆞ 사ᄂᆞᆫ ᄯᅡ홀 다 뫼호아 世솅界갱라 ᄒᆞᄂᆞ니라 그ᄢᅴ 善쎤慧ᅘᆡᇰ랗 ᄒᆞᇙ 仙션人신이 仙션人신은 제 몸 구텨 오래 사ᄂᆞᆫ ᄉᆞ

11)10)9) 8) 7) 6) 5) 4) 3)2) 1)

---

1).이부톄: 이+부텨+이. 마지막의 '이'는 주격조사.

2).나샳저긔: 나(다)+시+ㄹ+적+의.

3).몺ᄀᆞᇫ애: 몸+ㅅ+ᄀᆞᇫ+애.

4).練燈佛이시다도: 연등불+이+시+다+도. '도'는 '-이라고도'.

5).블혈씨라: 블(을)+혀(다)+ㄹ씨라.

6).알욀씨니: 알외(다)ㄹ씨+니.

7).世界: (범) Lokadhātu 路迦馱覩라 音譯. 世는 遷流 또는 파괴의 뜻. 界는 方分의 뜻. 時間的으로 過去, 現在, 未來의 三世에 通하여 變化하고, 破壞되며, 한편 空間的으로 彼此, 東西의 方分이 정해 있어 서로 뒤섞이지 않음을 말함. 보통으로는 生物들이 의지하여 사는 國土. 世는 隔別, 界는 種族의 뜻. 각각 다른 종류가 差別하여 서로 같지 않음을 통틀어 말함.

7).나거시ᄂᆞᆯ: 나(다)+거+시+ᄂᆞᆯ. 시상법언미 '-거-'와 존경법어미 '-시-'와 도치됨.

8).그ᄢᅴ: 그+ᄣᅢ+의. **9)**.ᄒᆞᇙ: ᄒᆞ(다)+오+ㅭ.

10).仙人: (범) Ṛsi 哩始라 音譯. 世間을 떠나 山水 좋은 데 있으면서 身邊 自在한 수법이 있는 이. 바라문교 등 外道의 修行者로서 神通力이 있는 이.

11).구텨: 굳히(다)+어. 굳다.굳히다.

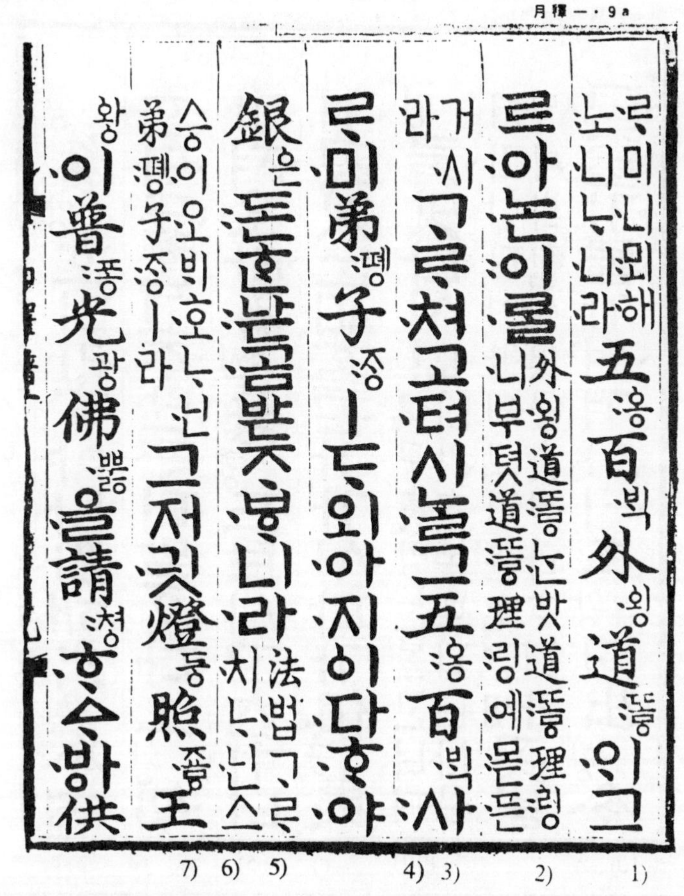
月釋 一·9a

ᄅᆞ미 뫼해 노니ᄂᆞ니라 五百外道ㅣ 그
르아논 이를 外道ᄂᆞᆫ 밧道理니 부텻道理예 몯 드
라거시ᄂᆞᆯ 그ᄎᆡᆨ 고텨시ᄂᆞᆯ 五百 사
ᄅᆞ미 弟子ㅣ ᄃᆞ외아지이다 ᄒᆞ야
銀돈 ᄒᆞᆫ 낟곰 받ᄌᆞᄫᆞ니라 法 ᄀᆞᄅᆞ치ᄂᆞ닌 스
승이오 비호ᄂᆞ닌 弟子ㅣ라 그저긧 燈照王
이 普光佛을 請ᄒᆞᅀᆞᄫᅡ 供

7) 6) 5) 4) 3) 2) 1)

---

1). 뫼해노니ᄂᆞ니라: 뫼ㅎ+애, 놀(다)+니+ᄂᆞ+니라.

2). 그르아논이를: 그르(다)+알(다)+ᄂᆞ+오+ㄴ+이+를.

3). 고텨시ᄂᆞᆯ: 고티(다)+어+시+ᄂᆞᆯ. '-시ᄂᆞᆯ'은 '-시거늘'의 준말.

4). 사ᄅᆞ미 弟子ㅣ ᄃᆞ외아지이다: '사ᄅᆞᆷ+이'의 '이'는 주격조사, '弟子ㅣ'의 'ㅣ'는 보격조사, 'ᄃᆞ외(다)+아지이다'의 '-아지이다'는 願望形語尾.

5). ᄒᆞᆫ낟곰: ᄒᆞᆫ+낟+곰.

6). 銀돈 ᄒᆞᆫ 낟곰 받ᄌᆞᄫᆞ니라: 재구성 "오백 사ᄅᆞ미 弟子ㅣ ᄃᆞ외아지이다 ᄒᆞ야 銀돈 ᄒᆞᆫ 낟곰 받ᄌᆞᄫᆞ니라"인데 '즙'이 사용된 것은 그 客語가 '銀돈'이다. 그 銀돈은 衆生 濟度에 사용될 수 있는 돈이며, 外道人들이 모은 誠金이다. 고로, 話者, 聽者들 보다 그 用處가 거룩할 것이며, 誠金의 의미가 至純하기 때문이다.

7). 그저긧燈照王: 그적+의+ㅅ+등조왕.

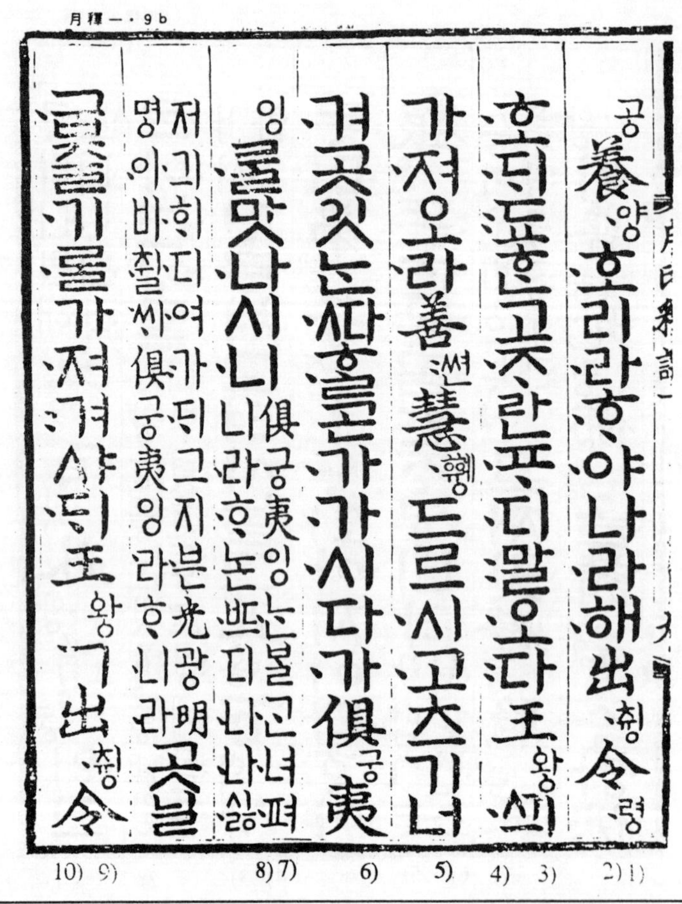
月釋一·9b

공養양ᄒᆞ리라 ᄒᆞ야 나라해 出츄令령
ᄒᆞ디 됴ᄒᆞᆫ 고ᄌᆞ란 ᄑᆞ디 말오 다 王왕ᄭᅴ
가져오라 善쎤慧쀙 드르시고 ᄎᆞ기너
겨 곳 잇ᄂᆞᆫ ᄯᅡᄒᆞᆯ ᄀᆞᆮ가 가시다가 俱궁夷
잉ᄅᆞᆯ 맛나시니 俱궁夷잉ᄂᆞᆫ 볼ᄀᆞᆫ녀펴니라 ᄒᆞ논 ᄠᅳ디니 나싫
저긔 ᄒᆡ디여가ᄃᆡ 그 지븐 光광明명 아기비 찰ᄊᆡ 俱궁夷잉라 ᄒᆞ니라 곳닐
굽 줄기를 가져 겨샤ᄃᆡ 王왕ㄱ 出츄令령

10) 9) 8) 7) 6) 5) 4) 3) 2) 1)

1). 供養: (범) Pūjanā 또는 供施, 供給, 供. 공급하여 資養한다는 뜻. 음식, 옷, 따위를 삼보, 부모, 스승, 죽은 이 등에게 공급하여 자양하는 것.

2). 공양호리라ᄒᆞ야: 공양ᄒᆞ(다)+오+리+라. 의도법 '-오-'.

3). 됴ᄒᆞᆫ고ᄌᆞ란: 둏(다)+ᄋᆞᆫ+곶+ᄋᆞ란.

4). ᄑᆞ디말오: ᄑᆞᆯ(다)+디+말(다)+고.

5). ᄎᆞ기너겨: 측은히 생각해서.

6). ᄀᆞᆮ가가시다가: ᄀᆞᆮ가(히)+가+시+다가.

7). 볼ᄀᆞᆫ녀펴니라: ᄇᆞᆰ(다)+ᄋᆞᆫ+녀+편+이라.

8). 瞿夷: (범) Gopikā 또는 俱夷, 瞿比迦, 嶠比, 瞿波, 守護支, 覆障, 明女, 싣달태자의 아내. 선각王의 딸. 혹은 水光長者의 딸로, 釋尊이 太子로 있을 때의 婦人 .야수다라의 前世生 人物.

9). 가져겨샤ᄃᆡ: 가지(다)+어+겨시+아+ᄃᆡ.

10). 王ㄱ出令: 'ㄱ'은 사잇소리(절음 부호).

月釋 一·10a

령을 저ᅀᆞᄫᅡ 瓶뼝ㅅ 소배 ᄀᆞ초아 뒷더
시니 善쎤慧휑 精정誠쎵이 至징極끅
ᄒᆞ실ᄊᆡ 고지 소사 나거늘 조차 블러 사
아지라 ᄒᆞ신대 俱궁夷잉 니ᄅᆞ샤ᄃᆡ 大
땡闕퀋에 보내ᅀᆞᄫᅡ 大땡闕퀋은 큰 지비니 님금 겨신 지
비라 부텻긔 받ᄌᆞᄫᆞᆯ 고지라 몯ᄒᆞ리라 善
쎤慧휑 니ᄅᆞ샤ᄃᆡ 五옹百빅銀은 도ᄂᆞ

8) 7) 6) 5) 4) 3) 2) 1)

---

1). 저ᅀᆞᄫᅡ: 젛(다)+ᅀᆞᇦ+아.

2). 소배: 솝(裏)+애. 예, 솝리(예:地名 裡里), 붑, 거붑.

3). ᄀᆞ초아뒷더시니: ᄀᆞ초(다)+아+뒷(다)+더+시+니.

4). 조차: 좇(다)+아.

5). 사아지라: 사(다)+아지라. 83쪽, 주4)참고.

6). 부텻긔: '긔', 'ᄢᅴ', 'ᄭᅴ' 등이 모두 '-께'로 높임의 조사다.

7). 부텻긔받ᄌᆞᄫᆞᆯ고지라: 받치(다)+ᄌᆞᆸ+오+ᇙ+곶+이라.

8). 몯ᄒᆞ리라: '-리-'는 선어말어미.

月釋一·10b

로다ᄉᆞᆺ줄기ᄅᆞᆯ사아지라俱궁夷잉ᄂᆞᆫ
ᄌᆞᄫᆞ샤ᄃᆡ므스게ᄡᅳ시리善쎤慧쀙對
됭答답ᄒᆞ샤ᄃᆡ부텻긔받ᄌᆞᄫᆞ리라俱
궁夷잉ᄯᅩᄉᆞᆲᄌᆞᄫᆞ샤ᄃᆡ부텻긔받ᄌᆞᄫᅡ
므슴호려ᄒᆞ시ᄂᆞ니善쎤慧쀙對됭答
답ᄒᆞ샤ᄃᆡ一힗切쳉種죵種죵智딩慧
쀙ᄅᆞᆯ일워衆즁生ᄉᆡᆼᄋᆞᆯ濟졩渡똥코져

5) 4) 3) 2) 1)

---

1).므스게: 므슥+에. '므슥'은 명사로, '무엇'.

2).ᄡᅳ시리: ᄡᅳ(다)+시+리+(요). '쓰다'와 'ᄡᅳ다'의 차이는 前述한 바 있다. '요'는 생략된 것.

3).므슴호려ᄒᆞ시ᄂᆞ니: 므슴ᄒᆞ(다)+오+리+어+ᄒᆞ+시+ᄂᆞ+니(요).

4).一切: (범) Sarva 살바의 번역. 만물의 전체. 곧, 온갖 것. 모든 것. 사물의 전체를 말할때의 一切가 있고, 制限된 範圍의 全部를 말하는 一切가 있다.

5).種種智慧: 모든 지혜를 말함. 一切 種種智慧라고 한다.

ᄒᆞ노라 一ᅙᅵᇙ切쳉는 다 ᄒᆞ논 마리오 種죵種죵ᄋᆞᆫ 여러 가지라 ᄒᆞ논 ᄠᅳ디라 衆즁生ᄉᆡᆼᄋᆞᆫ 一ᅙᅵᇙ切쳉世솅間 간ᄋᆡᆺ 사ᄅᆞ미며 하ᄂᆞᆯ히며 긔ᄂᆞᆫ 거시며 ᄂᆞᄂᆞᆫ 거시며 므렛 거시며 무틧 거시며 숨튼 거슬 다 衆즁生ᄉᆡᆼ이라 ᄒᆞᄂᆞ니라 濟졩渡똥ᄂᆞᆫ 믈 건낼 씨니 世솅間간ᄋᆡᆺ 煩뻔惱ᄂᇹ 만ᄒᆞ미 바ᄅᆞᆯ 믈 ᄀᆞᄐᆞ니 부톄 法법ᄀᆞ로 치샤 煩뻔惱ᄂᇹ 바ᄅᆞᆯ 건내야 내실 ᄊᆞᆯ 濟졩渡똥ㅣ라 ᄒᆞᄂᆞ니라

俱궁夷잉 너기샤ᄃᆡ 이 男남子ᄌᆞᆼㅣ 精정誠쎵이 至징極끅ᄒᆞᆯᄊᆡ 보ᄇᆡᄅᆞᆯ 아니

8) 7) 6) 5) 4) 3) 2) 1)

---

1). 衆生: (범) Sattva 情識이 있는 生物. 唐나라 현장 以前의 飜譯. 현장 以後에는 有情이라 飜譯. 衆生이란 뜻에는 여러 生을 輪廻한다. 여럿이 함께 산다. 많은 緣이 化合하여 비로소 生한다는 뜻이 있다. 넓은 뜻으로 해석하면 五戒의 佛, 菩薩에게도 通하나 普通으로는 迷界의 生類들을 일컫는 말.

2). 世間: 世는 遷流, 隔別의 뜻. 間은 間差의 뜻. 過去, 現在, 미래의 三世의 遷流하는 바 되면서도 가지가지의 모든 법은 서로 差別하여 섞이지 안는 것. 世는 可毁壞의 뜻. 有對治의 뜻. 間은 間差의 뜻. 有漏法의 다른 이름. 有漏의 모든 法은 반드시 生, 住, 異, 滅로 遷流하는 바 되어 刹나 刹那에 毁壞되며, 또 煩惱의 더러움이 없는 無漏聖道의 代置할 바가 되다는 뜻. 여기서는 三界의 모든 살아 있는 것들.

3). 사ᄅᆞ미며 하ᄂᆞᆯ히며: 人, 天을 말한다.

4). 긔ᄂᆞᆫ거시며 ᄂᆞᄂᆞᆫ거시며: 길짐승, 날짐승을 말한다.

5). 므렛거시며무틧거시며: 믈+에+ㅅ+것+이+며, 뭍+의+ㅅ+것+이+며.

6). 숨튼거슬: 숨트(다)+것+을. '숨트다'는 '목숨을 받다'.

7). 煩惱: (범) Kleśa 吉隸舍라 音譯. 或, 隨眠, 染, 漏, 結, 縛, 纏, 軛, 暴流, 使 등이라고도 한다. 나(我)라고 생각하는 私情에서 일어나는 나쁜 傾向의 마음 作用. 곧, 눈 앞의 苦와 樂에 迷하여 貪慾, 嗔心, 愚癡 등에 의하여 마음에 動搖를 일으켜 몸과 마음을 惱亂하는 精神 作用. 곧, 一切 煩惱의 根本이 되는 根本煩惱와 이에 隨伴하여 일어나는 隨煩惱가 있으며, 또 이것을 邪師, 邪說, 邪思惟로 말마암아 일어나는 分別起의 煩惱와 나면서부터 先天的으로 몸과 함께 있는 俱生起한 情意의 迷인 修惑과 理에 대한 智의 迷인 見惑히 있으며 或은 勢用의 利鈍에 나아가서 五利使, 五鈍使를 세우기도 하고, 或은 三漏, 三縛, 三或, 四流, 四軛, 四取, 五上分結, 五下分結, 九結, 八纏, 十纏, 百 八煩惱, 八萬 四千煩惱 등으로도 나눈다.

8). 내실쏠濟度: 내(다)+시+ㄹ+ᄉᆞ+올+濟度.

月釋 一·11b

앗기놋다 ᄒᆞ야 니ᄅᆞ샤ᄃᆡ 내 이 고ᄌᆞᆯ 나
ᅀᆞ리니 願원ᄒᆞᆫ ᄃᆞᆫ 내 生싱生싱애 그ᄃᆡᆺ
가시 ᄃᆞ외아 지라 善쎤慧휑 對됭答답
ᄒᆞ샤ᄃᆡ 내 조ᄒᆞᆫ ᄒᆡᇰ뎌글 닷가 일업슨 道
똫理링ᄅᆞᆯ 求꿓ᄒᆞ노니 죽사릿 因힌緣
원은 ᄃᆞ외디 몯호려다 因힌緣원은 젼치 / 니 前쪈生싱앳 이
리 젼大ᄅᆞᆯ 因힌緣원이라 ᄒᆞ고 그 이ᄅᆞᆯ / 因힌ᄒᆞ야 後쫗生싱애 ᄃᆞ외요ᄆᆞᆯ 果광

12) 11) 10) 9) 8) 7) 6) 5) 4) 3) 2) 1)

---

1). 앗기놋다: 앗기(다)+ᄂᆞ+오+ㅅ다. 앗기다>아씨다>아끼다>애끼다.

2). 내: 주격조사가 Zero로 개입된 것.

3). 나ᅀᆞ리니: 나ᅀᆞ(다)+리+니.

4). ᄒᆞᆫᄃᆞᆫ: ᄒᆞ(다)+ㄴ+ᄃᆞᆫ. 'ᄃᆞᆫ'은 '것은'.

5). 生生애: 후 세상에 태어나서.

6). 그딋가시: 그디+ㅅ+가시. '그:디'(그대가)

7). 내조ᄒᆞᆫ힝뎌글닷가: 내+좋(다)+ᄋᆞᆫ+힝뎍+을+닭(다)+아.

8). 일업슨道理: 부처의 도리.

9). 죽사릿 因緣: 죽(다)+살(다)+이+ㅅ+인연.

10). ᄒᆞ노니, 몯호려다: '-오-'는 1인칭 주어의 화자표시.

11). 젼ᄎᆡ니: 젼ᄎᆞ+이+니.

12). 因緣: 結果를 내는 親因은 因 結果를 내는데 보조되는 것은 緣. 因緣觀, 因緣變, 因緣生, 因緣生死, 因緣說周, 因緣宗, 因緣依 등의 語彙가 있다.

報봉ㅣ라ᄒᆞᄂᆞ니果광ᄂᆞᆫ여르미오報
봉ᄂᆞᆫ가ᄑᆞᆯ씨라됴ᄒᆞᆫᄡᅵ심거든됴ᄒᆞᆫ여
름여루미前쪈生싱앳이리因힌緣원
으로後후生싱애됴ᄒᆞᆫ몸ᄃᆞ외어나구
즌몸ᄃᆞ외어나호미ᄀᆞᆮᄐᆞᆯ씨果광ㅣ라
ᄒᆞ고後후生싱애ᄃᆞ외요미前쪈生싱
因힌緣원을가포밀씨報봉ㅣ라ᄒᆞᄂᆞ
니라夫붕妻쳉ᄒᆞ야사로ᄆᆞᆫ힝뎌기조
티몯ᄒᆞ야輪륜迴ᅘᅬᆼ롤벗디몯ᄒᆞᄂᆞᆫ根
곤源원일씨죽사릿因힌緣원이라ᄒᆞ
니라夫붕ᄂᆞᆫ샤오ᅀᅵ오妻쳉ᄂᆞᆫ가시라
輪륜迴ᅘᅬᆼᄂᆞᆫ술윗ᄠᅵ횟돌씨니부텨ᄂᆞᆫ
煩뻔惱ᄂᆞᇢ롤ᄠᅥ러ᄇᆞ리실씨죽사릿受
쓩苦콩롤아니ᄒᆞ거시니와샹녯사ᄅᆞ

13) 12) 11) 10) 9) 8) 7) 6) 5) 4) 3) 2) 1)

1).果報: 因果應報. 因果--原因과 結果, 原因 중에 因과 緣이 있다. 俱舍論에서는 四緣, 六因, 五果를 들고, 唯識論에서는 四緣, 十因, 五果를 들었다. 一切 萬象의 生成 壞滅하는 迷悟의 世界의 모양들은 하나도 因과 관계에 말미암지 않는 것이 없다 한다. 착한 因에는 착한 果, 惡한 因에는 惡한 果가 相應하게 나타나 錯誤가 없음을 말함.

2).가ᄑᆞᆯ씨라: 갚(다)+ᄋᆞᆯ씨라.

3).여름여루미: 여름, 열+(다)+우+ㅁ+이

4).가포미ㄹ씨: 갚(다)+오+ㅁ+ㄹ씨.

5).사로ᄆᆞᆫ: 살(다)+오+ㅁ+ᄋᆞᆫ.

6).힝뎌기조티몯ᄒᆞ야: 힝뎍+이, 좋(다)+디+몯ᄒᆞ(다)+야.

7).샤오ᅀᅵ오: 샤옹(남편)+이+고.

8).가시라: 가시+이라. 각시. **9)**.술윗ᄠᅵ: 술위+ㅅ+ᄠᅵ.

10).횟돌씨니: 회+ㅅ+돌+ㄹ씨니

11).ᄠᅥ러ᄇᆞ리실씨: ᄠᅥᆯ(다)+어+ᄇᆞ리(다)+시+ㄹ씨

12).受苦: 業에 의하여 苦痛을 받는 것. '죽사리를 계속하는 것, 輪迴에서 벗어나지 못함'.

13).ᄒᆞ거시니: ᄒᆞ(다)+거+시+니. '하시거니'.

月釋 一·12b

몯 煩뻔惱놓ᄅᆞᆯ 몯 ᄇᆞ려 ᄇᆞ릴씨 이 生ᄉᆡᇰ애셔 後ᅘᇢᆼ生ᄉᆡᇰ因ᅙᅵᆫ緣ᄋᆑᆫ을 지ᅀᅥ 사ᄅᆞ미ᄃᆞ외락 벌에 즁ᄉᆡᇰ이ᄃᆞ외락ᄒᆞ야 長땽常썅 주그락 살락ᄒᆞ야 受쓯苦콩ᄒᆞ몰 輪륜迴ᅘᅬᆼ라 ᄒᆞᄂᆞ니라 俱궁夷잉 니ᄅᆞ샤ᄃᆡ 내 願ᅌᅯᆫ을 아니 從쭝ᄒᆞ면 고ᄌᆞᆯ 몯 어드리라 善쎤慧ᅘᅰᆼ 니ᄅᆞ샤ᄃᆡ 그러면 네 願ᅌᅯᆫ을 從쭝호리니 나ᄂᆞᆫ 布봉施싱ᄅᆞᆯ ᄌᆞᆯ겨 布봉施싱ᄂᆞᆫ 쳔랴ᇰᄋᆞᆯ 펴아 내야 ᄂᆞᆷ 줄씨라 사ᄅᆞ미 ᄠᅳ들 거스디

7) 6) 5) 4) 3) 2) 1)

---

1). 사ᄅᆞ미ᄃᆞ외락: 사ᄅᆞᆷ+이+ᄃᆞ외(다)+락. 'ㅣ'는 보격조사.

2). 즁ᄉᆡᇰ: 즁ᄉᆡᇰ〉즁ᄉᆡᇰ〉즁ᄉᆡᇰ〉중생.

〉즘ᄉᆡᇰ〉짐승.

3). 주그락살락: 죽(다)+으락, 살(다)+락. '-으락, -락'은 반복형어미.

4). 내원을 아니 죵ᄒᆞ면 고ᄌᆞᆯ 몯 어드리라: 현대의 문장론에서는 '몯 어드리라'가 '얻지 못하리라'로된 것이 비문이 되지 않는다.

5). 네원을 죵호리니: '죵ᄒᆞ(다)+오+리+니'. '오'는 의도법의 어미(삽입모음).

6). 布施: (범) Dāna 檀那라 音譯. 六波羅密의 하나. 慈悲心으로써 다른 이에게 條件 없이 物件을 줌. 이것을 財施라한다. 布施는 財施, 法施 無畏施의 三種으로 나누며, 또, 四種, 五種, 七種, 八種으로 나누기도 한다. 四攝法의 하나, 菩薩이 財施, 法施로써 衆生을 攝受하여 化導하는 것. 지금은 흔히 信徒들이 스님에게 讀經을 청하거나 佛事를 行하고 報酬로 金錢이나, 物品을 주는 것을 布施라도 말한다.

7). 거스디: 거슬(다)+디.

아니ᄒᆞ노니 아뫼어나 와 내 머릿바기며 눉ᄌᆞᅀᆡ며 骨골髓쉉며 가시며 子ᄌᆞᆼ息식이며 도라ᄒᆞ야도 骨골髓쉉ᄂᆞᆫ 뼛소개 잇ᄂᆞᆫ 기르미라 네 거틇ᄠᅳᆮᄒᆞ야 내 布봉施싱ᄒᆞ논 ᄆᆞᅀᆞᄆᆞᆯ 허디 말라 俱궁夷잉 니ᄅᆞ샤ᄃᆡ 그딋말다히 ᄒᆞ오리니 내 겨지비라 가져가디 어려ᄫᅳᆯ씨 두줄기ᄅᆞᆯ 조쳐 맛디노니

1). 거스디아니ᄒᆞ노니: 거슬(다)+디+아니ᄒᆞ(다)+ᄂᆞ+오+니.
2). 아뫼어나: 아모+이+거나.
3). 머릿바기며: 머리+ㅅ+박+이며.
4). 눉ᄌᆞᅀᆡ며: 눈+ㅅ+ᄌᆞᅀᆞ+이며.
5). 거틇ᄠᅳᆮᄒᆞ야: 겉+(j)+우+ㅭ+ᄠᅳᆮᄒᆞ(다)+(j)+아.
6). 허디말라: 헐(다)+디+말(다)+라.
7). 그딋말다히: 그듸+ㅅ+말+다히. '-다히'는 '처럼'.
8). 호리니: ᄒᆞ(다)+오+리+니. '-오-'는 의도의 선어미.
9). 두줄기ᄅᆞᆯ 조쳐: '조쳐'는 '마저'.
10). 맛디노니: 맜(다)+이+ᄂᆞ+오+니.

月釋 一·13b

부텻긔 받ᄌᆞᄫᅡ 生ᄉᆡᇰ生ᄉᆡᇰ애 내 願ᅌᅯᆫ을

일티 아니케 ᄒᆞ고라[1] 그ᄢᅴ 燈등照쥼王[2]

왕이 臣씬下ᅘᅡᆼ와 百ᄇᆡᆨ姓셔ᇰ과 領려ᇰ코

領령은 거ᄂᆞ릴씨라 種죵種죵 供공養양 가져 城

셔ᇰ의 나아 부텨를 맛ᄌᆞᄫᅡ 저ᅀᆞᆸ고[3] 일훔

난 고ᄌᆞᆯ 비터라[4] 녀느[5] 사ᄅᆞ미 供공養양

ᄆᆞ차ᄂᆞᆯ[6] 善쎤慧ᅘᅰᆼ 다ᄉᆞᆺ 고ᄌᆞᆯ 비ᄒᆞ시니

1). 일티아니케ᄒᆞ고라: 잃(다)+디+아니ᄒᆞ(다)+게+ᄒᆞ(다)+고라.

2). 燈照王이 臣下와百姓과領코: '과'는 공동격조사. 그 뒤에 '-에게'가 생략된 것.

3). 저ᅀᆞᆸ고: 저ᅀᆞᆸ다.

4). 비터라: 빟(다)+더+라.

5). 녀느: 보통, 타인.

6). ᄆᆞ차ᄂᆞᆯ: 마치거늘.

月釋 一 · 14a

다空콩中듕에머므러大臺띵ᄃᆞ외어

늘空콩中듕은虛헝空콩ㅅ가온ᄃᆡ라後흫에두줄기로

비흐니또空콩中듕에머므러잇거늘

王왕이며天텬龍룡八밣部뽕ㅣ과ᄒᆞ

야네업던이리로다ᄒᆞ더니八밣部뽕ᄂᆞᆫ여듧주

비니天텬과龍룡과夜양叉창와乾껀

闥탏婆빵와阿항脩슣羅랑와迦강樓

룽羅랑와緊긴那낭羅랑와摩망睺흫

羅랑伽깡왜니龍룡ᄋᆞᆫ고기中듕에위

13) 12) 11) 10) 9) 8) 7) 6) 5) 4) 3) 2) 1)

1). 머므러: 머믈(다)+어.

2). 과ᄒᆞ다: 칭찬하다.

3). 네: 예.

4). 여듧: 여덟.

5). 주비: 類. 종류.

6). 八部: 천, 용, 야차, 건달바, 아수라, 가루라, 긴나라, 마후라가.

7). 龍: (범) Nāga 佛法을 守護하는 神. 本來 印度에 사는 龍 種族들이 뱀을 崇拜하는 神話에서 일어난 것. 사람의 얼굴과 사람의 形體로 갓 위에 龍의 模樣을 표하고 神力이 있어 구름과 비를 변화시킨다고 함.

8). 夜叉: (버) Yakṣa 약차, 열차라 음역. 위덕, 포약, 용건, 귀인, 첩질귀, 사제귀라 번역. 라찰과 함께 비사문천왕의 권속으로 북방을 수호.

9). 乾達婆: (범) Gandharva 건달박, 언달바, 건답화, 헌달박, 번역하여 심양행, 심향, 식향, 후양. 제석의 음악을 맡은 신. 지상의 모산 중에 있으며, 술과 고기를 먹지 않고 향기만 먹으므로 이같이 이르다. 항상 부처님이 설법하는 자리에 나타나 정법을 찬탄, 불법을 수호, 인도에서 음악을 직업으로 하는 사람. 음악의 향기만을 찾아 그 문 앞에 가서 춤추고 노래하여 음식을 얻어 살아감. 중음신 중음신은 향기만 맡으므로 식향이라 하고, 혹은 미리 태어날 곳의 냄새를 찾아 다니므로 심향행이라 한다

10). 아수라: (범) Asura 아소라, 아소락, 아수류이라 음역. 줄여서 수라, 비천, 비류, 부단정이라 번역. 싸우기를 좋아하는 귀신. 인도에서 가장 오랜 신의 하나. 라구페타에서는 가장 두승한 성령이란 뜻으로 사용. 중고 이후에는 무서운 귀신으로 인식되었다.

11). 迦樓羅: (범) Gruḍa 迦留羅, 加嚕茶라고도 쓰고, 項癭, 大脻項이라 번역. 또는 金翅鳥, 妙翅鳥.라 번역. 실재의 동물이 아닌 시화로 된 것.

月釋 一·14b

두ᄒᆞᆫ거시니ᄒᆞᆫ모미크락져그락ᄒᆞ야
神씬奇끵ᄒᆞᆫ變변化황ㅣ몯내앓거시
라夜양叉창ᄂᆞᆫᄂᆞᆯ나고모디다ᄒᆞᆫᄠᅳ디
니虛헝空콩애ᄂᆞ라ᄃᆞᆫ니ᄂᆞ니라乾껀
闥탏婆빵ᄂᆞᆫ香향내맏ᄂᆞ다ᄒᆞᆫᄠᅳ디니
하ᄂᆞᇗ풍류ᄒᆞᄂᆞᆫ神씬靈령이니하ᄂᆞᆯ해
이셔풍류ᄒᆞ려ᄒᆞᇙ저기면이神씬靈령
이香향내맏고올아가ᄂᆞ니라阿항脩
슐羅랑ᄂᆞᆫ하ᄂᆞᆯ아니라ᄒᆞᄂᆞᆫᄠᅳ디니福
복과힘과ᄂᆞᆫ하ᄂᆞᆯ콰ᄀᆞᆮ토ᄃᆡ하ᄂᆞᇗ힝뎌
기업스니嗔친心심이한젼치라迦강
樓룽羅랑ᄂᆞᆫ金금ᄂᆞᆯ개라ᄒᆞᆫᄠᅳ디니두
ᄂᆞᆯ개ᄊᆞᅀᅵ三삼百빅三삼十씹六륙萬
먼里링오모기如영意힁珠즁ㅣ잇고

11) 10) 9) 8) 7) 6) 5) 4) 3) 2) 1)

(앞 중에서 계속됨)

12).緊那羅: (범) Kiṃmara 번역하여, 擬人, 擬神, 人非人 歌神, 歌樂神, 音樂神이고도 한다. 사람인지 새인지 짐승인지 일정하지 않고, 노래하고, 춤추는 괴물.

13).摩睺羅伽: (범) Mahoraga 막호락, 모호락. 번역하여 大蟒神, 大腹行, 몸은 사람과 같고 머리는 뱀. 용의 무리에 딸린 樂神으로 廟神이라고도 한다.

1).앓거시라: 알(다)+ㆆ+것+이라. **2)**.ᄂᆞᆯ나고: 날래다.

3).모디다: 모지다.

4).ᄃᆞᆫ니ᄂᆞ니라: ᄃᆞᆮ(다)+니(다)+ᄂᆞ+니라.

5).하ᄂᆞᇗ풍류: 하ᄂᆞᆯ+ㅅ+풍류. **6)**.ᄒᆞᇙ저기면: ᄒᆞ(다)+ㅭ+적+이+면.

7).올아가ᄂᆞ니라: 오ᄅᆞ(다)+아+가(다)+ᄂᆞ+니라〉

8).하ᄂᆞᆯ콰ᄀᆞᆮ토ᄃᆡ: 하ᄂᆞᆯㅎ+과+ᄀᆞᇀ(다)+오+ᄃᆡ.

9).嗔心: 성을 잘 내는 마음. **10)**.ᄂᆞᆯ갯ᄉᆞᅀᅵ: ᄂᆞᆯ개+ㅅ+ᄉᆞᅀᅵ.

11).如意珠: (범) Cintāmaṇi 또는 如意寶珠. 이 구슬은 뜻대로 여러 가지 慾求하는 것을 如意珠라 한다. 如意輪 觀音은 두 손에 이 寶珠를 가졌고, 娑竭羅龍王의 宮殿에도 있다고 한다. 밀교에서 이것을 그 종의 극비말로 여겨 大悲福德圓滿의 표시로 한다.

龍룡ᄋᆞᆯ 밥사마 자바먹ᄂᆞ니라 緊긴那낭羅랑ᄂᆞᆫ 疑읭心심ᄃᆞ뷘 神씬靈령이라 ᄒᆞᆫ ᄠᅳ디니 사ᄅᆞᆷ ᄀᆞ토ᄃᆡ ᄡᅳ리 이실ᄊᆡ 사ᄅᆞᆷ만가 사ᄅᆞᆷ 아닌가 ᄒᆞ야 疑읭心심ᄃᆞ뷔니 놀애 브르ᄂᆞᆫ 神씬靈령이니 부텨 說쉃法법ᄒᆞ신다마다 다 能능ᄒᆞ니 놀애로 브르ᄉᆞᆸᄂᆞ니라 摩망睺훙羅랑伽깡ᄂᆞᆫ 큰 ᄇᆡᆺ바다ᄋᆞ로 긔여ᄒᆞ니ᄂᆞ다 ᄒᆞᆫ ᄠᅳ디니 큰 ᄇᆡ얈 神씬靈령이라 變변은 常썅例롕예셔 다ᄅᆞᆯ 씨오 化황ᄂᆞᆫ ᄃᆞ욀 씨라 三삼은 세히오 十씹은 열히오 六륙은 여스시라 열 百ᄇᆡᆨ이 千쳔이오 열 千쳔이 萬먼이라 여슷자히 步뽕ㅣ오 三삼百ᄇᆡᆨ步뽕ㅣ 里링라 珠중ᄂᆞᆫ 구스

---

1). 疑心ᄃᆞ뷘 神靈: ᄃᆞ뷔(다)+ㄴ+神靈.

2). ᄡᅳ리이실ᄊᆡ: ᄡᅳᆯ+이+이시(다)+ㄹᄊᆡ.

3). 놀애: 노래.

4). 說法: =說教 唱導, 法談, 讚嘆, 談義, 權化, 說經이라고도 함. 教法을 말하여 사람들을 引導하는 것.

5). 바다ᄋᆞ로: 바당+ᄋᆞ로.(바닥)

6). ᄒᆞ니ᄂᆞ다: ᄒᆞ(다)+니(다)+ᄂᆞ+다.

7). ᄇᆡ얈신령이라: ᄇᆡ얌+ㅅ+신령+이라.

8). 여슷자히: 자ㅎ+이.

月釋一 · 15b

리라說쎯은 니ᄅᆞᆯ씨라 普퐁光광佛뿛이讚잔歎
탄ᄒᆞ야닐ᄋᆞ샤ᄃᆡ 讚잔歎탄ᄋᆞᆫ 기릴씨라 :네
阿항僧승祇낑劫겁을디나가부톄ᄃᆞ
외야號ᅘᆞᇢ를釋셕迦강牟뭉尼닝랑ᄒᆞ
리라 號ᅘᆞᇢᄂᆞᆫ일훔사마브르ᄂᆞᆫ거시라 釋셕迦강ᄂᆞᆫ어딜며ᄂᆞᆷ어엿비너
기실씨니衆즁生ᄉᆡᆼ爲윙ᄒᆞ야世솅間
간애나샤몰ᄋᆞᆸ고牟뭉尼닝ᄂᆞᆫ괴외ᄌᆞᆷ
ᄌᆞᆷᄒᆞᆯ씨니智딩慧휑ㅅ根근源원을아ᄅᆞᆯ
ᄲᅮᆫ니釋셕迦강ᄒᆞ실씨涅녏槃빤애아

5) 4) 3) 2) 1)

---

1). :네: 네가. '네'는 '너의'.

2). 부톄ᄃᆞ외야: 부텨+ㅣ+ᄃᆞ외(다)+(j)+아.

3). 어엿비너기실씨라: 어엿(다)+브(다)+이. 너기(다)+시+ㄹ씨라.

4). 나샤몰ᄋᆞᆸ고: 나(다)+시+아+ㅁ+올+ᄋᆞᆸ(다)+고.

5). 牟尼: (범) Muni 寂默, 寂靜, 仁, 善, 智者라 飜譯. 仙人이란 말. 出家하여 마음을 닦고 도를 배우는 말. 釋尊은 서가족의 모니란 뜻으로 서가모니라 한다.

月釋 一 · 16a

8) 7) 6) 5) 4) 3) 2) 1)

---

1).涅槃: (범) Nirvāṇa (파) Nibbāna 佛敎의 最高 理想. 泥洹, 涅槃那라 音譯. 또는 無爲, 無作, 無生. 모든 煩惱의 束縛에서 解脫하고, 眞理를 窮究하여 迷한 生死를 超越해서 不生 不滅의 法을 體得한 境地. 小乘에서는 몸과 마음이 다 없어지는 것을 理想으로 하므로 心身이 있고 없음에 따라 裕餘依, 無餘依 涅槃을 세우고 大乘에서는 積極的으로 三德과 四德을 갖춘 涅槃을 말하여 實相, 眞如와 같은 뜻으로 本體 혹은 實在의 意味로도 쓴다. 法相宗에서는 四宗 涅槃을 세운다.

2).네아모저긔: :네(주격조사가 무형으로 내재)+아모+적+의.

3).즐어늘: 즐(다)+거늘.

4).니버잇더신녹피: 닙(다)+어+이시(다)+더+시+ㄴ+鹿皮.

5).바사: 밧(다)+아. '벗다'.

6).가치라: 갗+이라.

7).마리롤펴두펴시놀: 마리+롤+펴(다)+둪(다)+어+시+놀.

8).부톄볼바디나시고: 부텨+ㅣ+볿(다)+아+디나(다)+시+고.

月釋 一 · 16b

ᄃᆞ외야 五옹濁똑惡악世솅예 濁똑ᄋᆞᆫ 흐
릴씨오 惡악ᄋᆞᆫ 모딜씨라 五옹濁똑ᄋᆞᆫ
劫겁濁똑 見견濁똑 煩뻔惱ᄂᆞᇢ濁똑 衆
즁生싱濁똑 命명濁똑이니 本본來ᄅᆡᇰ
몰ᄀᆞᆫ 性셩에 흐린 ᄆᆞᅀᆞᆷ 니러나미 濁똑
이라 劫겁은 時씽節젏이니 時씽節젏
에 모딘 이리 만ᄒᆞ야 흐리워 罪쬥業업
을 니르받ᄃᆞᆯ씨라 見견은 볼씨니 빗근
보미라 煩뻔은 만ᄒᆞᆯ씨오 惱ᄂᆞᇢ는 어즈
릴씨라 주그며 살며 ᄒᆞ야 輪륜迴ᅘᅬᇰᄒᆞ
미 衆즁生싱濁똑이라 목수믈 몯 여희
유미 命명濁똑이니 天텬人신濟젱渡
命명은 목수미라

5) 4) 3) 2) 1)

1).五濁惡世: 五濁--(범) Pāñca-kaṣāya 五滓, 五渾. 납쁜 世上에 대한 五種의 더러움. 劫濁-사람의 壽命이 차례로 感하여 30, 20, 10歲로 됨을 따라 각기 饑饉, 疾病, 戰爭이 일어나 시대가 흐려짐을 따라 입는 災厄. 見濁-末法 시대에 이르러 邪見, 邪法이 다투어 일어나 不正한 思想의 濁함이 넘쳐 흐름. 煩惱濁-사람의 마음이 煩惱에 剌戟하여 흐려짐 衆生濁-사람이 惡한 行爲만을 行하여 人倫 道德을 돌아보지 않고, 나쁜 결과를 두려워하지 않는 것. 命濁-人間의 壽命이 차례로 短縮하는 것.

2).性: 나면서부터 가진 本然의 性品. 機性이란 것과 같다. 事物의 自體, 本體. 現狀 差別의 相對的 모양에 대하여 五蘊 또는 平等眞如를 말함. 不變不改하는 뜻. 본래부터 으레 고쳐지지 않는 性質. 金星, 火性, 佛性과 같은 것.

3).業: (범) Karma (파) Kamma 羯磨라 音譯. 몸, 입, 뜻으로 짓는 말과 動作과 생각하는 것과 그 勢力을 말한다. 業은 짓는 다는 의미로서 精神으로 생각하는 作用. 곧, 疑念이며 이것이 뜻을 決定하고 善惡을 짓게 하여 業이 생긴다. 業은 思業과 思已業으로 나눈다. 思業은 뜻으로 활동하는 精神 內部의 意業. 思已業은 한번 뜻을 決定한 후에 外部에 표현되는 身業, 口業. 身, 口, 意 三業이라 한다. 또, 몸과 입으로 의부에 표현되는 表業에 의하여 그 表業이 끝난 후에도 밖으로는 표현되지 않아도 그 善業이나 惡業을 相續하는 것은 無表業이다.

4).:만ᄒᆞᆯ씨오: :만ᄒᆞ(ㄷ)+ㄹ씨라. 5).어즈릴씨라: 어즈리(다)+ㄹ씨라.

月釋 一 · 17a

뜯 호몰쩔뷩아니호미당다이나곤호
리라 天텬人신은하놀콰사롬괘라 그쎄善쎤慧혜 부
텨긔가아 出츄家강호샤 世솅尊존ㅅ
긔슬호샤딕 出츄家강은 날씨오 家강는 지비니 집 부리고 나가 머리
갓골씨라 내어저긔다숫가지쑴을꾸우니
호나호 바룰래 누보며 둘훈 須슝彌밍
山산올 베며 須슝彌밍는 굿장 놉다 호논 뜨디라 세훈 衆

8) 7) 6) 5) 4) 3) 2) 1)

---

1).天人濟度호몰썰뷔: 호(다)+오+ㅁ+올+쎏(다)+이.

2).당다이: 마땅히.

3).갓골씨라: 갓ㄱ(다)+올씨라.

4).바루래: 바룰+애.

5).누보며: 눕(다)+으며.

6).베며: 베(다)+며.

7).호나호, 둘흔, 세호: 'ㅎ'종성체언.

8).須彌山: (범) Sumeru-parvata 須彌樓, 蘇迷盧, 迷盧라고도 한다. 飜譯하여 妙高, 妙光, 安明, 善積. 四洲 世界의 中央, 金輪 위에 우뚝 솟은 높은 산. 둘레에 七山 八海가 있고 또, 그 밖에 철위산이 둘려 있어 물 속에 잠긴 것이 八萬 由旬, 물 위에 드러난 것이 八萬 由旬이며, 꼭대기는 帝釋天, 중턱은 四王天의 住處라 한다.

月釋一·17b

衆쥥生싱ᄃᆞᆯ히내몸안해들며네ᄒᆞᆫ소내
히ᄅᆞᆯ잡ᄇᆞ며다ᄉᆞᆺ손소내ᄂᆞᆫᄅᆞᆯ자보니
世솅尊존하ᄂᆞᆯ爲윙ᄒᆞ야니ᄅᆞ쇼셔부
톄니ᄅᆞ샤ᄃᆡ바ᄅᆞ래누ᄫᅳᆫ이른네쭉사
릿바ᄅᆞ래잇ᄂᆞᆫ야이오須슝彌밍山산
볘윤이른쭉사리ᄅᆞᆯ버서날ᄂᆞ지오衆
쥥生싱이모매ᄃᆞ르ᄅᆞᆫ衆쥥生싱이歸

9) 8) 7) 6) 5) 4) 3) 2) 1)

---

1). 衆生돌히, 안해: 둘ㅎ+이, 안ㅎ+애.

2). 자보니: 잡(다)+오+니. '-오-'는 1인칭 주어의 화자표시.

3). 世尊하: 世尊+하. '-하'는 극존칭호격조사.

4). 니ᄅᆞ쇼셔: 니ᄅᆞ(다)+쇼셔.

5). 부텨니ᄅᆞ샤ᄃᆡ: 부텨+ㅣ+니ᄅᆞ(다)+시+아+ᄃᆡ.

6). 누ᄫᅳᆫ이른: 눕(다)+우+ㄴ+일+ᄋᆞᆫ.

7). 야이오: 양+이+고.

8). 볘윤이른: 볘(다)+(j)+우+ㄴ+일+ᄋᆞᆫ.

9). ᄂᆞ지오: ᄂᆞᆽ+이+고.

月釋 一·18a

1). 衆生이 歸依홇ᄯᅡ히ᄃᆞ욀ᄂᆞ지오: 귀의ᄒᆞ(다)+오+ㅭ+ᄯᅡㅎ+이. ᄃᆞ외(다)+ㄹ+ᄂᆞᆺ+이+고.

2). 간다ᄫᆞᆫ: 간답(다)+ᄋᆞᆫ.

3). 더ᄫᅳᆫ 煩惱: 활활 타오르는 번뇌.

4). 여희의홀ᄂᆞ지니: 여희(다)+긔+ᄒᆞ(다)+ㄹ+ᄂᆞᆺ+이+니.

5). 이ᅀᅮ믜: 이+ᅀᅮᆷ+의. 'ᅀᅮᆷ의'.

6). 부텨ᄃᆞ욇상이로다. 부텨+(ㅣ)+ᄃᆞ외(다)+ㅭ+상+이+로다.

月釋 一 · 18b

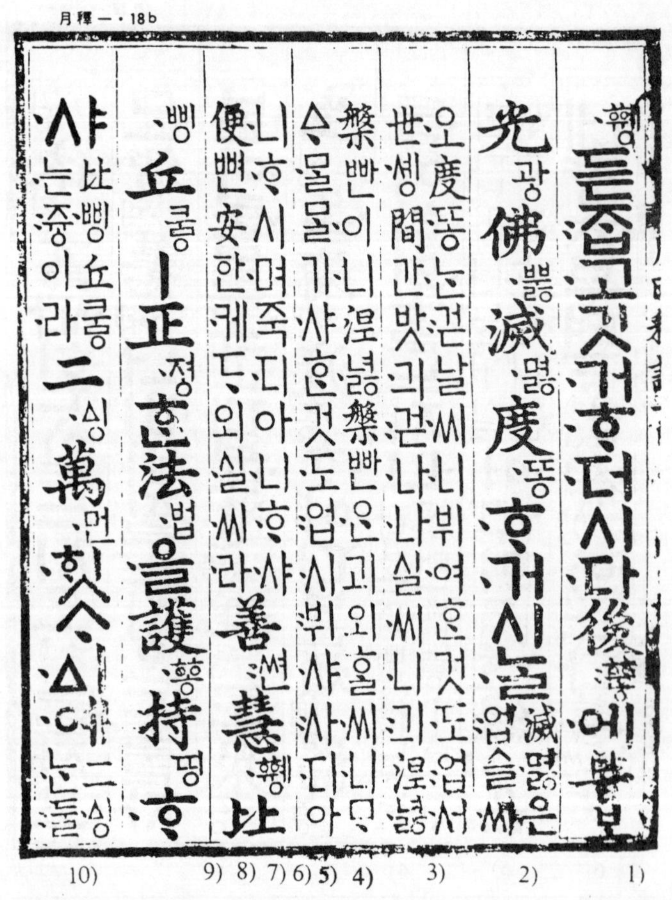

듣ᄌᆞᆸ고 깃거ᄒᆞ더시다 後ᅘᅮᇢ에 普

光광佛뿛滅멿度똥ᄒᆞ거신 ᄂᆞᆯ 滅멿은 업슬 씨

오 度똥ᄂᆞᆫ 건날 씨니 뷔여 ᄒᆞᆫ 것도 업서

世솅間간 밧긔 건나나실 씨니 긔 涅녏

槃빤이니 涅녏槃빤ᄋᆞᆫ 괴외ᄒᆞᆯ 씨니 ᄆᆞ

ᅀᆞᆷ ᄆᆞᆯ기샤 ᄒᆞᆫ 것도 업시 뷔샤 사ᄅᆞ디 아

니ᄒᆞ시며 죽디 아니ᄒᆞ샤 善쎤慧쮕比

便뼌安한케 ᄃᆞ외실 씨라

뼝丘쿻ㅣ 正졍ᄒᆞᆫ 法법을 護ᅘᅩᆼ持띵ᄒᆞ

샤 比삥丘쿻ᄂᆞᆫ 즁이라 二ᅀᅵᆼ萬먼 힛 ᄉᆞᅀᅵ예 二ᅀᅵᆼ ᄂᆞᆫ 둘

10) 9) 8) 7) 6) 5) 4) 3) 2) 1)

---

1). 깃거ᄒᆞ더시다: 깄(다)+어+ᄒᆞ+더+시+다.

2). 滅度: 涅槃을 번역한 말. 나고 죽는 큰 환난을 없애고 번뇌의 바다를 건넜다는 의미.

3). 世上밧긔건나나실씨니: 세상+밝+의. 걷나(다)+나(다)+시+ㄹ씨니.

4). 괴외ᄒᆞᆯ씨니: 괴외ᄒᆞ(다)+ㄹ씨니.

5). ᄆᆞᆯ기샤: ᄆᆞᆰ(다)+이+샤.

6). ᄒᆞᆫ것도업시: ᄒᆞ(다)+ㄴ+것+도+없(다)+이.

7). 뷔샤: 뷔(다)+샤.

8). 사디: 살(다)+디.

9). 比丘: 앞 주에서 설명.

10). 二萬힛ᄉᆞᅀᅵ예: 이만 ᄒᆡ+ㅅ+ᄉᆞᅀᅵ+예.

月釋 一 · 19a

히라 衆즁生ᄉᆡᆼ濟졩渡똥호ᄆᆞᆯ 몯니ᄅᆞ혜 命명終즁은
에ᄒᆞ시고 命명終즁ᄒᆞ야 목숨ᄆᆞᄎᆞᆯ씨
라 四ᄉᆞᆼ天텬王왕이ᄃᆞ외샤 四ᄉᆞᆼ天텬王왕은 네
天텬王왕이니 東동方방持띵國귁天
텬王왕南남方방增증長댱天텬王왕
西솅方방廣광目목天텬王왕北븍方
방多당聞문天텬王왕이니아래로첫
하ᄂᆞ리라 天텬衆즁敎ᄀᆞᇢ化황ᄒᆞ시다가 天텬
衆즁은하ᄂᆞᆳ사ᄅᆞ미라 敎ᄀᆞᇢ化 ᄀᆞ
황ᄂᆞᆫᄀᆞᄅᆞ쳐어딜에ᄃᆞ외올씨라 하

4) 3) 2) 1)

1).몯니ᄅᆞ혜에ᄒᆞ시고: 몯+니ᄅᆞ(다)+혜(다)+게+ᄒᆞ(다)+시+고.

2).四天王: 欲界 六天의 제1인 四王天의 主로서, 須彌의 四洲를 守護하는 神. 護世天이라 하며, 須彌山 중턱 四層級을 住處로 하는 神. 地局天王, 건달바, 부단아 두 신을 지배하여 東洲를 守護하며, 다른 洲도 겸함. 增長天王, 구만다, 페려다 두 신을 支配하여 南洲를 守護하며, 다른 洲도 겸함. 廣目天王, 龍, 비사사 두 신을 지배하여 北洲를 守護하며, 다른 洲도 겸하여 守護함. 모두 忉利天의 主인 帝釋天의 命을 받아 四天下를 돌아다니면서 사람들의 動作을 살펴 이를 보고하는 신이라 함.

3).教化: 教導轉化의 뜻. 사람을 가르쳐 凡夫를 聖人이 되게 하고, 疑心하는 이를 믿게 하고, 그릇된 이를 바른 길로 돌아가게 하는 것.

4).ᄀᆞᄅᆞ쳐어딜에ᄃᆞ외올씨라: ᄀᆞᄅᆞ치(다)+어+어디(다)+ㄹ+게, ᄃᆞ외오(다)+ㄹ씨라.

月釋 一·19b

[illegible]다ᄉᆞᆯᄫᆞ시고 人신間간애 ᄂᆞ리[1)]샤 人신間간ᄋᆞᆫ 사ᄅᆞᆷㅂ서리라[2)] 轉뒨輪륜王왕[3)]이 ᄃᆞ외야 轉뒨은 그울씨오[4)] 輪륜은 술위ᄢᅵ니[5)] 轉뒨輪륜은 술위를 그우릴씨니 聖셩王왕 셔실 나래 술위 ᄂᆞ라오나ᄃᆞᆫ 그 술위ᄅᆞᆯ ᄐᆞ샤 나라해 ᄃᆞᆮ니실ᄊᆡ 轉뒨輪륜王왕이시다 ᄒᆞ며 輪륜王왕이시다 ᄒᆞᄂᆞ니라 聖셩王왕ᄋᆞᆫ 聖셩人신이시니 聖셩ᄋᆞᆫ 通통達ᄯᆞᆷ ᄒᆞ야 몰ᄅᆞᆯ 이리 업슬씨라[6)] 四ᄉᆞᆼ天텬下ᅘᅡᆼ[7)]ᄅᆞᆯ 다ᄉᆞ리시다가 四ᄉᆞᆼ天텬下ᅘᅡᆼᄂᆞᆫ 東동弗

---

1). 나리샤: 나리(다)+샤. 나리다〉내리다. **2)**. 사룹서리라: 사롬+ㅂ+서리+라. 'ㅂ'은 촉음(절음)의 부호.

3). 轉輪王: (범) Cakra-varti-rāja 작가라벌랄저알라도, 斫迦羅跋羅底, 斫迦樾羅라 音譯. 轉輪聖王, 轉輪聖帝라 飜譯. 줄여서 輪王, 또는 飛行皇帝라고도 한다. 須彌 四洲의 世界를 統率하는 大王. 이 王은 몸에 三十二相을 갖추고 卽位할 때에는 하늘로부터 輪寶를 感得하고, 이 輪寶를 굴리면서 四方을 威嚴으로 屈伏하게 하므로 轉輪王, 空中으로 날아다니므로 飛行皇帝. 增劫에는 人壽 二萬世 以上에 이르면, 이 王이 세상에 나고, 減劫에는 人壽 無量世에서 八萬世까지의 사이에 나타난다 함. 輪寶에는 金, 銀, 銅, 鐵의 넷이 있다. 金輪王은 須彌 四洲를 統治, 銀輪王은 東, 西, 南 三洲를 銅輪王은 東, 南 二洲를 鐵輪王은 南西部洲의 一洲를 統治한다고 함.

4). 그울씨오: 그울(다)+ㄹ씨+고. **5)**. 술위삐니: 술위+삐+이+니.

6). 몰롤이리업슬씨라: 모ᄅᆞ(다)+오+ㄹ+일+이+없(다)+을씨라.

7). 四天下: 須彌山의 四方에 있는 네 개의 大洲. 南을 贍部洲 東을 勝身洲 西를 牛貨洲, 北을 瞿盧洲. 南閻部洲는 구역에 南閻部提. 수풀과 과일로써 이름을 지음. 東勝身洲는 梵語로 東弗婆提 몸의 형상이 수승함으로 勝身이라 이름. 西우화주는 범어로 西瞿陀尼. 구역에는 西瞿耶尼. 소로써 팔고 사고 하므로 牛貨라 이름. 北구로주는 구역에는 北鬱單越. 승처라 飜譯. 四洲중에서 國土가 가장 수승하므로 승처라 이름.

月釋 一 · 20a

븅婆빵提뗑西솅瞿꿍陁땅尼닝南남
閻염浮뿡提뗑扗븍欝흟單단越웛이
라 ᄯᅩ 命명終즁ᄒᆞ샤 올아 忉돌利링天
텬에 나샤 忉돌利링ᄂᆞᆫ 셜흔세히라 혼
마리니 忉돌利링天텬內뇡 예 셜흔세 하ᄂᆞ리 잇ᄂᆞ니 아래로 그ᇢ
둘찻 하ᄂᆞ리라 內뇡ᄂᆞᆫ 안히라
숣다 ᄉᆞᆯᄫᆞ시고 ᄯᅩ ᄂᆞ려와 轉뒨輪륜王
왕이 ᄃᆞ외시며 ᄯᅩ 梵뻠天텬에 올아 梵뻠
은 조ᄒᆞᆫ 힝뎌기라 ᄒᆞ논 ᄠᅳ디니 天텬帝뎽
아래로 닐굽찻 하ᄂᆞ리라

4) 3) 2) 1)

1). 忉利天: 欲界 六天의 第二天. 三十三天이라 飜譯. 南贍部洲의 위에 八萬 由旬 되는 須彌山 꼭대기에 있다. 中央에 善見城이라는 四面이 八萬 由旬씩 되는 큰 城이 있고, 이 城안에 帝釋天이 있고, 사방에는 각기 八城이 있는 데 그 眷屬 되는 하늘 사람들이 살고 있다.四方 八城인 三十二城에 善見城을 더하여 33이 된다. 이 33天은 반달의 三齋日마다 城밖에 있는 善法堂에 모여서 法답고 法답지 못한 일을 評論한다. 그 하늘의 1晝夜는 人間의 百年. 처음 태어났을 때는 人間의 6歲 되는 아이와 같으며, 빛깔이 圓滿하고, 저절로 의복이 입혀졌다고 한다. 부처님이 일찍이 하늘에 올라가서 어머니 摩倻婦人을 위하여 석달동안 說法하고, 三道의 寶階를 타고 승가시국에 내려왔다고 전한다.

2). 梵天: (범) Brhma-deva 色界 초선천. 범은 맑고 깨끗하다는 뜻. 이 하늘은 欲界의 淫慾을 여의어서 항상 깨끗하고, 조용하므로 梵天이라 한다. 여기에 세 하늘이 있으니 梵中天, 梵寶天, 大梵天이 그것이다. 梵土 天竺이란 뜻. 인도를 가리키는 말. 修驗道에서 墓所를 일컫는 말.

3). 닐굽찻하ᄂᆞ리라: 닐굽+차+ㅅ+하ᄂᆞᆯ+이+라.

4). 天帝: (범) Śakrodevendra 須彌山의 꼭대기 忉利天의 임금. 善見城에 있어 四天王과 三十二天을 統率하면서 佛法과 佛法에 歸依하는 사람을 보호하며 阿修羅의 軍隊를 정벌한다는 하늘 임금.

月釋 一·20b

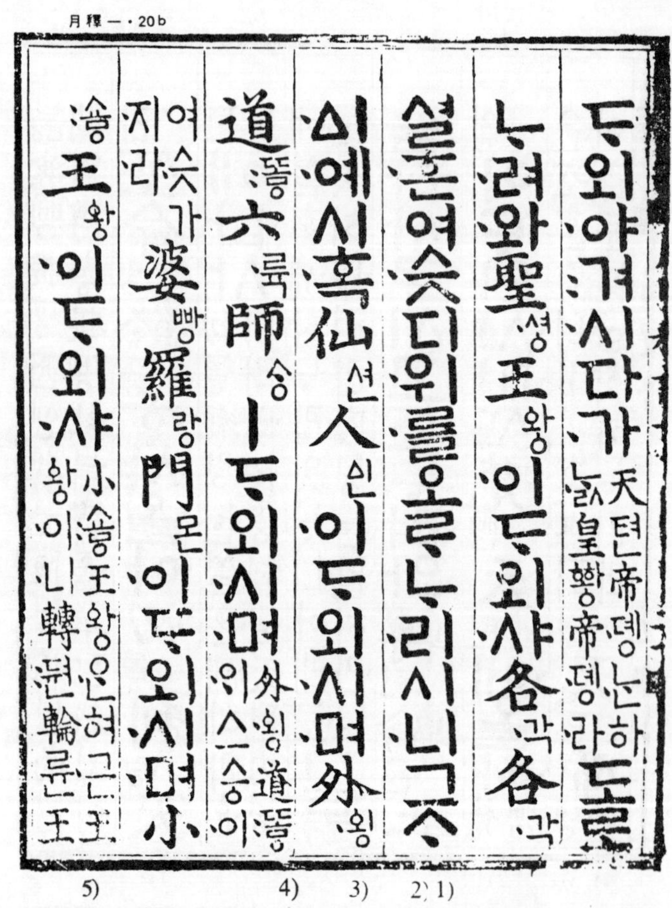
ᄃᆞ외야겨시다가 天텬帝뎽ᄂᆞᆫ 하ᄂᆞᆳ 皇황帝뎽라 ᄃᆞᄅᆞ
ᄂᆞ려와 聖셩王왕이ᄃᆞ외샤 各각各각
셜흔여슷디위ᄅᆞᆯ 오ᄅᆞᄂᆞ리시니 그
ᄉᆡ예 시혹 仙션人신이ᄃᆞ외시며 外욍
道ᄯᅩᇢ 六륙師ᄉᆞᆼ ㅣᄃᆞ외시며 外욍道ᄯᅩᇢᄋᆡ 스승이
婆빵羅랑門몬이ᄃᆞ외시며 小 여슷가지라
숑王왕이ᄃᆞ외샤 小숑王왕ᄋᆞᆫ 혀근 王왕이니 轉둰輪륜王왕

5) 4) 3) 2) 1)

---

1). 설흔여슷디위: 설흔+여섯+디위.

2). 오ᄅᆞᄂᆞ리시니: 오ᄅᆞ(다)+ᄂᆞ리(다)+시+니. 서른 여섯 번의 죽사리(生,死)를 말함.

3). 시혹: 혹시. 音節倒置.

4). 外道六師: 六師外道 釋尊 當時에 中印度에서 가장 勢力이 크던 六人의 哲學者. 宗敎家의 敎派. 富蘭那迦葉. 善惡 行爲와 그 報應을 不正하는 外道. 末伽梨拘踏梨子. 運命論. 佛敎에서는 邪命外道라 한다. 刪闍耶毘羅胝子. 詭辯論, 懷疑設. 阿耆多翅舍欽婆羅. 唯物論, 快樂說. 迦羅鳩馱迦旃延. 唯物論的인 主張. 尼犍吒若提子. 耆那敎.

5). 혀근: 혁(다)+은.

月釋 一·21a

왕아닌王 왕이라 이러ᄐᆞ시고ᄃᆞ외샤미몯

니ᄅᆞ혜리러라

其끵九귷

名명賢현劫겁이열ᄒᆞ젯後ᅘᅮᇢㅅ일올

뵈요리라一힗千쳔靑쳥蓮련이도

다펫더니

四ᄉᆞᆼ禪쎤天텬이보고디나건일로

8) 7) 6) 5) 4) 3) 2) 1)

---

1). 이러트시: 이러ᄒᆞ(다)+ᄃᆞᆺ+이.

2). ᄃᆞ외샤미: ᄃᆞ외(다)+시+아+ㅁ+이.

3). 몯니ᄅᆞ헤리러라: 몯+니ᄅᆞ(다)+혜(다)+리+더+라.

4). 名賢劫 = 賢劫: (범) Bhadra-kalpa 跋陀劫, 波陀劫, 이라 음역. 賢時分, 善時分.아라 번역. 三劫의 하나, 세계는 人壽 8萬 4千歲 때부터 百年을 지낼 적마다 1歲씩을 感하여 人壽 10歲에 이르고, 여기서 다시 百年마다 1歲씩을 더하여 人壽 4千歲에 이르며 이렇게 1增 1感하는 것을 20회 되풀이하는 동안 곧, 20增, 感하는 동안 세계가 성립되고, 곧, 成, 住, 壞, 空을 되풀이 하는 동안 大劫을 맞게 된다. 과거의 大劫을 莊嚴劫, 現在의 大劫을 賢劫, 未來의 大劫을 星宿劫, 현재의 大劫인 賢劫인 住劫 때에는 拘留孫佛, 拘那含牟尼佛, 迦葉佛, 釋迦牟尼佛 등의 1천 부처님이 出現하여 世上 衆生을 救濟함. 이렇게 많은 부처님이 출현하는 시기이므로 賢劫이라 한다.

5). 뵈요리라: 뵈(다)+(j)+오+리+라.

6). 도다펫더니: 돋(다)+프(다)+어+잇(이시다)+더+니. '·프 ·다', '프다'가 있다.

7). 四禪天: 四禪定을 닦아서 나는 色界의 네 하늘. 初禪天(3천), 二禪天(3천), 三禪天(3천), 四禪天(9천). 모두 18天이 된다.

8). 디나건일로: 디나(다)+가(다)+일+로.

月釋一·21b

혜야 一힗千쳔世솅尊존이 나싫ᄃᆞᆯ
아니
娑상婆빵世솅界갱內뇡예 娑상婆빵ᄂᆞᆫ 受쓩苦
콩ᄅᆞᆯ 겻ᄂᆞ다 ᄒᆞ논 ᄠᅳ디니 하ᄂᆞᆯ히 현마
즐겁고도 福복이 다아 衰쇵ᄒᆞ면 受쓩
苦콩ᄅᆞᆸ ᄫᅵ요미 地띵獄옥 두고 더으니
부텨옷 죽사리 여희샤 娑상婆빵世솅
界갱 밧긔 버
서나시니라 三삼千쳔大땡千쳔나라
히니 一힗千쳔나라히 小숗千쳔界갱

5) 4) 3) 2) 1)

1). 혜야: 혜(다)+(j)+아.

2). 나싫돌아니: 나(다)+시+ㅭ+ᄃᆞ+올+알(다)+니.

3). 娑婆世界: (범) Sabhā 忍土, 堪忍土, 忍界라 飜譯. 우리가 사는 이 세계. = 堪忍世界 (범) Sahāloka-dhātu 娑婆, 索訶라 音譯. 우리들이 살고 있는 世界. 이 世界의 衆生들은 十惡을 참고 견디며, 또, 이 國土에서 벗어나려는 생각이 없으므로 자연히 衆生들 사이에서 참고 견디지 않고는 살아갈 수 없다는 뜻으로 하는 말. 또는 菩薩이 衆生을 敎化하기 위하여 受苦를 견디어 받는 다는 뜻으로 堪忍世界라 한다.

4). 현마: 설마.

5). 受苦ᄅᆞᄫᅵ요미: 受苦ᄅᆞᄫᅵ(다)+(j)+오+ㅁ+이.

月釋 一·22a

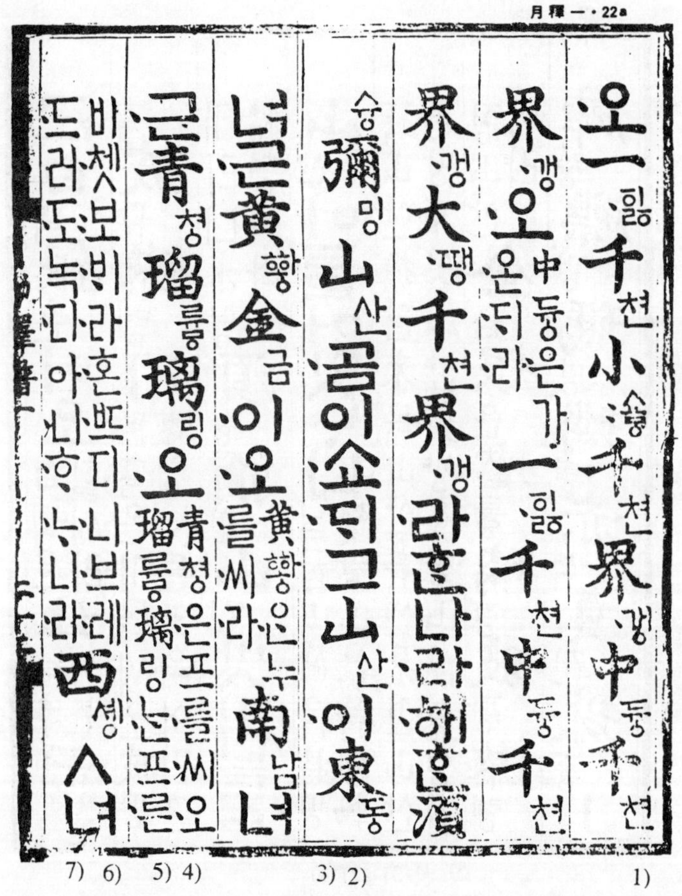

7) 6) 5) 4) 3) 2) 1)

1).三千大千 = 一大三千世界: 佛教 天文學에서 須彌山을 中心으로 하고, 四方에 四大洲가 있고, 그 바깥 周圍를 大鐵圍山으로 둘러 쌌다. 이것이 一千개를 합한 것을 一小千世界. 小千世界를 천개 합한 것이 一中千世界. 中千世界를 천개 합한 것이 一大千世界이다. 一大千世界에는 小千, 中千, 大千의 三種의 千이 있음로 一大三千世界, 또는 三千大千世界라 한다.

2).須彌山곰: '-곰'은 '체언'밑에는 '-씩'의 의미이고,
부사 밑의 '-곰'은 '-금'의 의미이고,
용언 밑의 '-곰'은 강세의 의미이다.

3).이쇼더: 이시(다)+(j)+오+더.

4).青瑠璃: (범) Vaiḍūya 1.七寶의 하나. 遠山寶, 不遠山寶라 飜譯. 六面體로서 푸른빛을 띠었다. 2. 中央亞細亞 바이칼 湖의 南岸에서 주로 產出. 燕雀類의 새로 주둥이는 작고, 다리와 발가락은 길다. 수컷은 등이 瑠璃 빛이고, 목은 검고 배는 흰빛. 암컷은 등이 橄欖 빛, 허리는 黑茶色으로 되었다.

5).프를씨오: 프르(다)+ㄹ씨+고.

6).비쳇보비라: 빛+에+ㅅ+보빅+라.

7).브레드러도: 블+에+들(다)+어+도.

月釋 一·22b

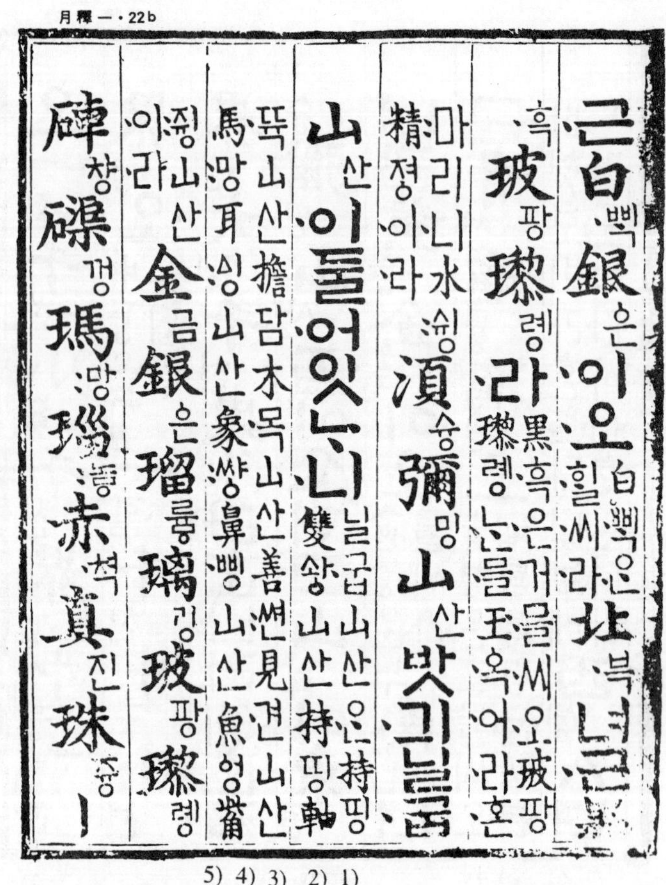

白빅銀은 이오 白빅은 힐씨라 北븍녀긔
黑흑玻팡瓈령라 黑흑은 거믈씨오 玻팡瓈령는 믈玉옥이라 혼
마리니 水쉉精정이라 須숭彌밍山산 밧긔 닐굽
山산이 둘어잇느니 닐굽山산은 持띵雙상山산 持띵軸
뜩山산 擔담木목山산 善쎤見견山산 馬망耳싕山산 象쌍鼻삥山산 魚엉觜
쥥山산이라 金금銀은 瑠륭璃링玻팡瓈령
硨챵磲껑瑪망瑙놓赤쳑眞진珠즁ㅣ

5) 4) 3) 2) 1)

---

1).持雙山: 須彌山을 중심으로 하여 七金山과 하나의 鐵圍山이 둘러 있다. 이 산은 그 첫째 산. 높이와 넓이 각각 四萬 由旬. 須彌山과의 사이는 八萬 由旬. 山 위에 수레바퀴 자리와 같은 두 길이 있으므로 持雙이라 한다.

2).持軸山: 이 산은 여러 봉우리로 되어 마치 수레바퀴의 굴대 같다고 해서 持軸이라 한다.

3).擔木山: (범) Khadiraka 산 모양이 擔木과 비슷하므로 이름한 것. 持軸山을 둘러싸고 있다.

4).先見山: 須彌山의 위에 있는 帝釋天이 사는 善見城이 있는 산. 忉利天의 中央에 있으니, 四面이 각각 二千 五百 由旬이 된다.

5).馬耳山: (범) Aśvakarṇa 七金山의 하나. 산 모양이 말의 귀처럼 생겼다고 하여 이같이 이름. 先見山을 둘싼 산. 높이와 넓이는 一萬 五百 由旬이 된다. 높아와 넓이가 각기 二千 六百 二十 五 由旬이라고 한다.

ᄃᆞ외야 잇ᄂᆞ니라 瑪망瑙놓ᄂᆞᆫ 믌頭뚷腦놓ㅣ니 비치 희오
블구미 믌頭뚷腦놓ㅣ ᄀᆞᄐᆞ니라 赤쳑眞진珠즁ᄂᆞᆫ 블근 眞진珠즁ㅣ라 닐
굽山산ᄊᆞ싀ᄂᆞᆫ 香향水쉉 바다히니 水쉉
ᄂᆞᆫ 므리라 優ᅙᅮᇢ鉢밣羅랑花황와 優ᅙᅮᇢ鉢밣羅랑花황
ᄂᆞᆫ 靑청蓮련花황ㅣ니 花황ᄂᆞᆫ 고지라 波방頭뚷摩망花
황와 波방頭뚷摩망花황ᄂᆞᆫ 紅ᅘᅩᇰ蓮련花황ㅣ니 紅ᅘᅩᇰᄋᆞᆫ 블글씨라 拘
궁牟뭉頭뚷花황와 拘궁牟뭉頭뚷花황ᄂᆞᆫ 黃ᅘᅪᇰ蓮련花

8) 7) 6) 5) 4) 3) 2) 1)

1).金, 銀, 瑠璃, 玻瓈, 자거, 瑪瑙, 赤眞珠: 七寶. (범) Sapta-ratna 七種의 寶玉. 玻瓈는 水晶의 일종. 자거는 白珊瑚. 赤眞珠는 붉은 眞珠. 瑪瑙는 짙은 녹색의 寶玉. 이것은 阿彌陀經에 있는 말. 法華經에는 玻瓈 대신 玫瑰가 들어있다.

2).믌두뇌ㅣ니: 믈+ㅅ+두뇌+이+니.

3).희오: 희(다)+고.

4).블구미: 븕(다)+우+ㅁ+이.

5).닐굽山ᄊᆞ싀ᄂᆞᆫ: 닐굽山+ㅅ+ᄉᆞ싀+ᄂᆞᆫ.

6).優鉢羅花: (범) Utpala 연꽃의 일종. 睡蓮. 根莖은 물 밑에 벋고, 잎만 水面에 뜬다. 七月에 흰 꽃이 피는 데 아침에 피고, 저녁에 오므린다. 보통 靑蓮花라 함은 尼羅烏鉢羅의 飜譯. 줄여서 優鉢羅라고 하며 經典에는 佛眼에 비유함.

7).波頭摩花: (범) Padma 紅蓮花라 飜譯. 睡蓮과에 딸린 식물. 蓮꽃의 一種.

8).拘牟頭花: 垂蓮의 일종으로 黃蓮의 하나.

月釋 一·23b

라ᅘᅪᆼㅣ 奔본茶땅利링花ᅘᅪᆼㅣ 奔본茶땅利링花ᅘᅪᆼ
ᄂᆞᆫ 白ᄈᆡᆨ蓮련花ᅘᅪᆼㅣ라 믈우희차두퍼잇ᄂᆞ니라
닐굽山산 바ᄭᅴ사 鹹ᅘᅡᆷ水ᄉᆔᆼ 바다히잇
거든 鹹ᅘᅡᆷ은 ᄧᆞᆯ씨라 娑상竭껋羅랑龍룡王왕
이 위두ᄒᆞ야잇ᄂᆞ니 娑상竭껋羅랑ᄂᆞᆫ 바다히라ᄒᆞᆫ ᄠᅳ
디니 사ᄂᆞᆫ ᄶᅡᄒᆞ로 일훔지ᄒᆞ니라 龍룡
王왕ᄋᆞᆫ 龍룡의 中듕엣 王왕 아니ᄃᆡ도
ᄒᆞᆫ디 사ᄉᆞ믈 鹿록王왕이라ᄒᆞ며 쇼ᄅᆞᆯ
牛ᅌᅮᇂ王왕이라ᄒᆞ며 鸚ᅙᅧᆼ鵡뭉ᄅᆞᆯ 鸚ᅙᅧᆼ

8) 7) 6) 5) 4) 3) 2) 1)

---

1). 믈위희차두퍼잇ᄂᆞ니라: 믈+우ㅎ+차+둪(다)+어+잇(이시다)+ᄂᆞ+니라.

2). 바ᄭᅴ사: 밧+긔+사.

3). 위두ᄒᆞ야잇ᄂᆞ니: 위두ᄒᆞ(다)+(j)+아+잇(이시다)+ᄂᆞ+니.

4). 바다히라ᄒᆞᆫᄠᅳ디니: 바다ㅎ+이라, ᄒᆞ(다)+오+ㄴ+ᄠᅳᆮ+이+니.

5). 사ᄂᆞᆫᄶᅡᄒᆞ로: 살(다)+ᄂᆞᆫ+ᄶᅡㅎ+ᄋᆞ로.

6). 일훔지ᄒᆞ니라: 일훔+짛(다)+ᄋᆞ니+라.

7). 대도ᄒᆞᆫ디사ᄉᆞ몰녹왕이라: :대도ᄒᆞ(다)+디+사ᄉᆞᆷ+ᄋᆞᆯ+녹왕+이라. '디'는 의존명사, '것, 것이'의 뜻.

8). 쇼: 소(牛). 'ᄉᆞ'는 못(池)이다.

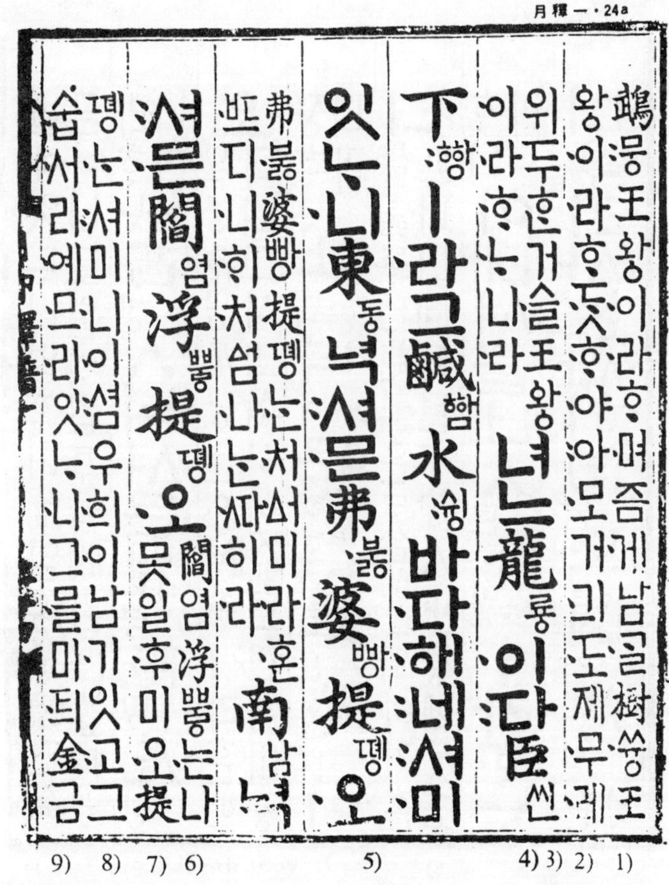
月釋 一・24a

鵝뭉王왕이라ᄒᆞ며즘게남ᄀᆞᆯ樹쓩王
왕이라ᄒᆞᄃᆞᆺᄒᆞ야아모거긔도제무리
위두ᄒᆞᆫ거슬王왕
이라ᄒᆞᄂᆞ니라 녀ᄂᆞ龍룡이 다臣씬
下ᅘᅣᆼㅣ라 그鹹ᅘᅡᆷ水쉉 바다해 네 셔미
잇ᄂᆞ니 東동녁 셔믄 弗붏婆빵提뗑오
弗붏婆빵提뗑ᄂᆞᆫ처ᅀᅥ미라ᄒᆞᆫ 南남녁
ᄠᅳ디니ᄒᆡ처ᅀᅥᆷ나ᄂᆞᆫᄯᅡ히라
셔믄 閻염浮뿡提뗑오 閻염浮뿡ᄂᆞᆫ나
못일후미오提
뗑ᄂᆞᆫ셔미니이셤우희이남기잇고그
숩서리예므리잇ᄂᆞ니그믈미틔金금

9) 8) 7) 6) 5) 4) 3) 2) 1)

1).즘게남ᄀᆞᆯ: 즘・게+남+ᄀᆞᆯ. '즘・게'는 '큰 나무', 또는 '삼사 십리의 거리'. 남ᄀᆞᆯ은 '나모'의 대격.

2).거긔도: 거긔+도. '거긔'는 '그곳에'의 뜻.

3).제무레위두ᄒᆞᆫ거슬: 제+무리+에+위두ᄒᆞ(다)+ㄴ+것+을. '무리'는 群의 의미와, 雹의 의미가 있다.

4).녀느龍ㅣ다臣下ㅣ라: 'ㅣ'는 주격조사, 그 다음 'ㅣ'는 서술격조사의 어간.

5).셤: 島. '섬'은 '섬돌'의 뜻.

6).閻浮提: (범) Jāmbūnada=sdvarṇa 閻浮는 나무 이름. 須彌 四洲의 하나 須彌山의 남쪽에 있으며, 짠물 바다에 있는 大洲 이름. 염부나무가 繁盛한 나라. 勝金洲, 好金土라 함은 염부단금을 산출하는 나라란 뜻.

7).나못일후미오: 나모+ㅅ+일훔+이+고. '나모'는 단독체.

8).남기잇고: 남+ㄱ+이+잇(이시다)+고. '남기'는 '나모'의 주격.

9).서리예: 서리+(j)+에.

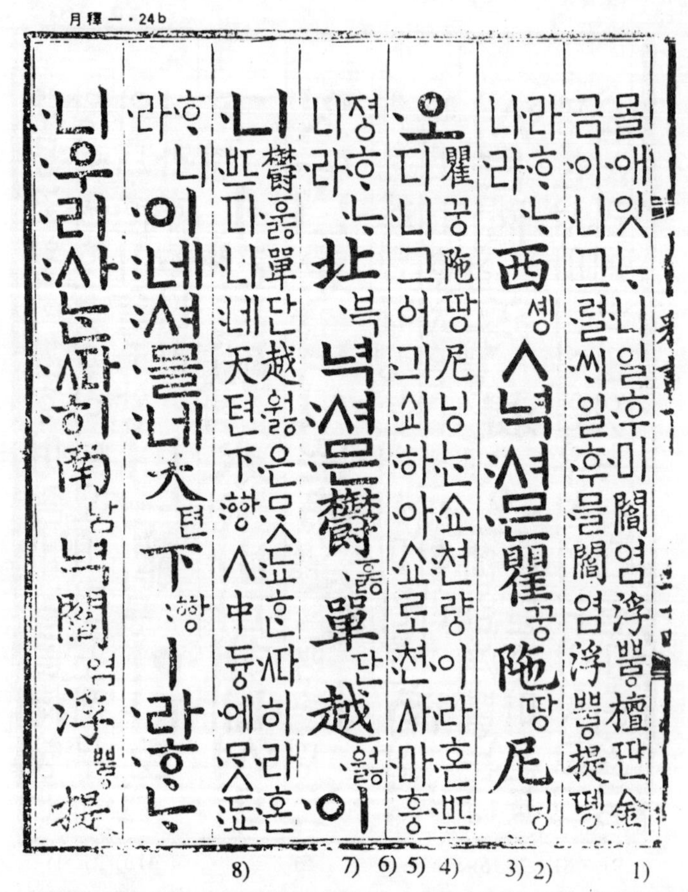

1). 金몰애잇ᄂᆞ니: 몰애+잇(이시다)+ᄂᆞ+니.

2). 西ㅅ녁셔믄: 서+ㅅ+녁+셤+은.

3). 瞿陁尼: (범) Godānīya 牛貨, 牛施, 須彌山 쪽에 있다는 大洲의 이름.

3). 쇼쳔량이라: 쇼+쳔+량+이라. '쇼쳔량'은 財貨. '소를 가지고 재화를 삼다'의 뜻.

4). 그어긔: '거기에'의 뜻.

5). 쇠ᄒᆞ야: 쇼+이+ᄒᆞ(다)+아.

6). 쇼로쳔사마: 쇼+로+쳔+삼(다)+아.

7). 鬱單越: (범) Uttara-kuru 勝生, 勝處, 最勝, 最上이라 飜譯 須彌山의 북쪽에 있다. 보통으로 北俱盧洲라 한다.

8). 뭇됴ᄒᆞᆫᄯᅡ히라: 뭇+둏(다)+ᄋᆞᆫ+ᄯᅡᇂ+이라

月釋 一·25a

天下ㅣ라 이 네 天下ᄅᆞᆯ 金
輪王은 다ᄉᆞ리시고 銀輪
王은 세 天下ᄅᆞᆯ 다ᄉᆞ리시고
銅輪王은 두 天下ᄅᆞᆯ 다ᄉᆞ
리시고 鐵輪王은 ᄒᆞᆫ 閻浮
提ᄅᆞᆯ 다ᄉᆞ리시ᄂᆞ니 이 네 輪王
이 ᄒᆞᆫ 밤낫 ᄉᆞᅀᅵ예 ᄌᆞ걔 다ᄉᆞ리시ᄂᆞᆫ

3) 2) 1)

---

1). 轉輪王: (범) Cakra-varti-rāja 轉輪聖王, 轉輪聖帝라 飜譯. 줄여서 輪王, 또는 飛行帝라고도 한다. 須彌 四洲의 世界를 統率하는 大王. 이 왕은 몸에 三十二相을 갖추고 즉위할 때에는 하늘로부터 輪寶를 感得하고, 이 輪寶를 굴리면서 사방을 위엄으로 굴복케 하므로 轉輪王, 空中으로 날아다니므로 飛行皇帝. 增劫에는 人壽 二萬歲 以上에 이르면, 이 왕이 세상에 나고, 減劫에는 人壽 無量歲에서 八萬歲까지의 사이에 나타난다 함. 輪寶에는 金, 銀, 銅, 鐵의 넷이 있다. 金輪王은 須彌 四洲를 統治, 銀輪王은 동, 西, 南 三洲를 銅輪王은 東, 南 二洲를 七輪王은 南贍部洲의 하나를 統治한다고 함.

2). ᄒᆞᆫ밤낫ᄉᆞᅀᅵ예: ᄒᆞᆫ+밤+낫+ᄉᆞᅀᅵ+(j)+에.

3). ᄌᆞ걔: ᄌᆞ갸+이.

月釋 一 · 25b

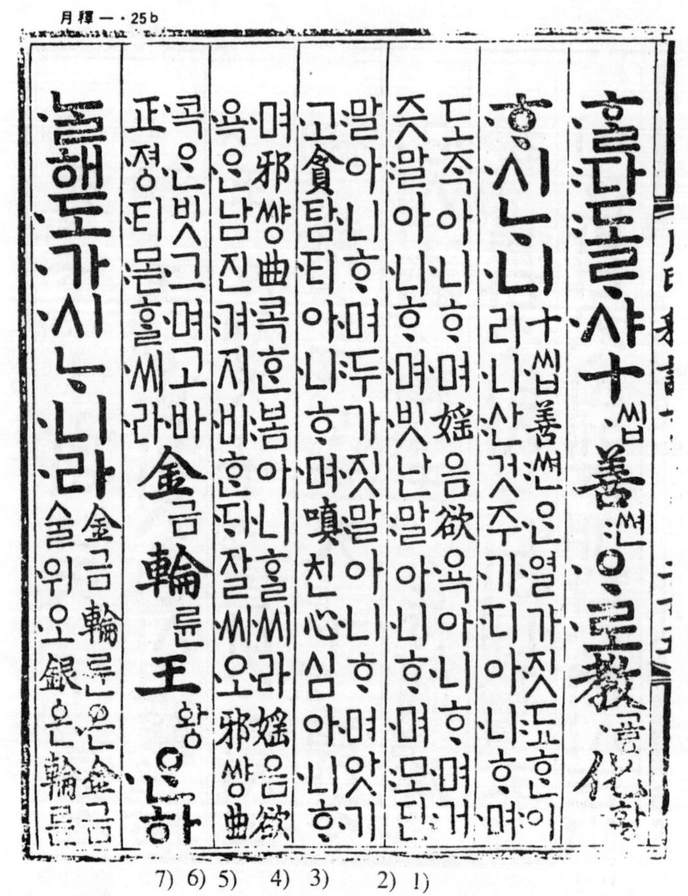

ᄒᆞᆫ다ᄉᆞᄅᆞᆯ 샤 十씹善쎤으로 敎ᇢ化황ᄒᆞ시ᄂᆞ니 十씹善쎤은 열가짓 됴ᄒᆞᆫ 이리니 산것 주기디 아니ᄒᆞ며 도ᄌᆞᆨ 아니ᄒᆞ며 婬음欲욕 아니ᄒᆞ며 거즛말 아니ᄒᆞ며 빗난말 아니ᄒᆞ며 모딘말 아니ᄒᆞ며 두가짓말 아니ᄒᆞ며 앗기고 貪탐티 아니ᄒᆞ며 嗔친心심 아니ᄒᆞ며 邪썅曲콕ᄒᆞᆫ 보ᇝ 아니ᄒᆞᆯᄊᆡ라 婬음欲욕ᄋᆞᆫ 남진 겨지비 ᄒᆞᆫᄃᆡ 잘ᄊᆡ오 邪썅曲콕ᄋᆞᆫ 빗ᄀᆞ며 고바 교졍티 몯ᄒᆞᆯᄊᆡ라 金금輪륜王왕ᄋᆞᆫ 하ᄂᆞᆯ해 ᄃᆞ가시ᄂᆞ니라 金금輪륜ᄋᆞᆫ 金금술위오 銀ᅌᅳᆫ輪륜ᄋᆞᆫ

7) 6) 5) 4) 3) 2) 1)

---

1). 빗난말: 빗(ㅅ다)+나(다)+ㄴ+말.

2). 모딘말: 모딜(다)+ㄴ+말.

3). 탐티: 탐ᄒᆞ(다)+디.

4). 嗔心: 성내는 마음.

5). 邪曲: 요사스럽고 교활하다.

6). 빗그며: 빗ㄱ(다)+며.

7). 고바정티몯홀씨라: 곱(다)+아+정ᄒᆞ(다)+디+몯ᄒᆞ(다)+ㄹ씨라.

은銀은술위오銅똥輪륜은구리술위
오鐵텷輪륜은쇠술위니네輪륜王왕
이七칧寶봉千천子ᄌᆞᆼᄅᆞᆯ두시ᄂᆞ니셔
실나래七칧寶봉ㅣ하ᄂᆞᆯ로셔ᄂᆞ라오
ᄂᆞ니라七칧寶봉ᄂᆞᆫ닐굽가짓보ᄇᆡ니
金금輪륜寶봉와如셩意힁珠즁寶봉
와玉옥女녕寶봉와主즁藏짱臣씬寶
봉와主즁兵병臣씬寶봉와馬망寶봉
와象썅寶봉ㅣ라金금輪륜寶봉ᄂᆞᆫ술
위ᄡᅵ一ᅙᅵᇙ千천사리니보ᄇᆡ로ᄭᅮ미며光
광明명이히돌두고더으니王왕ㅅ무
ᅀᆞ매아모ᄃᆡ나가고져ᄒᆞ시면그술위
절로그우러아니한ᄉᆞᅀᅵ예天텬下ᅘᅡᆼ
ᄅᆞᆯ다도ᄅᆞ시ᄂᆞ니그술위보ᅀᆞᄫᆞ니라

11) 10) 9) 8) 7) 6) 5) 4) 3) 2) 1)

---

1).셔실나래: 셔(다)+시+ㄹ+날+애. **2)**.하ᄂᆞᆯ로셔: 하ᄂᆞᆯ+로셔. '-로셔'는 '-부터'의 뜻.

3).金輪寶: 金輪寶, 輪寶, 輪. 轉輪王 七寶의 하나. 轉輪王의 七寶中의 하나. 轉輪王이 卽位할 때에 東方에 나타나 光明을 놓으면서 왕에게 와서 그 다스림을 돕는 다는 하늘의 金剛輪寶를 말함. 金性地輪이라고도 한다. 四輪의 하나. 水輪위에 있어 世界를 받들었다는 지층. 水輪이 엉기어 맺혀서 이룬 금의 輪圍를 말한다. 두께 三億 二萬 由旬, 直徑 十二億三千四百五十 由旬 둘레 三十六億 千三百五十 由旬. 이 金輪 위에 須彌山 등의 九山 八海 四洲를 실었다고 한다.

4).如意珠寶 = 如意寶珠: 이 구슬은 뜻대로 여러 가지 욕구를 다 해결해 준다는 것으로 여의주라 한다. 如意輪觀音은 두 손에 이 寶珠를 가졌고, 娑竭羅龍王의 宮殿에도 있다고 한다. 密敎에서는 이것을 그 宗의 極秘密로 여겨 大悲福德圓滿의 표시로 한다.

5).玉女寶: 몸애서 栴檀香(인도에서 나는 향으로 이 향나무 하나가 숲에 있으면 숲 전체가 향기가 퍼진다는 향이다)의 냄새가 나며, 아름답고, 깨끗하며, 몸매 또한 아름다운 여인이다.

6).主藏臣寶: 왕의 명령대로 칠보를 만들어 낼 수 있는 보배로운 것.

7).主兵臣寶: 왕이 필요할 때 전쟁에 사용하는 군사들을 만들어 낼 수 있는 보배.

8).馬寶: 말탄 병정을 만들어 내는 보배. **9)**.象寶: 코키리를 만들어 내는 보배.

10).히돌두고: 히+돌+두고.

11).그우러아니한ᄉᆞᅀᅵ예: 그울(다)+어+아니ᄒᆞ(다)+ㄴ+ᄉᆞᅀᅵ+(j)+에. '아니한ᄉᆞᅀᅵ'는 잠간.

月釋一·26b

ᄒᆞᆫ降향服뽁ᄒᆞᅀᆞᆸᄂᆞ니라如셩意힁珠
즁寶봉ᄂᆞᆫ들업슨바ᄆᆡ虛헝空콩애ᄃᆞᆯ
면그나랏ᄀᆞ자ᄋᆞᆫ낫ᄀᆞ티ᄇᆞᆰᄂᆞ니라玉
옥女녕寶봉ᄂᆞᆫ玉옥ᄀᆞᄐᆞᆫ겨지비니모
미겨ᅀᅳ렌덥고녀르멘ᄎᆞ고이베셔青
쳥蓮련花황ㅅ香향내나며모매셔栴
젼檀딴香향내나며차바ᄂᆞᆯ머거도自
ᄍᆞᆼ然션히ᄉᆞ러믈보기ᄅᆞᆯ아니ᄒᆞ며겨
지븨그에브튼더러ᄫᅳᆫ이ᅀᅳ리업스며
마릿기리몸과ᄀᆞᆯᄫᆞ며킈젹도크도아
니ᄒᆞ고ᄉᆞᆯ히지도여위도아니ᄒᆞ니라
栴젼檀딴香향ᄋᆞᆫ모매ᄇᆞᄅᆞ면브레ᄃᆞ러
오도브리몯ᄉᆞᆯ며諸졍天텬돌히阿항
脩舍羅랑와ᄡᅡ홇저긔갈해헌ᄡᅡᄒᆞᆯ栴

14) 13) 12) 11) 10) 9) 8) 7) 6) 5) 4) 3) 2) 1)

---

1). 나랏ᄀᆞ자ᄋᆞᆫ: 나라+ㅅ+ᄀᆞ장+ᄋᆞᆫ. **2)**. 낫ᄀᆞ티: 낫+ᄀᆞᇀ(다)+이.

3). 겨스렌덥고: 겨슬+에+ㄴ+덥(다)+고.

4). 차바ᄂᆞᆯ: 차반+ᄋᆞᆯ.

5). 스러믈보기ᄅᆞᆯ아니ᄒᆞ며: 슬(다)+엄+을+보기+ᄅᆞᆯ+아니ᄒᆞ(다)+며. '엄'은 접미사. 즉, '좋지 않은 음식이라도 좋은 생각으로 대하다'.

6). 겨지븨그에: 겨집+의+궁+에. '궁에'는 '거기에'.

7). 더러본이스리: 더럽(다)+은+이슬+이.

8). 마릿기리몸과ᄀᆞᆯᄫᆞ며: 마리+ㅅ+길이+몸+과+ᄀᆞᆲ(다)+ᄋᆞ며.

9). 킈져고크도: 키+의+젹(다)+고+크(다)+고.

10). ᄉᆞᆯ히지도여위도: ᄉᆞᆯㅎ+이+지(다)+도+여위(다)+도.

11). 브레들오도: 블+에+들(다)+오('오'는 '어'의 오철)+도.

12). ᄉᆞᆯ며: ᄉᆞᆯ(다)+며.

13). 갈ㅎ: 갈ㅎ(칼).

14). 헌ᄡᅡᄒᆞᆯ: 헌+ᄡᅡㅎ+ᄋᆞᆯ.

전檀딴香향ᄇᆞ른면즉자히암ᄀᆞᄂᆞ니
라이香향이高공山산이라홀뫼해셔
나ᄂᆞ니그뫼ᅀᅠ보오리쇠머리ᄀᆞ톨씨牛
욹頭뚱旃전檀딴香향이라ᄒᆞᄂᆞ니牛
욹頭뚱ᄂᆞᆫ쇠머리라主즁藏짱臣씬寶
봉ᄂᆞᆫ藏짱ᄀᆞ숨안臣씬下ᅘᅣᆼㅣ니王왕
이보비롤얻고져ᄒᆞ거시든그臣씬下
ᅘᅣᆼㅣ소ᄂᆞ로ᄡᅡ홀ᄀᆞ르치면ᄡᅡ해셔七
칧寶봉ㅣ나고뫼홀ᄀᆞ르치면뫼해셔
七칧寶봉ㅣ나고므를ᄀᆞ르치면므레셔
셔七칧寶봉ㅣ나고돌홀ᄀᆞ르치면돌
해셔七칧寶봉ㅣ나ᄂᆞ니라七칧寶봉
ᄂᆞᆫ金금과銀은과瑠륳璃링와玻팡瓈
롕와硨챵磲껑와瑪망瑙놓와赤쳑眞

6) 7) 5) 4) 3) 2) 1)

---

1).즉자히: 즉시.

2).암ᄀᆞᄂᆞ니라: 암ᄀᆞᆯ(다)+ᄂᆞ+니+라.

3).高山이라홀뫼해셔: 고산+이라+ᄒᆞ(다)+오+뫼ㅎ+애+셔.

4).뫼ᅀᅠ보오리쇠머리: 뫼+ㅅ+봉오리+쇼+이+머리.

5).藏ᄀᆞ숨안:藏+ᄀᆞ숨+안.

6).돌홀: 돌ㅎ+올.

7).ᄡᅡ홀, 뫼홀, 돌ㅎ 등은 'ㅎ'종성체언.

月釋一·27b

진珠즁왜라主즁兵병臣씬寶볼ᄂᆞᆫ兵
병馬망ᄀᆞ숨안臣씬下ᅘᅣᆼㅣ니王왕이
象쌍兵병馬망兵병車겅兵병步뽕兵
병ᄂᆡ가짓兵병馬망ᄅᆞᆯ얻고져ᄒᆞ샤一
힔千쳔이여一힔萬먼이여無뭉數숭
ᄒᆞ얀고져ᄒᆞ샤도아니ᄒᆞᆫᄉᆞᅀᅵ예잀
위ᄂᆡᄂᆞ니象쌍兵병은ᄀᆞᄅᆞᆺ처싸호매
ᄇᆞ리ᄂᆞᆫ고키리오馬망兵병은ᄆᆞᆯᄐᆞᆫ兵
병이오車겅兵병은술위ᄐᆞᆫ兵병이오
步뽕兵병은거른兵병이라馬망寶볼
ᄂᆞᆫᄆᆞ리니비치불가ᄑᆞ라코갈기예구
ᄉᆞ리ᄢᅦ엣거든솔로빗기면ᄂᆞᆯ근구스
른ᄇᆞ려디고쥭자히새구스리나며우
룸ᄊᆞ리즘게나마가며王왕이ᄐᆞ샤나

10) 9) 8) 7) 6) 5) 4) 3) 2) 1)

---

1). 眞珠왜라: 眞珠+와+이+라.
2). 一千이여: 일천+이+여.
3). 싸호매: 싸호(다)+ㅁ+애. '애'는 원인격.
4). ᄇᆞ리는 : ᄇᆞ리(다)+는.
5). 거른兵: 걷(다)+은+兵.
6). 불가ᄑᆞ라코: 불가+ᄑᆞ라ᄒᆞ+고. '불가ᄒᆞ다'와 'ᄑᆞ라ᄒᆞ다'의 통사적 혹합. = ᄑᆞ라불가ᄒᆞ다.
7). ᄢᅦ옛거든: ᄢᅦ(다)+여+잇(이시다)+거든.
8). ᄂᆞᆯ근: ᄂᆞᆰ(다)+은.
9). 우룸쏘릐: 울(다)+우+ㅁ+ㅅ+소릐.
10). 즘게: '크다'의 의미와, '삼사십리의 거리'의 뜻이 있다.

시면 天텬下ᅘᅣᆼᄅᆞᆯ ᄒᆞᄅᆞᆺ 內ᄂᆡᆼ예 다 도라
오샤ᄃᆡ ᄆᆞ리 ᄀᆞᆺ디 아니ᄒᆞ며 ᄀᆞ몰 볼 1)
ᄫᆞᆫ ᄶᅡᄒᆞᆫ 몰애 金금이 ᄃᆞ외ᄂᆞ니라 象썅 2)
寶봉ᄂᆞᆫ 고키리니 비치 ᄒᆡ오 ᄭᅩ리예 구 3)
ᄉᆞ리 ᄢᅦ오 히미 常썅例롕ㅅ 一ᅙᅵᇙ百ᄇᆡᆨ 4)
象썅 두고 더 ᄊᆞ며 여ᄉᆞᆺ 엄 가지고 어미 5) 6)
七칧寶봉ㅅ 비치오 王왕이 ᄐᆞ시면 天
텬下ᅘᅣᆼᄅᆞᆯ ᄒᆞᄅᆞᆺ 內ᄂᆡᆼ예 다 도라오샤ᄃᆡ
그 象썅이 ᄀᆞᆺ디 아니ᄒᆞ며 ᄆᆞᄅᆞᆯ 건나샤 7)
도ᄆᆞ리 뮈디 아니ᄒᆞ고 바리 젓디 아니 8)
ᄒᆞᄂᆞ니라 千쳔子ᄌᆞᆼᄂᆞᆫ ᄌᆞ므ᄅᆞᆫ 아ᄃᆞ리니
ᄒᆞ나히 어디러 ᄌᆞᄆᆞᆫ 사ᄅᆞᆯ 몰 당ᄒᆞ릴씨 9)
千쳔子ᄌᆞᆼㅣ라 ᄒᆞᄂᆞ니라 鐵텷圍윙山산이 네 天텬 10)

1). ᄆᆞ리ᄀᆞᆺ디: ᄀᆞᆺ(ㄱ다)+디. 'ᄀᆞᆺㄱ다'는 힘쓰다, 힘드리다.

2). 몰볼ᄫᆞᆫᄶᅡᄒᆞᆫ몰애: 붊(다)+은+ᄶᅡᄒ+은+몰애.

3). 비치ᄒᆡ오: 빛+이+ᄒᆡ(다)+고.

4). ᄢᅦ오: ᄢᅦ(다)+고.

5). 一百象두고: '두고'는 '보다'의 비교격조사.

6). 엄: 牙. 어미: 엄이. '어금니'.

7). ᄀᆞᆺ디아니ᄒᆞ며: ᄀᆞᆺ(ㄱ다)+디+아니ᄒᆞ(다)+며.

8). ᄆᆞ리뮈디아니ᄒᆞ고: ᄆᆞᆯ+이+뮈(다)+디+아니ᄒᆞ(다)+고

9). 어디러: 어딜(다)+어.

10). 당ᄒᆞ릴씨: 당ᄒᆞ(다)+리+ㄹ씨.

月釋 一·28b

下ᅘᅡᆼ 밧긔 둘어 잇고 그 밧긔 ᄯᅩ 鐵텷圍
윙山산이 둘어 잇ᄂᆞ니 두 鐵텷圍윙山
산ᄊᆞ시 어드본 ᄯᅡ해 地띵獄옥이 버러
잇ᄂᆞ니라 獄옥ᄋᆞᆫ 罪쬥 지ᅀᅳᆫ 사ᄅᆞᆷ 가도ᄂᆞᆫ ᄯᅡ히니 ᄯᅡ 아랫 獄옥일ᄊᆡ
地띵獄옥이라 ᄒᆞᄂᆞ니라 굴근 地띵獄
옥이 여듧 비니 活홣地띵獄옥과 黑흑
繩씽地띵獄옥과 合합地띵獄옥과 叫
끃喚환地띵獄옥과 大땡叫끃喚환地
띵獄옥과 熱ᅀᅧᇙ惱놓地띵獄옥과 大땡
熱ᅀᅧᇙ惱놓地띵獄옥과 阿항鼻삥地띵

5) 4) 3) 2) 1)

---

1).밧긔둘어잇고: 밝+의+두르(다)+어+잇+고.

2).어드본ᄯᅡ해: 어듭(다)+은+ᄯᅡᇂ+애.

3).地獄: (범) Naraka, Niraya 那落迦, 泥犁라 음역. 不樂, 可厭, 無有, 無幸處라 飜譯. 三途의 하나, 三惡도의 하나. 六趣의 하나. 衆生들이 자기가 지은 罪業으로 말미암아 가서 나게되는 地下의 監獄. 이 地獄들은 閻羅大王이 다스리며 地獄 衆生들에게 여러 가지 苦痛을 준다고 한다. 또 이러한 地獄과는 달리 현재 우리가 사는 世界의 산야의 넓은 들에도 地獄이 있다는데 이것을 孤獨地獄이라 한다. 크게는 여덟의 지옥이 있다.

4).벌어: 벌(다)+어.

5).굴근 地獄: 굴근(큰). '굵다'.

獄옥과라 活홣ᄋᆞᆫ 살씨니 제손토비쇠
ᄃᆞ외야 제 모몰 ᄣᅵ야ᄇᆞ려 죽고져 ᄒᆞᄃᆡ
몯ᄒᆞᄂᆞ니라 黑흑繩씽은 거믄 노히니
몯처ᅀᅥ믜 더본 블로 모몰 ᄉᆞ라 셜ᄫᅥ ᄃᆞ
위텨디게 ᄒᆞ고 더본 쇠노ᄒᆞ로 시울티
고 더본 돗귀와 톱과로 바히ᄂᆞ니라 合
합ᄋᆞᆫ 어울씨니 두 큰 블뫼ㅅ 가온ᄃᆡ 너코
두 山산이 어우러 ᄀᆞ라 ᄀᆞᆯ리 ᄃᆞ외ᄂᆞ니
라 叫ᄀᆞᇢ喚환ᄋᆞᆫ 우를씨니 쇠城쎵ㅅ 가
온ᄃᆡ 고ᄅᆞᆫ 브리어든 그에 ᄃᆞ리텨든 우
르ᄂᆞ니라 大땡叫ᄀᆞᇢ喚환ᄋᆞᆫ 더 우를씨
라 熱셣惱놓ᄂᆞᆫ 더ᄫᅥ 셜ᄫᅳᆯ씨니 罪쬥ㅅ
신을 글ᄂᆞᆫ 가마애 ᄃᆞ리티ᄂᆞ니라 大땡
熱셣惱놓ᄂᆞᆫ 熱셣惱놓ㅣ 더을씨라 阿

14) 13) 12) 11) 10) 9) 8) 7) 6) 5) 4) 3) 2) 1)

---

1).活은 살씨니: 살(다)+ㄹ씨니.

2).제손토비: 제(저의)+손톱+이.

3).ᄣᅵ야ᄇᆞ려: ᄣᅵ(다)+(j)+아+ᄇᆞ리(다)+어.

4).검은노히니: 검(다)+은+노ㅎ+이+니. '노ㅎ'는 끈. 원래는 칡의 줄기를 물에 불려서 겉껍질을 벗기고, 흰 속껍질을 가지고 '노(繩)'끈을 만든다.

5).몯처ᅀᅥ믜: 몯+처ᅀᅥᆷ+의. **6)**.ᄉᆞ라: ᄉᆞᆯ(다)+아.

7).셜ᄫᅥ드위텨: 셟(다)+드위(다)+티+어. '드위다'는 '뒤치다'. '셟다'는 '괴롭다'의 의미.

8).노ᄒᆞ로시울티고: 노ㅎ+ᄋᆞ로+시울+티(다)+고.

9).더본돗귀와: 덥(다)+은+돗귀+와. '돗귀'='돗긔'.

10).바히ᄂᆞ니라: 바히(다)+ᄂᆞ+니라.

11).어울씨니: 어울(다)+ㄹ씨니.

12).두큰블뫼가온ᄃᆡ: 두+크(다)+ㄴ+블+뫼+ㅅ+가온ᄃᆡ.

13).ᄀᆞ라ᄀᆞᆯ리ᄃᆞ외ᄂᆞ니: ᄀᆞᆯ(다)+아+ᄀᆞᆯ+이+ᄃᆞ외(다)+ᄂᆞ+니. '·ᄀᆞᆯ·다'는 磨, 替의 뜻이 있다. 'ᄀᆞᆯ、다'는 日의 뜻이있다.

14).글ᄂᆞᆫ가마애: 글(다)+ᄂᆞᆫ+가마+애. '글ᄂᆞᆫ'은 '끓는'의 뜻.

· 29b

항鼻뼝ᄂᆞᆫ 싏ᄊᆡ업다 ᄒᆞ논 마리니 東
동西솅南남北븍과 네 모콰 아라우희
다 큰 브리어든 罪쬥人신을 그에 드리
티ᄂᆞ니라 이 여듧 地띵獄옥이 各각各각
각 여듧 寒한氷빙地띵獄옥과 여듧 炎
염火황地띵獄옥이 眷권屬쑉ᄃᆞ외야
잇고 또 혀근 地띵獄옥이 그지업스니
그어긔 受쓯苦콩ᄒᆞᇙ 사ᄅᆞ미 各각各각 各각
罪쬥의 져그며 쿠므로 劫겁數숭를 디
내ᄂᆞ니 못 重뜡ᄒᆞᆫ ᄯᅡ ᄒᆞᆫ ᄒᆞᆫᄃᆞᆯ 內뇡예 八
밤萬먼四ᄉᆞᆼ千천 디위로 주그락살락
ᄒᆞᄂᆞ니라 寒한氷빙은 ᄎᆞᆫ 어르미오 炎

9) 8) 7) 6) 5) 4) 3) 2) 1)

---

1). 싏ᄊᆡ업다: 쉬(다)+ㄹ+ᄊᆡ+업다.

2). 아라우희: 아라+우ㅎ+의. 또는 '아라우ㅎ+의'로 '아라우희'를 굳어진 복합어로 보는 경우도 있다.

3). 眷屬ᄃᆞ외야잇고: 하나가 되다. 서로 관계하다.

4). 혀근: 적은.

5). 그어긔: '거기에'의 의미.

6). 져그며쿠므로: 젹(다)+으며, 크(다)+우+ㅁ+으로.

7). 디내니: '격다'의 의미.

8). 디위: 번, 경계.

9). 죽으락살락: 죽(다)+으락+살(다)+락. '으락이나 -락'은 반복형 어미.

ᄃᆞ리감ᄯᅩᄂᆞ니須슝彌밍山산이그리
면바미라東동方방앤持띵國귁天텬
王왕持띵國귁은나라가질씨니西셩
天텬마래提뗑頭뚷賴랭吒당ㅣ
라西셩天텬은부텨나신나라히니中
듕國귁으로西셩ㅅ녀길씨西셩天텬
이라ᄒᆞᄂᆞ니라中듕國귁은가온ᄃᆡㅅ나
라히니우리나랏常썅談땀애江강南
남이라ᄒᆞᄂᆞ니라中듕國귁에션中듕
國귁을하ᄂᆞᆳ가온ᄃᆡ라ᄒᆞ고부텻나라
ᄒᆞᆯ西셩ㅅ녁ᄀᆞᇫ이라ᄒᆞ야西셩天텬이
라ᄒᆞ거든부텻나라해션부텻나라ᄒᆞᆯ

1). 持國天王: (범) Dhṛtarāṣṭra (파) Dhatar-aṭṭha 四天王의 하나. 東方의 守護神. 須彌山 第四層에 住하며, 그 宮殿을 賢上城이라 한다. 形象은 바른 손을 허리에 대고, 왼손에 칼을 들고, 얼굴은 바른 쪽으로 向하고 여러 가지 天衣로 몸을 裝飾, 또 왼 손에 칼을 들고, 바른 손에 寶貝를 들기도 하였다.

2). 西天마래: 西天말+애.

3). 西ㅅ녀길씨: 西+ㅅ+녁+이+ㄹ씨.

4). 中國을 하ᄂᆞᆳ가온ᄃᆡ라: 하ᄂᆞᆯ+ㅅ+가온ᄃᆡ+라. 중국인들은 스스로 '中和'라 하고, 그 사방을 四夷라 하여 東夷, 西夷, 南夷, 北夷가 그것이다.

5). 西ㅅ녁ᄀᆞᇫ이라: 西+ㅅ+녁+ㅅ+ᄀᆞᇫ+이라.

月釋 一 · 30b

하ᄂᆞᆳ가온ᄃᆡ라ᄒᆞ고中듕國귁을東동
녀긔ᄭᅵ라ᄒᆞ야東동土통ㅣ라ᄒᆞᄂᆞ니
土통ᄂᆞᆫᄯᅡ히라南남方방앳增증長댱天텬王
왕增증은더을씨오長댱은길씨니西
솅天텬ᄆᆞ래毗뼹留륭勒륵叉창ㅣ
라西솅方방앳廣광目목天텬王왕廣광
目목은너븐누니니西솅天텬北븍方
ᄆᆞ래毗뼹留륭愽박叉창ㅣ라
방앳多당聞문天텬王왕이니多당聞
문은만
히들일씨니福복德득일후미四ᅀᆞᆼ方
방애들일씨라西솅天텬ᄆᆞ래毗뼹沙

5) 3) 2) 1)

---

1).增長天: (범) Virūḍhaka 사천왕의 하나. 毘留勒叉라 音譯. 南方天王이라고도 한다. 自己와 다른 이의 善根을 增進한다는 뜻. 須彌山의 중턱 第四層의 남쪽 瑠璃埵에 있으면서 南方의 天主로 南贍部洲를 守護하며, 구반다 등 무수한 귀신들을 지배한다. 그 형상은 몸은 赤肉色 왼손은 주먹을 쥐어 허리에 대고, 바른 손에는 칼을 들었다.

2).廣目大王: (범) Virūpākṣa (파)Virūpakkha 毘留博叉라 音譯. 잡어, 非好報, 惡眼이라 飜譯. 四天王의 하나. 須彌山의 第四層級 서방 白銀埵에 있으면서 龍神, 毘舍闍神을 거느리고 世界를 守護. 西方 瞿耶尼洲를 守護하며 다른 三洲를 겸한다고 한다. 그 입을 벌리고 눈을 부릅떠 威嚴으로 나쁜 것들을 물리치므로 光目, 惡目이라 하고, 여러 가지 雄辯으로써 나쁜 이야기를 屈伏시키므로 雜語라 한다.

3).多聞天王: (범) Vaiśravaṇa (파) Vessavaṇa 四天王의 하나. 毘沙門. 吠室羅摩拏라고도 쓰고 다른 이름으로 俱吠羅라 한다. 수미산 허리, 곧, 第四層 水精埵에 있는 天神으로 한량없는 야차들을 거느리고 北洲를 守護하며, 또 항상 부처님의 道場을 擁護하며, 또 항상 부처님의 道場을 擁護하면서 說法을 듣는다고 한다. **4)**.들일씨라: 들이(다)+ㄹ씨라. '들이다'는 擧의 의미다.

5).沙門: (범)Śramaṇa 桑門, 沙門, 沙門那라고도 쓰며, 息心, 功勞, 勤息이라 飜譯. 부지런히 모든 좋은 일을 닦고, 나쁜 일을 일으키지 않는 이란 뜻. 외도, 불교도를 불문하고, 처자 眷屬을 버리고 修道 生活을 하는 이를 總稱함. 後世에는 오로지 佛門에서 出家한 이를 말한다. 比丘와 같은 뜻으로 쓴다.

月釋 一 · 31a

상門몬이四ᄉᆞᆼ天텬王왕ᄋᆡ須ᄉᆞᆼ彌밍
이라 山산허리예잇ᄂᆞ니라須ᄉᆞᆼ彌밍山산
뎡바기예忉동利링天텬이잇ᄂᆞ니忉
동利링天텬內뇡예三삼十씹三삼天
텬이니가온ᄃᆡᄒᆞᆫ天텬이오四ᄉᆞᆼ方방
애여듧곰버러잇거든帝뎅釋셕이
온ᄃᆡ위두ᄒᆞ야잇ᄂᆞ니라 帝뎅釋셕은 西솅天텬마

6) 5) 4) 3) 2) 1)

---

1).뎡바기예: 뎡바기+예.

2).忉利天: (범) Trāyastriṃśa 欲界 六天의 第二天. 三十三天이라 意譯. 南贍部洲의 위에 八萬 由旬 되는 須彌山 꼭대기에 있다. 中央에 善見城이라는 四面이 八萬 由旬씩 되는 큰 城이 있고, 이 城안에 帝釋天이 있고, 사방에는 각기 八城이 있는데 그 眷屬 되는 하늘 사람들이 살고 있다. 四方 八城인 三十二城에 善見城을 다하여 三十三이 된다. 이 三十三天은 반달의 三齋日마다 城밖에 있는 善法堂에 모여서 法답고 답지 못한 일을 評論한다 이 한늘의 衆生들은 淫慾을 行할 때에는 變하여 人間과 같이 되지만 다만 風紀를 漏泄하기만 하면 熱惱가 없어진다고 한다. 키는 一 由旬, 옷의 무게는 六銖 목숨 一千歲 그 하늘의 一 晝夜는 人間의 百年. 처음 태어났을 때는 人間의 六歲 되는 아이와 같음 빛깔이 원만하고 저절로 衣服이 입혀졌다고 한다. 부처님이 일찍이 하늘에 올라가서 어머니 마야 부인을 위하여 석달 동안 說法하고, 三道의 寶戒를 타고 승가시국에 내려왔다고 전한다.

3).여듧곰:여듧+곰. '-고'은 '-씩'의 의미. **4)**.버러잇거든: 벌(다)+어+잇+거든.

5).帝釋: (범) Śakrodevendra 漢文과 梵語를 함께한 이름. 須彌山의 꼭대기 忉利天의 임금. 善見城에 있어 四天王과 三十二天을 統率하면서 佛法과 佛法에 歸依하는 사람을 보호하며 阿修羅의 軍隊를 征伐한다는 하늘 임금.

6).위두ᄒᆞ야잇ᄂᆞ니라: 위두ᄒᆞ(다)+야+잇+ᄂᆞ+니라.

月釋 一·31b

랏釋셕迦강提뗑婆빵因힌陁땅羅랑
ᄅᆞᆯ조려닐온마리니어딘하ᄂᆞᆳ님그미
라ᄒᆞᆫᄠᅳ디라
·이우희夜양摩망天텬夜양摩망ᄂᆞᆫᄀᆞ
장됴ᄒᆞᆯ씨라
兜둫率숧陁땅天텬兜둫率숧陁땅ᄂᆞᆫ足
쪽ᄒᆞᆫ곧알씨니最쬥後ᅘᅮᇢ身신菩뽕薩
삻이이하ᄂᆞ래나샤ᄀᆞᄅᆞ치실씨欲욕
心심에足쪽ᄒᆞᆫ고ᄃᆞᆯ아ᄂᆞ니라最쬥後
ᅘᅮᇢ身신은ᄆᆞᆺ後ᅘᅮᇢ菩ᄉᆞ모미니ᄂᆞ외죽사
리아니ᄒᆞ야부텨ᄃᆞ외실化황樂락天
씨라心심은ᄆᆞᅀᆞ미라
텬化황樂락은지ᅀᅥ즐길씨니즐거ᄫᅳᆫ
몸제ᄆᆡᇰᄀᆞ라제즐기ᄂᆞ니누네고ᄫᆞᆫ

8) 7) 6) 5) 4) 3) 2) 1)

1). 조려닐온마리니: 조리(다)+니ᄅ(다)+오+ㄴ+말+이+니.

2). 어딘하ᄂᆞᆳ님그미라ᄒᆞᆫᄠᅳ디라: 어딜(다)+하ᄂᆞᆯ+ㅅ+님금+이라+ᄒᆞ(다)+ㄴ+ᄠᅳᆮ+이라.

3). 夜摩天: (범)Syuāma-deva 欲界六天의 第三天. 善時天, 時分天이라 飜譯. 時間을 따라 快樂을 받으므로 時分天. 地上에서 十六萬 由旬 위에 있다. 이 天上 사람의 키는 二由旬 옷의 길이 四由旬 넓이 二由旬 무게 三銖. 처음 난 때가 人間의 七歲 아이와 같고 얼굴이 圓滿하여 衣服은 저절로 마련되고 壽命은 二千歲. 그 하늘의 一晝夜는 人間의 二百年 人間의 歲月로 그 하늘의 二千歲를 換算하면 十四億 四百 萬年이 된다.

4). 兜率타천: =도솔천. (범)Tusuta-deva 욕계 육천의 하나 도사다, 투슬다, 도솔다, 도술이라고 한다. 上足, 妙足, 喜足, 知足이라 飜譯. 須彌山의 꼭대기서 十二萬 由旬 되는 곳에 있는 한량없는 하늘 사람들이 살고 있다. 여기세 內,外의 二院이 있다. 外院은 天中의 欲樂處이고, 內院은 彌勒菩薩의 淨土라 한다. 彌勒은 여기에 있으면서 說法하여 남섬부주에 下生하여 成佛할 時期를 기다리고 있다. 이 하늘은 아래에 있는 四王天, 忉利天, 야마천이 欲情에 잠겨있고 위에 있는 화락천,타화자태천이 들뜬 마음이 많은데 대하여 잠시지도 들뜨지도 않으면서 五慾樂에 滿足한 마음을 내므로 彌勒 등의 補處 菩薩이 있다고 한다. 이 하늘 사람의 키는 이리, 옷 무게는 一銖 반 ,壽命은 四千歲, 人間의 四百歲가 이 하늘의 一 晝夜이다.

5). ᄂᆞ외: 다시.

6). 化樂天: (범) Nirmāṇarati ; Sunirmāṇarati 欲界 六天의 하나. 이 하늘에 나면 자기의 對境을 變化하여 娛樂의 경계로 삼게 되므로 이렇게 이름 한다. 도솔천의 위 타화재천의 아래에 있으며, 서로 마주보고 웃으면 性交의 目的이 이루어지며 아이는 남녀의 무릎 위에서 化生하고 그 크기는 人間의 十二歲 쯤되는 아이만 하다 한다.

7). 지ᅀᅥ즐길씨니: 짓(다)+즐기(다)+ㄹ+씨니.

8). 눈에 고ᄫᆞᆫ 것: 눈+에, 곱(다)+ᄋᆞᆫ+것.

것보고져ᄒᆞ면제머군ᄠᅳ드로고ᄫᆞᆫ거
시ᄃᆞ외야뵈며귀예됴ᄒᆞᆫ소리듣고져
ᄒᆞ며고해됴ᄒᆞᆫ내맏고져ᄒᆞ며이베됴
ᄒᆞᆫ차반먹고져ᄒᆞ며모매됴ᄒᆞᆫ옷닙고
져ᄒᆞ매다제먹논ᄠᅳ드
로ᄃᆞ외야나ᄂᆞ니라 他탕化황自ᄍᆞᆼ
在ᄍᆡᆼ天텬이 次ᄎᆞᆼ第똉로 노ᄑᆡ이쇼ᄃᆡ
他탕化황ᄂᆞᆫᄂᆞ미지ᅀᅳᆯ씨오自ᄍᆞᆼ在ᄍᆡᆼ
ᄂᆞᆫ自ᄍᆞᆼ得득ᄒᆞᆯ씨니이하ᄂᆞᆯᄒᆞᆫᄂᆞ믜지
ᅀᅩᆫ거슬아ᅀᅡ제즐기ᄂᆞ
니그魔망王왕이라 닥구루를ᄐᆡ
虛헝空콩애 잇ᄂᆞ니 이 여슷 하ᄂᆞ리 欲

9) 8) 7) 6) 5) 4) 3) 2) 1)

1). 제머군ᄠᅳ드로: 제+먹(다)+우+ㄴ+ᄠᅳᆮ+으로.

2). 뵈며: 보이(다)+며.

3). 고해: 고ㅎ+애.

4). 됴ᄒᆞᆫ내: 둏(다)+ᄋᆞᆫ+내.

5). 입에둏ᄋᆞᆫ차반: 입+에+둏(다)+ᄋᆞᆫ+차반.

6). 他化自在天: (범) Paranirmitava-śavarti deva 他化天, 第六天이라고도 한다. 六欲天의 하나. 欲界의 가장높은 데에 있는 하늘. 欲界天의 임금인 마왕이 있는 곳. 이 하늘은 남이 변해 나타내는 樂事를 자유로 자기의 快樂으로 삼는 까닭에 他化自在天이라 한다. 이 하늘의 男女는 서로 마주 보는 것만으로 淫行이 滿足하고, 아들을 낳으려는 생각만 내면 아들이 무릎 위에 나타난다. 또, 이 하늘 사람의 키는 三里, 壽命은 一萬 六千歲. 이 하늘의 一晝夜는 人間의 一千 六百 年에 해당한다.

7). 노ᄑᆡ이쇼ᄃᆡ: 높(다)+이+잇(이시다)+(j)+오+ᄃᆡ.

8). ᄂᆞ미지ᅀᅳᆯ씨오: ᄂᆞᆷ+이+짓(다)+을씨+고.

9). ᄂᆞ믜지ᅀᅩᆫ거슬아ᅀᅡ: ᄂᆞᆷ+ᄋᆡ+짓(다)+오+ㄴ+것+을+앗(다)+아.

月釋一·32b

欲욕界갱六륙天텬이·라 界갱·는 ᄀᆞᅀᅵ·라 ᄒᆞ·며 골·비·라 ᄒᆞ
·논 ·마·리·니 ·이 여·슷 하·ᄂᆞᆳ ᄀᆞ·ᆺ 자·히 欲욕心심·을 몯 여·흰 ᄒᆞᆫ 골·비·니 人ᅀᅵᆫ間간·도 欲
욕界갱·예 ·드니·라 ·이 우·희 ᄉᆞᆫ 初총禪쎤三삼天
텬·에 初총·는 ·처ᅀᅥ·미·오 禪쎤·은 寂쩍靜쪙ᄒᆞᆯ ·씨·니 ·이 하·ᄂᆞᆯ·히 欲욕心심 ·아
·니 :뮈·워 ᄀᆞ·마·니 잇·ᄂᆞ·니·라 寂쩍靜쪙·은 괴외ᄒᆞᆯ ·씨·라 梵뻠衆즁天
텬 衆즁·은 할 ·씨·니 梵뻠王왕ㅅ 한 百ᄇᆡᆨ姓셩 :사ᄂᆞᆫ 하·ᄂᆞᆯ·히·라 梵뻠輔
뿡天텬 輔뿡·는 도ᄫᆞᆯ ·씨·니 梵뻠王왕 돕ᄉᆞᄫᆞ·논 臣씬下ᅘᅣᆼ :사ᄂᆞᆫ 하·ᄂᆞᆯ·히·라

6) 5) 4) 3) 2) 1)

1). 골비라: 굷(다)+이라. '·굷·다'는 '아울다'(竝), '겨루다'의 의미.

2). 여슷하ᄂᆞᆳ ᄀᆞᆺ자히: 여슷+하ᄂᆞᆯ+ㅅ+ᄀᆞᆺ장+이. 'ᄀᆞ·장'은 '끝', '매우'의 의미이나, 여기서는 '끝'이다.

3). 初禪三天: 四禪天의 하나. 欲界의 위에 있는 色界 四禪天 가운데 첫 禪天. 梵衆天, 梵輔天, 大梵天의 三天이 있다. 梵衆天--(범) Brahma-pāriṣaday-deva 色界 初禪天이 첫째 하늘. 梵波梨沙라 音譯. 大梵王이 領率하는 하늘 사람들이 이곳에 살므로 梵衆天이라 함. 梵輔天--(범) Brahma-purohitadeva 범부루혜라 음역. 정사라 번역. 색계 초산천에 세하늘중 셋째 하늘. 이 하늘의천중들은 모두 색계 초선천의 주인 대범천윌을 돕고 잇는 시하들. 천왕은 중앙의 높은 곳에 있으며, 천왕이 행차할 때에는 반드시 이 천중들이 앞에 다니면서 천왕의 이익을 생각한다고 한다. 大梵天—(범) Mahābrahman 色界 初禪天의 第三. 初禪天의 主宰인 大梵天王이 있는 곳.

4). 뮈워: 뮈(다)+우+어.

5). 할씨니: 하(다)+ㄹ씨니.

6). 돕ᄉᆞᄫᆞᆯ씨니: 돕(다)+ᄉᆞᄫᆞᆯ씨니.

〈月釋 一 · 33a

大땡梵뻠天텬 大땡梵뻠天텬은 梵뻠王왕 ᄉᆞ논 하ᄂᆞᆯ히니 梵뻠王왕이 娑상婆빵世솅界갱예 뭇위두ᄒᆞ야 잇ᄂᆞ니라 ○二싱禪썬三삼天텬에 少숄光광天텬 少숄光광ᄋᆞᆫ 光광明명이 져글씨니 二싱禪썬天텬 中듕에 光광明명이 뭇져그니라 無뭉量량光광天텬 無뭉ᄂᆞᆫ 업슬씨니 無뭉量량光광ᄋᆞᆫ 光광明명이 그지 업슬씨라 光광音흠天텬 音흠ᄋᆞᆫ 소리니 光광明명에셔 :말ᄒᆞᄂᆞ니라 ○三삼禪썬三삼天텬에

1) 2) 3) 4) 5) 6)

1).娑婆: (범) Sabbā 忍土, 堪忍土, 忍界라 飜譯. 우리가 사는 이 世界 = 堪忍世界.

2).뭇위두ᄒᆞ야: 뭇+위두ᄒᆞ(다)+야.

3).二禪三天: 色界 諸天을 四禪으로 나눈 가운데서 第二禪. 二禪定을 닦은 이가 나는 天上 世界. 少光天, 無量光天, 光音天이 三天이다.

4).뭇져그니라: 뭇+젹(다)+으니+라.

5).그지업슬씨라: 긋+이+없(다)+을씨라.

6).:말: 말(言語).

月釋 一 · 33b

少숗淨쪙天텬 少숗淨쪙은 조호미 져글씨니 三삼禪쎤天텬中듕에 조호미 몯져근 나라 無뭉量량淨쪙天텬 無뭉量량淨쪙은 조호미 그지업슬씨라 徧변淨쪙天텬 徧변淨쪙은 다 조ᄒᆞᆯ씨니 몸ᄲᅮᆫ 아니라 世솅界갱ㅅ다 조ᄒᆞᆯ씨라 ᄯᅩ 四ᄉᆞᆼ禪쎤 九궇天텬에 九궇는 아호비라 福복生싱天텬 福복이 날씨라 福복愛ᄋᆡᆼ天텬 福복ᄋᆞᆯ ᄉᆞ랑ᄒᆞ야 즐길씨라 廣광果광天텬 너븐 福복ᄋᆡᆺ 果광報봉ㅣ라 無뭉想

6) 5) 4) 3) 2) 1)

---

1). 三禪三天: 少淨天, 無量淨天, 徧.淨天.

2). 조호미져글씨니: 좋(다)+ㅁ+이+젹(다)+을씨라.

3). 世界: (범) Lokadhātu 路迦馱覩라 音譯. 世는 遷流 또는 破壞의 뜻, 界는 方分의 뜻. 時間的으로 過去, 現在, 未來의 三世에 통하여 變化하고, 破壞되며, 한편 空間的으로 彼此, 東西의 方分이 정해 있어 서로 뒤섞이지 않음을 말함. 보통으로는 생물들이 의지하여 사는 國土. 世는 隔別, 界는 種族의 뜻. 각각 다른 種類가 差別하여 서로 같지 않음을 말함.

4). ᄉᆞ랑ᄒᆞ야즐길씨라: ᄉᆞ랑ᄒᆞ(다)+야+즐기(다)+ㄹ씨라.

5). 너븐: 넙(다)+은.

6). 果報: 因果應報의 준말.

月釋 一·34a

샹天텬想샹ᄋᆞᆫ ᄆᆞᅀᆞ매 너길 씨니 無뭉
想샹ᄋᆞᆫ ᄆᆞᅀᆞ매 먹논 일 업슬 씨
라 無뭉想샹天텬은 廣광果 無뭉煩뻔
광天텬과 ᄒᆞᆫᄃᆡ 잇ᄂᆞ니라
天텬 無뭉煩뻔은 煩뻔惱ᇹ 업슬 씨라 無뭉熱ᅀᅧᇙ天텬
熱ᅀᅧᇙ은 더볼 씨니 혀근
煩뻔惱ᇹㅣ 熱ᅀᅧᇙ이라 善쎤見견天텬
善쎤은 잘ᄒᆞᆯ 씨니 善
쎤見견은 잘 볼 씨라 善쎤現현天텬 現
현은 나톨 씨니 ᄆᆞᆯᄀᆞᆫ 거우루 ᄀᆞᆮᄒᆞ야 色식
여러 가짓 양ᄌᆞᄅᆞᆯ 잘 나톨 씨라
究궁竟경天텬이 色식ᄋᆞᆫ 비치니 얼구
를 니ᄅᆞ니라 究궁竟

6)　5) 4)　3)　2) 1)

1).無想天(果): 十四 不相應法의 하나. 色界 四禪天의 第四禪에 八千이 있고, 그 중 第三의 廣果天에 無想天이 있다. 無想定에 의하여 얻은 果報. 이곳에 태어난 이는 처음 날 적과 이 하늘에서 죽어 다른 곳에 태어나려고 할 때는 마음이 있지마는 중간 五百 大劫의 오랜 동안에는 心王, 心所가 모두 없어져 몸만 있을 뿐이므로 오로지 非情과 같다. 이 無心의 위를 無想果라 한다.

2).廣果天: (범) Bṛhatphala-deva 果實天 色界 十八千의 하나. 第四禪天의 第三位. 福生天의 위, 無煩天의 아래에 있는 하늘. 第四禪天 중에서 凡夫가 사는 하늘 중에서 가장 좋다.

3).혀근: 혁(다)+은. '작다'.

4).나톨 씨라: 나토(다)+ㄹ씨라.

5).믈ᄀᆞᆫ거우루: ᄆᆞᆰ(다)+ᄋᆞᆫ+거우루. '거우루'는 '거울'.

6).얼굴: '體'를 말한다. (중세국어의 경우).

月釋 一·34b

竟경은 ᄆᆞᄎᆞᆯ씨니 얼굴이쇼ᄆᆞᆯ이 하ᄂᆞᆯ히
ᄆᆞᄎᆞᆯ씨 色ᄉᆡᆨ究굼竟경이라 ᄒᆞ니라 無
뭉煩뻔天텬브터 잇ᄀᆞ장ᄋᆞᆯ 不붏還ᅘᅪᆫ
天텬이라 ᄒᆞᄂᆞ니 不붏還ᅘᅪᆫ은 아니 도
라갈 씨니 ᄂᆞ외야 欲욕界갱예 아니 도
라갈 씨라 ᄯᅩ 淨쪙居겅天텬이라 ᄒᆞᄂᆞ
니 淨쪙居겅ᄂᆞᆫ 조ᄒᆞᆫ 모
미 사ᄂᆞᆫ ᄃᆡ라 ᄒᆞᆫ ᄠᅳ디라 次ᄎᆞᆼ第뗑로 우
희 잇ᄂᆞ니 初총禪쎤 三삼天텬은 네天
텬下ᅘᅡᆼᄅᆞᆯ 두퍼 잇고 二ᅀᅵᆼ禪쎤 三삼天
텬은 小ᄉᅗᇢ千쳔世솅界갱ᄅᆞᆯ 두퍼 잇고

5) 4) 3) 2) 1)

---

1). 얼굴이쇼ᄆᆞᆯ: 얼굴+잇(이시다)+(j)+오+ㅁ+ᄋᆞᆯ.

2). ᄂᆞ외야: ᄂᆞ외(다)+야. 'ᄂᆞ외다'는 '뇌다', '되뇌다', '재발하다'. 'ᄂᆞ외야'는 '다시'.

3). 淨居天: 色界의 第四禪天. 不還果를 證得한 聖人이 나는 하늘. 無煩天, 無熱天, 善現天, 善見天, 色究竟天의 다섯 하늘.

4). 두퍼잇고: 둪(다)+어+잇(이시다)+고.

5). 小千世界: 一世界인 해, 달, 須彌山 四大洲, 四王天, 忉利天, 야마천, 도솔천, 화력천, 타화자재천과 色界의 第一禪天을 一千 개 합한 것을 一小千世界라 하니, 色界의 第二禪天 이 小禪世界를 덮었다 함.

月釋 一·35a

三삼禪쎤三삼天텬은中듕千쳔世솅
界갱를두펴잇고四ᄉᆞᆼ禪쎤九궇天텬
은大땡千쳔世솅界갱를두펴잇ᄂᆞ니
이열여듧하ᄂᆞᆯ호色식界갱十씹八밣
天텬이라ᄒᆞᄂᆞ니라 이열여듧하ᄂᆞ리 欲욕心심더러ᄫᅮ
믈여흴씨모도아梵뻠世솅라ᄒᆞ고色 식蘊훈얼구리이실씨色식界갱라ᄒᆞ
ᄂᆞ니라蘊훈이다ᄉᆞᆺ가지니色식蘊훈 은비여몱디몯ᄒᆞ야빗이쇼미오受쓯

9) 8) 7) 6) 5) 4) 3) 2) 1)

1). 三禪三天: 三界 중 色界에서 四禪을 나눈데 第三이다. 이 하늘은 離喜妙樂地 라 이름. 第二禪의 기쁨을 여의고, 다시 精妙한 樂을 낸다는 뜻. 여기에 少淨天, 無量淨天, 變淨天이 있다.

2). 中天世界: 須彌山을 중심으로 하고, 주위에 둘러 있는 七山 八海과 四洲를 一世界라 하고, 그 千個를 一小天世界라 하며, 이 小天世界의 千個합한 것을 一中天世界라 한다.

3). 大千世界 = 一大三千世界: 佛敎 天文學에서 須彌山을 중심으로 하고, 四方에 四大洲가 있고, 그 바깥 周圍를 大鐵圍山으로 둘러 쌌다 한다. 이것이 一世界 또는 하나의 四天下라함. 四天下를 천개 합한 것을 一小天世界, 小天世界를 천개 합한 것이 一中天世界, 一大天世界에는 小天, 中天, 大天의 三種의 天이 있으므로 一大三千世界, 또는 四天大天世界라 한다.

4). 더러ᄫᅮ믈여흴씨: 더럽(다)+우+ㅁ+을+여희(다)+ㄹ씨.

5). 모도아: 모도(다)+아. '모도다'는 '모으다'의 뜻.

6). 梵世界: (범). Brahmaloka 淸淨한 世界란 뜻. 色界의 모든 하늘. 여기는 淫慾을 버린 梵天이 있는 色界란 뜻. **7)**. 色蘊: (범) Rūpa-skandha 五蘊의 하나. 色은 스스로 生滅 變化하고, 또, 다른 것을 障碍한다. 蘊은 모여서 뭉친 것으로 和合하여 한 덩이가 된 것. 어느 면으로 보아도 한 무더기라고 볼 수 있는 것. 五根과 五感官이 對象이 되는 色, 聲, 香, 味, 觸의 五境과 無表色의 十一을 말함.

8). 몱디몯ᄒᆞ야: 몱(다)+디+몯ᄒᆞ(다)+야. **9)**.빗이쇼미오: 빗+잇(이시다)+(j)+오+ㅁ+이+고.

月釋 一·35b

蘊운은受쓯苦콩로빙며즐거ᄫᅳ며受
쓯苦콩롭도즐겁도아니ᄒᆞ몰바ᄃᆞᆯ씨
오想샹蘊운은여러가짓일스칠씨오
行ᅘᅧᆼ蘊운은ᄒᆡᆼ뎍ᄒᆞᆯ씨오識식蘊운은
ᄀᆞᆯᄒᆡ지버알씨라五ᅌᅩᆼ蘊운을五ᅌᅩᆼ陰
음이라도ᄒᆞᄂᆞ니蘊운은모도ᄅᆞᆯ씨오陰
음은ᄀᆞ리두플씨니ᄒᆞᆫ논일이쇼몰모
도아眞진實씷ㅅ性셩을ᄀᆞ리ᄃᆞᆸᄃᆞ다ᄒᆞ
논ᄠᅳ디라이우흰四ᅌᅩᆼ空콩處쳥에四ᅌᅩᆼ空콩
處쳥ᄂᆞᆫ네空콩處쳥이하ᄂᆞ니色ᄉᆡᆨ을
뷘ᄡᅡ히라ᄉᆞᆯ히너겨뷔유믈
브터잇識식處쳥色ᄉᆡᆨ과뷔윰과ᄉᆞᆯ히
ᄂᆞ니라너겨識식을브터잇

14) 13) 12) 11) 10) 9) 8) 7) 6) 5) 4) 3) 2) 1)

---

1).受蘊: 고통스러우며, 즐거우며, 위의 두 경우도 느끼지 못하는 것. 苦와 樂을 상징하는 말.

2).受苦ᄅᆞᄫᆡ며: 受苦ᄅᆞᄫᆡ(다)+며. **3)**.受苦ᄅᆞᆸ도즐겁도: 受苦ᄅᆞᆸ(다)+도+즐겁(다)+도.

4).想蘊: 五蘊의 하나. 사람에게는 事物을 想像하는 善 ,惡, 邪, 正의 온갖 정상이 있다. 이것을 통털어 일컫는 말이다.

5).行蘊: 行의 聚集이란 意味. 因緣에 의하여 만들어지고, 時間的으로 變化하는 것을 種類대로 모아서 한 뭉치를 이룬 것. 行蘊 가운데는 다른 四蘊보다 이 造作, 遷流하는 行의 뜻을 많이 가지고 있으므로 특히 行蘊이라 한다.

6).識蘊: (범) 識은 了別하는 뜻. 外界에 대하여 事物의 總相을 識別하는 마음의 本體. 安息, 耳識, 鼻識, 舌識, 身識, 意識을 통틀어 識蘊이라 함.

7).ᄀᆞᆯᄒᆡ지버알씨라: ᄀᆞᆯᄒᆡ(다)+집(다)+어+알(다)+ㄹ씨라. **8)**.五陰 = 五蘊.

9).모ᄃᆞᆯ씨라: 모도(다)+ㄹ씨라. **10)**.ᄀᆞ리두플씨니: ᄀᆞ리(다)+둪(다)+을씨라.

11).眞實: 敎法에서 眞에 들어가게 하기 위하여 베픈 方便에 대하여 永久 不變하는 實義를 말한 것. 實際로 修行하는데 있어 몸과 입이 一致하지 않고 생각과 말이 위반되는 것을 虛假라 하고 不實이라 함에 대하여 뜻과 말과 行動이 서로 一致하여 거짓이 없음.

12).性: 나면서부터 가진 本然의 性品. 機性이란 것과 같다. 事物의 自體, 本體. 現象 差別의 相對的 모양에 대하여 五蘊 또는 平等眞如를 말함. 不變不改하는 뜻. 본래부터 으레 고쳐지지 않는 性質. 金性, 火性, 佛性과 같은 것.

月釋 一 · 36a

ᄂᆞ니라 無뭉所송有웋處청 無뭉所송有웋ᄂᆞᆫ 잇ᄂᆞᆫ 것
업슬씨니 이ᄂᆞᆫ 色식과 空콩과 識
식 心심괘 다 업고 識식性셩이 잇ᄂᆞ니
라 非빙想샹非빙非빙想샹處청 識식性셩
을 뮈우디 아니ᄒᆞ고 ᄯᅩ 장ᄃᆞ 업게 ᄒᆞ
니 그러나 識식을 브터 업게 ᄒᆞᆯ씨 ᄭᅳ냉
終즁내 진짓 업수미 아니니 잇ᄂᆞᆫ ᄃᆞᆺᄒᆞ
되 잇다 아니ᄒᆞ미 스쵸미 아니오 업슨
ᄃᆞᆺᄒᆞ되 업디 아니ᄒᆞ미 스솜 아뇨미 아
니라 ○ 이 四ᄉᆞᆼ空콩處청ㅣ 業업果광
앳 굴근 비츤 업고 定떵果광앳 ᄀᆞᄂᆞᆫ 비
치 잇ᄂᆞ니 ᄒᆞᆫ 比뼹丘쿵ㅣ 無뭉色식定

4) 3) 2) 1)

(앞 주에서 계속됨)

13).空處: 無色界는 純精神的인 世界이고, 物質的 存在의 世界가 아니므로 空處라 하고, 四處의 區別이 있으므로 空處라 한다. 空無變處의 준말.

14).識: (범) Vijnāna (파) Vinnāṇa 了別하는 뜻. 境界에 대하여 認識하는 마음의 作用. 마음의 作用을 心, 意, 識으로 나누어 말하기도 함. 12因緣의 第3. 小乘에서는 過去世의 惑, 業에 의하여 心識이 처음 母胎에 들어가는 하나의 刹那의 지위 大乘에서는 未來에 3段階에 태어날 몸의 主體인 第8識을 낼 異熟無記의 種子를 말함.

1).色: (범) Rūpa (파) Rūpa 心法에 대하여 物質을 色法이라 함. 變怪, 質礙의 두 뜻이 있는 物質의 總稱. 最近의 解釋은 形象과 色彩를 합한 것으로 感覺的 直觀的인 일반을 가리킴이라 함. 곧, 精神的 요소에 對立한 物質이 아니고 存在한 한 方面인 物質的 性質을 말함.

2).空: (범) Śūnya 舜若라 音譯. 물건이 없는 곳. 普通 말하는 空間, 空虛, 空無의 뜻. 有가 아니란 뜻. 實體가 없고 自性이 없는 것. 佛教에서 말하는 空의 종류는 매우 많으나 이를 크게 나누면 實답지 않은 自我에 實在라고 認定하는 迷執을 否定하도록 가르치는 我空과 나와 世界를 構成하는 요소에 대하여 항상 있는 것이라고 認定는 迷執을 否定하도록 가르치는 法空의 두 가지가 있다.

3).스쵸미아니오: 스치(다)+(j)+오+ㅁ+아니(다)+고.

4).아뇨미아니라: 아니(다)+(j)+오+ㅁ+아니라.

月釋 一·36b

뗭에드렛다가나아虛헝空콩ᄋᆞᆯ믄지1)
거늘ᄂᆞ미무로ᄃᆡ므스글얻ᄂᆞᆫ다對됭2)
答답호ᄃᆡ내몸얻노라ᄒᆞ니이定뗭得3)
득ᄒᆞ야도모ᄆᆞᆯ몯보니싀숑空콩處청
ㅣ業업果광色ᄉᆡᆨ업수들아ᄅᆞᆯ디로다
定뗭果광色ᄉᆡᆨᄋᆞᆫ定뗭ᄭᆞ르이至징極
곡ᄒᆞᆯ씨一힗切쳉色ᄉᆡᆨ애다自쫑在찡
ᄒᆞ야셔定뗭으로色ᄉᆡᆨ을니ᄅᆞ왇ᄂᆞ니4)
經경에닐오ᄃᆡ菩뽕薩삻ㅅ고해無뭉5)
色ᄉᆡᆨ界갱옛香향ᄋᆞᆯ마ᄐᆞ시다ᄒᆞᆫ말도
이시며舍샹利링弗붏涅녏槃빤ᄒᆞᇙ저6)
그無뭉色ᄉᆡᆨ界갱옛눉므리ᄀᆞᄅᆞ비ᄀᆞ7)
티ᄂᆞ리다ᄒᆞᆫ말도이시며無뭉色ᄉᆡᆨ諸
졍天텬이世솅尊존ᄭᅴ저ᅀᆞᆸ다ᄒᆞᆫ말도8)

---

1).드렛다가: 들(다)+어+잇(이시다)+가.

2).므스글얻ᄂᆞᆫ다: 므슥+을+얻+ᄂᆞᆫ+다. '므슥', '므스기', '므스'는 대명사이며, '무엇'에 해당한다. '므스'는 관형사의 역할도 한다. = 므슴,므슷.

3).定: 마음을 한 곳에 머물게 하여 흩어지지 않게 하는 것. 1. 生得禪定 나면서부터 마음을 한 곳에 머물러 두는 心作用이 있음을 말함. 2. 修得禪定 色界, 無色界의 心地의 作用. 修行하여 얻어지는 것.

4).니ᄅᆞ왇ᄂᆞ니: 니ᄅᆞ왇(다)+ᄂᆞ+니.

5).苦海: 三界에서 받는 많은 고통.(色界, 欲界, 無色界가 三界임)

6).舍利佛: (범) Śāriputra 부처님 弟子 가운데 智慧 제일. 舍利子, 鶖鷺子, 身子라 飜譯. 또, 아버지가 賓沙이기 때문에 別名을 優婆賓沙 라고도 한다. 마갈타국 왕사성 북쪽 나라 촌에서 나다. 이웃의 목건련과 함께 외도 沙然을 스승으로 섬기다가 歸依 미승비구로 인하여 釋尊께 歸依. 자기의 수행에 精進함과 동시에 남을 敎化하기에 努力, 서가 敎壇 가운데 중요한 地位의 인물. 부처님보다 먼저 죽었다.

7).ᄀᆞᄅᆞ비: ᄀᆞᄅᆞ+비. ᄀᆞᄅᆞ비.

8).저ᅀᆞᆸ다ᄒᆞᆫ말도: 저+ᅀᆞᆸ+다+ᄒᆞ+오+ㄴ+말+도. 저ᅀᆞᆸ다(절하다). ᄒᆞ(다)+ㄴ+말+도. '저ᅀᆞᆸ다'는 두려워하다.

이시며無뭉色식이머리좃다ᄒᆞᆫ말도
이시며無뭉色식界갱天텬에이셔香
향과곳과로비ᄒᆞ니香향이須슝彌밍
山산곤고고지술위ᄡᅵ곤다ᄒᆞᆫ말도잇
ᄂᆞ니이러ᄒᆞᆫᄠᅳ든聲셩聞문緣원覺각
이몰롤이리라聲셩聞문은제空콩을
得득ᄒᆞ야셔至징極끅ᄒᆞᆫ고ᄃᆞᆫ다빗업
스니라ᄒᆞᆫ건마른大땡乘씽은世솅界
갱밧긔도오히려法법性셩色식이잇
거니이四ᄉᆞᆼ天텬이ᄒᆞᆫ갓ᄯᅡ뷔리여이
럴ᄊᆡ聲셩聞문緣원覺각의몰롤고디
라聲셩聞문緣원覺각은아래사겨잇
ᄂᆞ니라業업은이리니됴ᄒᆞᆫ일지ᅀᅳ면
됴ᄒᆞᆫ몸ᄃᆞ외오사오나ᄫᆞᆫ일지ᅀᅳ면사

8) 7) 6) 5) 4) 3) 2) 1)

1). 無色界: 三界의 하나. 色界위에 있는 物質을 버리고, 純精神的인 存在인 世界. 色界가 色身에 얽매어 自由를 얻지 모함을 싫어하고 더 나아가서 들어가는 世界. 이 世界에는 온갖 形色은 없고 受, 想, 行, 識의 四蘊만이 있다. 여기에 空無邊處, 識無邊處, 無所有處, 非想非非想處의 四天이 있다.

2). 머리좃다: ':좃다'는 '머리를 조아리다'이고, '좃·다'는 좇다, 따르다의 뜻이다.

3). 비ᄒᆞ니: 빙(다)+ᄋᆞ니. '뿌리다'.

4). 聲聞: (범) Śrāvaka (파) Sāvala 3乘의 하나. 가장 原始的 解釋으로는 釋尊의 音聲을 들은 弟子를 말함. 大乘의 발달에 따라서 緣覺과 菩薩에 대할 때는 釋尊의 直接 弟子에 局限한 것이 아니고, 부처님의 教法에 의하여 三生 六十劫 동안 四諦의 理致를 관하고, 스스로 阿羅漢 되기를 理想으로 하는 一種의 低劣한 佛道 修行者를 말함. 그러므로 大乘으로 轉向하는 이를 구별하여 遇法, 不遇法의 2종으로 나눔. 또, 3종성문, 4종성문의 말도 있다.

5). 緣覺: (범) Pratyka-buddha (파) Pacceka-buddha 2乘의 하나. 鉢刺翳迦佛陀, 畢勒支底迦佛이라 音譯. 辟支迦佛, 줄여서 辟支佛이라 飜譯. 부처님의 教化에 의하지 않고, 홀로 깨달아 自由境에 도달한 聖者. 獨覺이라고도 한다. 緣覺, 因緣覺이라 하는 것은 12因緣의 理致를 觀察하여 홀로 깨달았다는 뜻. 이에 部行, 麟角喩의 2종이 있다.

6). 몰롤이리라: 모ᄅᆞ(다)+오+ㄹ〉몰올〉몰롤+일+이라.

7). ᄒᆞᆫ건마른: ᄒᆞ(다)+건마른.

8). 法性色: (범) Dhrmatā 항상 변하지 않는 법의 법다운 性. 모든 법의 體性. 곧, 萬有의 本體. 眞如, 實相, 法界등이라고도 한다. 그러한 현상의 것.

月釋 一·37b

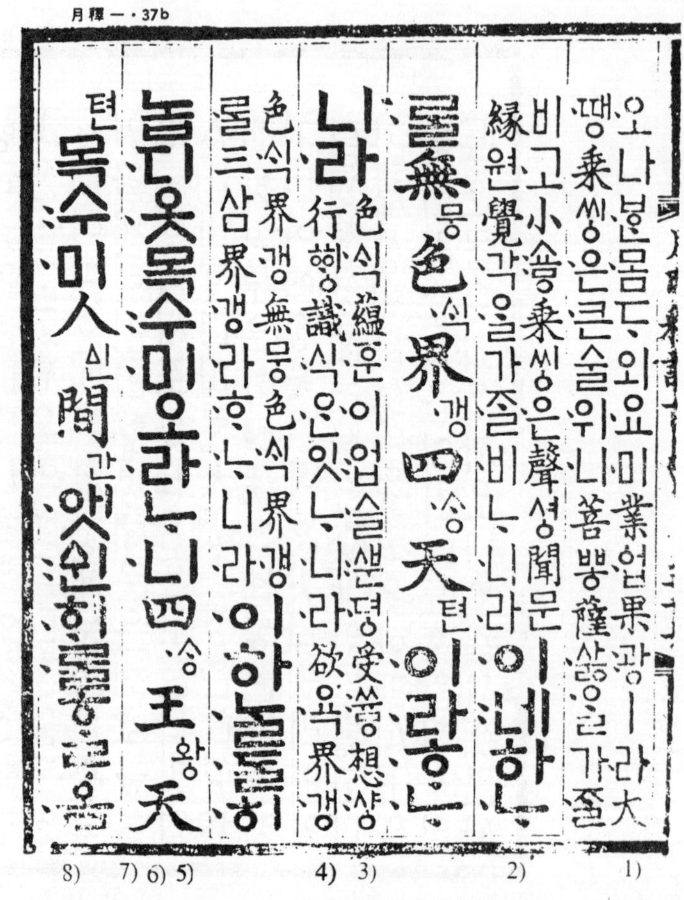

8) 7) 6) 5) 4) 3) 2) 1)

---

1).果: (범) Phala 果↔因. 열매란 뜻. 변하여 原因으로 말미암아 생기는 法을 말한다. 온갖 法은 모두 原因으로 말미암아 일어나지마는 涅槃과 같은 無爲法은 因에서 생긴 果가 아니고, 오랜 修行 끝에 證得되는 것이므로 涅槃의 妙果라 한다. 또 因이 되어 뒤에 自果를 取하는 것을 取果. 習慣에 따라 이루는 것을 習果. 業을 따라 얻은 것을 報果. 선한 인에 따라 나는 法을 善果. 惡한 因에 따라 나는 法을 惡果. 괴로운 果報를 苦果. 즐거운 果報를 樂果. 識, 名色, 六入, 觸, 受를 현재 5果 生, 老死를 未來 2果, 수다원, 사다함, 아나함, 阿羅漢을 4沙門果, 부처의 果를 佛果, 或은 妙果, 無常果라고도 한다.

2).가줄비고: 가줄비(다)+고. '가줄비다'는 비유하다.

3).想: (범)Saṃjna 大地法의 하나.像想, 感想, 思想 등의 말과 같은 뜻. 곧, 客觀的 부산한 像의 모양을 받아 들여서 남자, 여자, 나무, 벌레 등이라고 생각하게 하는 精神作用.

4).行識: 識을 행하는 것. 識은 앞 주에서 설명함.

5).놉디옷: 높을수록. **6)**.목수미: 목+숨+이. 통사적 복합명사.

7).四王天: 欲界 6天의 하나. 須彌山 중턱 해발 4萬 由旬에 있는 네 하늘. 持國天, 增長天, 廣目天, 多聞天. 키 半由旬, 壽命 5百歲(1晝夜가 人間의 50年). 이 4天의 王은 33天의 主人 帝釋天을 섬기며, 8部 귀신을 支配하여 佛法에 歸依한 이들을 保護한다.

8).人間앳쉰히롤ᄒᆞᄅᆞ옴: 인간+애+ㅅ+쉰+히+롤, ᄒᆞᄅᆞ+옴. '옴'은 '-씩'에 해당하는 접미사.

혜여五ᅌᅩᆼ百ᄇᆡᆨ히니그우희漸쪔漸쪔

하아四ᄉᆞᆼ禪쎤天텬에가면ᄆᆞᆺ져근목

수미ᅀᅡ一ᅙᅵᇙ百ᄇᆡᆨᄉᆞ믈다ᄉᆞᆺ大땡劫겁

이오非빙想샹非빙非빙想샹天텬에

가면목수미八밣萬먼大땡劫겁이라

○世솅界갱地띵輪륜아래金금輪륜

이잇고金금輪륜아래水쉉輪륜이잇

8) 7) 6) 5) 4) 3) 2) 1)

---

1).혜(다)+여.

2).漸漸하아: 점점+하(다)+아. 점점 많아져서의 뜻.

3).ᄆᆞᆺ져근목수미ᅀᅡ: ᄆᆞᆺ+젹(다)+은+목숨+이+ᅀᅡ. 4).劫: 앞 주에서 설명함.

5).非想非非想天 = 非想非非想處 非有想非無想處라고도 한다. 無色界의 四天. 이 하늘은 三界의 맨 위에 있으므로 有頂天이라고도 한다. 이 하늘에 나는 사람은 거칠은 생각이 없으므로 非想 또는 非有想아라 한다. 그러나, 세밀한 생각이 없지는 아니하므로 非非想 또는 非無想아라 한다. 非有이므로 外道들은 眞涅槃處라 하고, 非無想이므로 佛教에서는 이것도 生死하는 곳이라 한다.

6).地輪(三昧): 五輪三昧의 하나. 땅에는 온갖 것을 싣고 움직이지 않는 德과 萬物을 發生하는 7이 있다. 이것은 禪定 중 初禪定을 얻기 위한 前提로 들어가는 方便定인 未知定의 定心이 움직이지 않으며 또, 初禪의 모든 德을 發生하므로 따에 比喩하여 地輪三昧라 한다.

7).金輪: 金性地輪이라고도 한다. 四輪의 하나. 水輪위에 있어 世界를 받들었다는 한 地層, 水輪이 엉기어 맺혀서 이룬 金의 輪圍를 말한다. 金輪 위에 須彌山 등 九山 八海 四洲를 실었다. 金輪의 맨 밑을 金輪際라 한다. 또는 金輪寶, 輪寶, 輪이라 한다. 轉輪王 七寶의 하나. 轉輪王이 卽位할 때 東方에 나타나 光明을 놓으면서 王에게 와서 그 다스림을 돕는다는 하늘의 金剛輪寶를 말한다.

8).水輪:三分의 一이 땅 밑에 있어 大地를 받치고 있는 물. 風輪 위에 있다.

月釋 一 · 38b

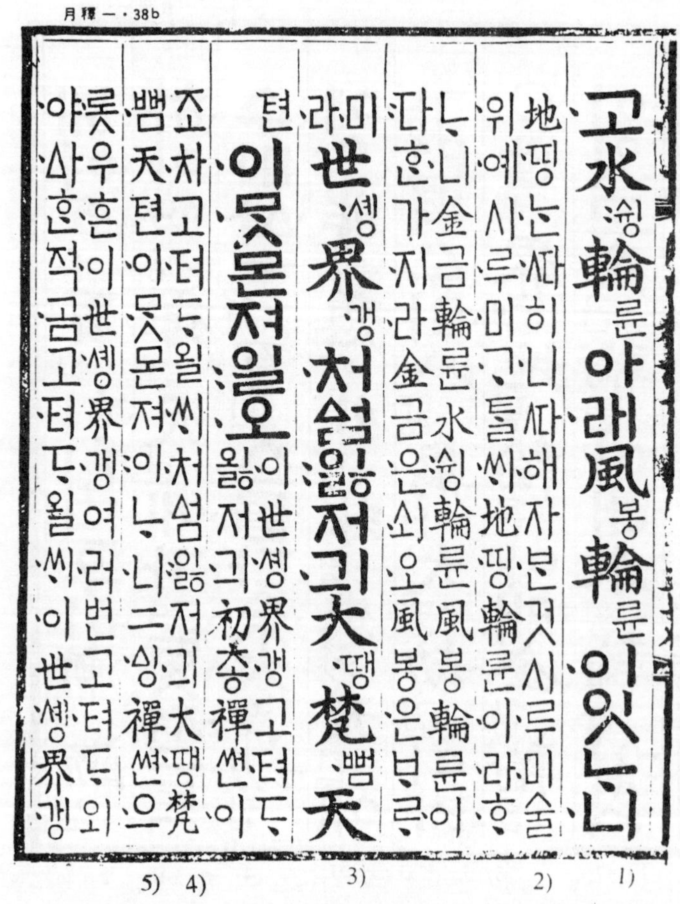

고 水쉉輪륜 아래 風봉輪륜이 잇ᄂᆞ니 1)

地띵ᄂᆞᆫ ᄯᅡ히니 ᄯᅡ해 자ᄇᆞᆫ 것 시루미 술 2)
위여 시루미 ᄀᆞᆮ 틀씨 地띵輪륜이라 ᄒᆞ
ᄂᆞ니 金금輪륜 水쉉輪륜 風봉輪륜이
ᄃᆞ니 ᄒᆞᆫ가지라 金금은 쇠오 風봉은 ᄇᆞᄅᆞ
미라 世솅界갱 처ᅀᅥᆷ 잃 저긔 大땡梵뻠天 3)
텬이 몯져 일오 이 世솅界갱 고텨 ᄃᆞ
욇 저긔 初총禪썬이
조차 고텨 ᄃᆞ욀씨 처ᅀᅥᆷ 잃 저긔 大땡梵 4)
뻠天텬이 몯져 이ᄂᆞ니 二ᅀᅵᆼ禪썬으 5)
롯 우흔 이 世솅界갱 여러 번 고텨 ᄃᆞ외
야 사 ᄒᆞᆫ 적곰 고텨 ᄃᆞ욀씨 이 世솅界갱

---

1).風輪: 이 世界의 3분의 1을 받치고 있는 3輪의 맨 밑에 있는 것. 넓이는 無數이고, 두텁기는 16億由旬 이 風輪의 밑은 虛空. 이것을 空輪이라 이름하여 모두 합하여 四輪이 된다.

2).시루미: 싣(다)+우+ㅁ+이. '싣다'의 'ㄷ'변칙.

3).잃저긔: 일(다)+ㅎ+적+의.

4).大梵天: (범) Mahābrhman 色界 初禪天의 第三. 初禪天의 主宰인 大梵王이 있는 곳.

5).禪: 1. 범어 禪那의 준말. 定. 靜慮. 棄惡. 思惟修라 飜譯. 鎭定한 理致를 思惟하고, 생각을 고요히 하여 散亂치 않게 하는 것. 마음을 한 곳에 모아 고요한 境地에 드는 일. 조용히 앉아서 善惡을 생각지 않고, 是非에 關係하지 않고, 有無에 干涉하지 않아서 마음을 安樂 自在한 境界에 逍遙하게 하는 것. 곧, 坐禪의 略稱. 2. 禪宗이 略稱.

月釋 一·39a

이로매 아니ᄇᆞ·텨 니ᄅᆞ·니라 버거ᄂᆞᆫ 梵뻠輔뿡天텬과 梵뻠衆즁天텬과 欲욕界갱 六륙天텬·엣 他탕化황自쫑在찡天텬 化황樂락天텬 兜둫率숧天텬 夜양摩망天텬·이 次ᄎᆞᆼ第똉·로 ·올·오 버거 下향界갱·예 下향界갱ᄂᆞᆫ 아·랫 世솅界갱·니 忉돌利링天텬·으·로 ·아·래·로 ·다 ·닐·온 ·마리·라 大땡風봉輪륜·이 ·니·러·늘 光광音흠

7) 6) 5) 4) 3) 2) 1)

1).버거: '버·거'는 '부사로 다음으로의 뜻'. '버거'는 '명사로 다음의 뜻'.

2).梵輔天:(범) Brahma-purohitadeva 梵富樓醯라고 音譯. 淨師라 飜譯. 色界 初禪天에 세 하늘 이 있는 가운데 셋째 번 하늘. 이 하늘의 天衆들은 모두 色界 初禪天의 主人 大梵天王을 돕고 있는 臣下들. 天王이 行次할 때는 반드시 이 天衆들이 앞에 가면서 天王의 길을 保護한다.

3).梵衆天: 앞 주에서 설명.

4).他化自在天:(범)Paramirmitavaśavarti -deva 波羅維摩婆奢라 音譯. 欲界의 가장 높은 데에 있는 하늘. 欲界天의 임금인 마왕이 있는 곳. 이 하늘은 남이 변해 나타내는 樂事를 自由로 자기의 快樂으로 삼는 까닭에 他化自在天이라 한다. 이 하늘의 男女는 서로 마주 보는 것만으로 淫行이 滿足하고, 아들을 낳으려는 생각만 하면 아들이 무릎 위에 나타난다. **5)**.化樂天: (범) Nirmāṇarati : Sunirmāṇarati 化自在天, 化自樂天, 樂變化天, 化自樂天, 樂變化天이라고도 飜譯. 6欲天의 하나. 자기의 대경을 변화하여 娛樂의 境界로 삼게되므로 이렇게 이름 한다. 도솔천의 뒤 他化自在天의 아래에 있다.

6).兜率天: (범) Tusita-deva 욕계6천의 하나. 覩史多, 鬪瑟哆, 兜率陀, 兜術이라고도 쓰며, 上足, 妙足, 喜足, 知足이라 飜譯. 須彌山의 꼭대기서 12만 由旬 되는 곳에 있는 天界로 7寶로 된 宮殿이 있고 內,外의 2院이 있다. 外院은 天中의 欲樂處이고 內院은 彌勒菩薩의 淨土라 한다. 彌勒은 여기에 있면서 說法하여 南贍部洲에 下生하여 成佛할 時期를 기다리고 있다. 이 하늘은 이래에 있는 四王天, 忉利天, 야마천이 欲情에 잠겨 있고 위에 있는 化樂天, 他化自在天이 들뜬 마음이 많은데 대하여 잠기지도 들뜨지도 않으면서 5欲樂에 滿足한 마음을 내므로 彌勒 등의 補處 菩薩이 있다고 함.

7).夜摩天: (범) Suyāma-deva 欲界 6천의 第3天. 공거 4天의 하나. 須夜摩天, 焰摩天, 焰天이라고도 하며 善時天, 時分天이라 飜譯. 時間을 따라 快樂을 받으므로 時分天. 地上에서 16萬由旬 위에 있다. **8)**.光音天: (범) Abhāsvara-deva 極光淨, 勝遍光이라 飜譯. 色界 第2禪天 中의 第3天. 無量光天의 위 소선천 이래에 있다. 이 하늘 衆生은 音聲이 없고, 말할 때에는 입으로 光明을 내어 말의 작용을 하므로 光音天이라 한다.

月釋 一 · 39b

天텬이 한비를ᄂᆞ리와ᄂᆞ리下ᅘᅡᆼ界갱
예ᄀᆞ독ᄒᆞ야기픠十씹一ᅙᅵᇙ億ᅙᅳᆨ二ᅀᅵᆼ
萬먼由윻旬쓘이러니 億ᅙᅳᆨ은열萬먼이라由윻旬쓘
은마ᅀᆞᆫ里링라ᄇᆞᄅᆞ미아니닐면믈담
곪거시업스릴씨風봉輪륜이니ᄅᆞ어늘
므리디니風봉輪륜에後ᅘᅮᇢ에ᄇᆞᄅᆞ미
담겨므리ᄀᆞᇦ뱃더니라
믈우흘부러三삼億ᅙᅳᆨ二ᅀᅵᆼ萬먼由윻
旬쓘은金금輪륜이ᄃᆞ외니水싱輪륜

1) 2) 2) 3) 4)

---

1). 한비롤ᄂᆞ리와: 하(다)+비롤+ᄂᆞ리(다)+오+아.

2). 由旬: (범) Yojana 踰闍那一 踰繕那. 由延. 印度 里數의 單位. 聖王의 하루 동안 行政距離. 40里에 該當한다. 또, 大由旬은 80리, 中由旬은 60里, 小由旬은 40里이다.

2). 由旬은마ᅀᆞᆫ리라: 유순+은, 마ᅀᆞᆫ+리+라. '마ᅀᆞᆫ=마ᅀᆞᆫ'은 마흔.

3). 믈담곪거시: 믈+담기(다)+오+ㅭ+것+이.

4). ᄀᆞᄇᆡᆺ더니라: ᄀᆞᆸ(다)+애+ㅅ+더+니라. 'ᄀᆞᆸ다'는 잠기다, 괴다.

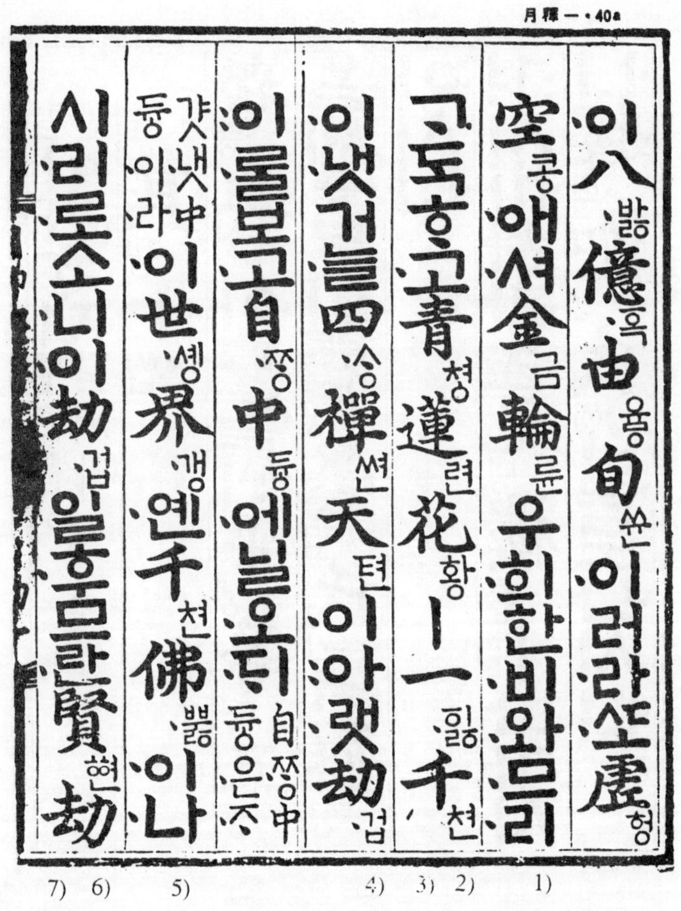

月釋一·40a

이八밣億흑由윻旬쓘이러라 ᄯᅩ虛헝
空콩애셔金금輪륜우희ᄒᆞᆫ비와ᄆᆞ리
ᄀᆞ독ᄒᆞ고靑청蓮련花황ㅣ一잃千천
이냇거늘四ᄉᆞᆼ禪썬天텬이아랫劫겁
이ᄅᆞᆯ보고自쫑中듕에닐오ᄃᆡ自쫑中듕은ᄌᆞ
갓냇中듕이라 이世솅界갱옌千천佛뿛이나
시리로소니이劫겁일후ᄆᆞ란賢현劫겁

7) 6) 5) 4) 3) 2) 1)

---

1). 우희한비와므리: 우ㅎ+의, 하(다)+ㄴ+비+와+믈+이.

2). ᄀᆞ독ᄒᆞ고: ᄀᆞ독ᄒᆞ(다)+고.

3). 靑蓮花(華) = 優鉢羅華: (범) Utpala 蓮꽃의 일종. 垂蓮이라 하기도. 根莖은 물 밑에 벋고, 잎만 수면 위에 떠있다. 7월에 꽃이 피는데 아침에 피고 저녁에 오무라진다. 보통 靑蓮花라 함은 尼羅烏鉢羅의 飜譯. 줄여서 優鉢羅라고 하며 經典에는 佛眼에 比喩된다.

4). 냇거늘: 나(다)+아+잇(이시다)+거늘.

5). 나시리로소니: 나(다)+시+리+로(도)소니. '도소니'는 '-더니'. '-로-'는 유음화 현상.

6). 일후므란: 일훔+으란.

7). 賢劫: (범) Bhadra-kalpa 賢時分, 善時分아라 飜譯. 3劫의 하나. 世界는 人壽 8萬 4千歲 때부터 百年을 지낼 때마다 1歲씩을 減하여 人壽 10歲에 이르고, 여기서 다시 百年마다 1歲씩을 더하여 人壽 8만 4千歲에 이르며 이렇게 1增 1減하는 동안에 世界가 成立되고 다음 20增減하는 동안에 머물러 있고, 다음 20增減하는 동안에 무너지고, 다음 20增減하는 동안은 텅 비어(空) 있다. 이렇게 성(成), 주(住), 괴(壞), 공(空)을 되풀이하니, 이 成, 住, 壞, 空의 4期를 大劫이라 한다. 過去의 大劫을 莊嚴劫, 現代의 大劫을 賢劫, 未來의 大劫을 星宿劫이라 한다. 이 現在의 賢劫의 住劫 때에는 拘留孫佛, 拘那含牟尼佛, 迦葉佛, 釋迦牟尼佛 등의 1千 부처님이 出現하여 世上 衆生을 救濟한다. 이렇게 많은 부처님이 出現하는 時期이므로 賢劫이라 한다.

月釋 一 · 40b

劫겁이랑ᄒᆞ져 賢현劫겁은 딜씨라

其끵十씹

衆즁生싱이ᄃᆞ톨씨 平뼝等등王왕

올셰ᅀᆞᄫᆞ니 瞿꾸曇땀氏씽 그 姓셩

이시니

겨지비 하라ᄂᆞᆯ 尼닝樓릏ㅣ 나가시

니 釋셕迦강氏씽 일로 나시니

5) 4) 6) 3: 2) 1)

---

1).-ᄒᆞ져: -ᄒᆞ고져.

2).平等王: 1. 閻魔王을 가리킴. 閻魔王은 賞과 罰을 公平하게 하므로 平等王. 2. 住劫의 初期에 世界가 처음 이루어져 光音天의 天人들이 化生하여 사람이 되었고, 뒤에 서로 議論하여 威德있는 산 사람을 推戴하여 民主라 하고, 善한 이를 賞두고 惡한 이를 罰하게 하였으니, 이것이 平等王으로 찰데리 種族의 祖上이다.

3).셰ᅀᆞᄫᆞ니: 셰(다)+ᅀᆞᆸ+ᄋᆞ니. '셰다'는 '셔다'에 선어말어미 'ㅣ'가 결합된 것이다. '-ᅀᆞᆸ-'은 客語 '平等王을 위한 것이다. 그는 후에 釋迦牟尼가 된다.

4).尼樓: 고마왕의 아들. 둘째부인의 아들. 성질이 온순하다.

4).하라늘: 할(다)+아+ᄂᆞᆯ. ':할、다'는 참소하다.

5).일로: 이+로. '일'은 'ㄹ'첨가. 이것으로부터의 뜻.

6).그 성이시니, 일로나시니: '-니'는 '도다'의 해석으로 이른바 詩的餘韻의 敍述形 終結語尾.

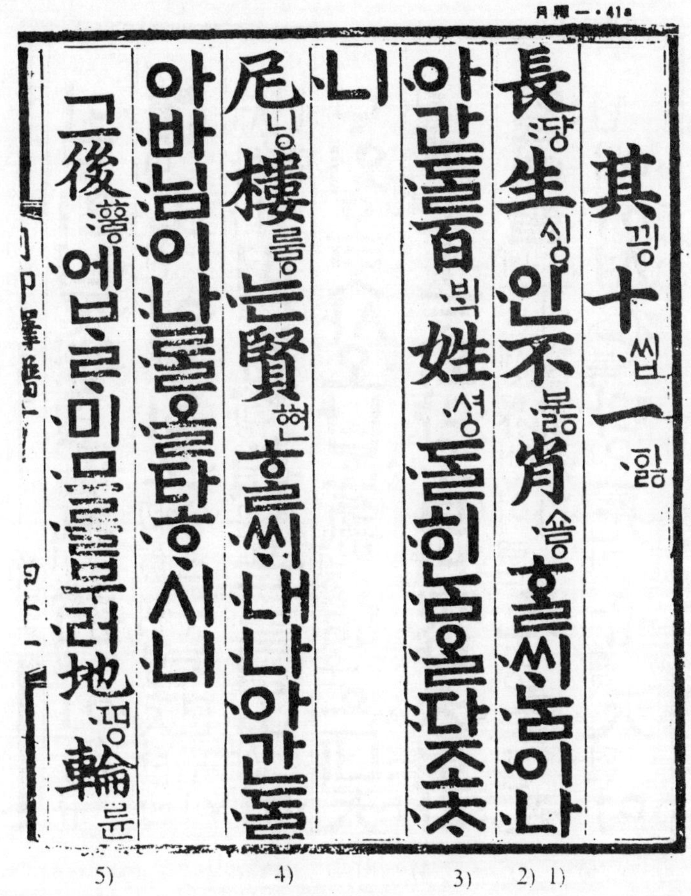
月釋 一·41a

其끵十씹一힗

長댱生싱인 不붏肖숗ᄒᆞᆫ 씨 놈이 나아간 돌 百ᄇᆡᆨ姓셩 돌히 놈 올 다 조ᄎᆞ니

尼닝樓릏ᄂᆞᆫ 賢ᅘᅧᆫᄒᆞᆫ 씨 내 나아간 돌 아바님이 나 돌 올타ᄒᆞ시니

그 後ᅘᅮᇢ에 ᄇᆞᄅᆞ미 므를 부러 地띵輪륜

5) 4) 3) 2) 1)

---

1). 長生: 고마왕의 아들. 성질이 사납다.

2). 놈이나아간돌: 놈+이, 나아가(다)+ㄴ+돌.

3). 조ᄎᆞ니: 좇(다)+ᄋᆞ니.

4). 내나아간돌: 내(주격조사가 들어있음)+나아가(다)+ㄴ+돌.

5). 올타ᄒᆞ시니: 옳다ᄒᆞ(다)+시+니.

6). ᄇᆞᄅᆞ미므를부러: ᄇᆞᄅᆞᆷ+이, 믈+을+불(다)+어.

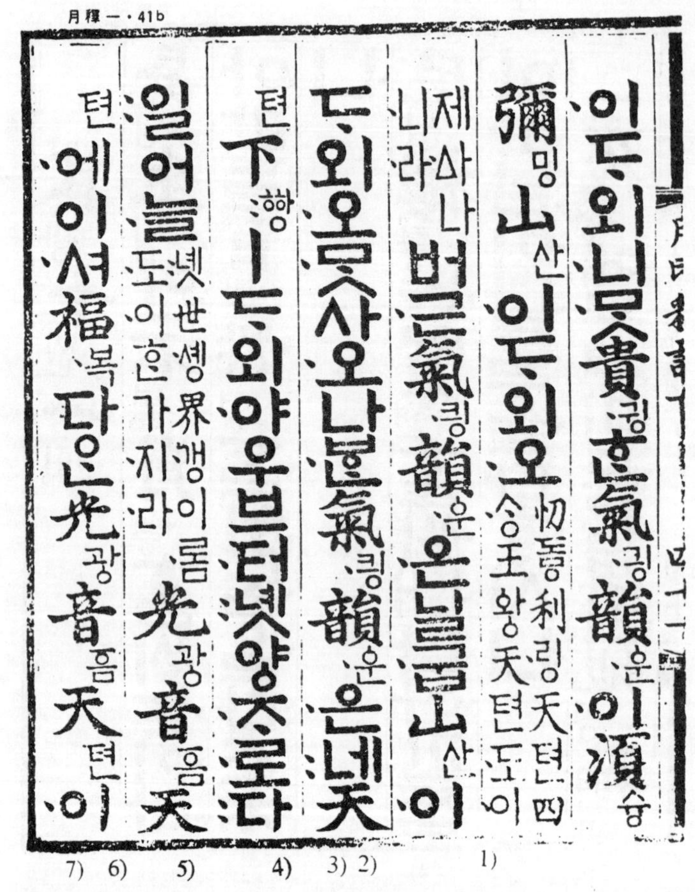

月釋一·41b

이ᄃᆞ외니믈 貴귕ᄒᆞᆫ 氣킝韻운이 須슝
彌밍山산이ᄃᆞ외오 忉돌利링天텬 四ᄉᆞ王왕天텬ᄃᆞ이
제ᅀᅡ나니라 버근 氣킝韻운은 닐굽 山산이
ᄃᆞ외오 몯사오나ᄫᆞᆫ 氣킝韻운은 네 天
텬下ᅘᅣᇰㅣᄃᆞ외야 우브터 녯 양ᄌᆞ로다
일어늘 녯 世솅界갱 이롬도 이 ᄒᆞᆫ 가지라 光광音음天
텬에 이셔 福복 다ᄋᆞᆫ 光광音음天텬이

7) 6) 5) 4) 3) 2) 1)

1). 이제ᅀᅡ나니라: 이제+ᅀᅡ+나+니라. 'ᅀᅡ'는 강세조사.
2). ᄃᆞ외오: ᄃᆞ외(다)+고.
3). 몯사오나ᄫᆞᆫ: 몯+사오납(다)+ᄋᆞᆫ. '사오납다'는 '나쁘다', '사납다', '억세다'.
4). 우브터녯양ᄌᆞ로다: 우(ㅎ)+브터, 녯+양ᄌᆞ+로다.
5). 光音天: 앞 주에서 설명함.
6). 이셔: 이시(다)+어.
7). 다ᄋᆞᆫ: '다ᄋᆞ·다'는 '다하다', '없어지다'(盡). '다ᄋᆞ다'는 '닦다', '쌓다', '수축하다'.

月釋 一·42a

ᄂᆞ려와 福복올 닷가 하ᄂᆞᆯ해 나앳다가 福복이 다ᄋᆞ면 도로 ᄂᆞ리ᄂᆞ니라 사ᄅᆞ미 ᄃᆞ외니 歡환喜힁로ᄫᆞᆸᄉᆞᆸ고 歡환喜힁 즐길씨라 ᄂᆞᆫ 모매 光광明명도 이시며 虛헝空콩애 ᄂᆞ라ᄃᆞᆫ니며 남진겨지비 업고 노ᄑᆞ니 ᄂᆞᆽ가ᄫᆞ니 업더니 모다 世셰界갱예 와 날씨일 호ᄅᆞᆯ 衆중生싱이랑ᄒᆞ니라 그저긔 ᄯᅡᆺ마시 ᄲᅮᆯᄀᆞ티 ᄃᆞᆯ오

8) 7) 6) 5) 4) 3) 2) 1)

1). 복올닷가: 복+올+닭(다)+아.
2). 하ᄂᆞᆯ해나앳다가: 하ᄂᆞᆶ+애+나(다)+아+잇(시다)+다가.
3). 사ᄅᆞ미ᄃᆞ외니: 사ᄅᆞᆷ+이+ᄃᆞ외+니. '이'는 보격조사.
4). ᄂᆞ라ᄃᆞᆫ니며: ᄂᆞᆯ(다)+아+ᄃᆞᆮ(다)+니(다)+며.
5). 남진: 男人>남신>남진.
6). ᄂᆞᆽ가ᄫᆞ니: ᄂᆞᆽ갑(다)+ᄋᆞ니.
7). 그저긔: 그적+의.
8). ᄯᅡᆺ마시ᄲᅮᆯᄀᆞ티ᄃᆞᆯ오: ᄯᅡ(ᇂ)+ㅅ+맛+이. ᄲᅮᆯ+ᄀᆞᇀ(다)+이+ᄃᆞᆯ+고.

月釋 一 · 42b

비치ᄒᆞ더니 그 衆중生ᄉᆡᆼ이 머거 보고
맛내너겨 漸쪔漸쪔 머그니 모매 光광
明명도 업스며 ᄂᆞ라ᄃᆞᆫ뇸도 몯ᄒᆞ고 만
히 머그닌 양ᄌᆡ ᄉᆡᆼ가ᄉᆡ더니 그제ᅀᅡ ᄒᆡ
ᄃᆞ리 처ᅀᅥᆷ 나니라 그 後ᅘᅮᇢ에ᅀᅡ 외니 올
ᄒᆞ니 이긔니 계우니 홀이리 나니라 그
後ᅘᅮᇢ에 ᄡᆞᆯ 마시 업고 열ᄫᅳᆫ ᄯᅥᆨ ᄀᆞᄐᆞᆫ ᄡᆞᆺ거

9) 8) 7) 6) 5) 4) 3) 2) 1)

---

1). 맛내너겨: ·맛:내(맛나게, 맛있게)+너기(다)+어.

2). ᄂᆞ라ᄃᆞᆫ뇸도: ᄂᆞᆯ(다)+아+ᄃᆞᆮ니(다)+오+ㅁ+도.

3). 만히머그닌양지: 많(다)+이+먹(다)+은+이+ㄴ+양ᄌᆞ+이.

4). ᄉᆡᆼ가ᄉᆡ더니: ᄉᆡᆼ가ᄉᆡ(다)+더+니. '·ᄉᆡᆼ가·ᄉᆡ·다'는 '파리하다'.

5). 외니: 외(다)+니. ':외·다'는 '그르다', '멀이하다'의 뜻이 있으나, 여기서는 '그르다'의 뜻이다.

6). 올ᄒᆞ니: 옳(다)+ᄋᆞ니.

7). 이긔니, 계우니: 이긔(다)+니, 계우(다)+니.

8). 홀이리나니: ᄒᆞ(다)+오+ㄹ+일+이+나(다)+니.

9). 열ᄫᅳᆫᄯᅥᆨᄀᆞᄐᆞᆫᄡᆞᆺ거치나니: 엷(다)+은+ᄯᅥᆨ+ᄀᆞᇀ(다)+ᄋᆞᆫ+ᄡᆞ(ㅎ)+ㅅ+갗+이.

月釋 一 · 43a

치나니비치누르고마시香향氣킝젓
더니그머근後흫에는서르놈업시울
:이리나니라ᄯᅡᆺ거치:업거늘ᄯᅡᆺ술히나
니그머근後흫에는여러가지샹ᄃᆞᄫᆡᆫ
:이리나니라ᄯᅡᆺ술히업거늘ᄯᅡᆺ기르미
나니마시수을곧더라ᄯᅡᆺ기르미업거
늘버거너출엣여르미나니버혀ᄢᅳᆯ

9) 8) 7) 6) 5) 4) 3) 2) 1)

---

1).젓더니: 저+ㅅ+더+니. '젓다'는 '노를 젓다'이고, ':저'는 저절로, 스스로의 뜻이다.

2).서르: '서로'로 변한 것은 이화, 강화, 유추작용이다.

3). 놈업시울이리나니라: 놈, 업시우(다)+ㄹ+일+이+나(다)+니라. ':업·시우·다'는 '업신여기다'의 뜻이다.

4).ᄯᅡᆺ술히나니: ᄯᅡ(ㅎ)+ㅅ+술ㅎ+이+나(다)+니.

5).샹ᄃᆞᄫᆡᆫ이리나니: 샹ᄃᆞᄫᆡ(다)+ㄴ+일+이+나(다)+니. '샹ᄃᆞᄫᆡ다'는 '상스럽다'.

6).마시수을곧더라: 맛+이+수을(술=수을)+곧(다)+더라.

7).버거너추렛여르미나니: 버거('버거'는 명사로 '다음'이고, '버·거'는 부사로 '다음으로'의 뜻.

8).너출+에+ㅅ+여름+이+나(다)+니.

9).버혀: 버히(다)+어.

月釋 一·43b

ᄀᆞᄐᆞᆫ지니ᄒᆞᄅᆞ더라버거두가지옴가
진蒲뽕萄뚷ㅣ나니마시ᄯᅩᄃᆞ더니그
머근後ᅘᅮᇢ에우숨우ᅀᅵ나니라蒲뽕萄
뚷업거늘粳깅米몡나뒤한ᄃᆞᆯᄒᆞ마시
닥ᄌᆞ더니거플업고구리닐굽치러니
그머근後ᅘᅮᇢ에ᅀᅡ몰보기롤ᄒᆞ니남진
겨지비나니라그時씽節젏에情쪙欲

6) 5) 4) 3) 2) 1)

1). 두가지옴: 두+가지+곰. '곰'은 '씩'의 이미.

2). 우숨우ᅀᅵ나니라: 웃움+웃+이(다)+나(다)+니라.

3). 粳米: 메쌀.

4). 거플: 꺼풀.

5). 닐굽치러니: 닐굽+치+더+니〉

6). 몰보기롤ᄒᆞ니: 몰(末)+보(다)+기+롤+ᄒᆞ(다)+니. '몰보기'는 '뒤를 보다'.

욕한사ᄅᆞ미겨지ᄇᆡ외야 情쪙은ᄠᅳ디니情쪙 欲욕은ᄆᆞᅀᆞ매나ᄂᆞᆫ貪탐欲욕이라 그ᅀᅦ밍ᄀᆞᆯ오남진ᄃᆞ려드러더러ᄫᅳᆫ이ᄅᆞᆯᄒᆞ거늘衆즁生싱이보고더러ᄫᅳᆯ쎠엇뎨이런더러ᄫᅳᆫ일ᄒᆞ거뇨ᄒᆞᆫ대그남지니누으처ᄧᅡ해업더옛거늘겨지비밥가져다가머기고자바니르혀니그後ᅘᅮᇢ로夫붕妻촁

1). 情欲한사ᄅᆞ미: 하(다)+ㄴ+사ᄅᆞᆷ+이.
2). 그ᅀᅦ: 隱處.
3). 남진ᄃᆞ려: 남진+ᄃᆞ려.
4). 드러: 심히.
5). 더러본이ᄅᆞᆯ: 더럽(다)+은+일+ᄋᆞᆯ.
6). 더러ᄫᅳᆯ쎠: 더럽(다)+을쎠. '-ㄹ쎠'는 '-구나', '-네', '-도다'.
7). ᄒᆞ거뇨: ᄒᆞ(다)+거뇨. '-거뇨'는 '-하는 것인가'의 뜻.
8). ᄧᅡ해업더옛거늘: ᄧᅡᇂ+애+업더여+잇(이시다)+거늘. '업더여'는 '업데여'인데 기본형 '업데다'에 연결 어미 '-어'가 이어져서 다음의 '이시다'와 복합을 이룬다.
9). 니르혀니: 니르혀(다)+니. '니르혀다'는 '일으키다'.

月釋 一·44b

라ᄒᆞᆫ 일후미 나니 그ᄢᅴ ᄆᆡᇰᄀᆞ노라 집지
ᅀᅵ롤 처ᅀᅥᆷ ᄒᆞ니 그제ᅀᅡ 아기나히롤 始
싱作작ᄒᆞ니라 그 後ᅘᅮᇢ에ᅀᅡ 놀애 브르
며 춤츠며 롱담ᄒᆞ야 남진 어르기롤 ᄒᆞ
며 ᄉᆞ몬져 瞻졈婆빵城쎵을 ᄡᅳ니 瞻졈婆빵
ᄂᆞᆫ 곶 일후미니 비치 노ᄅᆞ고 香향氣킝
저ᅀᅳ니라 이 城쎵의 이고지 할씨 일훔
지ᄒᆞ니라 城쎵 ᄡᅡ사리롤 始싱作작ᄒᆞ니라

8) 7) 6) 5) 4) 3) 2) 1)

1).집지ᅀᅵ롤: 집+짓(다)+일+올.

2).어르기: 어르(다)+기.

3).ᄡᅳ니: ᄡᅳ(다)+니. '·ᄡᅳ·다'는 '쌓다'=ᄡᅡ다(쌓다, 해당하다, 맞이하다), '값있다', 'ᄡᅳ다'는 '비싸다', '빠르다' 이고, '·ᄡᅳ·다'는 '포장하다'의 뜻과, '갚다'의 뜻이 있다.

4).노ᄅᆞ고: 노ᄅᆞ(다)+고.

5).저ᅀᅳ니: 젓(다)으니.

6).城의이고지할씨: 城+의+이+곶+이+하(다)+ㄹ씨.

7).지ᄒᆞ니라: 짛(다)+으니+라.

8).城ᄡᅡ사리롤: 城+ᄡᅡ(다)+살(다)+이+롤.

·그·저·긔粳깅米:몡ᄅᆞᆯ 아ᄎᆞᆷ 뷔여·든 ·ᄯᅩ ·나
·나조·ᄒᆡ ·나·고 ·나조·ᄒᆡ 뷔여·든 ·ᄯᅩ ·나·아 ·ᄎᆞ
·ᄆᆡ·니·더·니 게으른 ᄒᆞᆫ ·ᄂᆞ·미 서르 ᄀᆞᄅᆞ·쳐
사나ᄋᆞᆯ 머구릴 뷔여 오·니 그 粳깅米:몡
거플도 나며 이운 ᄂᆞᆨ 그르히 잇거늘 衆중
生싱·돌히 슬허ᄫᆞᆯ오 받도 제여곰 ᄂᆞᆫ호
·며 집븐도 제여곰 짓더·니 그 後:ᅘᅮᇢ에 제ᄇᆞᆯ

9) 8) 7) 6) 5) 4) 3) 2) 1)

---

1). 아촘↔나조ㅎ.

2). 뷔여든: 뷔(다)+(j)+어(거)+든.

3). 게으른흔ᄂᆞ미: 게으르(다)+흔+놈+이. '놈'은 '타인', '사람'.

4). 사나올머구릴뷔여: 사나올, 머구리(다)+ㄹ+뷔(다)+(j)+어. '머구리다'는 '食物'.

5). 이운그르히잇거늘: 이우(이울다)+ㄴ+그르ㅎ+잇(이시다)+거늘. '이·울·다'는 '시들다'.

6). 슬허울오: 슳(다)+어+울(다)+고.

7). 받도제여곰: 받+도+제여곰. '받'= 밭. '제여곰'은 '제각기'.

8). ᄂᆞᆫ호며: ᄂᆞᆫ호(다)+며.

9). 제ᄇᆞᆯ란: 제+ᄇᆞᆯ+란. '제'는 '저의', '·제'는 '(부사)스스로', '때에'의 뜻.

月釋一·45b

·란 ᄀᆞ·초·고 ·ᄂᆞ·미 ·것 ·서르 일버·수믈 ·홀·ᄊᆡ
외·니 올ᄒᆞ·니 決·궗ᄒᆞᇙ ·사ᄅᆞ·미 :업·서 ·모·다
平뼝等:등王왕·ᄋᆞᆯ ·셰ᅀᆞᄫᆞ·니 姓·셩·이 瞿
꿍曇땀氏씽·러·시·니 平뼝等:등·은 ·ᄀᆞᄐᆞᆯ ·씨·니 ·ᄒᆞ·녁·친 公공
事쑹 아·니ᄒᆞᆯ ·씨·라 ·이 王왕ㅅ 일·후·믄 摩망訶항三삼摩망多당ㅣ시·니 小:숑瞿
꿍曇땀ㅅ 後:ᅘᆓᇢ身신·이·실·씨 ·또 姓·셩·을 瞿꿍曇땀氏씽·라 ᄒᆞ·니·라 後:ᅘᆓᇢ身신·은
後:ᅘᆓᇢㅅ ·모·미·니 前쪈生ᄉᆡᇰ·애 ·든 ·니·다가 後:ᅘᆓᇢ生ᄉᆡᇰ·애 다·시 ·난 ·모·미 後:ᅘᆓᇢ身신·이

---

1). ᄀᆞ초고: ᄀᆞ·초(다)+고. 'ᄀᆞ·초·다'는 '감추다', '갖추다'의 뜻.

2). 일버수믈홀써: 일벗(다)+우+ㅁ+을+ᄒᆞ(다)+ㄹ써.

3). 외니올ᄒᆞ니: 외(다)+니, 옳(다)+니.

4). 平等王: 閻魔王을 가리킴. 閻魔王은 賞과 罰을 公平하게 하므로 平等王이다. 住劫의 初期에 世界가 처음 이루어져 光音天의 天人들이 化生하여 사람이 되었고, 뒤에 서로 議論하여 威德있는 한 사람을 推戴하여 民主라 하고, 善한 이를 賞주고 惡한 이를 罰하게 하였으니 이것이 平等王이다.

5). 셰ᅀᆞᄫᆞ니: 셔(다)+ㅣ+ᅀᆞᇦ+ᄋᆞ니. 이때의 客語는 平等王이다.

6). 瞿曇氏러시니: -더(러)+시+니.

7). ᄒᆞ녁친公事: ᄒᆞ(ㄴ)+녁+츼(다)+ㄴ+公事. '·츼·다'는 '치우치다'.

月釋 一·46a

·라 그·제ᅀᅡ 낛바도ᄆᆞᆯᄒᆞ·니 ᄀᆞ[illegible]ᄒᆞ·을 刹참利링·라 ᄒᆞ·니·라 (刹참利링·ᄂᆞᆫ 田뎐地띵ㅅ 님자·히·라 ᄒᆞ·논 ·ᄠᅳ디·라) 그·저·긔 閻염浮뿧提뗑天텬下ᅘᅡᆼㅣ 가ᅀᆞ며·고 孔콩雀쟉·이 [illegible] ·ᄀᆞ·티 ·프·리·나·고 八밣萬먼 나·라 햄·ᄆᆞᅀᆞᆯ·히 盛쎵ᄒᆞ·야 ·돌ᄀᆡ 소·리 서·르 들·여ᄒᆞᆫ·ᄀᆞᇫ·ᅀᆡ ·니·ᅀᅥᆺ·고 天텬下ᅘᅡᆼ·애 病뼝·이 ·업·서·ᅀᅡ

1). 낛바도ᄆᆞᆯᄒᆞ니: 낛+받(다)+오+ㅁ+ᄋᆞᆯ+ᄒᆞ(다)+니. '낛'은 '구실, 조세'. '·낛'은 '낚시'의 뜻.

2). 閻浮提: 앞 주를 참고.

3). 가ᅀᆞ며고: 가ᅀᆞ며(다)+고. '가·ᅀᆞ며·다'는 = '가멸다'. '가·ᅀᆞ멸·다' 등은 모두 '부자', '부하다'의 뜻이다.

4). 돌ᄀᆡ소리: 돍+ᄋᆡ+소리.

5). 들여ᄒᆞᆫᄀᆞᇫ애: 들이(다)+어+ᄒᆞᆫ+ᄀᆞᇫ+애.

6). 니ᅀᅥᆺ고: 닛(다)+어+잇(이시다)+고.

月釋一·46b

ᄅᆞ미 나히 그지 업시 오라더니 사ᄅᆞ미
漸쪔漸쪔 邪썅曲콕ᄒᆞ야 모딘 일 지ᄉᆞᆫ
다ᄉᆞ로 餓앙鬼귕 畜흉生ᄉᆡᇰ 地띵獄옥
애 가아 나며 餓앙鬼귕ᄂᆞᆫ 주으린 귓거시라 畜흉生싱ᄋᆞᆫ 사ᄅᆞ미
지븨셔 치ᄂᆞᆫ 즁시이라 모딘 일 ᄇᆞ리고 됴ᄒᆞᆫ 일 닷ᄀᆞ
니ᄂᆞᆫ 漸쪔漸쪔 東동西솅北븍洲즁와
四ᄉᆞᆼ王왕忉돌利링天텬에 가나니 洲즁

5) 4) 3) 2) 1)

---

1). 오라더니: 오라(다)+더+니〉

2). 邪曲: 요사하고, 바르지 못함.

3). 모딘일지ᄉᆞᆫ다ᄉᆞ로: 모디(다)+ㄴ+일+짓+우+ㄴ+닷+ᄋᆞ로.

4). 주으린귓거시라: 주으리(다)+ㄴ+귀+ㅅ+것+이라.

5). 닷ᄀᆞ니ᄂᆞᆫ: 닭(다)+ᄋᆞᆫ+이+ᄂᆞᆫ.

1).成劫: (범)Vivarta-kalpa 四劫의 하나. 世界가 成立하는 동안의 20 中劫 동안 의 時間. 世界가 壞滅한 뒤 20 中劫의 空無한 期間을 지내고, 다음에 衆生의 業增上力에 의하여 微風을 일으키어 風輪이 되고, 다음은 風輪 위에 水輪이 생기고, 水輪 위에 金輪이 생기고, 거기에 須彌山, 7金山, 4大洲가 成立되고, 다음에 野馬天 등의 여러 天處를 이루는 것을 말함.

2).일쓰싀: 일(다)+ㅅ+ᄉᆡ. 'ㅅ'은 사잇소리.

3).다이러이싫저근: 다+일(다)+어+이시(다)+ㅭ+적+은.

4).住劫: (범) Vivatasthāyin-kalpa 四劫의 하나. 世界가 成立되었다가 破壞되어 空으로 돌아가는 동안의 오랜 時期를 넷으로 나눈 것의 하나. 이 四劫은 모두 20 中劫으로 되었다. 住劫은 世界가 成立된 뒤부터 머물러 있는 동안이 20 中劫을 말한다. 처음의 1中劫은 인수 無量歲로부터 100년마다 1세씩을 減하여 10세까지 이르는 동안이고, 第2中劫은 10세부터 100년마다 1세씩을 더하여 8萬 4千歲에 이르고, 다시 100년마다 1세씩을 減하려 10세에 이르는 동안이며, 이렇게 第19中劫을 마치고, 제20 中劫에는 人壽 10세로부터 8萬 4千歲까지의 동안이다. 또 人壽 10세 때가 되면 衆生들이 서로 죽이며, 나쁜 病이 流行하며, 또 凶年이 드는 小三災의 苦痛을 만난다고 한다.

月釋一·47b

시減감ᄒᆞ야一힗百빅히예ᄒᆞᆫ히옴조
려열히ᄃᆞ욇ᄀᆞ장조료ᄆᆞᆯ減감이라ᄒᆞ
고열히로셔ᄃᆞ로더어가ᄃᆡ아ᄃᆞ리아
비나해셔셜흔곰사라八밣萬먼히ᄃᆞ
욇ᄀᆞ장더우믈增즁이라ᄒᆞᄂᆞ니ᄒᆞᆫ번
增즁으로셔減감ᄒᆞ고減감으로셔增
즁ᄒᆞᇙᄉᆞ싀ᄅᆞᆯ增즁減감劫겁이라ᄒᆞᄂᆞ

8) 7) 6) 5) 4) 3) 2) 1)

---

1). ᄒᆞᆫ히옴조려: ᄒᆞᆫ+히+곰+조리(다)+어. '조·리·다'는 '줄이다'의 뜻. '-곰'은 '-씩'의 뜻.

2). 열히ᄃᆞ욇ᄀᆞ장: 열(ㅎ)+히+ᄃᆞ외(다)+ㅭ+ᄀᆞ장. '히'의 속에는 'ㅣ'(보격조사)가 무형으로 내재해 있음.

3). 조료ᄆᆞᆯ: 조리(다)+(j)+오+ㅁ+ᄋᆞᆯ.

4). 아비나해셔: 아비+낳(다)+애+이시(다)+어.

5). 더우믈: 더으(다)+우+ㅁ+을.

6). ᄒᆞᇙᄉᆞ싀: ᄒᆞ(다)+ㅭ+ᄉᆞ싀.

7). 增劫: 四劫의 하나인 住劫 가운데서 人壽 10세 때부터 100년마다 1세씩을 더하여 人壽 8萬 4千歲에 이르는 동안을 말함.

8). 減劫: 住劫 중에서 사람의 수명이 無量歲로부터 百年마다 한 살씩 줄어 10歲에 이르는 것을 第1 減劫, 그 뒤부터 百年마다 한 살씩 늘어 8萬歲에 이르는 것을 제1 增劫, 다시 내려서 10歲에 이르는 것을 제2 減劫. 이렇게 한 번 오르고 한 번 내려서 제19 減劫을 마치고 다시 늘어 목숨이 8萬歲에 이르는 것을 제20 增劫, 이것으로 住劫을 마친다. 이것을 住劫의 20 增減劫이라 하는데 第1에서 第19까지 목숨이 주는 시기를 減劫, 제20까지 목숨이 느는 時期를 增劫이라 한다.

月釋 一·48a

니ᄀᆞ장 增증ᄒᆞ면 八밣萬먼히ᄅᆞᆯ 살 世
오ᄀᆞ장 減감ᄒᆞ면 열히ᄅᆞᆯ 살리라
솅界갱 다인 後ᅘᅮᇢ로 ᄉᆞ믈 디위 增증減
감ᄒᆞ면 無뭉間간地띵獄옥 브터 無뭉間간
은 쉴 ᄊᆞᅀᅵ 업슬 ᄊᆡ니 西솅天텬 마래 阿항鼻삥라
숨ᄐᆞᆫ 거시
낫ᄉᆞ도 업서 欲욕界갱 六륙天텬 니르리
다ᄫᅵ여 ᄒᆡᆺ光광이 倍뼹倍뼹히 더ᄫᅥ 倍뼹
ᄂᆞᆫ 고ᄫᅳᆯ ᄡᅵ라
모시다여위며 남기 다 이울며

9) 8) 7) 6) 5) 4) 3) 2) 1)

1). 다인: :다+일(다). ':다'는 '모두', ':일 ·다'(淘).

2). 디위: 번.

3). 無間地獄: 8熱地獄의 하나. 梵語 阿鼻, 阿鼻旨(Avici)의 飜譯. 南贍部洲 이래 2萬 由旬되는 곳에 있는 몹시 괴롭다는 地獄, 괴로움을 받는 것이 끊임 없으므로 이 같이 이른다. 5역 죄의 하나를 犯하거나 因果를 無視하고, 절이나 탑을 무너뜨리거나 聖衆을 誹謗하고, 공연이 施主 物件을 먹는 이는 이 地獄에 떨어진다고 한다. 獄卒이 罪人을 붙들고 가죽을 베끼며 그 베껴낸 가죽으로 죄인의 몸을 묶어 불 수레에 싣고, 훨훨 타는 불 속에 罪人을 넣어 몸을 태우며 야차들이 든 쇠창을 달구어 罪人의 몸을 꿰거나 입, 코, 배 등을 꿰어 공중에 던진다고 한다 이 地獄에도 黑繩, 等活 등의 地獄과 같이 16別處가 있다고 한다.

4). 숨탄거시: 숨+타(다)+것+이.

5). 니르리: 니를(다)+이.

6). 倍倍히: 부사로 몇 배로.

7). 모시다여위며: 못+이+다+여위(다)+며.

8). 남기: 나모-마지막모음+ㄱ+이(주격조사).

9). 이울며: 이울(다)+며.

月釋 一·48b

두ᄒᆡ돋다가 세ᄒᆡ도ᄃᆞ면 江강이 다여
위며 江강은 ᄀᆞᄅᆞ마라 다ᄉᆞᆺᄒᆡ도ᄃᆞ면 바ᄅᆞ리
다여위며 닐굽ᄒᆡ도ᄃᆞ면 뫼ᄒᆡ여 돌ᄒᆡ
여 다 노가디여 더본 氣킝韻운이 初총
禪썬天텬에 ᄢᅵ야 初총禪썬天텬이 二
싱禪썬天텬에 올아가리니 이ᄅᆞᆯ 壞ᅘᅫᆼ
劫겁이라ᄒᆞ고 世솅界갱 다ᄒᆞ야딘 後

7) 6) 5) 4) 3) 2) 1)

---

1).江이다여위며: 가+이+다+여위(다)+며.

2).뫼히여돌히여: 뫼ㅎ+이여, 돌ㅎ+이여. '-이·여'는 '-이나'의 뜻.

3).노가디여: 녹(다)+아+디(다)+(j)+어.

4).ᄢᅵ야: ᄢᅵ(다)+(j)+아.

5).올아가리니: 오ᄅᆞ(다)+아+가(다)+리+니.

6).壞劫: 四劫의 하나. 世界가 破滅되는 期間, 20中劫을 말한다. 19劫 동안 살던 生流, 곧, 地獄, 畜生, 餓鬼, 阿修羅, 人間, 天上界에 살던 이 중에서 가장 나쁜 地獄에 있던 이로부터 차례로 破滅하고, 마지막 1中劫에 일곱 해가 나타나 火災를 일으켜 먼저 地獄에서부터 色界 初禪天까지를 태워버리고, 다음은 水災를 일으켜 色界 제2선천 이하를 떠내려보내고, 다음엔 風災를 일으켜 色界 第3禪天 이하를 불어 없앤다고 한다.

7).다ᄒᆞ야딘後ㅣ: 다+ᄒᆞ야디(다)+後+ㅣ.

月釋 一 · 49a

ᅘᅮᇢㅣ면 空콩劫겁이랑ᄒᆞᄂᆞ니 壞ᅘᅫᆼ는 ᄒᆞ야딜
씨오 空콩ᄋᆞᆫ 뷜씨니 世솅界갱ᄒᆞ야딣
ᄉᆞ싀논 壞ᅘᅫᆼ劫겁이오 ᄒᆞ야딘 後ᅘᅮᇢ에
뷔여이싫ᄉᆞ싀논 空콩劫겁이라 壞ᅘᅫᆼ劫겁 空콩劫겁
ᄉᆞ싀 成쎵劫겁 住뜡劫겁 괃ᄒᆞ가지라
이ᄒᆞᆫ 큰 劫겁이니 이리ᄒᆞ면 賢ᅘᅧᆫ劫겁이 다ᄋᆞ리라 이리 火황災
ᄌᆡᆼ ᄒᆞᆫ 後ᅘᅮᇢ에 ᄯᅩ 世솅界갱 이렛다가 다
시 成쎵住뜡壞ᅘᅫᆼ空콩ᄒᆞ야 ᄯᅩ 火황災

1) 2) 3) 4) 5)

---

1).空劫: 앞 주에서 설명.

2).ᄒᆞ야딜씨오: ᄒᆞ야디(다)+ㄹ씨+고. 'ᄒᆞ·야·다'는 '못쓰게 되다', '헤어지다'의 의미.

3).世界ᄒᆞ야딣ᄉᆞ싀: 세계+ᄒᆞ야디+ㅭ+ᄉᆞ싀.

4).뷔여이싫ᄉᆞ싀는: 뷔(다)+(j)+어+이시(다)+ㅭ+ᄉᆞ싀+ᄂᆞᆫ.

5).이렛다가: 이(다)+어+잇(이시다)+다가.

月釋一·49b

징 ᄒᆞ리니 이리곰 火황災징 ᄒᆞ몰 여듧
번 ᄒᆞ면 火황災징ᄂᆞᆫ 븘災징 禍황ㅣ니 히 만히 도도ᄆᆞᆯ 니ᄅᆞ니라 災징
禍황ᄂᆞᆫ 머즐씨라 二싱禪쎤天텬에셔 므리나
아래 ᄀᆞᄃᆞᆨᄒᆞ엿다가 믈도 업ᄂᆞ니라
이리 水싱災징ᄒᆞᆫ 後ᅘᅮᇢ에 다시 火황災
징 여듧 번 ᄶᅡ히ᅀᅡ 水싱災징 ᄒᆞ리니
이리곰 水싱災징 ᄒᆞ몰 여듧 번 ᄒᆞ면 三

6) 5) 4) 3) 2) 1)

1). 히만히도도ᄆᆞᆯ니ᄅᆞ니라: 히+(주격조사가 무형으로 내재함)+많(다)+이+돋(다)+오+ㅁ+ᄋᆞᆯ+니ᄅᆞ(다)+니라. (해가 많이 돋는 것을 이른다는 내용이다.)

2). 머즐씨라: 멎(다)+을씨라. '멎·다'는 '흉하다', '궂다'.

3). ᄀᆞᄃᆞᆨᄒᆞ 다가: ᄀᆞᄃᆞᆨᄒᆞ(다)+(j)+아+잇(이시다)+다가.

4). 여듧번ᄶᅡ히ᅀᅡ: 여듧+번+ᄶᅡ히+ᅀᅡ. 'ᄶᅡ히'는 'ᄶᅡ히〉ᄶᅡ이〉째'가 된다.

5). ᄒᆞ리니: ᄒᆞ(다)+리+니.

6). 이리곰: 이리+곰. '-·곰'은 〈접미사〉일 때는 부사 밑에 부터서 '-금'의 뜻, 〈조사〉로 쓰일 때는 '-씩'의 뜻, '-곰'은 〈어미〉로 사용될 때는 반복형으로 쓰인다.

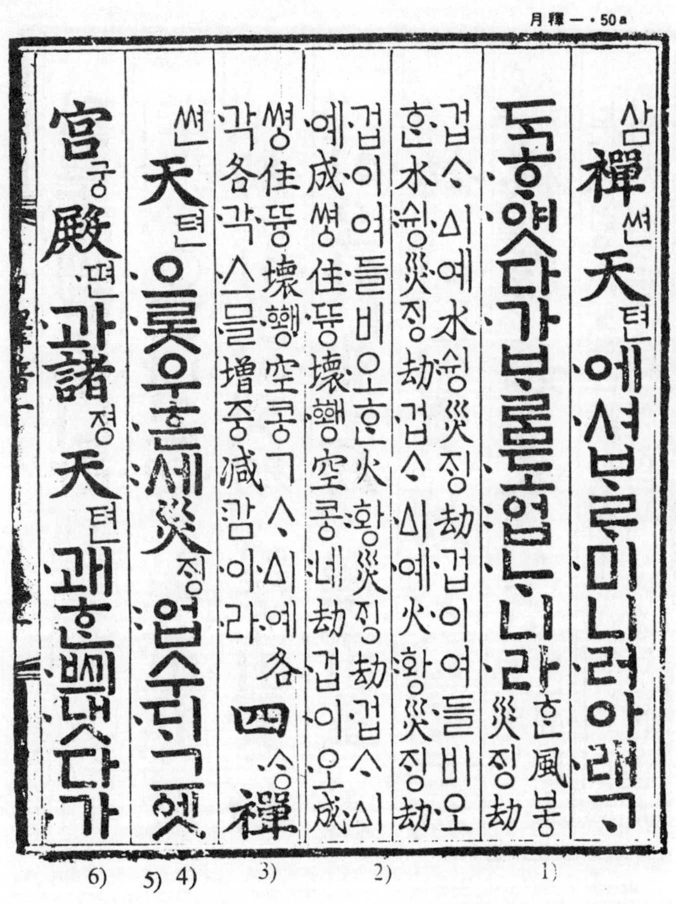
月釋一·50a

禪썬天텬에셔 ᄇᆞᄅᆞ미 니러 아래ㅅ ᄒᆞᆫ風봉
도ᇰ ᄒᆞ얫다가 ᄇᆞᄅᆞ로 업ᄂᆞ니라 災징劫
겁ᄉᆞᅀᅵ예 水쉉災징劫겁이 여들비오
ᄒᆞᆫ 水쉉災징劫겁ᄉᆞᅀᅵ예 火황災징劫
겁이 여들비오 ᄒᆞᆫ 火황災징劫겁ᄉᆞᅀᅵ
예 成쎵住뜡壞뿽空콩네劫겁이오 成
쎵住뜡壞뿽空콩ㄱ ᄉᆞᅀᅵ예 各
각各각ᄉᆞ믈 增중減감이라 四ᄉᆞᆼ禪
썬天텬으로ᄉ우ᄒᆞᆫ 세災징 업수듸 그엣
宮궁殿뎐과 諸졍天텬괘 ᄒᆞᆫᄢᅴ 냇다가

1).風災(劫): 災의 하나. 成, 住, 壞, 空의 四劫 중 壞劫의 끝에 일어나서 世界를 쓸어버리는 大暴風의 災難. 밑으로는 無間 地獄에서부터 위로는 色界의 第3禪天까지 쓸어 없애 벌인다고 한다. 이것이 3災 가운데 가장 害가 크다.

2).여들비오: 여듧+이+고.

3).四禪天으롯우흔: 四禪天+으로+ㅅ+우ㅎ+은.

4).세災 업수듸: 세+災+없(다)+우+듸. '-우-'는 삽입모음으로 '-듸' 앞에 결부된다.

5).그엣宮殿: 그에+ㅅ+궁전. '그에'는 '거기에'로 〈대명사〉.

6).ᄒᆞᆫᄢᅴ냇다가: ᄒᆞᆫᄢᅴ+내(다)+ㅅ+다가. 'ᄒᆞᆫᄢᅴ'는 〈부사〉로 '함께'의 의미.

月釋一·50b

절로ᄒᆞᆫ ᄢᅴ 업ᄂᆞ니라 宮궁殿뎐은 지비라 諸졍天텬은 여러 하ᄂᆞᆯ히라 ○ 디나건 劫겁 일후믄 莊장嚴엄劫겁이오 이젯 劫겁 일후믄 賢현劫겁이오 아니왯ᄂᆞᆫ 劫겁 일후믄 星셩宿슉劫겁이니 이 賢현劫겁 첫부텨는 拘궁樓룽孫손如셩來링시고 如셩ᄂᆞᆫ ᄀᆞᄐᆞᆯ씨니 本본來링ㅅ 믈ᄀᆞᆫ 性셩이 가시디 아니ᄒᆞ야 처ᅀᅥᆷ 곧ᄒᆞ야 이실씨오 來랑ᄂᆞᆫ 올씨

1) 2) 3) 4)

1). 절로ᄒᆞᆫᄢᅴ업ᄂᆞ니라: 절로+ᄒᆞᆫᄢᅴ+없(다)+ᄂᆞ+니라.

2). 왯ᄂᆞᆫ劫: 오(다)+아+잇(이시다)+ᄂᆞᆫ+劫.

3). 拘樓孫如來: (범) Krakucchanda 俱留孫佛, 拘留孫佛이라 音譯. 所應斷已斷, 滅累, 成就美妙라 飜譯. 과거 七佛중 네 번째. 현재 현겁 천불 가운데 第一. 바라문族, 성은 迦葉, 부는 禮得, 모는 善枝, 人壽 四歲 때 安和城의 尸利樹下에서 成佛함. 第一回 說法에 四萬 比丘를 敎化함.

4). 가시디아니ᄒᆞ야: 가시(다)+디+아니ᄒᆞ(다)+야.

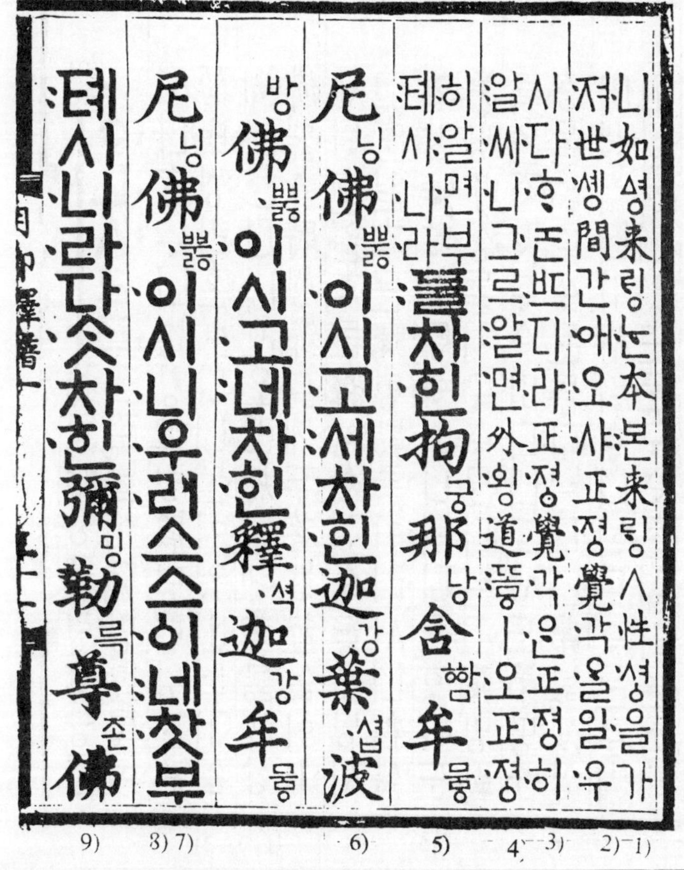
月釋 一 · 51a

니如셩来링ㅅ本본来링ㅅ性셩을가
져世솅間간애오샤正졍覺각올일우
시다ᄒᆞᆫᄠᅳ디라正졍覺각은正졍히
알씨니그르알면外욍道뚷ㅣ오正졍
히알면부텨ㅣ시니라둘차힌拘궁那낭舍함牟뭏
尼닝佛뿛이시고세차힌迦강葉셥波
방佛뿛이시고네차힌釋셕迦강牟뭏
尼닝佛뿛이시니우리스ᄉᆼ이네찻부
톄시니라다ᄉᆞᆺ차힌彌밍勒륵尊존佛

9) 8) 7) 6) 5) 4) 3) 2) 1)

---

1).如來: 앞 주에서 설명.

2).世間: 앞 주에서 설명.

3).正覺: 앞 주에서 설명.

4).정히알다(부텨)↔그르알다(外道).

5).俱那含牟尼佛=拘那含牟尼佛: (범) Kanakamuni (파) Konāgamana 줄역서 拘那含. 飜譯하여 金仙人, 金寂淨. 過去 7佛의 하나. 賢劫 千佛의 第2. 婆羅門種族, 姓은 迦葉. 아버지는 耶睒鉢多, 어머니는 鬱多羅. 烏暫婆羅 나무 아래서 成道. 第1回 說法에 3萬의 比丘, 阿羅漢을 濟度함.

6).迦葉(婆): (범) Kāśyapa (파) Kassapa 陰光이라 뜻을 飜譯. 過去 7佛의 하나. 人壽 2萬歲 때에 나신 부처님. 種姓-婆羅門, 姓-迦葉. 아버지는 梵德, 어머니는 財主, 아들은 集軍. 파비왕의 서울 바라나에서 나서, 니구률나무 아래서 正覺을 이루고, 1회 說法으로 弟子 2만인을 濟度. 佛弟子중에서는 摩訶迦葉, 優樓頻螺迦葉, 伽倻迦葉, 那提迦葉, 十力迦葉의 다섯이 있는데, 이들을 모두 줄여서 迦葉이라 부르나 흔히는 摩訶迦葉을 가리킨다.

7).우리스스이: 우리, 스숭+이. '스숭>스승.

8).네찻부톄시니라: 네차+ㅅ+부텨+이+시+니라. '-이'는 서술격조사의 어간.

9).彌勒尊佛: (범) Maitreya 大乘 菩薩. 印度 바라내국의 바라문 집에서 태어나 釋尊의 敎化를 받고 未來에 成佛하리라는 受記를 받아 兜率天에 올라가 있으면서 지금 그 하늘에서 天人들을 敎化. 釋尊 入滅 後 56億 7千萬年을 지나 다시 이 娑婆世界에 出現한다는 분.

月釋一·51b

·뿡·이·나·시리·라 梅밍哩링麗링耶양ᄅᆞᆯ 그르닐어 彌밍勒륵이

시·다ᄒᆞᄂᆞ니 梅밍哩링麗링耶양ᄂᆞᆫ 慈쫑氏씽라ᄒᆞᆫ ᄠᅳ디니 ᄂᆞᆷ 어엿비 너기실

씨라 ○ 디나건 오란 劫겁에 弗븛沙상佛뿛ㅅ 時씽節졇에 두 菩뽕薩삻이 겨

샤ᄃᆡ ᄒᆞᆫ 일후믄 釋셕迦강牟뭉尼닝시고 ᄒᆞᆫ 일후믄 彌밍勒륵이러시니 釋셕

迦강ᄂᆞᆫ ᄌᆞ갸ㅅ ᄆᆞᅀᆞ미 다 닉디 몯ᄒᆞ샤도 弟뗑子ᄌᆞᆼᄃᆞᆯᄒᆡ ᄆᆞᅀᆞᄆᆞᆫ 다 닉고 彌밍勒

륵은 ᄌᆞ갸ㅅ ᄆᆞᅀᆞ미 다 니그샤도 弟뗑子ᄌᆞᆼᄃᆞᆯᄒᆡ ᄆᆞᅀᆞᄆᆞᆫ 몯다 닉더니 弗븛沙상

佛뿛이 너기샤ᄃᆡ ᄒᆞ나ᄒᆡ ᄆᆞᅀᆞᄆᆞᆫ 수비 고티디니와 모ᄃᆞᆫ ᄆᆞᅀᆞᄆᆞᆫ 설리 몯고티

7) 6)5) 4) 3) 2) 1)

1). 그르닐어: 그릇+닐(다)+어.

2). 어엿비: 어엿브(다)+이. '어엿(다)>어엿+브다>어여+쁘다>어여쁘다'.

3). 디나건오란겁: 디나(다)+가(다)+ㄴ+오라+ㄴ+겁. '디나다'는 '지나다'.

4). 弗沙佛 = 底沙佛: (범) Tisy, Pusya. 부처님의 이름. 원래는 별인데 별로써 부처님 이름을 삼음. 釋尊이 百劫의 호상을 닦을즈음 이 부처님을 만나 발을 들고 偈로 讚歎하였으므로 因하여 九劫을 뛰어 넘음.

5). ᄌᆞ갸ㅅᄆᆞᅀᆞ미: ᄌᆞ갸+ㅅ+ᄆᆞᅀᆞᆷ+이.

6). 다닉디몯ᄒᆞ샤: 다, 닉(다)+디+몯ᄒᆞ(다)+샤.

7). ᄒᆞ나히ᄆᆞᅀᆞᄆᆞᆫ: ᄒᆞ나ㅎ+이+ᄆᆞᅀᆞᆷ+ᄋᆞᆫ.

月釋 一 · 52a

리로다ᄒᆞ샤釋셕迦강菩뽕薩삻이셜
리成쎵佛뿛케ᄒᆞ리라ᄒᆞ샤雪숧山산
寶봉窟콣애드르샤火황禪쎤定뗭에
드르샤큰光광明명펴고겨시거늘釋
셕迦강菩뽕薩삻이藥약ᄏᆡ라가보ᅀᆞ
ᄫᆞ시고깃ᅀᆞᄫᆞ며信신ᄒᆞ며恭공敬경
ᄒᆞ샤ᄒᆞᆫ발로고초드듸여셔샤부텨向
향ᄒᆞᅀᆞᄫᆞ손고초샤ᄒᆞᆫᄆᆞᅀᆞ므로밤낫
닐웨ᄅᆞᆯ곰ᄌᆞ기도아니ᄒᆞ야보ᅀᆞᄫᆞ시며
偈껭로讚잔歎탄ᄒᆞᅀᆞᄫᆞ샤ᄃᆡ하ᄂᆞᆯ우
하ᄂᆞᆯ아래부텨ᄀᆞᄐᆞ시니업스시며十
씹方방世솅界갱예도ᄯᅩ가ᄌᆞᆯ비리업
스시니世솅界갱예잇ᄂᆞᆫ거슬내다보
ᄃᆞ一ᅙᅵᇙ切촁부텨ᄀᆞᄐᆞ시니업스샷다

1) 2) 3) 4) 5) 6)

1). 火禪定: 불의 뜨거움을 참고 선정에 드는 것.

2). 깃ᄉᆞᄫᆞ며: 깃(다)+ᅀᆞᆸ+ᄋᆞ며.

3). 닐웨: 七日.

4). 偈 = 伽陀 (범) Gāthā 9部敎의 하나. 12部經의 하나. 伽陀. 偈他 혹은 偈라고 쓰기도 한다. 諷誦, 偈頌, 造頌, 孤起頌, 頌이라 飜譯. 노래란 뜻을 가진 語根 gai에서 생긴 名詞. 歌謠 聖歌 등의 뜻. 現在는 散文體로 된 經典의 總結한 끝에 아름다운 글귀로 奧妙한 뜻을 읊어 놓은 韻文.

5). 가ᄌᆞᆯ비리업스시니: 가ᄌᆞᆯ비(다)+ㄹ+이+없+으시+니.

6). -샷다: '-셧다'. '-시도다'.

月釋一·52b

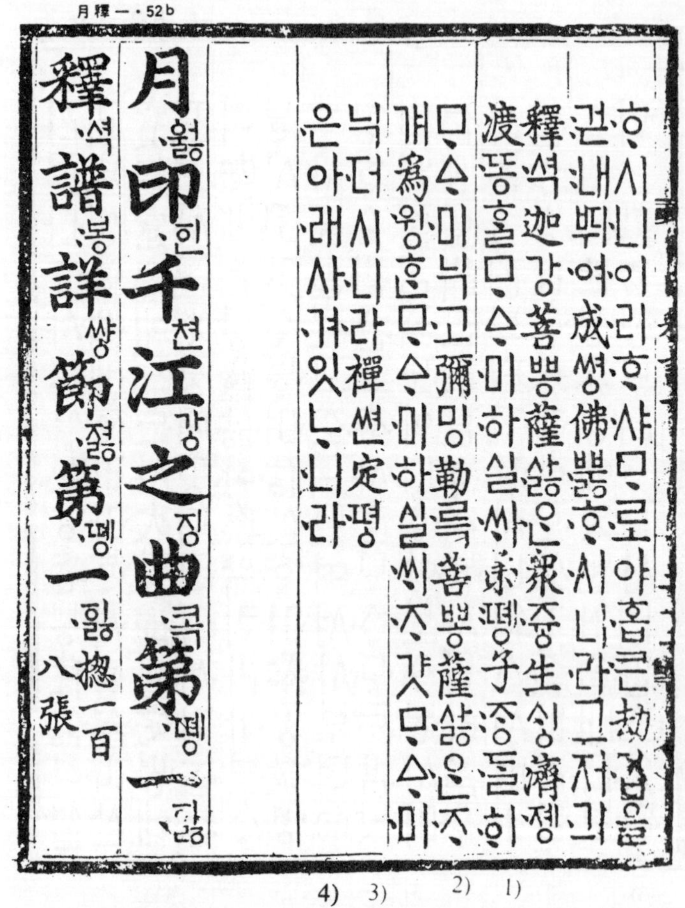

ᄒᆞ시니 이리ᄒᆞ샤ᄆᆞ로 아홉 큰 劫겁을
건내ᄠᅱ여 成쎵佛뿛ᄒᆞ시니라 그저긔
釋셕迦강菩뽕薩삻은 衆즁生싱 濟졩
渡똥ᄒᆞᆯ ᄆᆞᅀᆞ미 하실ᄊᆡ[1] 弟뗑子ᄌᆞᆼ돌히
ᄆᆞᅀᆞ미 닉고[2] 彌밍勒륵菩뽕薩삻은 ᄌᆞ
개 爲윙ᄒᆞᆫ ᄆᆞᅀᆞ미 하실ᄊᆡ ᄌᆞᆺ ᄆᆞᅀᆞ미
닉더시니라 禪썬定뗭[3]
은 아래 사겨잇ᄂᆞ니라[4]

月월印힌千쳔江강之징曲콕第뗑一잃
釋셕譜봉詳썅節졇第똉一잃 揔一百八張

4) 3) 2) 1)

1). ᄆᆞᅀᆞ미하실ᄊᆡ: ᄆᆞᅀᆞᆷ+이+하(다)+시+ㄹᄊᆡ.

2). 닉다: 익숙하다. 또는 열에 의하여 익다.

3). 禪定: 梵語 禪那의 준말. 定, 靜慮, 棄惡, 思惟修라 번역. 진정한 理致를 思惟하고, 생각을 고요히 하여 散亂치 않게 하는 것. 마음을 한 곳에 모아 고요한 境地에 드는 일. 조용히 앉아 善惡을 생각지 않고, 是非에 關係하지 않고, 有無에 干涉하지 않아서 마음을 安樂 自在한 境界에 逍遙하게 하는 것. 坐禪의 略稱, 禪宗의 略稱.

4). 사겨잇ᄂᆞ니라: 사기(다)+어+잇+ᄂᆞ+니라. '사·기·다'는 '새기다(釋)'의 뜻과, 刻의 뜻이 있다.

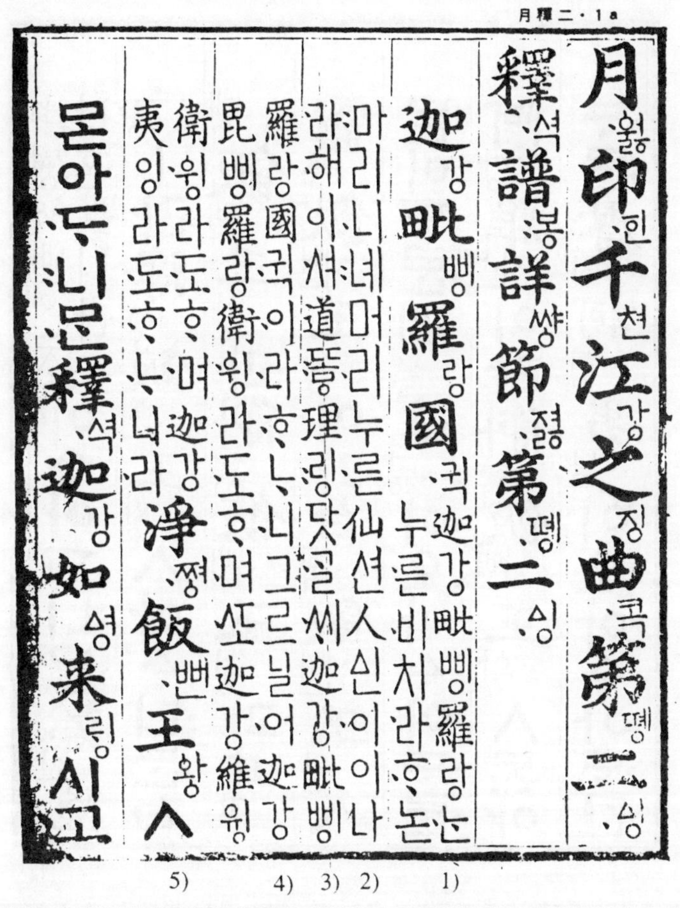
月釋二·1a

月윓印힌千쳔江강之징曲콕第똉一힗

釋셕譜봉詳썅節졇第똉二싱

迦강毗뼁羅랑國귁 迦강毗뼁羅랑ᄂᆞᆫ 누른비치라ᄒᆞ논 마리니 네머리누른仙션人신이이나 라해이셔 道똫理링닷ᄀᆞᆯ씨 迦강毗뼁羅랑國귁이라ᄒᆞᄂᆞ니 그르닐어 迦강毗뼁羅랑衛윙라도ᄒᆞ며 ᄯᅩ 迦강維윙衛윙라도ᄒᆞ며 迦강夷잉라도ᄒᆞᄂᆞ니라 淨쪙飯뺀王왕ㅅ 몬아ᄃᆞ니ᄆᆞᆫ 釋셕迦강如영來링시고

5) 4) 3) 2) 1)

1).迦毘羅(國): (범) Kapila 劫比羅, 迦毘梨라 音譯. 黃頭, 黃髮. 金頭라 飜譯. 釋尊보다 1세기쯤 전 仙人 數論外道의 始祖, 그 머리털이 금빛으로 됐기 때문에 그렇게 이름. 世俗의 福德을 맡은 鬼神의 이름. 如來의 化身이라 함.

2).네머리누른仙人: 네(ㅅ)+머리(ㅣ)+누르+ㄴ+仙人.

3).닷ᄀᆞᆯ씨: 닭(다)+ᄋᆞᆯ씨.

4).그르닐어: 그르(다)+닐(다)+어.

5).淨飯王: (범) Śuddodana 中印道 迦毘羅國의 임금. 釋尊의 아버지. 백정왕이라고도 한다. 사자협왕의 아들. 구리성님금 선각왕의 누이 동생인 마하마야를 왕비로 맞았으나 실달다를 낳고 죽었다. 그의 동생인 마하파사파제를 王妃로 定하여 기르게 하였고, 그 뒤에 난타를 낳았다. 晩年에 病들어 釋尊, 難陀, 라후나 등의 看護를 받으면서 죽다.

月釋二·1b

淨쪙飯뻔ᄋᆞᆫ 조타 혼 ᄠᅳ디라 아ᅀᆞ아ᄃᆞ니ᄆᆞᆫ 難난陁
땅ㅣ라 淨쪙飯뻔王왕ㅅ 아ᅀᆞ니ᄆᆞᆫ 白
뼉飯뻔王왕과 斛훅飯뻔王왕과 甘감
露롱飯뻔王왕이라 白뼉飯뻔王왕ㅅ
몯아ᄃᆞᄅᆞᆫ 調뚱達땷이오 아ᅀᆞ아ᄃᆞᄅᆞᆫ
阿항難난이라 斛훅飯뻔王왕ㅅ 몯아
ᄃᆞᄅᆞᆫ 摩망訶항男남이오 아ᅀᆞ아ᄃᆞᄅᆞᆫ

3) 2) 1)

---

1). 아ᅀᆞ아ᄃᆞ니ᄆᆞᆫ: 아ᅀᆞ+아ᄃᆞᆯ+님+ᄋᆞᆫ.

2). 難陀: (범) Nanda 가비라성의 王子. 釋尊의 배다른 동생. 목우난타와 區別하기 위해서 손타라난타라 한다. 그는 아내 손타라의 아름다움에 반하여 出家를 하지 않고 자꾸만 사랑하는 아내 곁으로 가려는 것을 부처님이 方便으로 天上의 즐거움과 地獄의 괴로운 모양을 보여 그를 引導하여 佛道에 歸依시켰다. 또는 부처님의 弟子. 본래는 소를 먹이던 사람이기 때문에 牧牛난타라한다. 또는 貧女의 이름 바사닉왕이 기름. 천곡으로 부처님에게 등불을 켜는 것을 부러워 하여 그는 1錢으로 기름을 사서 한 등을 켰다. 이른바 長子의 萬燈보다 貧女의 한 등이란 것. 또는 龍王의 이름.

3). 아ᅀᆞ아ᄃᆞᄅᆞᆫ: 아ᅀᆞ+아ᄃᆞᆯ+ᄋᆞᆫ. 여기서의 '아ᅀᆞ'는 '다음'이란 뜻.

阿항那낭律륧이라甘감露롱飯뻔王
왕ᄉᆞ몬아ᄃᆞᄅᆞᆫ娑상婆빵ㅣ오아ᅀᆞ아
ᄃᆞᄅᆞᆫ跋빯提뗑오ᄯᆞᄅᆞᆫ甘감露롱味밍
라如셩來링ㅅ아ᄃᆞ니ᄆᆞᆫ羅랑睺훟羅
랑ㅣ라羅랑睺훟羅랑ᄂᆞᆫ阿항脩슣羅
랑ㅅ일후미니ᄀᆞ리오다ᄒᆞᆫᄠᅳ
디니손ㅅ바다ᄋᆞᆯ드러ᄒᆡᄃᆞᄅᆞᆯᄀᆞ리와ᄃᆞᆫ
日싫月웚食씩ᄒᆞᄂᆞ니라俱궁夷잉이
아ᄃᆞᄅᆞᆯ나ᄒᆞᆫ時씽節졇에羅랑睺훟
羅랑阿항脩슣羅랑王왕이月웚食씩

4) 3) 2) 1)

1). 羅睺羅: (범) Rāhua 羅怙羅, 曷羅怙羅, 羅云이라 飜譯. 釋尊의 아들. 釋尊이 太子로 있을 때 出家하여 道를 배우려고 마음을 내었다가 아들을 낳고는 障碍됨을 恨歎하여 羅睺羅라 이름. 釋尊이 成道한 뒤에 出家하여 弟子가 되다. 密行 第一, 沙彌의 始初.

2). ᄀᆞ리오다: ᄀᆞ리(다)+오+리+다. '오'는 삽입모음. '-리-'는 의도의 선어말어미.

3). 손ㅅ바다ᄋᆞᆯ: 손+ㅅ+바당+ᄋᆞᆯ.

4). ᄒᆡᄃᆞᄅᆞᆯ가리와ᄃᆞᆫ: ᄒᆡ(와)+ᄃᆞᆯ+ᄋᆞᆯ+가리(다)+와ᄃᆞᆫ. '-와ᄃᆞᆫ'은 '-거든'.

月釋二·2b

ᄒᆞ게 ᄒᆞᆯ씨 釋셕種죵 아ᅀᆞᆷ 돌히 모다 議
읭論론ᄒᆞ되 羅랑睺흫羅랑ㅣ 月웛食
씩ᄒᆞᆯ ᄆᆞ디예 이 아ᄃᆞ리 나니라 ᄒᆞ야 그
럴씨 일후믈 羅랑睺흫羅랑ㅣ라 지ᅀᆞ
니라 釋셕은 淨쪙飯뻔王왕ㅅ 姓셩이
시니 種죵ᄋᆞᆫ ᄡᅵ라 ᄒᆞᆫ 마리니 釋셕種죵
ᄋᆞᆫ 釋셕氏씽ㅅ 一힗門몬이라 淨쪙飯뻔王왕ㅅ 우ᄒᆞ
로온 뉘짜히 鼓공摩망王왕이러시니
뭇처ᅀᅥᆷ 셔신 王왕ㅅ 일후믄 摩망訶항
三삼摩망多당ㅣ오 摩망訶항三삼摩
망多당ㅅ 아ᄃᆞᆯ 일후믄 珎딘寶봉珎딘
寶봉ㅅ 아ᄃᆞᆯ 好흫味밍好흫味밍ㅅ 아

5) 4) 3) 2) 1)

---

1).釋種: 석가씨의 종족.

2).아ᅀᆞᆷ돌히: 아ᅀᆞᆷ+돌ㅎ+이.

3).ᄆᆞ디예: 마디, 경우, '-예'는 'ㅣ'모음 뒤에 사용되는 처소 부사격조사.

4).우ㅎ로온뉘짜히: 우ㅎ+로+오+ㄴ+뉘+짜히.

5).고마왕이러시니: 이+러(더)+시+니.

ᄃᆞᆯ靜쪙衰슁靜쪙衰슁ㅅ아ᄃᆞᆯ頂뎡生
싱頂뎡生싱ㅅ아ᄃᆞᆯ善쎤行ᅘᆡᆼ善쎤行
ᅘᆡᆼㅅ아ᄃᆞᆯ宅띅行ᅘᆡᆼ宅띅行ᅘᆡᆼㅅ아ᄃᆞᆯ
妙묭味밍妙묭味밍ㅅ아ᄃᆞᆯ味밍帝뎽
味밍帝뎽ㅅ아ᄃᆞᆯ外욍仙션外욍仙션
ㅅ아ᄃᆞᆯ百ᄇᆡᆨ智딩百ᄇᆡᆨ智딩ㅅ아ᄃᆞᆯ嗜
씽欲욕嗜씽欲욕ㅅ아ᄃᆞᆯ善쎤欲욕善
쎤欲욕ㅅ아ᄃᆞᆯ斷돤結겷斷돤結겷ㅅ
아ᄃᆞᆯ大땡斷돤結겷大땡斷돤結겷ㅅ
아ᄃᆞᆯ寶봉藏짱寶봉藏짱ㅅ아ᄃᆞᆯ大땡
寶봉藏짱大땡寶봉藏짱ㅅ아ᄃᆞᆯ善쎤
見견善쎤見견ㅅ아ᄃᆞᆯ大땡善쎤見견
大땡善쎤見견ㅅ아ᄃᆞᆯ無뭉憂훔無뭉
憂훔ㅅ아ᄃᆞᆯ洲즇諸졍洲즇諸졍ㅅ아

月釋二·3b

ᄃᆞᆯ殖씩生ᄉᆡᇰ殖씩生ᄉᆡᇰㅅ아ᄃᆞᆯ山산岳
악山산岳악ㅅ아ᄃᆞᆯ神씬天텬神씬天
텬ㅅ아ᄃᆞᆯ進진力륵進진力륵ㅅ아ᄃᆞᆯ
牢ᄅᆞᇢ車겅牢ᄅᆞᇢ車겅ㅅ아ᄃᆞᆯ十씹車겅
十씹車겅ㅅ아ᄃᆞᆯ百ᄇᆡᆨ車겅百ᄇᆡᆨ車겅
ㅅ아ᄃᆞᆯ牢ᄅᆞᇢ弓궁牢ᄅᆞᇢ弓궁ㅅ아ᄃᆞᆯ十
씹弓궁十씹弓궁ㅅ아ᄃᆞᆯ百ᄇᆡᆨ弓궁百
ᄇᆡᆨ弓궁ㅅ아ᄃᆞᆯ養양枝징養양枝징ㅅ
아ᄃᆞᆯ善쎤思ᄉᆞᇰ善쎤思ᄉᆞᇰ王왕後ᅘᅮᇢ로
열轉뒨輪륜聖셩王왕이나시니伽꺙
㝹ᄂᆞᇢ遮쟝王왕은子ᄌᆞᇰ孫손이五옹轉
뒨輪륜聖셩王왕이오多당羅랑業업
王왕은子ᄌᆞᇰ孫손이五옹轉뒨輪륜聖
셩王왕이오阿항葉엽摩망王왕은子

ᄌᆞᆼ孫손이七칧轉ᄃᆑᆫ輪륜聖셩王왕이
오持띵地띵王왕ᄋᆞᆫ子ᄌᆞᆼ孫손이七칧
轉ᄃᆑᆫ輪륜聖셩王왕이오迦강陵릉迦
강王왕ᄋᆞᆫ子ᄌᆞᆼ孫손이九궇轉ᄃᆑᆫ輪륜
聖셩王왕이오瞻졈婆빵王왕ᄋᆞᆫ子ᄌᆞᆼ
孫손이十씹四ᄉᆞᆼ轉ᄃᆑᆫ輪륜聖셩王왕ᄋᆞᆫ
이오拘궁羅랑婆빵王왕ᄋᆞᆫ子ᄌᆞᆼ孫손
이三삼十씹一힗轉ᄃᆑᆫ輪륜聖셩王왕
이오般반闍썅羅랑王왕ᄋᆞᆫ子ᄌᆞᆼ孫손
이三삼十씹二ᅀᅵᆼ轉ᄃᆑᆫ輪륜聖셩王왕
이오弥밍私ᄉᆞᆼ羅랑王왕ᄋᆞᆫ子ᄌᆞᆼ孫손
이八밣萬먼四ᄉᆞᆼ千쳔轉ᄃᆑᆫ輪륜聖셩
王왕이오鼓공摩망王왕ᄋᆞᆫ子ᄌᆞᆼ孫손
이一힗百ᄇᆡᆨ轉ᄃᆑᆫ輪륜聖셩王왕이시

月釋二·4b

니鼓공摩망王왕後ᅘᅮᇰ아ᄒᆞᆫ네찻王왕
이大땡善쎤生싱이시고大땡善쎤生
싱ㅅ아ᄃᆞ님懿힁摩망王왕懿힁摩망
王왕ㅅ아ᄃᆞ님烏옹婆빵羅랑烏옹婆
빵羅랑ㅅ아ᄃᆞ님淚륑婆빵羅랑淚륑
婆빵羅랑ㅅ아ᄃᆞ님尼닝求꿓羅랑尼
닝求꿓羅랑ㅅ아ᄃᆞ님師ᄉᆞᆼ子ᄌᆞᆼ頰겹
王왕이시니긔淨쪙飯뻔王왕ㅅ아바
니미시니라 鼓공摩망王왕ㄱ위두ᄒᆞᆫ夫붕
人신ㅅ아ᄃᆞᆯ長댱生싱이사오납고녀
ᄂᆞ夫붕人신냇아ᄃᆞᆯ네히照졓目목과

4) 3) 2) 1)

---

1). 鼓摩王- 大先生- 懿摩王
 - 烏婆羅- 尼求羅- 獅子袂王
 - 淨飯王

2). 고마왕ㄱ위두ᄒᆞᆫ부인ㅅ아ᄃᆞᆯ: 고마왕+ㄱ+위두ᄒᆞ(다)+ㄴ+부인+ㅅ+아ᄃᆞᆯ.

3). 사오납(다)+고.

4). 녀느부인냇아ᄃᆞᆯ: 녀느+부인+내+ㅅ+아ᄃᆞᆯ.

聰총目목과調뜡伏뽁象쌍과尼닝樓
룽왜다어디더니尼닝樓룽ᄂᆞᆫ淨쪙飯뻔王왕ㅅ祖종上썅
이시니라夫붕人신이새와네아ᄃᆞᄅᆞᆯ업게
ᄒᆞ리라ᄀᆞ장빙어됴ᄒᆞᆫ양ᄒᆞ고조심ᄒᆞ
야돋녀王왕이맛ᄃᆞ러갓가ᄫᅵᄒᆞ거시
ᄂᆞᆯᄌᆞᆯ보ᄃᆡ情쪙欲욕앳이ᄅᆞᆫᄆᆞᅀᆞ미즐
거ᄫᅥᅀᅡᄒᆞᄂᆞ니나ᄂᆞᆫ이제시르미기퍼

6) 5) 4) 3) 2) 1)

---

1). 다어디더니: 다+어딜(다)+더+니.

2). 새와: 새오(다)+아. '새·오·다'는 '질투하다'.

3). 네아ᄃᆞᄅᆞᆯ업게ᄒᆞ리라: 다른 부인의 몸에서 출생한 네 아들 照目, 總目, 調伏象, 尼樓 등 네 아들을 없애려는 생각을 長生의 어머니가 하고 있는 것.

4). ᄀᆞ장빙어: ᄀᆞ장+빗(다)+어. '빗·다'는 '거짓'의 뜻.

5). 맛ᄃᆞ러갓가ᄫᅵᄒᆞ거시ᄂᆞᆯ: 맛들(다)+어+갓갑(다)+이+ᄒᆞ거시ᄂᆞᆯ. '맛·들·다'는 '달게여기다' 즉, '좋게 보다'의 뜻.

6). 즐거ᄫᅥᅀᅡᄒᆞᄂᆞ니: 즐겁(다)+어+ᅀᅡ+ᄒᆞᄂᆞ(다)+니. '-ᅀᅡ'는 가세의 조사.

月釋二·5b

넘난ᄆᆞᅀᆞ미업수니ᄒᆞᆫ願원을일우면
져그나기튼즐거ᄫᅳ미이시려니와내
말옷아니드르시면ᄂᆞ외즐거ᄫᅳᆫᄆᆞᅀᆞ
미업스례이다王왕이盟명誓쎵ᄒᆞ야
드로리라ᄒᆞ신대夫붕人신이ᄉᆞᆯᄫᅩᄃᆡ
뎌네아ᄃᆞ룬어딜언ᄂᆞᆯ내아ᄃᆞ리비록
ᄆᆞ디라도사오나ᄫᆞᆯ씨나라ᄒᆞᆯ앗이리

8) 7) 6) 5) 4) 3) 2) 1)

---

1). 넘난ᄆᆞᅀᆞ미업수니: 넘나(다)+ㄴ+ᄆᆞᅀᆞᆷ+이+없(다)우+니. '넘·나·다'는 '부수에 넘치다'의 뜻.

2). 져그나기튼: 져그나(마)+기티+은+. '져그나마'는 부사.

3). 내말옷:내+말+곳. '-곳'은 '-만, 오직'의 의미.

4). ᄂᆞ외: '다시'의 뜻.

5). ᄆᆞᅀᆞ미업스례이다: ᄆᆞᅀᆞᆷ+이+없(다)+으리+어+(j)+이다.

6). 드로리라: 들(듣다)+오+리+라. '-오-'는 선어미(삽입모음). '듣다'는 'ㄷ'변칙.

7). ᄆᆞ디라도: ᄆᆞᆮ+이라+도.

8). 나라ᄒᆞᆯ앗이리니: 나라ㅎ+ㄹ+앗(다)+이+리+니.

月釋二·6a

니王왕이네아ᄃᆞᄅᆞᆯ내티쇼셔王왕이 1)
니ᄅᆞ샤ᄃᆡ네아ᄃᆞ리孝흫道ᄄᆞᇢᄒᆞ고허
믈업스니어드리내티료夫붕人신이 2)
ᄉᆞᆲᄫᆞᄃᆡ나랏이ᄅᆞᆯ분별ᄒᆞ야ᄉᆞᆸ노니네 3)
아ᄃᆞ리어디러百ᄇᆡᆨ姓셩의ᄆᆞᅀᆞᄆᆞᆯ모
도아黨당이ᄒᆞ마이러잇ᄂᆞ니서르ᄃᆞ
토아싸호면나라히ᄂᆞᄆᆡ그에가리이 4)

---

1). 내티쇼셔: 내티(다)+쇼셔.

2). 어드리내티료: 어드리+내티(다)+료. '어드리'는 '어떻게'의 뜻. '-료'는 '-리오'의 준 모양.

3). 분별하야ᄉᆞᆸ노니: 분별ᄒᆞ(다)+(j)+아+ᄂᆞ+오+니. '-노-'는 'ᄂᆞ오'의 결합된 모양으로, '-오-'는 1인칭 주어의 화자 표시의 인칭어미.

4). ᄂᆞᄆᆡ그에: ᄂᆞᆷ+ᄋᆡ+그에.

月釋二·6b

다王왕이네아ᄃᆞᆯ블러니ᄅᆞ샤ᄃᆡ너희
디마니혼이리잇ᄂᆞ니ᄲᆞᆯ리나가라네[1)]
아ᄃᆞ리各각各각어마님내뫼ᅀᆞᆸ고누[2)]
의님내더브러즉자히나가니力륵士
ᄊᆞᆼ와百ᄇᆡᆨ姓셩ᄃᆞᆯ히만히조차가니라[3)]
力륵士ᄊᆞᆼᄂᆞᆫ힘센사ᄅᆞ미라雪쉃山산北븍에가니
雪쉃山산ᄋᆞᆫ山산일후미라ᄯᅡ히훤ᄒᆞ고됴ᄒᆞᆫ고지

---

1).디마니혼이리잇ᄂᆞ니: 디마니ᄒᆞ(다)+오+ㄴ+일+이+잇+ᄂᆞ+니. '디마니ᄒᆞ다'는 '지망 지망하다, 소홀이하다'의 뜻.

2).어마님내뫼숩고: 어마+님+내, 뫼+숩+고. 객어는 '어마님내'가 된다.

3).百姓돌히만히조차가니라: 백성+돌ㅎ+이+많(다)+이+좇(다)+아+가+니+라. '좇다'는 '따르다'

月釋二·7a

하거늘그에셔사니百빅姓셩이져재
가ᄃᆞᆺ모다가서너힛ᄉᆞᅀᅵ예큰나라히
ᄃᆞ외어늘王왕이뉘으처블리신대디
마니호이다ᄒᆞ고다아니오니라王왕
이ᄒᆞ샤ᄃᆡ내아ᄃᆞ리어딜쎠ᄒᆞ시니글
로ᄒᆞ야釋셕種종이라ᄒᆞ니라釋셕은어딜씨
니釋셕種죵ᄋᆞᆫ어딘
붓기라ᄒᆞ논마리라

7) 6) 5) 4) 3) 2) 1)

---

1). 져재: 져자, 시장. (시장거리의 사람처럼 많이 따랐다는 것).

2). 너힛ᄉᆞᅀᅵ예: 너+히+ㅅ+ᄉᆞᅀᅵ+(j)+에.

3). 나라히ᄃᆞ외어늘: 나라ㅎ+이+ᄃᆞ외(다)+거늘.

4). 뉘으처: 누우쳐.

5). 디마니호이다: 디마니+ᄒᆞ+오+이+다. '-오-'는 삽입모음 '-이다'는 '-ㅂ니다'. 결국 '-오-'는 1인칭 주어의 화자표시.

6). 어딜쎠: 어딜(다)+시+오. '-쎠'는 '-시오'의 공손법의 '하오'체.

7). 붓기라: 붓ㄱ+이라. '붓ㄱ'은 '씨'.

月釋二·7b

1).補處: 一生補處. 이전 부처님이 入滅한 뒤에 成佛해서 그 자리를 補充하는 이란 뜻. 곧, 부처 될 候補者. 菩薩의 修行이 점점 나아가 最後에 到達한 菩薩로서의 마지막 자리. 一生補處라 한다. 未久에 成佛할 彌勒菩薩을 補處尊이라 하고 그 밖에 일반으로 부처님 候補者 位置에 있는 菩薩들은 모두 補處菩薩이라 한다.

2).兜率天: (범) Tusuta-deva 욕계 6천의 하나. (앞 주에서 설명).

3).十方世界: 東, 西, 南, 北, 北東, 南東, 北西, 南西, 上, 下의 世界. 즉, 無數한 世界. 온 宇宙.

4).迦夷國: 가비라성. 부처가 탄생한 곳.

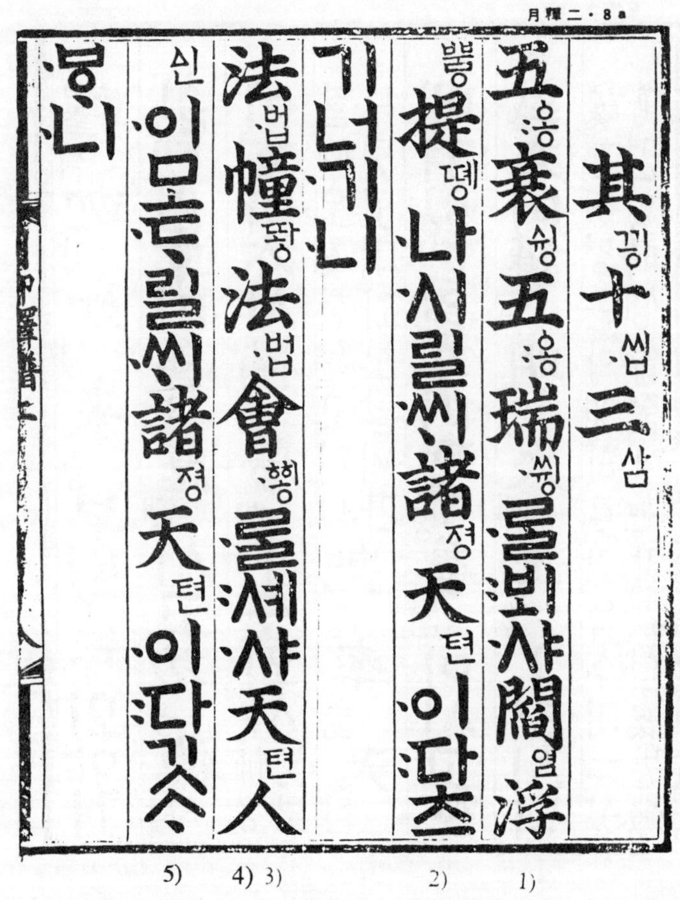
月釋二·8a

其끵十씹三삼
五옹衰쉉五옹瑞쓍로뵈샤閻염浮
뿡提똉나시릴씨諸졍天텬이다츠
기너기니
法법幢뙁法법會횅로셰샤天텬人
신이모ᄃᆞ릴씨諸졍天텬이다깃ᄉᆞ
ᄫᆞ니

5) 4) 3) 2) 1)

---

1).五衰五瑞: 五衰 = 天人五衰--天人의 福樂이 다하여 죽으려 할 때에 나타나는 5종의 衰하여지는 모양. 증일아함경 24에는 1, 花冠이 저절로 시들어지고. 2, 옷에 때가 묻고. 3, 겨드랑이에 땀이나고. 4, 제 자리가 즐겁지 않고. 5, 王女가 背反한다. 涅槃經 19에는 1, 옷에 때가 묻고. 2, 머리에 꽃이 시들고. 3, 몸에서 나쁜 냄새가 나고. 4, 겨드랑이에 땀이 나고. 5, 제 자리가 즐겁지 않다. 이렇게 5가지의 衰하는 모양이 나타나면서 반드시 죽는 것이라 한다.

2).다츠기너기니: 다+츠기+너기(다)+니.

3).法會: 說法하는 集會. 僧侶와 信徒가 한 곳에 모여 佛事를 하는 모임.

4).셰샤: 서(다)+이+시+아. '-이-'는 피동의 선어말어미.

5).모ᄃᆞ릴씨: 몯(다)+ᄋᆞ리+ㄹ씨.

月釋二·8b

釋셕迦강如셩來링 부텨 몯ᄃᆞ외야 겨 1)

싫젠 일후미 善쎤慧휑 시고 功공德득

이 ᄒᆞ마 ᄎᆞ샤 補봉處청ㅣ ᄃᆞ외샤 補봉ᄂᆞᆫ 보 2)

탈씨오 處청ᄂᆞᆫ 고디니

부텻고대 와 보탈씨라 兜둘率숧天텬 3)

에 겨싫젠 일후미 聖셩善쎤이시고 ᄯᅩ

일후미 護홍明명大땡士쑹ㅣ러시니 4)

護홍明명은 아랫사ᄅᆞ미 목수미 ᄀᆞ싕

萬먼힛時씽節졇에 迦강葉셥波방佛뿛

1).겨싫젠일후미: 겨시(다)+ㅭ+제+ㄴ+일훔+이.

2).보탈씨오: 보타(다)+ㄹ씨+고. '보·타·다'는 '보태다'의 뜻.

3).부텻고대:부텨+ㅅ+곧+애.

4).護明大士ㅣ러시니: 호명대사+이+러(더)+시+니. '이-'는 서술격조사의 어간.

쁨이 授쓩記긩ᄒᆞ싫젯 일후미시니이
兜둫率숋天텬에 나샤 ᄯᅩ 이 일후믈 ᄡᅳ
시니라 ○ 디나건 오란 劫겁에 사ᄅᆞ미
목수미 온 ᄒᆡᆺ 時씽節졇에 부텨 겨샤ᄃᆡ
일후미 釋셕迦강牟뭏尼닝시고 어마
님 일후믄 摩망耶양ㅣ시고 아바님 일
후믄 淨쪙飯뻔이시고 아ᄃᆞ님 일후믄
羅랑怙ᅘᅩᆼㅣ시고 뫼ᅀᆞᄫᆞᆫ 사ᄅᆞ문 阿항
難난陁땅ㅣ러니 부텨 阿항難난陁땅
ᄃᆞ려 니ᄅᆞ샤ᄃᆡ 둥을 알노니 廣광熾칭
陶똥師ᄉᆞᆼ의 지븨 가 ᄎᆞᆷ기름 어더 와 ᄇᆞ
ᄅᆞ라 廣광熾칭 깃거 제 가져 가아 ᄇᆞᄅᆞ
ᅀᆞᄫᆞ니 됴ᄏᆞ시ᄂᆞᆯ 부텨 인ᄉᆞᄒᆞ신대 廣
광熾칭 깃거 發벓願원ᄒᆞᄃᆡ 내 後ᅘᅮᆼ에

6) 5) 4) 3) 2) 1)

---

1).디나건: 디나(다)+건.

2).오란: 오랜.

3).뫼ᅀᆞᄫᆞᆫ사ᄅᆞ문: 뫼+ᅀᆞᇦ+ᄋᆞᆫ+사ᄅᆞᆷ+ᄋᆞᆫ. '-ᅀᆞᇦ-'은 객어가 '석가모니'이다. 고로 화자나 청자보다 위상이 높기 때문에 -ᅀᆞᇦ-을 사용할 수 있다.

4).알노니: 알(다)+ᄂᆞ+오+니.

5).깃거: 기뻐하여.

6).됴ᄏᆞ시ᄂᆞᆯ: 둏(다)+거시ᄂᆞᆯ. '-거시ᄂᆞᆯ'은 '-시거늘'.

月釋二·9b

부텨ᄃᆞ외야 일후미며 眷권屬쑉이며
時씽節졇이며 處쳥所송ㅣ며 弟뗑子
ᄌᆞᆼㅣ며 다 이젯 世솅尊존 곧가지이다
ᄒᆞ니 그 廣광熾칭ᄂᆞᆫ 우리 世솅尊존이
시니라 廣광熾칭ᄂᆞᆫ 너비 光광明명이
비취닷ᄠᅳ디오 陶똥師ᄉᆞᆼᄂᆞᆫ 딜엇굽ᄂᆞᆫ
사ᄅᆞ미라 우리 世솅尊존이 ᄆᆞᆺ처ᅀᅥ미
釋셕迦강牟뭏尼닝佛뿛로셔 罽곙那
낭尸싱棄킹佛뿛ㅅ ᄀᆞ장 七칧萬먼五
ᅌᅩᆼ千쳔佛뿛을 맛나ᅀᆞᄫᆞ시니 이 첫 阿
항僧승祇낑劫겁이오 罽곙那낭尸싱
棄킹佛뿛로셔 燃연燈등佛뿛ㅅ ᄀᆞ장
七칧萬먼六륙千쳔佛뿛을 맛나ᅀᆞᄫᆞ
시니 이 둘찻 阿항僧승祇낑劫겁이오

4) 3) 2) 1)

---

1). 곧가지이다: 곧가+지이다. '-지이다'는 원망형 종결어미. '-이다'는 'ㅂ니다'.

2). 비취닷쁘디오: 비취(다)+다+ㅅ+뜯+이+고. 'ㅅ'은 관형사형어미 'ㄴ'의 역할로 'ㅅ'이 쓰인 것은 촉음과 절음의 효과를 얻기위한 것이다.

3). 딜엇굽는: 딜엇+굽(다)+는. '딜엇'은 '딜것'으로 '딜'의 'ㄹ' 때문에 '것'의 'ㄱ'이 탈락한 것.

4). 罽那尸棄佛: (범) Ratnaśikin 寶髻, 寶淨, 寶積. 釋尊이 因位에서 첫 阿僧祇劫의 修行을 마쳤을 적에 만난 부처님. 過去 7佛 중에서 第2 時期佛과 이 부처님과는 2阿僧祇劫을 隔하였으므로 한 부처님이 아니라 한다.

月釋 二 · 10a

燃연燈등佛뿛로셔 毗뼝婆빵尸싱佛뿛ㅅ 그장 七칧萬먼七칧千쳔佛뿛을 맛나ᅀᆞᄫᆞ시니 이 세찻 阿항僧승祇낑劫겁이라 微밍妙묳ᄒᆞᆫ 相샹好흫 일우샴 닷ᄀᆞ샤ᄆᆞᆯ 아ᄒᆞᆫᄒᆞᆫ 劫겁 디나아 迦강葉셥波방佛뿛을 맛나ᅀᆞᄫᆞ시니라 相샹好흫ᄂᆞᆫ 양ᄌᆞ 됴ᄒᆞ샤미라 諸졍天텬 爲윙ᄒᆞ야 說쓇法법ᄒᆞ시며 十씹方방애 現현身신ᄒᆞ야 十씹方방ᄋᆞᆫ 東동方방 東동南남方방 南남方방 西솅南남方방 西솅方방 西솅北븍方방 北븍方방 東동北븍方방 우ᄒᆞ로 上썅方방 아래로 下

10) 9) 8) 7) 6) 5)

---

5).燃燈佛: 錠光佛의 飜譯 이름. 釋尊이 前世에 菩薩로 있을 적에 이 부처님에게서 '未來세에 반드시 成佛하리라'는 授記를 받았다 한다.

6).毘婆尸佛: (범) Vipaśyin 過去 7佛의 第1. 毘婆沙, 鞞婆尸, 毘鉢尸, 微鉢尸, 惟衛라고도 쓰며, 勝觀, 淨觀, 勝見, 種種見이라 飜譯, 過去 91劫 사람의 목숨 8萬 4千歲 때에 빤두바제성에서 출생.

7).妙ᄒᆞᆫ相好일우샴닷ᄀᆞ샤ᄆᆞᆯ: 일우(다)+시+아+ㅁ+닭(다)+ᄋᆞ시+아+ㅁ+ᄋᆞᆯ.

8).아ᄒᆞᆫᄒᆞᆫ겁: 아ᄒᆞᆫ ᄒᆞᆫ+겁. (91劫).

9).迦葉波佛 = 迦葉 앞 주에서 설명함.

10).現身: 부처님이나 菩薩이 가지가지의 모양으로 變하여 그 몸을 나타내는 것. 현재의 몸. 元來 부처님은 그 모습이 정해져 있지 않으므로(形態, 냄새 등 五官에 의하여 感知할 수 없는 無形의 存在이므로) 그가 어느 모습으로 나타나 볼 수 있는 것을 現身이라 하기도 한다.

月釋二·10b

ᅘᅣᇰ方방이라現현身신ᄋᆞᆫ 모몰나토아뵈실씨라 說쉃法법ᄒᆞ
샤ᄃᆡ 運운이다ᄃᆞ라올씨 運운은時씽節졇이라ᄒᆞ
ᄠᅳ스혼ᄣᅢ리라 ᄂᆞ려가아부텨ᄃᆞ외요리랏ᄒᆞ
시더라 그제六륙十씹六륙億ᅙᅳᆨ諸졍
天텬이모다議읭論론ᄒᆞᄃᆡ菩뽕薩삻
이어느나라해ᄂᆞ리시게ᄒᆞ려뇨摩망
竭껋國귁은王왕이正정ᄒᆡ몸ᄒᆞ고拘

1) 2) 3) 4) 5) 6)

---

1).몸올나토아뵈실씨라: 몸+올+나토(다)+아+보이(다)+시+ㄹ씨라.

2).다ᄃᆞ라올씨: 다ᄃᆞᄅᆞ(다)+아+오(다)+ㄹ씨.

3).ᄃᆞ외요리라: ᄃᆞ외(다)+오+(j)+리+라.

4).모다: 몯(다)+아.

5).ᄒᆞ려뇨: ᄒᆞ(다)+리+어+뇨.

6).摩竭國: 석존이 나시려한 나라. 후에 석존이 불법으로 교화시킴.

月釋二·11a

궁隆륭大땡國귁은父뿡母뭏宗종族
쪽이(아ᅀᆞ미라)宗종族쪽ᄋᆞᆫ正졍티몯ᄒᆞ고和황
沙상大땡國귁은王왕이威휭嚴엄이
업서ᄂᆞ미소내쥐여이시며維윙那낭
離링國귁은ᄡᅡ홈즐기고조ᄒᆞᆫ힝뎍업
스며此ᄎᆞᆼ鏺밣樹쓩國귁은擧겅動똥
이妄망量량ᄃᆞᄫᆡ오ᄉᆡᇰ시기麤총率솛

8) 7) 6) 5) 4) 3) 2) 1)

---

1).아ᅀᆞ미라: 아ᅀᆞᆷ+이라. '아ᅀᆞᆷ'은 친척.
2).소내쥐여이시며: 손+애, 쥐(다)+이+여+이시(다)+며.
3).ᄡᅡ홈: ᄡᅡ호(다)+오+ㅁ.
4).조ᄒᆞᆫ힝뎍: 좋(다)+ᄋᆞᆫ+힝뎍. '좋다'는 '깨끗하다'.
5).妄量: 망령된 것.
6).ᄃᆞᄫᆡ오: ᄃᆞᄫᆡ(다)+고.
7).ᄉᆡᇰ시기: ᄉᆡᇰ식+이. 'ᄉᆡᇰ식'은 성질.
8).麤率: 경망스럽고, 의젓하지 못함.

月釋二·11b

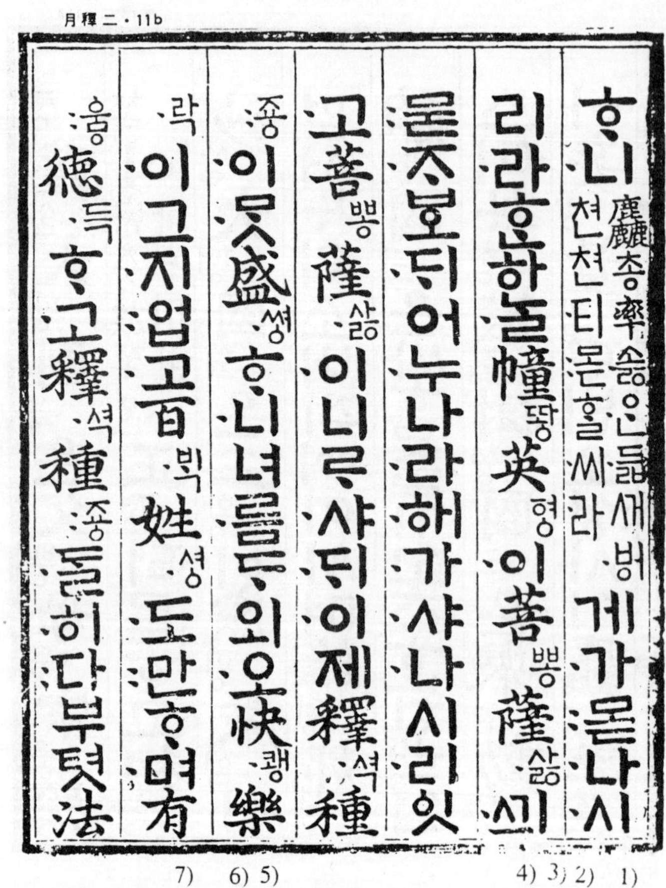

ᄒᆞ·니 麤총率솛·은 듧써버 천천티 몯홀 씨라 ·게 ·가 몯·나·시
리·라 ᄒᆞᄂᆞᆫ 幢땅英형·이 菩뽕薩삻ᄭᅴ
묻ᄌᆞᄫᆞ·ᄃᆡ ·어누 나·라·해 ·가·샤 ·나·시리잇
고 菩뽕薩삻·이 ·니ᄅᆞ·샤·ᄃᆡ ·이 ·제 釋·셕種
:죵·이 ·ᄆᆞᆺ盛·썽ᄒᆞ·니 녀·름ᄃᆞ·외·오 快·쾡樂
·락·이 ·그·지 :업·고 百·빅姓·셩·도 만ᄒᆞ·며 有
:웅德·득ᄒᆞ·고 釋·셕種:죵·ᄃᆞᆯ·히 ·다 부텻 法

7) 6) 5) 4) 3) 2) 1)

---

1). 듧써버: 듧썹(다)+어. '듧썹다'는 '경만스럽다'.

2). 천천티몯홀씨라: 천천ᄒᆞ(다)+디+몯ᄒᆞ(다)+ㄹ씨라. '천천ᄒᆞ다'는 '의젓하다'.

3). 게가몯나시리라: 거기+가(다)+몯나(다)+시+리+라. '몯나다'는 현대문에는 '나지 못하다'로 부정의 보조 용언이 본용언보다 뒤에 처한다.

4). 菩薩ᄭᅴ묻ᄌᆞᄫᆞᄃᆡ: 보살+ᄭᅴ+묻(다)+ᄌᆞᆸ+오+ᄃᆡ. 객어는 '菩薩'이다.

5). ᄆᆞᆺ盛ᄒᆞ니: ᄆᆞᆺ+성ᄒᆞ(다)+니. 'ᄆᆞᆺ = 몯'으로 '가장'의 뜻.

6). 녀름ᄃᆞ외오: 녀름+(이)+ᄃᆞ외(다)+고.

7). 만ᄒᆞ며: 많(다)+ᄋᆞ며.

月釋 二·12a

법을 울월며 王왕 도어디르시며 夫부

人신 도어디르시고 아래 五옹百빅世

솅 예도 世솅눈 뉘라 菩뽕薩삻母뭏ㅣ 드외

시니 그나라해가나리라 母뭏는 어마니미라 ᄯᅩ

衆즁生싱이 發벓心심이 니거 淸청淨

쪙ᄒᆞᆫ 法법을 어루 비호리어며 淸청淨쪙은 ᄆᆞᆰ

고조홀 씨라 迦강毗뼁羅랑國귁이 閻염浮

1) 2) 3) 4) 5) 6) 7)

---

1). 울월며: 울월(다)+며.

2). 뉘라: 뉘+라. '뉘'는 세상. '누리'.

3). 나라해가나리라: 나라ㅎ+애+가(다)+(아)+나(다)+리+라.

4). 니거: 닉(다)+어.

5). 어루배호리어며: 어루, 배호(다)+(오)+리+어며. '-어며'는 '-으며'와 같다.

6). 迦毘羅(國): 앞 주에서 설명.

7). 閻浮提: 앞 주에서 설명.

月釋二·12b

提뗑ㅅ 가ᄋᆞᆫ·ᄃᆡ·며 家강門몬ㅅ 中듕
·에 釋셕迦강氏씽 第똉一힗·이·니 甘감
蔗쟝氏씽ㅅ 子종孫손·이·며 淨쪙飯뻔
王왕·도 前쪈生싱ㅅ 因힌緣원·이 :겨시
·며 :녜 雪셣山산애 ᄒᆞᆫ 鸚힝鵡뭉ㅣ 이쇼
·ᄃᆡ 어·ᅀᅵ :다 ·눈:멀어 ·든 菓광實씷 ·ᄠᅡ 머
기더·니 그저·긔 ᄒᆞᆫ 받 님자·히 ·ᄡᅵ 비흖저
·긔 願원·호·ᄃᆡ 즁싱과 어우·러 머·구리·라
ᄒᆞ야 ·늘 鸚힝鵡뭉ㅣ 그 穀곡食씩을 ᄠᅡ
·ᅀᅥ 어·ᅀᅵ·ᄅᆞᆯ 머·기거·늘 받 님자·히 怒농ᄒᆞ

5) 4) 3) 2) 1)

---

1). 雪山: (범) Himavat 인도의 북쪽에 벋어 있는 큰 산. 산 정상에는 언제나 눈이 있으므로 이렇게 이름함. 히마라야산의 옛 이름.

2). 이쇼ᄃᆡ: 이시(다)+오+ᄃᆡ.

3). 어ᅀᅵ: 어버이. 어미. 예, '어·ᅀᅵ·ᄯᆞᆯ', '어·ᅀᅵ아·ᄃᆞᆯ'.

4). ᄡᅵ비흖저긔: ᄡᅵ, 비흐(다)+ㅭ+적+의.

5). 어우러머구리라: 어울(다)+어+먹(다)+우+리+라.

月釋 二 · 13a

야 그믈로 자ᄇᆞ다 鸚鵡ㅣ 닐오ᄃᆡ
놈 줋ᄠᅳ디 이실ᄊᆡ 가져가니 엇뎨 잡ᄂᆞᆫ
다 받님자히 무로ᄃᆡ 눌 爲ᄒᆞ야 가져
간다 對答호ᄃᆡ 눈먼 어ᅀᅵ를 이바
노라 받님자히 과ᄒᆞ야 즁ᄉᆡᆼ도 孝道
ᄯᅩᆼ 홀ᄊᆡ 일록 後에 疑心 마오 가
져가라 ᄒᆞ니 그 鸚鵡는 如來
시고 받님자ᄒᆞᆫ 舍利弗이 오ᄂᆞᆫ
먼 어ᅀᅵᄂᆞᆫ 淨飯王과 摩耶夫人
이시니라
도록 수미 열ᄒᆞ고 닐웨 기터겨샤
닷ᄒᆞ시고 그저긔 五衰相ᄋᆞᆯ 뵈

8) 7) 6) 5) 4) 3) 2) 1)

---

1). 놈줋ᄠᅳ디 이실ᄊᆡ: 놈, 주(다)+ㅭ+ᄠᅳᆮ+이+이시+ㄹᄊᆡ. 'ㄹ'은 관형사형어미, 'ㆆ'은 절음부호.

2). 받님자히무로ᄃᆡ: 받, 님자ㅎ+이+묻(다)+오+ᄃᆡ. 'ㄹ'은 'ㄷ'이 변한 것.

3). 받노라: 받(다)+ᄂᆞ+오+라. '받·다'는 受의 의미도 있으나, '받들다'의 의미도 있다. '노라'는 1인칭 주어의 화자표시.

4). 과ᄒᆞ야: 과ᄒᆞ(다)+(j)+아. '과·ᄒᆞ·다'는 '일컫다, 칭찬찬하다'.

5). 일록: 이로부터.

6). 如來: 앞 주에서 설명.

7). 舍利弗: 앞 주에서 설명.

8). 기터겨샷다: 기티+어+겨시+ㅅ+다. '기·티·다'.

月釋二・13b

시고 五옹衰쉉相샹ᄋᆞᆫ 다ᄉᆞᆺ 가짓 衰상
ᄒᆞᆫ 相샹이니 머리옛 고지 이울
며 겯아래 ᄯᆞᆷ나며 뎡바기옛 光광明명
이 업스며 누늘 ᄌᆞ조 금ᄌᆞ기며 座쫭ᄅᆞᆯ
즐기디 아니ᄒᆞᆯ씨라 ᄯᅩ 五옹瑞쒱ᄅᆞᆯ 뵈시니 五옹
瑞쒱ᄂᆞᆫ 다ᄉᆞᆺ 가
짓 祥썅瑞쒱라 光광明명이 大땡千천
世솅界갱ᄅᆞᆯ 비취시며 ᄯᅡ히 열여듧 相
샹ᄋᆞ로 뮈며 ᄯᅡ히 ᄀᆞ장 뮈면 열여듧 가
짓 이리 잇ᄂᆞ니 動똥과 起
킹와 踊용과 振진과 吼흫와 擊격과 여
ᄉᆞᆺ 가짓 이ᄅᆞᆯ 各각各각 세양ᄌᆞ로 닐어

6) 5) 4) 3) 2) 1)

---

1).고지이우며: 곶+이+이울(다)+며.

2).겯아래: '겯아ᆞ래'는 '겨드랑이'.

3).뎡바기옛光明: 뎡바기(뎡박이)+예+ㅅ+광명. '·뎡·바기'는 '정수리'.

4).五衰 五瑞: 앞 주에서 설명.

5).ᄯᅡ히ᄀᆞ장뮈면: ᄯᅡㅎ+이+ᄀᆞ장+뮈(다)+면.

6).動, 起, 踊, 振, 吼, 擊 등이 세양ᄌᆞ로 닐어 두루 뫼화 열여듧비니: 6×3=18.

두루뫼화열여들비니動뚱ᄋᆞᆫ뮐씨오[1]
起킹ᄂᆞᆫ니ᄅᆞ와돌씨오[2]踊용ᄋᆞᆫ봄뇔씨
오[3]振진ᄋᆞᆫ떨씨오[4]吼흫ᄂᆞᆫ우를씨오[5]擊
격ᄋᆞᆫ다이즐씨라[6]動뚱ᄋᆞᆯ세가지로닐
옮딘댄뮈다호미ᄒᆞᆫ가지오다뮈다호
미[7]두가지오ᄒᆞᆫ가지로다뮈다호미세
가지니起킹踊용振진吼흫擊격도다
잇골로닐어[8]세코미라[9]ᄒᆞᆫ갓뮈다ᄒᆞᆯᄊᆡᆫ
ᄒᆞ면世솅界갱옛ᄯᅡ히다뮈윤ᄠᅳ디업
고ᄒᆞᆫ갓다뮈다ᄒᆞ면잜간뮌ᄃᆡ업시다
골오[10]ᄀᆞ장뮈윤ᄠᅳ디[11]업스릴ᄊᆡ모ᄃᆡ세
가지로닐어ᅀᅡᄀᆞᄌᆞ리라[12]이여ᅀᅳᆺ가짓
動뚱起킹踊용振진吼흫擊격을六륙
種종震진動뚱이라도[13]ᄒᆞᄂᆞ니六륙種

月釋譜二 十四

---

1).動: 뮐씨오- 뮈(다)+ㄹ씨+고.

2).起: 니ᄅᆞ와돌씨오- 니ᄅᆞ왇(다)+올씨+고. '니ᄅᆞ왇다'는 '일으키다'.

3).踊: 봄뇔씨오- 봄뇌(다)+ㄹ씨+고. '봄뇌다'는 '뛰놀다'.

4).振: 떨씨오- 떨(다)+(ㄹ)씨+고. '떨다'는 '떨치다, .

5).吼: 우를씨오- 울(다)+을씨+고.

6).擊: 다이즐씨라- 다잊(다)+을씨라. '다잊 ·다'는 '다그치다, 치다'의 뜻.

7).다뮈다호미: 다+뮈다ᄒᆞ+오+ㅁ+이.

8).잇골로닐어: '잇골로'는 '이렇게', '니ᄅᆞ다=니르다' 곧, '알려주다'.

9).세코미라: 세ㅎ+곰+이라. '-곰'음 '-씩'의 뜻으로 접미사.

10).골오: 고루.

11).뮈윤ᄠᅳ디: 뮈(다)+(j)+우+ㄴ+ᄠᅳᆮ+이.

12).ᄀᆞᆽ(다)+ᄋᆞᆯ+이라.

13).이라도: 이라고도.

月釋二·14b

죵ᄋᆞᆫ 여슷 가지오 震진魔망王왕宮궁
動똥ᄋᆞᆫ 드러칠씨라
·이·긔·며 魔망ᄂᆞᆫ ᄀᆞ·릴씨니 道똫理링 닷ᄂᆞᆫ 사ᄅᆞ·ᄆᆡ 그에 마ᄀᆞᆯ씨라
魔망ㅣ 네 가지니 煩뻔惱놓魔망와 五
옹陰음魔망와 死ᄉᆞᆼ魔망와 天텬子ᄌᆞᆼ
魔망왜니 五옹陰음ᄋᆞᆫ 色ᄉᆡᆨ受ᄊᆞᇢ想샹
行ᅘᆡᇰ識ᄉᆡᆨ이니 煩뻔惱놓ㅅ 젼ᄎᆞ로 눈
과 귀와 고콰 혀와 몸과 ᄠᅳᆮ과 ᄃᆞ외요미
色ᄉᆡᆨ陰음이오 ᄒᆞᆫ 煩뻔惱놓 바도미 受
ᄊᆞᇢ陰음이오 그지업시 ᄉᆞ쵸미 想샹陰
음이오 됴ᄒᆞ며 구즌 ᄆᆞᅀᆞᄆᆞ로 貪탐ᄒᆞ
며 怒농ᄒᆞᆫ ᄆᆞᅀᆞᆷ과 맛당ᄒᆞ며 몯 맛당ᄒᆞᆫ
法법 니르와도미 行ᅘᆡᇰ陰음이오 누네

6) 5) 4) 3) 2) 1)

---

1).도리닷ᄂᆞᆫ사ᄅᆞᄆᆡ: 도리+닺ㄱ+(다)+ᄂᆞᆫ+사ᄅᆞᆷ+ᄋᆡ.

2).五陰 = 五蘊: (범)Panca-skandha (파) Panca-khandha 5聚蘊, 5陰, 5衆, 5聚라고도 한다. 蘊은 모아 쌓은 것. 곧, 和合하여 모인 것. 무릇 生滅하고 變化하는 것을 종류대로 모아서 5種으로 區別하는 것. 色蘊-스스로 변화하여 다른 것을 障碍하는 物體. 受蘊-苦, 樂, 不苦 不樂을 즐기는 마음 作用. 想蘊-外界의 事物을 마음속에 받아들이고 그것을 상상하여 보는 마음의 作用. 行蘊-因緣으로 생겨나서 時間的으로 變遷하는 것. 識藴-意識하고 分別함.

3).ᄃᆞ외요미: ᄃᆞ외(다)+(j)+오+ㅁ+이.

4).바도미: 받(다)+오+ㅁ+이.

5).ᄉᆞ쵸미: ᄉᆞ치(다)+(j)+ㅁ+이.

6).니르와도미: 니르왇(다)+오+ㅁ+이. '니르왇다'는 '일르키다'의 뜻.

月釋二·15a

빗보며귀예소리드르며고해내마ᄐᆞ며혀에맛보며모매다히며ᄠᅳ데法법貪탐着땩ᄒᆞ·ᄆᆞ로그지업시ᄀᆞᆯᄒᆞ야아로미識식陰음이라눈과귀와고콰혀와몸과ᄠᅳᆮ과를六륙根근이라ᄒᆞᄂᆞ니根근은불휘라빗과소리와香향과맛과다흠과法법과를六륙塵띤이라ᄒᆞᄂᆞ니塵띤은드트리라死ᄉᆞᆼ魔망ᄋᆞᆫ주기ᄂᆞᆫ魔망ㅣ오天텬子ᄌᆞᆼ魔망ᄋᆞᆫ他탕化황自ᄍᆞᆼ在ᄍᆞᆼ天텬이니世솅間간ㅅ樂락애ᄀᆞ장貪탐着땩ᄒᆞ야邪썅曲콕ᄒᆞᄆᆞᄉᆞᆯᄆᆞ로聖셩人ᅀᅵᆫㅅ涅녏槃빤法법을새오ᄂᆞ니라

힋와돌와별왜다ᄇᆞᆰ디아니

1). 누네빗보며: 눈+에+빗+보(다)+며.

2). 고해: 고ㅎ+애.

3). 내: 냄새. ‘·내’는 ‘냄새(臭), 나의, 내가’라는 의미가 있고, ‘내’는 ‘나이’ ‘이’는 서술격조사의 어간, ‘:내’는 부사로서의 내, 내내이며, ‘:내ㅎ’은 川의 뜻이 있다.

4). 다히며: 닿(다)+며.

5). ᄀᆞᆯᄒᆞ야아로미: ᄀᆞᆯᄒᆞ(다)+(j)+아+알(다)+오+ㅁ+이.

6). 六根: 눈, 귀, 고ㅎ, 혀, 몸, ᄠᅳᆮ.

7). 六塵: 빗, 소리, 향, 맛, 법, 다히다(接觸).

8). 드트리라: 드틀+이라. ‘드틀’은 ‘티끌’.

9). 새오ᄂᆞ니라: 새오(다)+ᄂᆞ+니라. ‘새·오·다’는 ‘세우다’.

10). 힋와돌와별왜: 힋+와+돌+와+별+와+ㅣ. ‘ㅣ’는 주격조사.

月釋二·15b

ᄒᆞ며八·밣部뽕ㅣ다놀라더니그저긔
諸졍天텬이뎌두相샹·ᄋᆞᆯ보ᅀᆞᆸ고모다
ᄎᆞ기너겨·누·리디마ᄅᆞ시고오래겨쇼
셔ᄒᆞ거늘菩뽕薩삻이니ᄅᆞ샤ᄃᆡ살면
모ᄃᆞ죽고어울면모ᄃᆞ버으는거시니
一·힗切쳉ㅅ이리長땽常썅ᄒᆞᆫ가지몯
ᄃᆞ욀씨寂쩍滅·멿이ᅀᅡ즐거ᄫᅳᆫ거시라

7) 6) 5) 4) 3) 2) 1)

---

1).ᄎᆞ기너겨: ᄎᆞ기(부사)+너기(다)+어.
2).겨쇼셔: 겨시(다)+쇼셔.
3).살면모ᄃᆞ죽고: 살(다)+면+모ᄃᆞ+죽(다)+고. '모ᄃᆞ'는 '모두'의 뜻.
4).어울면: 어울(다)+면.
5).버으: 버·을·다. '벌다, 버그러지다, 벌어지다'.
6).一切ㅅ이리 長常ᄒᆞᆫ가지몯ᄃᆞ욀씨: '모든 일이 언제나 똑같아질 수는 없는 것이므로'의 뜻.
7).寂滅: 涅槃의 飜譯. 生死하는 因, 果를 滅하여 다시 迷한 生死를 繼續하지 않는 適定한 境界.

寂쪅滅멿은 괴외히 업슬씨니 佛뿛性1)
셩ㅅ 가온ᄃᆡ ᄒᆞᆫ 相샹도 업슬씨라 相샹
이 업서 ᄒᆞ논 이리 업서 죽사릿 큰 시르2)
미 다 업슬씨 즐겁다 ᄒᆞ시니라 ○ 寂쪅
滅멿은 사도 아니ᄒᆞ며 죽도 아니홀씨3)
니 衆즁生ᄉᆡᆼ은 煩뻔惱놓ᄅᆞᆯ 몯 ᄡᅳ러ᄇᆞ
려 이리 이실씨 됴ᄒᆞᆫ 일 지ᅀᅮᆫ 因힌緣원4)
ᄋᆞ로 後ᅘᅮᇢ生ᄉᆡᆼ애 됴ᄒᆞᆫ 몸 ᄃᆞ외오 머즌5)
일 지ᅀᅮᆫ 因힌緣원ᄋᆞ로 後ᅘᅮᇢ生ᄉᆡᆼ애 머
즌 몸 ᄃᆞ외야 살락 주그락ᄒᆞ야 그지 업6)
시 受쓯苦콩ᄒᆞ거니와 부텨는 죽사리
업스실씨 寂쪅滅멿이 즐겁다 ᄒᆞ시니
라

내 釋셕種죵애 가나아 出츓家강ᄒᆞ7)

1).괴외히업슬씨니: 괴외ᄒᆞ(다)+이+없(다)+을씨니.
2).죽사릿큰시르미: 죽살(다)+이+ㅅ+크(다)+ㄴ+시름+이.
3).사도아니ᄒᆞ며: 살(다)+도+아니ᄒᆞ(다)+며.
4).됴ᄒᆞᆫ일지ᅀᅮᆫ인연: 둏(다)+ᄋᆞᆫ+일+짓(다)+우+ㄴ+인연.
5).머즌일지ᅀᅮᆫ因緣: 멎(다)+은+일+짓(다)+우+ㄴ+因緣
6).살락주그락: 살(다)+락+죽+으락. '~락~으락, ~락~락' 등은 반복형 어미.
7).내釋種애가나아: 내(주격조사가 무형으로 내재), 釋種+애+가(다)+나(다)+아.

月釋二·16b

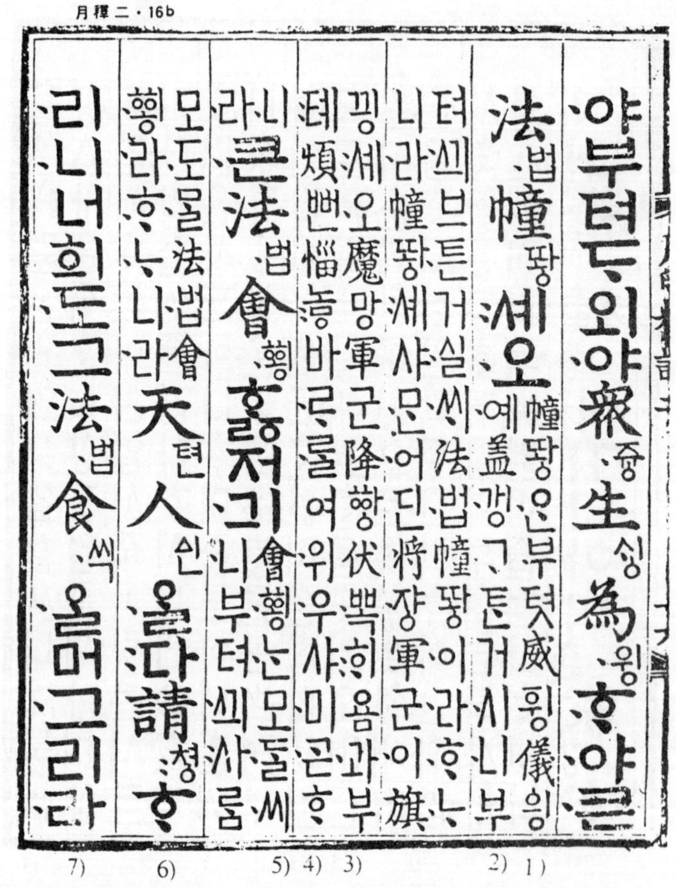

·야·부텨ᄃᆞ외·야衆·즁生싱爲·윙ᄒᆞ·야·큰
法·법幢땅셰·오 幢땅ᄋᆞᆫ부텻威윙儀읭 예盖갱ᄀᆞ·ᄐᆞᆫ거·시·니·부
텨·씌브·튼거·실·씨法·법幢땅·이·라ᄒᆞᄂᆞ ·니·라幢땅·ᄋᆞᆯ셰·샤·ᄆᆞᆫ·어·딘將쟝軍군·이旗
끵·셰·오魔망軍군降ᅘᅡᇰ伏뽁ᄒᆡ·욤·과·부 톄煩뻔惱놓바ᄅᆞ·ᄅᆞᆯ여·위·우·샤·미·곤ᄒᆞ
·니·라·큰法·법會·횡ᄒᆞ·ᇙ·저·긔 會·횡ᄂᆞᆫ모·ᄃᆞᆯ·씨·니부텨·씌·사·ᄅᆞᆷ
·모·도·몰法·법會횡 ·ᅘᅪᇰ·라ᄒᆞᄂᆞ·니·라天텬人신·ᄋᆞᆯ·請쳥ᄒᆞ
·리·니·너·희·도·그法·법食·씩·ᄋᆞᆯ머·그·리·라

7) 6) 5) 4) 3) 2) 1)

---

1).法幢: 부처의 거룩한 모습.

2).셰오: 셰고. 세우고.

3).ᄒᆡ욤: ᄒᆞ(다)+이+(j)+오+ㅁ.

4).煩惱바ᄅᆞᄅᆞᆯ: 바ᄅᆞ+ᄅᆞᆯ. (번뇌의 바다를).

5).여위우샤미: 여위(다)+우+시+아+ㅁ+이.

6).天人: (범) Apsara 飛天, 樂天. 天上의 有情들. 虛空을 날아다니며 音樂을 하고, 하늘 꽃을 흩기도 하며 恒常 즐거운 境界에 있지마는 그 福이 다하면 5衰의 괴로움이 생긴다. (범) Devamanuṣya 人天. 天上의 有情과 人間의 有情. 곧, 天과 人.

7).法食: 부처에게 불사하고 먹는 음식. 부처께서 내리신 음식. 스님들의 먹는 음식.

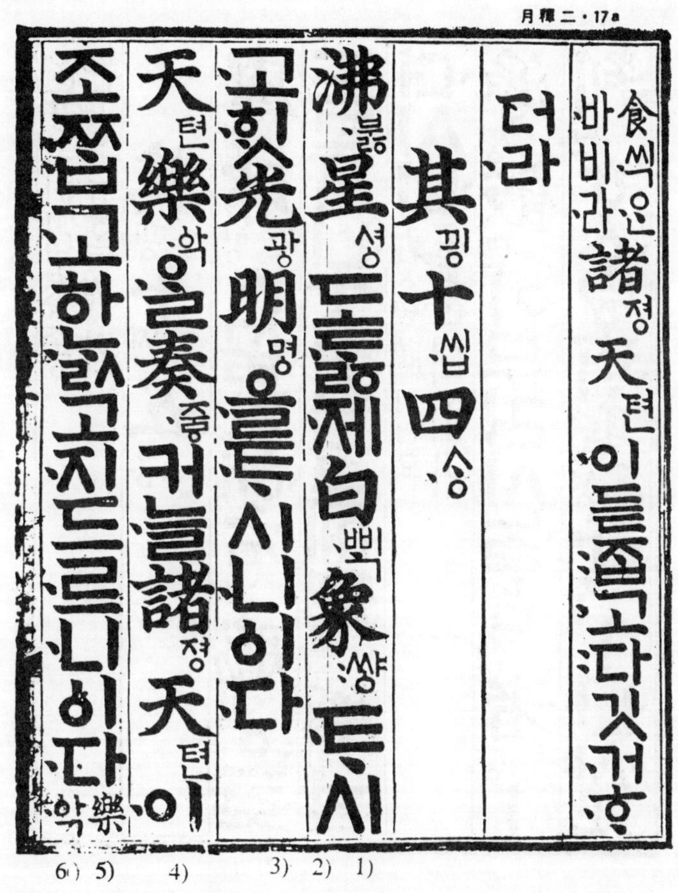
月釋二·17a

食씩은 바비라 諸졍天텬이 듣ᄌᆞᆸ고 다 깃거ᄒᆞ더라

其끵十씹四ᄉᆞᆼ

沸븷星셩 도ᄃᆞᇙ 제 白ᄈᆡᆨ象쌍 ᄐᆞ시고 ᄒᆡᆺ光광明명을 ᄐᆞ시니이다

天텬樂악을 奏좋커늘 諸졍天텬이 조ᄍᆞᆸ고 하ᄂᆞᆳ고지 드르니이다 樂

1). 沸星: 弗沙, 富沙, 勃沙라고도 한다. 飜譯하여 說度라고도 한다. 점점 일어난다는 뜻.

2). 도ᄃᆞᇙ제: 돋(다)+ᄋᆞᇙ+제.

3). ᄒᆡᆺ광명을ᄐᆞ시니이다: ᄒᆡ+ㅅ+광명+을+ᄐᆞ(다)+시+니+이+다.

4). 天樂: 天人들의 音樂. 隨乘한 音樂을 讚嘆하는 말.

5). 조ᄍᆞᆸ고: 좇(다)+ᄌᆞᆸ+고. '좇다'는 '따르다'.

6). 하ᄂᆞᆳ고지드르니이다: 하ᄂᆞᆯ+ㅅ+곶+이+듣(다)+으니+이+다.

月釋 二·17b

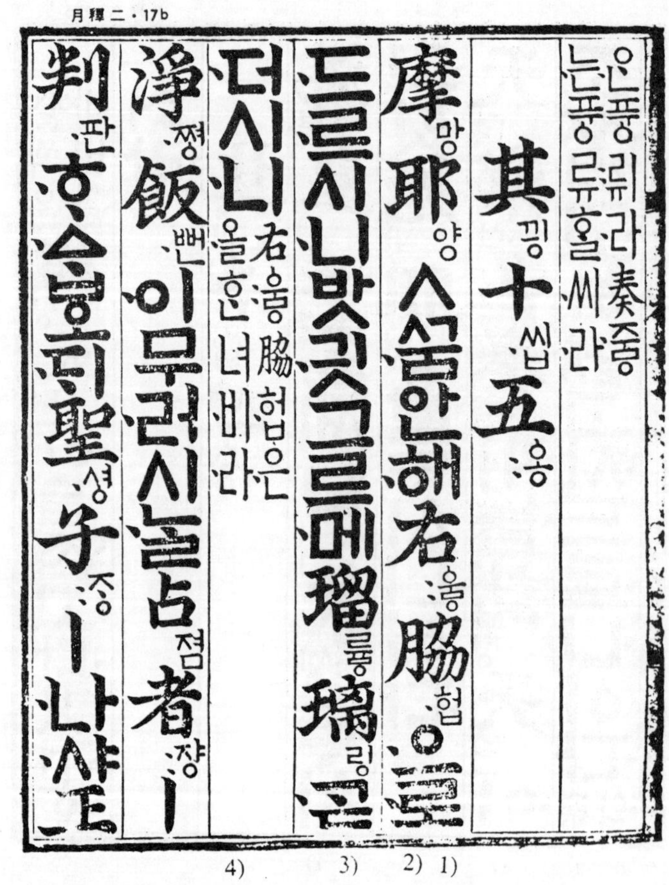

은 풍류라 奏즁는 풍류ᄒᆞᇙ 씨라

其끵十씹五옹

摩망耶양ㅅ ᄭᅮᆷ 안해 右읗脇헙으로[1]

드르시니 밧긧 그르메[3] 瑠륳璃링 ᄀᆞᆮ

더시니 右읗脇헙은 올ᄒᆞᆫ 녀비라[4]

淨쪙飯뻔이 무르시ᄂᆞᆯ 占졈者쟝ㅣ

判판ᄒᆞᅀᆞᄫᆞ되 聖셩子ᄌᆞᆼㅣ 나샤

1). 摩耶: 摩訶摩耶 . 釋尊의 어머니. 拘利城主 善覺王의 누이. 가비라선주 정반왕의 王妃. 王子 싣달다를 낳고 이레만에 죽다.

2). 右脇: 우측 갈비.

3). 밧긧그르메: 밧+ㄱ+의+ㅅ+그르메. '그르·메'믐 '그림자'.

4). 올훈녀비라: 옳(다)+ᄋᆞᆫ+녑+이라. '녑'은 '갈비'.

覺각 일우시리 占졈者쟝ᄂᆞᆫ 占졈卜복ᄒᆞᄂᆞᆫ 사ᄅᆞ미

라

七칧月웛ㅅ 열다쐣날 東동土통앳周쥼昭쟣王왕ㅅ 1)

믈다ᄉᆞᆺ찻ᄒᆡ 癸귕丑튷七칧月웛 沸븛

이라 周쥼ᄂᆞᆫ 代ᄯᆡᆼㅅ 일후미라 2)

星셩도ᄃᆞᇙ 時씽節졇에 沸븛星셩은 西

셩天텬마래 弗븛沙상ㅣ니 正졍히 닐옳딘댄 富붛沙

상ㅣ라 ᄯᅩ 勃뽏沙상ㅣ라 ᄒᆞᄂᆞ니 더 盛 3)

쎵타 혼 ᄠᅳ디라 ᄯᅩ 說쉃度똥ㅣ라 ᄒᆞᄂᆞ

니 說쉃法법ᄒᆞ야 사ᄅᆞᆷ 濟졩度똥ᄒᆞᄂᆞ

1). 七月ㅅ열다쐣날: 七月＋ㅅ＋열닷＋쇄＋ㅅ＋날.

2). 沸星: 앞 주에서 설명.

3). 닐옳딘댄: 니ᄅᆞ(다)＋오＋ㆅ＋ᄃᆞ＋이＋ㄴ대＋ㄴ. 'ᄃᆞ'는 원시 추상명사.

月釋二·18b

·다혼ᄠᅳ디라 이 二ᅀᅵᆼ十씹八밣宿슉ㅅ 中듕에 鬼귕星셩 일후미니 如셩來링 成쎵道똫出춣家강ᄅᆞᆯ 다 二ᅀᅵᆼ月웛八밣 밣日ᅌᅵᇙ 鬼귕宿슉 어욿 저긔 ᄒᆞ시니 福복德득 잇ᄂᆞᆫ 祥썅瑞쓍옛 ᄇᆞ리라 여ᄉᆞᆺ 엄 가진 白ᄈᆡᆨ象썅 ᄐᆞ샤 ᄒᆡ ᄐᆞ샤 兜둫率솛宮궁으로셔 ᄂᆞ려오싫 저긔 世솅界갱예 차 放방光광ᄒᆞ시고 放방光은 펼씨라 諸졍天텬이 虛헝空콩애 ᄀᆞᄃᆞ기 ᄢᅧ좃ᄌᆞᄫᆞ오며

7) 6) 5) 4) 3) 2) 1)

---

1).二十八宿: 별자리의 총칭.

2).鬼星: 二十八宿 가운데의 별이름.

3).어욿저긔: 어울(다)+ㅭ+적+의.

4).여ᄉᆞᆺ엄가진: 여ᄉᆞᆺ+엄+가지(다)+ㄴ. '엄'은 '어금니, 이빨'.

5).世界: 앞 주에서 설명.

6).세계예차: 세계+예+차(다).

7).ᄀᆞᄃᆞ기ᄢᅧ좃ᄌᆞᄫᆞ오며: ᄀᆞᄃᆞᆨ+이+ᄢᅵ(다)+좃(좇)(다)+ᄌᆞᇦ+아+오며. '·ᄢᅵ다'는 '끼다'.

月釋二·19a

류ᄒᆞ·고·곳비·터·니 菩뽕薩삻·이諸졍天텬ᄃᆞ·려무·르·샤·ᄃᆡ엇
·던양ᄌᆞ·로ᄂᆞ·려가·료ᄒᆞ·샤ᄂᆞᆯ션·비양ᄌᆞ
·도니ᄅᆞ·며帝뎽釋셕梵뻠王왕양ᄌᆞ·도
니ᄅᆞ·며ᄒᆡᄃᆞᆯ양ᄌᆞ·도니ᄅᆞ·며金금翅싱
鳥됼양ᄌᆞ·도니ᄅᆞ·더·니ᄒᆞᆫ梵뻠天텬·이
諸졍天텬ᄃᆞ·려닐·오·ᄃᆡ象썅·ᄋᆡ양ᄌᆡ第
뗑一힗·이·니엇·뎨어·뇨ᄒᆞ·란·ᄃᆡ·세가·짓
즁ᄉᆡᆼ·이므·를건·나·ᄃᆡ톳·기·와ᄃᆞᆯ·와·ᄂᆞᆫ기
·픠·ᄅᆞᆯ모·ᄅᆞᆯ·씨聲셩聞문緣원覺각·ᄋᆡ法
법根ᄀᆞᆫ源원·아·디몯ᄒᆞ·미ᄀᆞᆮ·고象썅·ᄋᆞᆫ
믌미·ᄐᆞ·로거·러·갈·씨菩뽕薩삻·ᄋᆡ三삼
界갱ᄉᆞ ᄆᆞᆺ아·로·미ᄀᆞᆮᄒᆞ·니·라○聲셩聞
문·은소·리드·를·씨·니ᄂᆞ·ᄆᆡ·말ᄃᆞ·러·ᅀᅡ알

9) 8) 7) 6) 5) 4) 3) 2) 1)

---

1). 곳비터니: 곳+빟(다)+더+니. '빟다'는 '뿌리다'.

2). ᄂᆞ려가료: ᄂᆞ리(다)+어+가(다)+료. '-료'는 의문형 종결어미.

3). 엇뎨어뇨: 엇뎌+이+거뇨. '-거뇨'는 '것인가'.

4). 건나ᄃᆡ: 건나(다)+ᄃᆡ.

5). 톳기와돌와: 톳기+와+돌+와. '톳기'는 '토끼'.

6). 기픠: 명사.

7). 믌미ᄐᆞ로: 믈+ㅅ+밑+으로.

8). 아로미: 알(다)+오+ㅁ+이.

9). ᄀᆞᆮᄒᆞ니라: ᄀᆞᆮᄒᆞ(다)+니라. '·ᄀᆞᆮᄒᆞ다'는 현대어의 '같다'이다. 'ᄀᆞᆮᄒᆞ다'를 잘못 분석하여 '같다'라고 한 것이다.

月釋 二 · 19b

씨라須슝陁땅洹환과斯송陁땅含ᄒᆞᆷ
과阿항那낭含ᄒᆞᆷ과阿항羅랑漢한이
다聲셩聞문이니須슝陁땅洹환ᄋᆞᆫ聖
셩人신ㅅ주비예드다ᄒᆞᆫᄠᅳ디라斯송
陁땅含ᄒᆞᆷᄋᆞᆫᄒᆞᆫ번녀러오다ᄒᆞᆫᄠᅳ디니
ᄒᆞᆫ번주거하ᄂᆞᆯ해갯다가ᄯᅩ人신間간
애ᄂᆞ려오면阿항羅랑漢한이ᄃᆞ외ᄂᆞ
니라阿항那낭含ᄒᆞᆷᄋᆞᆫ아니오다ᄒᆞᆫᄠᅳ
디니欲욕界갱예이셔주거色ᄉᆡᆨ無뭉
色ᄉᆡᆨ界갱예나아ᄂᆞ외야아니ᄂᆞ려오
ᄂᆞ니라阿항羅랑漢한ᄋᆞᆫ殺삻賊쯕이
라ᄒᆞᆫᄠᅳ디니殺삻ᄋᆞᆫ주길씨니煩뻔惱
놓盜뚷賊쯕주길씨라ᄯᅩ不블生ᄉᆡᆼ이
라ᄒᆞᄂᆞ니나디아니탓ᄠᅳ디니ᄂᆞ외야

7) 6) 5) 4) 3) 2) 1)

---

1).須拖洹: (범) Srotāpanna 성문 4果의 하나. 豫流果의 梵名. 無漏道에 처음 參禮하여 들어간 地位.

2).斯多含: (범) Sakṛdāgāmin 성문 4果의 하나. 一來果라 飜譯.

3).阿那含: (범) Anāgāmin 聲聞 4果중의 제3. 줄여서 那含이라하고, 불환, 불래라 번역, 欲界에서 죽어 色界, 無色界에 나고는 煩惱가 없어져서 다시 돌아오지 아니한다는 뜻.

4).阿羅漢: (범) Arhan 小乘의 敎法을 修行하는 聲聞 4果의 가장 윗자리. 應供, 殺賊, 不生, 離惡이라 飜譯. 如來 十好의 하나. 聲聞 阿羅漢과 區別하기 위하여 '아라하'라고 하나 원어의 뜻은 같다.

5).주비예: 주비+예. '주·비'는 類, 部의 뜻.

6).녀러오다: 녀(다)+어+오다. '다니러 오다'.의 뜻.

7).갯다가: 가(다)+잇+다가.

生ᄉᆡᆼ死ᄉᆞᆼㅅ果광報ᄫᅩᇢ애타나디아니
ᄒᆞᆯ씨라ᄯᅩ應ᅙᅳᆼ供공이라ᄒᆞᄂᆞ니應ᅙᅳᆼ
ᄋᆞᆫ맛당ᄒᆞᆯ씨니人ᅀᅵᆫ天텬ㅅ供공養양
ᄋᆞᆯ바도미맛당타ᄒᆞ논ᄆᆞ리라緣원覺
각ᄋᆞᆫ열두因ᅙᅵᆫ緣원을보아道ᄯᅩᇢ理링
ᄅᆞᆯ알씨니스승업시절로알씨獨ᄯᅩᆨ覺
각이라도ᄒᆞᄂᆞ니獨ᄯᅩᆨ覺각ᄋᆞᆫᄒᆞ오ᅀᅡ
알씨니西솅天텬ㅅᄆᆞ래辟벽支징라ᄒᆞ
ᄂᆞ니라열두因ᅙᅵᆫ緣원ᄋᆞᆫ無뭉明명緣
원ᄋᆞᆫ行ᅘᆡᆼ이오行ᅘᆡᆼ緣원ᄋᆞᆫ識식이오
識식緣원ᄋᆞᆫ名명色ᄉᆡᆨ이오名명色ᄉᆡᆨ
緣원ᄋᆞᆫ六륙入ᅀᅵᆸ이오六륙入ᅀᅵᆸ緣원
ᄋᆞᆫ觸쵹이오觸쵹緣원ᄋᆞᆫ受ᄊᆖᇢㅣ오受
ᄊᆖᇢ緣원ᄋᆞᆫ愛ᄒᆡᆼ오愛ᄒᆡᆼ緣원ᄋᆞᆫ取ᄎᆖᇢㅣ

4) 3) 2) 1)

---

1).바도미맛당타: 받(다)+오+ㅁ+이+맛당ᄒᆞ다.

2).緣覺: 앞 주에서 설명.

3).ᄒᆞ오ᅀᅡ: ᄒᆞ오ᅀᅡ>호ᅀᅡ>혼자.

4).無名緣-行, 行緣-識, 識緣-名色, 名色緣-六入, 六入緣-觸, 觸緣-受, 受緣-愛, 愛緣-取.

月釋二·20b

오取츙緣원은有웋ㅣ오有웋緣원은
生싱이오生싱緣원은老롷死ᄉᆞᆼ憂ᅙᅮᇢ
悲빙苦콩惱ᄂᆞᇢㅣ니無뭉明명이滅멿
ᄒᆞ면行ᅘᆡᇰ이滅멿ᄒᆞ고行ᅘᆡᇰ이滅멿ᄒᆞ
면識식이滅멿ᄒᆞ고識식이滅멿ᄒᆞ면
名명色ᄉᆡᆨ이滅멿ᄒᆞ고名명色ᄉᆡᆨ이滅
멿ᄒᆞ면六륙入ᅀᅵᆸ이滅멿ᄒᆞ고六륙入
ᅀᅵᆸ이滅멿ᄒᆞ면觸쵹이滅멿ᄒᆞ고觸쵹
이滅멿ᄒᆞ면受쓯ㅣ滅멿ᄒᆞ고受쓯ㅣ
滅멿ᄒᆞ면愛ᅙᆡᆼ滅멿ᄒᆞ고愛ᅙᆡᆼ滅멿ᄒᆞ
면取츙ㅣ滅멿ᄒᆞ고取츙ㅣ滅멿ᄒᆞ면
有웋ㅣ滅멿ᄒᆞ고有웋ㅣ滅멿ᄒᆞ면生
싱이滅멿ᄒᆞ고生싱이滅멿ᄒᆞ면老롷
死ᄉᆞᆼ憂ᅙᅮᇢ悲빙苦콩惱ᄂᆞᇢㅣ滅멿ᄒᆞ리

2) 1)

---

1).取緣-有, 有緣-生, 生緣-老, 死, 憂, 悲, 苦, 惱.

2).無名이 滅-行이 滅, 行이 滅-識이 滅, 識이 滅-六入이 滅, 六入이 滅-觸이 滅, 觸이 滅-受가 滅, 受가 滅-愛가 滅, 愛가 滅-取가 滅, 取가 滅-有가 滅, 有가 滅-生이 滅, 生이 滅-老, 死, 憂, 悲, 苦 惱가 滅.

라 性셩智딩 本본來ᄅᆡᆼ ᄇᆞᆯ가 微밍妙묭ᄒᆞ며 ᄆᆞᆯ가 精졍커늘 精졍은 섯근 것 업슬 씨라 거츤 드트리 믄득 니러 어듭게 ᄒᆞᆯ 씨 일후미 無뭉明명이니 無뭉明명은 ᄇᆞᆯ고미 업슬 씨라 無뭉明명躰톙예 ᄒᆞᆫ 念념 처ᅀᅥᆷ 뮈유미 일후미 行ᅘᆡᇰ이니 行ᅘᆡᇰ은 뮐 씨라 흐리워 뮈우면 精졍을 일허 아로미 나ᄂᆞ니 그럴ᄊᆡ 智딩ᄅᆞᆯ 두르혀 일후믈 識식이라 ᄒᆞᄂᆞ니 識식은 알 씨라 十씹二ᅀᅵᆼ緣원 中듕에 이 세히 根근本본이 ᄃᆞ외오 나ᄆᆞᆫ 아호ᄇᆞᆫ 枝징末맗이 ᄃᆞ외ᄂᆞ니 根근은 불휘오 本본은 미티오 枝징ᄂᆞᆫ 가지오 末맗은 그티라 서르 因인緣원ᄒᆞ야 三삼世솅 緣원이 ᄃᆞ외라

10) 9) 8) 7) 6) 5) 4) 3) 2) 1)

---

1).性智: 性--性質. 나면서부터 가진 本然의 性品. 機性이란 것과 같다. 事物의 本體, 自體. 現象差別의 相對的 모양에 대하여 5蘊 또는 平等 眞如를 말함. 不變不改하는 뜻. 본래부터 고쳐지지 않는 性質. 金性, 火性, 佛性과 같은 것. 智--모든 사상과 道理에 대하여 그 是非, 邪正을 分別 판단하는 마음의 作用. 지는 慧 의 여러 作用의 하나이나 知慧라 붙여서 쓴다.

2).精: 잡 것이 섞여지지 않은 것.

3).섯근 것: 섯ㄱ(다)+은. '섞다'.

4).거츤드트리: 거츨(다)+ㄴ+드틀+이. '드틀'은 '티끌'.

5).ᄇᆞᆯ고미: ᄇᆞᆰ(다)+오+ㅁ+이.

6).뮈유미: 뮈(다)+(j)+우+ㅁ+이.

7).흐리워뮈우면: 흐리(다)+우+어+뮈(다)+우+면.

8).일허: 잃(다)+어.

9).두르혀: 두르혀(다).

10).나ᄆᆞᆫ: 남(다)+ᄋᆞᆫ.

月釋二·21b

ᄂᆞ니라三삼世솅ᄂᆞᆫ過광去컹와現현
在찡와未밍來링왜니過광去컹ᄂᆞᆫ디
나건뉘오現현在찡ᄂᆞᆫ나타잇ᄂᆞᆫ뉘오
未밍來링ᄂᆞᆫ아니왯ᄂᆞᆫ뉘라智딩ᄂᆞᆫ本
본來링아로미업거늘識식다ᄉᆞ로얼
구ᄅᆞᆯ아라妄망心심이ᄃᆞ외ᄂᆞ니妄망
心심은ᄀᆞ츤ᄆᆞᅀᆞ미라名명이라ᄒᆞᄂᆞ
니六륙賊쯕의主즁人신이라六륙賊
쯕은여ᄉᆞᆺ도ᄌᆞ기니六륙根ᄀᆞᆫ을니ᄅᆞ
니라性셩이本본來링나미업거늘識
식다ᄉᆞ로얼구리나幻환質짏이ᄃᆞ외
ᄂᆞ니色ᄉᆡᆨ이라ᄒᆞᄂᆞ니四ᄉᆞᆼ陰음의브
튼ᄯᅡ히니幻환質짏은곡도ᄀᆞᆮᄒᆞᆫ얼구
리오四ᄉᆞᆼ陰음은受쓯想샹行ᅘᆡᆼ識식

6) 5) 4) 3) 2) 1)

---

1). 디나건뉘오: 디나(다)+거(다)+ㄴ+뉘+고. '-거다'는 '-다'의 강조형.

2). 아니왯ᄂᆞᆫ: 아니오(다)+아+잇+ᄂᆞᆫ.

3). 다ᄉᆞ로: 닷+ᄋᆞ로. '닷'은 '탓'.

4). 나미업거늘: 나(다)+이+업(다)+거늘.

5). 곡도ᄀᆞᆮᄒᆞᆫ얼구리오: 곡도+ᄀᆞᆮᄒᆞ(다)+ㄴ+얼굴+이+고. '곡도'는 '꼭두각씨'.

6). 四陰: 想-想像, 感想, 思想 등의 말다 같은 뜻. 곧, 客觀的 부산한 萬象의 모양을 비쳐 들여서 森羅萬象을 생각하는 것.

受- 感覺을 말함. 바깥 境界를 마음에 받아들이는 精神作用. 苦受, 樂受, 捨受를 三受라고 한다.

行- 一切의 有爲法을 말함. 有爲法은 緣을 따라서 모여 일어나고, 만들어진다는 뜻. 또는 이것이 항상 變化하여 生滅하는 것이므로 遷流의 뜻으로 解釋.

識- 境界에 대하여 認識하는 마음의 作用. 마음의 作用을 心, 意, 識으로 나누어 말하기도 함.

이라名명色ᄉᆡᆨᄋᆞᆫ識ᄉᆡᆨ이처ᅀᅥᆷ胎ᄐᆡᆼ예
브터凝응滑ᅘᅪᇙᄒᆞᄂᆞᆫ相샹이아니凝응은
얼일씨라凝응滑ᅘᅪᇙᄒᆞᆯ씨六륙根근
이ᄀᆞᆮᄂᆞ니일후미六륙入ᅀᅵᆸ이라
入ᅀᅵᆸᄋᆞᆫ涉썹入ᅀᅵᆸᄒᆞᄆᆞ로ᄠᅳᆮᄒᆞ니涉
썹은버믈씨오入ᅀᅵᆸᄋᆞᆫ들씨라根근
塵띤이서르對됭ᄒᆞ면識식이나ᄂᆞ
니識식이根근塵띤을브터能능入
ᅀᅵᆸ이ᄃᆞ외ᄂᆞ니根근塵띤이곧所송
入ᅀᅵᆸ이라이十씹二ᅀᅵᆼᄂᆞᆫ所송入ᅀᅵᆸ
을브터일훔어드니라能능은내잘
ᄒᆞᆯ씨오所송ᄂᆞᆫ날對됭ᄒᆞᆫ境경界갱
라○六륙入ᅀᅵᆸ이두ᄡᅳ디잇ᄂᆞ니ᄒᆞ
나ᄒᆞᆫ根근塵띤아서르涉썹入ᅀᅵᆸ호

6) 5) 4) 3) 2) 1)

---

1). 얼일씨라: 얼의(다)+ㄹ씨라.

2). ᄀᆞᆮᄂᆞ니: ᄀᆞᆮ(ᄀᆞᇀ)(ᄒᆞ)+ᄂᆞ+니. 'ᄀᆞᆮ-'은 'ᄀᆞᇀᄒᆞ다'의 뜻.

3). 버믈씨오: 버믈(다)+ㄹ씨+고. '버믈다'는 '두르다'.

4). 根塵이서르대ᄒᆞ며식이ᄂᆞ니: 티끌의 뿌리가 서로 어울리면 境界에 대하여 認識하는 마음이 생겨난다는 것.

5). 根塵 = 根境: 눈, 귀, 코, 혀 몸의 5근 또는 뜻을 더하여 6根과 빝, 소리, 냄새, 맛, 촉감의 5塵 또는 법진을 더하여 6진과를 말한다. 五根, 五境, 五塵이 있다.

6). 能所: 能은 能動으로서 動作하는 것. 所는 所動으로서 動作을 받는 것.

月釋 二·21d

미오ᄃᆞᆯᄒᆞᆫ根근境경이다識식의ᄃᆞ
ᄂᆞᆫ배니이럴ᄊᆡ經경ᄃᆞᆯ해十씹二ᅀᅵᆼ
入ᅀᅵᆸ이라일훔지ᄒᆞ니라楞릉嚴엄
에오직六륙根근으로入ᅀᅵᆸ사모ᄆᆞᆫ
根근이어든ᄠᅳ디잇ᄂᆞ니親친히能
능ᄒᆞ識식을내오ᄯᅩ根근이能능히
境경을受쓰ᇢᄒᆞ야알ᄑᆡᆺ塵띤을ᄉᆡᆼ라
자ᄇᆞᆯᄊᆡᄒᆞ오ᅀᅡ일후믈入ᅀᅵᆸ이라ᄒᆞ
니라그럴ᄊᆡ六륙根근을닐오ᄃᆡ賊
쪽媒밍라ᄒᆞ니졔졔집보비ᄅᆞᆯ도ᄌᆞᆨ
ᄒᆞᆯᄊᆡ니라媒밍ᄂᆞᆫ재여리라○內ᄂᆡᆼ
六륙을入ᅀᅵᆸ이라일훔지ᄒᆞᄆᆞᆫ이六
륙法법이親친ᄒᆞᆯᄊᆡ안해屬쑉ᄒᆞ니
識식의브튼밸ᄊᆡ일후믈入ᅀᅵᆸ이라

6) 5) 4) 3) 2) 1)

---

1). 六根: 6識의 所依가 되어 6識을 일으키어 對境을 認識케 하는 根源. 眼根, 耳根 鼻根, 舌根, 身根, 意根이니, 곧, 6官이다. 根은 낸다는 뜻. 眼根은 眼識을 내어 色境을 認識하는 것. 意根은 意識을 내어 法經을 認識하므로 根이라 한다.

2). 제제집보비롤도족홀씨니라: :제(주격)+제(소유격)+집, 보비롤+도죽ᄒᆞ(다)+ㄹ씨+니+라.

3). 재여리라: 재여리+라. '재여ᆞ리'는 '중매, 매개'의 뜻.

4). 지호몬: 짛(다)+오+ㅁ+ᄋᆞᆫ.

5). 六法(戒): 또는 正學律儀. 식차마나가 가지는 6種의 戒律. 1.染心相觸으로 나쁜 마음으로 男子의 몸에 接觸하지 말라. 2.盜人四錢으로 남의돈 4錢을 훔치지 말라. 3.斷畜生命으로 畜生을 죽이지 말라. 4. 小妄語로 실답지 않는 말을 하지 말라, 5. 非時食으로 正午를 지나서 먹지 말라. 6. 飮酒로 술을 마시지 말라, 女子가 佛門에 들어 比丘가 되려할 적에는 먼저 10個月 以上 3年 以內 이 法을 지키고 後에 具足戒를 받는 것이 法禮이다. 이것은 懷妊 與否를 認定하기 때문이다.

6). 브튼밸씨: 븥(다)+우+ㄴ+바+이+ㄹ씨.

月釋二·22a

ᄒᆞ니라 ᄯᅩ 根근이라 일훔지호ᄆᆞᆫ 根근은 能능히 내요ᄆᆞ로[1] ᄠᅳᆮᄒᆞ니 이여스시다[2] 識식 내논 功공이 실ᄊᆡ 通통히 일후믈 根근이라 ᄒᆞ니라 外욍 六륙入십[3]은 이 여스시 蹤송홀ᄊᆡ 밧기 屬쑉ᄒᆞ니 識식의 ᄂᆞ녀 버므리논 ᄡᅡ힐ᄊᆡ 일후믈 入십이라 ᄒᆞ니라 ᄯᅩ 塵띤이라 일훔지호ᄆᆞᆫ 塵띤은 ᄃᆞ러부므로 ᄠᅳᆮᄒᆞ니 能능히 情쪙識식을 ᄃᆞ러빌ᄊᆡ[4] 通통히 일후믈 塵띤이라 ᄒᆞ니라 ᄯᅩ 十씹二ᅀᅵᆼ處청ㅣ 나기논[5] ᄯᅡ다니 여슷가짓 識식이 根근塵띤ᄋᆞᆯ 브터 나 [illegible]ᄂᆞ니라

---

1).내요ᄆᆞ로: 내(다)+(j)+오+ㅁ+ᄋᆞ로.

2).이여스시: 이(대명사), 여슷+이.

3).六入: 눈, 귀, 코, 혀, 몸, 뜻의 6根과 빛깔, 소리, 냄새, 맛, 닿임, 法의 6境을 舊譯에서는 6入, 新譯에서는 6處라 한다. 이 6根, 6境을 합하여 12入 또는 12處라 한다. 그 중에서 6境을 外 6入, 6根을 內 6入이라 한다. 12因緣 중의 6入은 內六入이고, 入은 거두어 들이는 뜻이다. 6根, 6境은 서로 거두어 들여 6識을 내는 것이므로 6入이라 하고, 處는 所衣이며, 6根, 6境은 6識을 내는 所衣가 되므로 6處라 한다.

4).더러빌씨: 더러비(다)+ㄹ씨.

5).나기논: 나기+ᄂᆞ+오+ㄴ.

月釋二·22b

根ᄀᆞᆫ이이러胎ᄐᆡᆼ예나根ᄀᆞᆫ과境경과섯구 1)
미일후미觸쵹이니觸쵹은다ᄒᆞᆯ씨라앒境 2)
경을바다드료미일후미受쓯ㅣ오受쓯호 3)
미이실씨愛ᅙᆡᆼ心심이나다ᅀᅡ取츙ᄒᆞᄂᆞ니 4)
愛ᅙᆡᆼ心심은ᄃᆞᅀᆞᆫᄆᆞᅀᆞ미오取츙ᄒᆞᄂᆞᆫ가질씨 5)
라愛ᅙᆡᆼ取츙ᄒᆞᆯ씨惑ᅘᅬᆨ業업이서르믜자善
쎤惡학이얼굴잇ᄂᆞ니일후미有ᅌᅮᇢㅣ니有
ᅌᅮᇢᄂᆞᆫ이실씨라믜조미잇논다ᄉᆞ로三삼界 6)
갱예나논因힌이ᄃᆞ외ᄂᆞ니일후미生ᄉᆡᆼ이
오生ᄉᆡᆼ곳이시면老롱死ᄉᆞᆼ苦콩惱놓ㅣ좃
ᄂᆞ니이ᄂᆞᆫ生ᄉᆡᆼ起킝相샹이라老롱ᄂᆞᆫ늘글
씨오死ᄉᆞᆼᄂᆞᆫ주글씨오憂ᅙᅮᇢᄂᆞᆫ시름ᄒᆞᆯ씨오
悲빙ᄂᆞᆫ슬흘씨오苦콩ᄂᆞᆫ몸알ᄑᆞᆯ씨오惱놓
ᄂᆞᆫᄆᆞᅀᆞᆷ설ᄫᅳᆯ씨오老롱死ᄉᆞᆼᄂᆞᆫ苦콩ㅣ오憂

1). 섯구미: 섥(다)+우+ㅁ+이.

2). 앒: 앞.

3). 드료미: 듣(다)+(j)+오+ㅁ+이.

4). 나다ᅀᅡ: 나다+ᅀᅡ. '나다 나다'는 '나타나다'의 뜻.

5). ᄃᆞᆺ온ᄆᆞᅀᆞ미오: ᄃᆞᆺ오(다)+ㄴ+ᄆᆞᅀᆞᆷ+이+고. 'ᄃᆞᆺ오다'는 '따스하다'의 뜻.

6). 믜조미잇논다ᄉᆞ로: 믲(다)+오+ㅁ+이, 잇(이시다)+ᄂᆞ+오+ㄴ+닷ᄋᆞ로.

月釋二·22c

홇 悲빙논 惱놓ㅣ오 生싱起킝논 니러날씨라
滅멿코져 홇딘댄 므ᄉᆞ거ᄉᆞ로 조ᅀᆞᄅᆞᄫᆡᆫ거슬
사ᄆᆞ료 알라뎌 無뭉明명이 實씷로 體톙 잇논
디 아니라 처ᅀᅥᆷ ᄒᆞᆫ ᄆᆞᅀᆞᆷ 根ᄀᆞᆫ源원이 훤히 微밍
妙묳히 ᄆᆞᆰ거늘 知딩見견의 知딩ᄅᆞᆯ 세여 妄망
塵띤이 믄득 니론 젼ᄎᆞ로 無뭉明명이 잇ᄂᆞ니
ᄒᆞ다가 知딩見견의 見견이 업스면 智딩性셩
이 眞진淨쪙ᄒᆞ야 微밍妙묳히 ᄆᆞᆯ고매 도라가
ᄉᆞᄆᆞᆺ 精졍ᄒᆞ리니 일후미 無뭉明명滅멿이니
그러면 行ᅘᆡᇰᄋᆞ롯 아래 아니 滅멿ᄒᆞ리 업스리라
니 미티ᄒᆞ마 업슬씨 그티 브튫ᄃᆡ 업스니 이논
修슐斷똰相샹이라 修슐斷똰ᄋᆞᆫ 닷가 그츨씨라
라 ⓞ 子ᄌᆞᆼ細솅히 니ᄅᆞ건댄 十씹二ᅀᅵᆼ因ᅙᅵᆫ緣
원法법이오 멀톄로 니ᄅᆞ건댄 四ᄉᆞᆼ諦뎽法법

7) 6) 5) 4) 3) 2) 1)

---

1). 므ᄉᆞ거ᄉᆞ로: 므스+것+ᄋᆞ로.

2). 조ᅀᆞᄅᆞᄫᆡᆫ거슬: 조ᅀᆞᄅᆞᄫᆡ(다)+것+을.

3). 사ᄆᆞ료: 삼(다)+ᄋᆞ료.

4). 니론젼ᄎᆞ로: 니ᄅᆞ(다)+오+ㄴ+젼ᄎᆞ로.

5). ᄆᆞᆯ고매도라가: ᄆᆞᆰ(다)+오+ㅁ+애+돌(다)+아+가(다). '-애'는 원인격.

6). 그티브튫ᄃᆡ업스니: 긑+이+븥(다)+우+ㅭ+ᄃᆡ+없(다)+으니.

7). 멀톄로: 멀톄+로. '멀톄'는 '대강, 대충'의 뜻.

8). 四諦(法): 四聖體라고도함. 苦, 集, 滅, 道로 佛敎의 綱擊을 나타낸 전형으로서 有力한 것. 諦는 不變如實의 眞相이란 뜻. 苦諦, 곧, 현실의 상을 나타낸 것이니, 현실의 인생은 苦라고 관하는 것. 集諦이니 苦의 理由 根據 혹은 原因이라고도 하니 苦의 原因은 煩惱인데 특히 愛慾과 業을 말함. 위의 2諦는 流轉하는 因果이다. 3. 滅諦이니 깨달을 목표이다. 곧 理想의 涅槃임. 4. 道諦이니 涅槃에 이르는 方法임. 곧, 實踐하는 手段이니 위의 2諦는 悟의 因果이다. 이 四諦說 자신에는 아무런 積極的인 內容이 들어 있지 않지만 後代에 이르면서 매우 중요시하게 組織的으로 取扱한 것이 있다. 苦諦는 無常, 苦, 無我, 5蘊, 說을 集諦, 滅諦는 緣起說을 말하고, 道諦는 8聖道 說을 標示는 것. 그리고 苦諦, 集諦는 12因緣의 順觀에 滅諦, 道諦는 逆觀에 각각 해당한다.

月釋二·22d

이니 四ᄉᆞᆼ諦뎽ᄂᆞᆫ 苦콩集찝滅멿道ᄄᆞᇢㅣ니 諦뎽ᄂᆞᆫ 虛헝티 아니ᄒᆞ야 實씷ᄒᆞᆯ씨오 集찝ᄋᆞᆫ 모ᄃᆞᆯ씨니 受쓯苦콩ㅣ 모댓거든 업긔ᄒᆞ야 道ᄄᆞᇢ理링닷ᄀᆞᆯ씨라 無뭉明명緣원行ᅘᆡᇰᄋᆞ로 老ᄅᆞᇢ死ᄉᆞᆼ憂ᅙᅮᇢ悲빙苦콩惱ᄂᆞᇢㅅ ᄀᆞ장ᄋᆞᆫ 苦콩集찝諦뎽오 無뭉明명滅멿로셔 苦콩惱ᄂᆞᇢ滅멿ㅅ ᄀᆞ장ᄋᆞᆫ 滅멿 道ᄄᆞᇢ諦뎽라 그ᄢᅴ 摩망耶양夫붕人ᅀᅵᆫㅅ ᄭᅮ메 그야ᇰᄋᆞ로 ᄒᆞ샤 올ᄒᆞᆫ 녀브로 드르시니 그르메 밧긔 ᄉᆞᄆᆞᆺ 뵈요미 瑠률璃링 ᄀᆞᆮ더라 摩망耶양ᄂᆞᆫ 術씷法법이라 혼 마리니 처ᅀᅥᆷ 나실 저긔 端돤正졍ᄒᆞ미 위두ᄒᆞ실씨

1). 모ᄃᆞᆯ씨니: 몯(다)+ᄋᆞᆯ씨+니.

2). 모댓거든: 몯(다)+아+잇(이시다)+거든.

3). 그야ᄋᆞ로: 그(대명사)+양+ᄋᆞ로.

4). 올ᄒᆞᆫ녀브로: 옳+ᄋᆞᆫ+녑+으로.

5). 그르메밧긔: 그름+에+밝+의.

6). 뵈요미: 보(다)+이+(j)+오+ㅁ+이.

7). 위두ᄒᆞ실씨: 위두ᄒᆞ(다)+시+ㄹ씨.

月釋 二・23a

나랏 사ᄅᆞ미 모다 닐오ᄃᆡ 變변化황 잘
ᄒᆞᄂᆞᆫ 하ᄂᆞ라도 외야 나ᄭᅧ시다 ᄒᆞ야 일
후믈 摩망耶양ㅣ시다 ᄒᆞ니라 摩망耶
양夫붕人신이 善쎤覺각長댱者쟝ㅣ
여듧찻 ᄯᆞ리시니 相샹뷿 사ᄅᆞ미 닐오
ᄃᆡ 이 각시 당다이 轉뎐輪륜聖셩王왕
올 나ᄒᆞ시리로다 ᄒᆞ야ᄂᆞᆯ 淨쪙飯뻔王
왕이 드르시고 妃핑子ᄌᆞᆼ 사모시니라
長댱者쟝ᄂᆞᆫ 위두ᄒᆞᆯ ᄊᆡ니 姓셩도 貴귕
ᄒᆞ며 벼슬도 노ᄑᆞ며 가ᅀᆞ멸며 싁싁ᄒᆞ
야 므ᅀᅴ여보며 智딩慧ᅘᅰᆼ 기프며 나ᄐᆞᆯ
며 ᄒᆡᇰ뎍 조ᄒᆞ며 禮롕法법이 ᄀᆞᆺ조며 [illegible]
그미 恭공敬경ᄒᆞ시며 百ᄇᆡᆨ姓셩이 브
터 열 가짓 이리 ᄀᆞ자ᅀᅡ 長댱者쟝ㅣ라

7) 6) 5) 4) 3) 2) 1)

---

1). 摩耶婦人: 앞 주에서 설명.

2). 여듧찻ᄯᆞ리시니: 여듧+차+ㅅ+ᄯᆞᆯ+이+시

3). 相뷿사ᄅᆞ미: 相보(다)+ㅭ+사ᄅᆞᆷ+이. 'ㅭ'은 'ㄹ'은 동명사형어미, 'ㆆ'은 촉음, 또는 절음.

4). 당다이: 당당+이. '마땅이'.

5). 가ᅀᆞ멸며: 가ᅀᆞ멸(다)+며.

6). 므ᅀᅴ여보며: 므ᅀᅴ엽(다)+으며.

7). 나틀며: 나틀(다)+며. '·나·틀다'는 '나이들다'.

月釋 二 · 23b

호ᄂᆞ니라 이ᄐᆞᆶ나래 王왕ᄭᅴ 그ᄭᅮ믈 ᄉᆞᆯᄫᆞ시
ᄂᆞᆯ 王왕이 占졈ᄒᆞ논 사ᄅᆞᄆᆞᆯ 블러 무르
시니 다 ᄉᆞᆯᄫᅩᄃᆡ 聖셩子ᄌᆞᆼㅣ 나샤 聖셩子ᄌᆞᆼ
ᄂᆞᆫ 聖셩人신ᄋᆡ 아ᄃᆞ리라 輪륜王왕이 ᄃᆞ외시리니
出츌家강ᄒᆞ시면 正졍覺각ᄋᆞᆯ 일우시
리로소이다 그저긔 兜둫率ᅌᅲᆶ陁땅 諸
졍天텬ᄃᆞᆯ히 닐오ᄃᆡ 우리도 眷권屬쑉

1) 5) 4) 3) 2) 1)

---

1). 이틄나래: 이튼(이틀)+날+애.

2). 그ᄭᅮ믈ᄉᆞᆯᄫᆞ시ᄂᆞᆯ: 그+ᄭᅮᆷ+을+ᄉᆞᆲ(다)+아+시+ᄂᆞᆯ.

3). 다ᄉᆞᆯᄫᅩᄃᆡ: 다+ᄉᆞᆲ(다)+오+ᄃᆡ.

4). 正覺: 앞 주에서 설명.

5). 일우시리로소이다: 일우(다)+시+리+로(도)+소이다.

月釋 二 · 24a

ᄃᆞ외ᅀᆞᄫᅡ法법 ᄇᆡ호ᅀᆞᄫᆞ리라ᄒᆞ고九 2)
궁十씹九궁億흑이人신間간애ᄂᆞ리
며ᄯᅩ他탕化황天텬으로셔ᄂᆞ리리그 3)
지업스며ᄯᅩ色식界갱諸정天텬도ᄂᆞ
려仙션人신이ᄃᆞ외더라
其끵十씹六륙
三삼千천大땡千천이ᄇᆞᆰ며樓릉

---

1).眷屬ᄃᆞ외ᅀᆞᄫᅡ: 眷屬(이)+ᄃᆞ외(다)+ᅀᆞᇦ+아. '-ᅀᆞᇦ-'은 객어가 '석가의 권속'이다. 그러므로 話者, 聽者보다 위상이 높으므로 '-ᅀᆞᇦ-'으로 겸양법을 나타낸 것이다.

2).法바ㅣ 호ᅀᆞᄫᆞ리라: 法, 비호(다)+ᅀᆞᇦ+오+리+라. 이 때 쓰인 '-ᅀᆞᇦ-'은 객어의 관계가 아니고 의도를 나타내는 선어말어미 '-리-'가 있기 때문이다.

3).他化天 = 他化在天: 앞 주에서 설명.

月釋二·24b

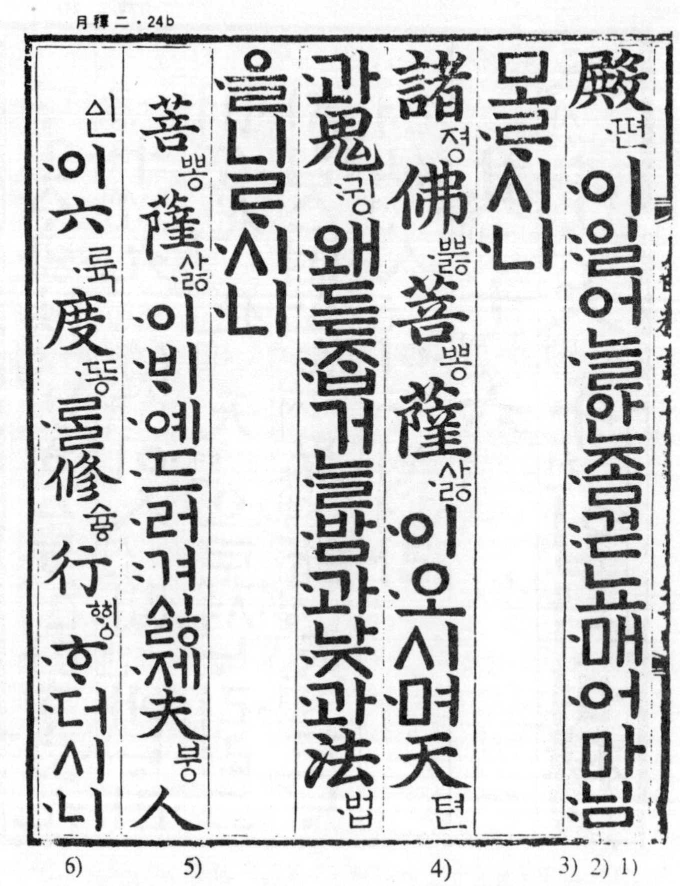

殿뗜이 일어늘 안좀 걷뇨매 어마님

모ᄃᆞ시니

諸졍佛뿛菩뽕薩삻이오시며 天텬

과 鬼귕 왜 듣ᄌᆞᆸ거늘 밤과 낮과 法법

을 니ᄅᆞ시니

菩뽕薩삻이 비예 드러 겨싫제 夫붕人

신이 六륙度똥ᄅᆞᆯ 修슝行ᅘᆡᆼᄒᆞ더시니

6) 5) 4) 3) 2) 1)

---

1). 일어늘: 일(다)+거늘. '-어늘'은 앞의 'ㄹ' 뒤에서 탈락함.

2). 안좀: 앉(다)+오+ㅁ. 앉다의 동명사형.

3). 걷뇨매: 걷(다)+니+(j)+오+ㅁ+애.

4). 天과鬼왜듣좁거늘: 天과鬼와+이+듣(다)+즙+거늘. '천과귀'의 다음에 사용된 '와'는 공동격조사가 겹으로 사용된 것이고, '이'는 天과 鬼를 한테 묶어 주어로 등장하고 그 주격조사가 '이'가 된다.

5). 비예드러겨싫제: 비+예+들(다)+어+겨시(다)+ㅭ+제.

6). 六度: 菩薩 修行의 6種 德目. 布施, 持戒, 忍辱, 精進, 禪定, 智慧이니 六波羅密이다.

六륙度똥ᄂᆞᆫ布봉施싱와持띵戒갱와
忍ᅀᅵᆫ辱ᅀᅭᆨ과精졍進진과禪썬定띵과
智딩慧ᅘᅰᆼ니布봉施싱ᄂᆞᆫ제뒷논쳔량
ᄋᆞ로ᄂᆞᆷ주며제ᅀᅡ논法법으로ᄂᆞᆷᄀᆞᄅᆞ
칠씨오持띵戒갱ᄂᆞᆫ警경戒갱로디닐
씨오忍ᅀᅵᆫ辱ᅀᅭᆨ은辱ᅀᅭᆨᄃᆞ텡빈일太ᄎᆞᆷᄅᆞᆯ씨
오精졍進진은精졍誠쎵으로부텃道
ᄠᅳᆮ理링예나ᅀᅡ갈씨오禪썬定띵은ᄆᆞ
ᅀᆞᄆᆞᆯ寂쩍靜쪙히ᄉᆞ랑ᄒᆞ야一ᅙᅵᇙ定띵
ᄒᆞᆯ씨오智딩慧ᅘᅰᆼᄂᆞᆫᄆᆞᅀᆞ논ᄃᆡ업시
ᄆᆞᆺ비췰씨라度똥ᄂᆞᆫ걷날씨니뎌ᄀᆞᇫ애
걷나다혼ᄠᅳ디니生ᄉᆡᆼ死ᄉᆞᆼᄂᆞᆫ이녁ᄀᆞᇫ
시오煩뻔惱ᄂᆞᇹᄂᆞᆫ므리오涅녏槃빤ᄋᆞᆫ
뎌녁ᄀᆞᇫ시라修슝行ᅘᆡᇰᄋᆞᆫ닷가行ᅘᆡᇰᄒᆞᆯ

8) 7) 6) 5) 4) 3) 2) 1)

---

1).布施: 檀那라 音譯. 六波羅密의 하나. 慈悲心으로 다른 이에게 조건 없이 모든 것을 주는 것. 이것을 財施라한다. 布施는 財施, 法施, 無碍施의 3종으로 나누며 또는 4종, 5종, 7종, 8종으로 나누기도 한다.

2).持戒: 六波羅密의 하나. 戒律을 지켜 犯하지 않음. 戒相에는 比丘의 250戒, 比丘尼의 500戒가 있다

3).忍辱: 六波羅密의 하나. 또는 十波羅密의 하나. 辱됨을 참고 安住하는 뜻. 온갖 侮辱과 煩惱를 참고 怨恨을 일으키지 않음.

4).精進: 成佛하려고 努力하는 菩薩이 修行하는 六度의 하나. 毘梨耶라 音域. 修行을 게을리 아니하고 항상 勇猛하게 나아가는 것. 또, 俗世의 因緣을 끊고 齋戒하고 小食하면서 佛道에 봄을 바치는 것.

5).禪定: 六波羅密의 하나. 禪은 梵語 禪那의 준말. 定은 漢文으로 飜譯한 말. 禪定이라 함은 梵語와 漢文을 함께 일컫는 것.

6).智慧: 般若波羅密多라 音譯. 智度, 到彼岸이라 번역. 六波羅密의 하나. 般若는 實相을 비쳐보는 智慧로서 나고 죽는 이 언덕을 건너 涅槃의 저 언덕에 이르는 배나 뗏목과 같으므로 波羅密多라 한다. **7)**.걷날씨니: 걷나(다)+ㄹ씨+니.

8).이녁: 이+녁. '녁'은 '편, 쪽'. ↔뎌녁.

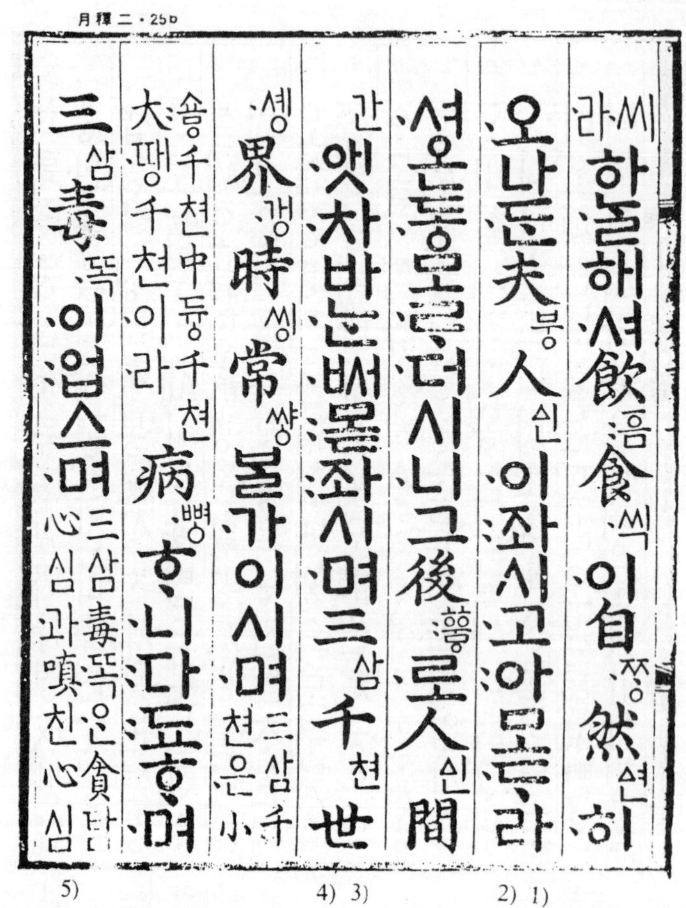
月釋二·25b

·씨라 하ᄂᆞᆯ해셔 飮음食씩·이 自쯩然션·히
·오·나ᄃᆞᆫ 夫붕人신·이 :좌시·고 :와 ᄆᆞ·ᄃᆞ·라
·셔·온·동 모ᄅᆞ·더·시·니 그 後ᅘᅮᇢ·로 人신間
간·앳 ·차반·ᄂᆞᆫ ·ᄡᅥ 몯 :좌·시·며 三삼千쳔世
·솅界갱時씽常썅 ᄫᅩᆯ·가 ·이시·며 三삼千쳔·은 小
숑千쳔中듕千쳔 大땡千쳔·이·라 病뼝·ᄒᆞ·니·다 :됴ᄒᆞ·며
三삼毒똑·이 :업스·며 三삼毒똑·ᄋᆞᆫ 貪탐心심과 嗔친心심

5) 4) 3) 2) 1)

---

1).오나ᄃᆞᆫ: 오(다)+나ᄃᆞᆫ. 오거든.

2).ᄃᆞ라셔온동모ᄅᆞ더시니: ᄃᆞᆯ(다)+아셔+오(다)+ㄴ+동+모ᄅᆞ(다)+더+시+니.

3).차반ᄂᆞᆫᄡᅥ: 차반+ᄂᆞᆫ+ᄡᅳ(다)+어.

4).몯좌시며: 몯+좌시(다)+며.

5).三毒: 貪慾, 瞋恚, 愚癡의 세 煩惱. 毒이라 한 것은 3界의 온갖 煩惱를包攝하고 온갖 煩惱가 衆生을 해치는 것이 마치 毒蛇나 毒龍과 같은 것이다.

月釋二·26a

과迷몡惑획괘라 菩뽕薩삻入相샹好흫ㅣ다[1)]
ᄀᆞᄌᆞ시며 보비옛 樓룽殿뗜이 마치 天[2)]
뎐宮궁 ᄀᆞ더니 樓룽는 다라기라 菩뽕薩삻이
돋니시며 셔겨시며 안ᄌᆞ시며 누ᄫᅳ샤[3)]
매 夫붕人신이 아ᄆᆞ라토 아니ᄒᆞ더시[4)]
니 날마다 세ᄢᅴ로 十씹方방諸졍佛뿛[5)]
이 ᄃᆞ려와 安한否붛ᄒᆞ시고 說숋法법

1). 相好: 容貌, 形象. 相은 몸에 드러나게 잘 생긴 부분, 好는 相 중의 細相에 대하여 말함. 이 相好가 모두 完全하여 하나도 모자람이 없는 것을 佛身이라함. 佛身에는 32相과 80種好가 있다.

2). ᄀᆞᄌᆞ시며: ᄀᆞᆽ(다)+ᄋᆞ시+며.

3). 돋니시며: 돋(다)+니(다)+시+며.

4). 아ᄆᆞ라토: 아ᄆᆞ라ᄒᆞ(다)+도.

5). 세ᄢᅴ로: 세+ᄣᅢ+의+로. 'ᄣᅢ'는 '때'.

月釋 二·26b

·ᄒᆞ시·며 十·씹方방同똥行ᅘᆡᆼ菩뽕薩·삻

·이 :다 ·드·려·와 安한否:블·ᄒᆞ시·고 法·법 ·들

조ᄍᆞᄫᆞ·시·며 同똥行ᅘᆡᆼ·ᄋᆞᆫ ᄒᆞᆫᄃᆡ 녀·실·씨·라 ·ᄯᅩ 아ᄎᆞ·미 色

·식界·갱諸졍天텬·을 爲·윙·ᄒᆞ·야 說·쉃法

·법·ᄒᆞ시·고 나·지 欲·욕界·갱諸졍天텬·을

爲·윙·ᄒᆞ·야 說·쉃法·법·ᄒᆞ시·고 나조·ᄒᆡ 鬼

:귕神씬 爲·윙·ᄒᆞ·야 說·쉃法·법·ᄒᆞ시·고 바

1) 2) 3)

1). ᄒᆞᆫᄃᆡ녀실씨라: ᄒᆞᆫ+ᄃᆡ+녀(다)+시+ㄹ씨라.

2). 나지: 낮+ᄋᆡ.

3). 나조ᄒᆡ: 나조ㅎ+ᄋᆡ. ↔ 아ᄎᆞᆷ.

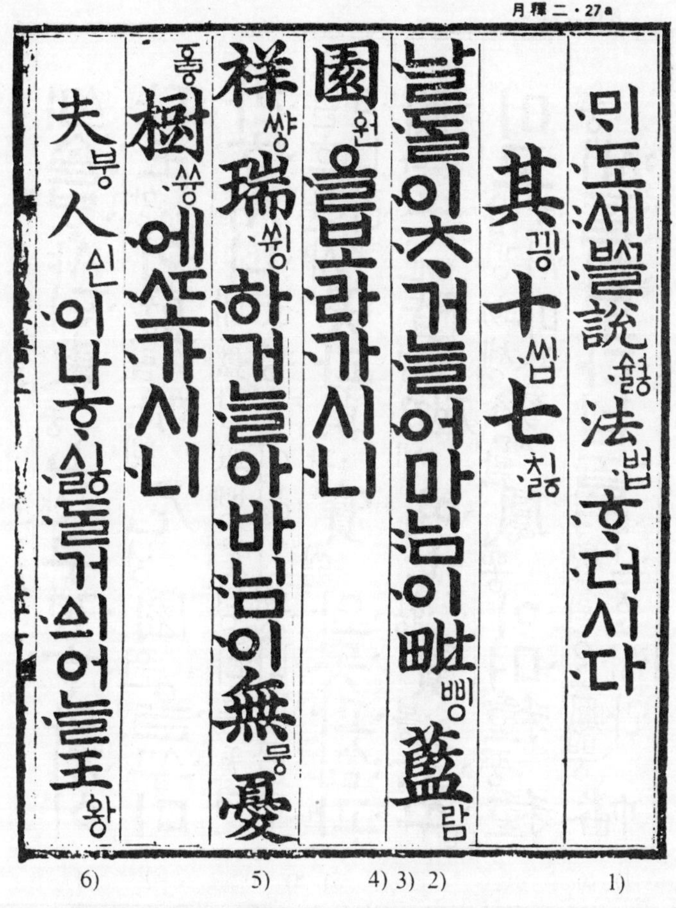
月釋二·27a

·미·ᄃᆞ·세ᄣᅳᆯ說쉻法·법ᄒᆞ·더시·다

其끵十씹七·칧

·날·ᄃᆞᆯ·이ᄎᆞ·거늘·어마·님·이毗뼁藍람

園원·ᄋᆞᆯ보·라·가시·니

祥썅瑞·쒱·하·거늘·아바·님·이無뭉憂

흫樹·쓩·에·ᄯᅩ·가시·니

夫붕人신·이·나ᄒᆞ·싫·ᄃᆞᆯ·거의·어늘王왕

6) 5) 4) 3) 2) 1)

---

1).세ᄢᅳᆯ: 세+ᄣ+을. 세 때를.

2).날ᄃᆞᆯ: 날(日), ᄃᆞᆯ(月).

3).ᄎᆞ거늘: ᄎᆞ(다)+거늘.

4).毗藍園: 부처님이 誕生한 藍毘尼園. 가비라성 람비니원의 준말. 변하여, 誕生回에 쓰는 꽃가마를 일컫는 말.

5).無憂樹: 阿輸迦樹의 飜譯한 이름. 釋尊은 藍毘尼園의 이 나무 아래서 誕生. 過去의 비바시불은 이 나무 아래서 成道하다.

6).나ᄒᆞ싫ᄃᆞᆯ거의어늘: 나ᄒᆞ(낳다)+시+ㅭ+ᄃᆞᆯ+거의(거ᅀᅳ)+거늘.

月釋二·27b

ᄭᅴ ᄉᆞᆯᄫᆞ샤ᄃᆡ 東동山산 구경ᄒᆞ야지ᅌᅵ
다 王왕이 藍람毗삥尼닝園원을 ᄭᅮ미
라 ᄒᆞ시니 녜 藍람毗삥尼닝라 ᄒᆞᇙ 天텬女녕ㅣ 이어긔 왯더니 글로
일후믈 사모니라 곶과 菓광實씷와 못과 ᄉᆡᆷ과
欄란干간階갱砌쳉예 七칧寶봉로 ᄭᅮ
미고 階갱砌쳉는 서미라 鸞롼鳳뽕이며 種종種
종 새ᄃᆞᆯ히 모다 넙놀며 鸞롼ᄋᆞᆫ 鳳뽕 곧ᄒᆞᆫ 새라 幡

1) 6) 5) 4) 3) 2) 1)

---

1). 구경ᄒᆞ야지이다: 구경ᄒᆞ(다)+(j)+지이다. '-지이다'는 願望形 종결어미.

2). 藍毘尼: (범) Lumbini 釋尊이 誕生한 고장. 中印度 가비라성의 동쪽에 있던 꽃동산. 지금의 聯合州 地方 코라쓰크풀州의 북쪽에 해당함.

3). 이어긔: 여기.

4). 왯더니: 와+잇+더+니.

5). 곶=꽃, 못=못(池), ᄉᆡᆷ(泉).

6). 넙놀며: 넘(다)+놀(다)+며. '넘놀며'.

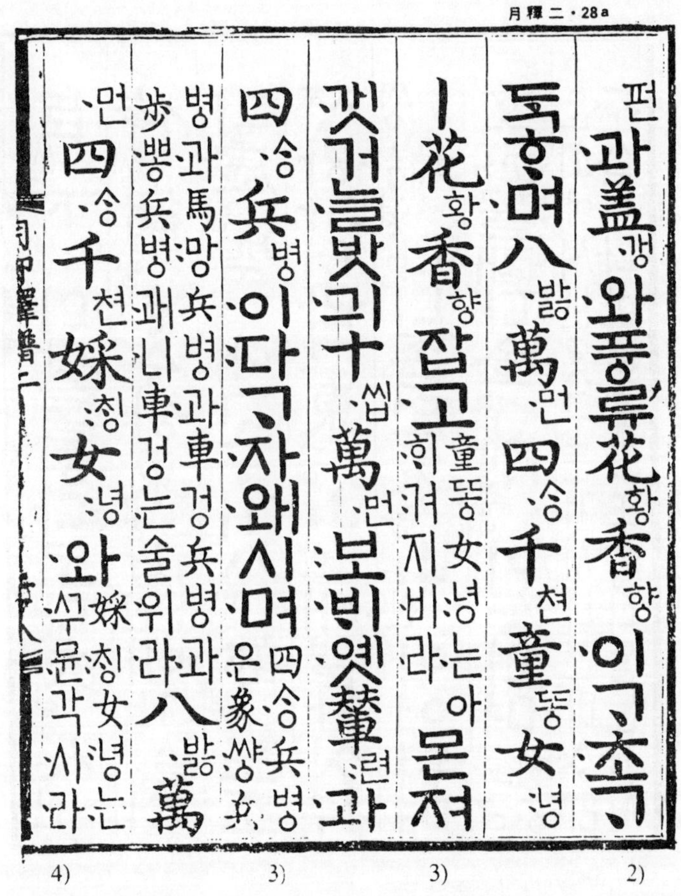
月釋 二 · 28a

펀과 蓋갱와 풍류와 花황香향이 ᄀᆞᄌᆞᆨᄒᆞ며 八밣萬먼四ᄉᆞᆼ千쳔童똥女녕ㅣ 花황香향 잡고 童똥女녕ᄂᆞᆫ 아ᄒᆡ 겨지비라 몬져 갯거늘 밧긔 十씹萬먼 보ᄇᆡ옛 輦련과 四ᄉᆞᆼ兵병이 다 ᄀᆞ자 왜시며 四ᄉᆞᆼ兵병은 象쌍兵병과 馬망兵병과 車겅兵병과 步뽕兵병괘니 車겅ᄂᆞᆫ 술위라 八밣萬먼四ᄉᆞᆼ千쳔婇ᄎᆡᆼ女녕와 婇ᄎᆡᆼ女녕ᄂᆞᆫ ᄉᆞ문 각시라

2) 3) 3) 4)

---

1).幡: (범) Patāka 波多迦라고 音譯. 繒幡, 幢幡이라고도 한다. 佛菩薩의 威德을 표시하는 莊嚴道具인 깃발. 이를 만들어 달고 福을 빌기도 한다.

2).蓋: (범) Chattra 本來 印度에서 햇볕이나 비를 가리우기 위하여 쓰던 日傘으로 傘蓋, 笠蓋하 한다. 대, 나무 껍질, 나무 잎 따위로 만들었는데 뒤에 변하여 佛座 또는 높은 座臺를 덮는 裝飾品이 되어 나무나 쇠붙이로 만들어 法會 때에 法師의 위를 덮는 道具가 되었다. 煩惱를 말하기도 한다. 煩惱는 修行하는 이의 착한 마음을 내지 못하게 한다는 뜻에서 蓋라 한다.

3).몬져갯거늘: 몬져>몬지어>먼지어>먼져>먼저. 갯거늘: 가(다)+잇(이시다)+거늘.

3).ᄀᆞ자왜시며: ᄀᆞᆽ(다)+아+오(다)+잇(이시다)+이+며. 'ᄀᆞᆽ다'는 '구비하다'.

4).ᄉᆞ문각시라: ᄉᆞ미(다)+우+ㄴ+각시+라.

月釋二·28b

臣씬下ᅘᅣᇰ·이 갓·돌·히 :다 모·다 夫붕人신
侍씽衛윙·ᄒᆞᅀᆞ·바 東동山산·애 가ᅀᆞᆲ저
ᄀᆞ 虛헝空콩·애 ᄀᆞᄃᆞ·기 八밣部뽕 도조
ᅏᆞ·바·가·더·라 그 東동山산·애 ·열 가짓 祥
썅瑞쒱 ·나·니 좁·던 東동山산·이 어·위·며
ᄒᆞᆰ·과 ·돌·쾌 :다 金금剛강·이 ᄃᆞ외·며 金금剛강
ᄋᆞᆫ 쇠·예·셔 ·난 ᄆᆞᆺ 구·든 거·시·니 현·마 ᄉᆞ·라
·도 ᄉᆞᆯ·이 ·디 아·니·ᄒᆞ·고 玉·옥 다·ᄃᆞᆷᄂᆞᆫ 거·시·라

7) 6) 5) 4) 3) 2) 1)

---

1). 갓돌히: 갓+돌ㅎ+이. '갓'은 '아내', '것', 芥菜의 뜻. 또, '·갓'은 '갓'(冠).

2). 八部도조ᅏᆞ바가더라: 좇+ᄌᆞᆸ+아+가(다)+더+라. 객어는 '마야부인'이다.

3). 어위며: 어위(다)+며. '어·위·다'는 '넓어지다'.

4). 金剛: (범) Vajra 跋折羅, 跋闍羅, 跋너羅, 伐折羅, 縛너螺라 音譯. 金屬 중에 가장 굳다는 뜻. 1. 武器의 뜻. 帝釋과 密迹力士 등이 가지는 金剛杵. 2. 金剛石을 말한다. 透明하여 빛깔이 없고, 환한 빛이 輝煌燦爛하여 햇볕에는 여러 가지 빛깔을 나타내고 밤에는 螢光을 발하는 寶石으로 靑, 黃, 赤, 白, 碧 등의 빛깔도 있다. 이 金剛은 굳고 銳利한 두 기지 德을 간직하였으므로 經論 가운데에 굳고 단단한 것의 比喩로 쓴다.

5). ᄆᆞᆺ구든거시니: ᄆᆞᆺ+굳(다)+은+것+이+니. '가장 굳은 것'.

6). 현마ᄉᆞ라도: '·현마'는 부사로 '설마, 차마, 아무리'의 뜻이 있고, 명사로는 '얼마'의 뜻이 있다. ᄉᆞ라도: ᄉᆞᆯ(다)+아+도. '·ᄉᆞᆯ·다'는 '사르다'(燒)의 뜻이 있다.

7). 옥다ᄃᆞᆷᄂᆞᆫ것시라: 옥을 다듬는 것. 금강석이 굳기 때문에 옥을 곱게 다듬을 때 쓰인다는 말.

月釋 二 · 29a

·라 보·비옛남·기 느러·니 셔·며 沈띰香향
ㅅ골·ᄋᆞ로 沈띰香향·은 므·레 좀ᄂᆞᆫ 香향·이·라 種죵種죵
莊장嚴엄ᄒᆞ·며 莊장嚴엄·은 싁싀·기 ᄭᅮ밀·씨·라 花황鬘
·만·이 ᄀᆞ·독ᄒᆞ·며 西솅天텬·에셔 고ᄌᆞᆯ 느러·니 엿거 남진 겨지·비
莊장嚴엄·에 ᄡᅳᄂᆞ·니 긔 花황鬘만·이·라 보·비옛 므·리 흘·러
나·며 모·새 ·셔 芙뿡蓉용·이 나·며 芙뿡蓉용·은 蓮
련ㅅ 고·지·라 天텬龍룡夜양叉창ㅣ ·와 合햅

5) 4) 3) 2) 1)

---

1). 보비옛남기: 보비+예+ㅅ+낡(나모-마지막모음+ㄱ+格조사)+이. 고로 '남기'는 '나모의 주격'이다.

2). 느러니셔며: 늘(다)+어+니(다)+이시(이시다)+어+며.

3). 沈香ㅅ골ᄋᆞ로: 沈香+ㅅ+골+ᄋᆞ로. '골'은 '가루로', '깍다'의 뜻이 있고, '·골'은 '갈대(蘆)'의 뜻이 있다.

4). 므레좀ᄂᆞᆫ향이라: 믈+에+좀(다)+ᄂᆞᆫ+향+이라.

5). 華鬘: (범) Kusumamālā 俱蘇摩摩羅라 音譯. 꽃으로 만든 꽃다발. 실로 많은 꽃을 꿰거나, 또는 묶어서 목이나 몸에 裝飾하는 것. 꽃은 반드시 一定하지 않으나 주로 香氣가 많은 것은 고른다. 本來 印度의 風俗이나, 比丘는 이것으로 몸을 꾸미는 것이 허락되지 않고 다만 방에 걸어 두거나 또는 부처님께 供養하는 데 쓰인다. 後世에는 주로 金屬으호 만든 꽃을 많이 씀.

月釋二·29b

掌쟝ᄒᆞ야 이시며 合합掌쟝ᄋᆞᆫ 손바닥 마촐씨라 天텬
女녕ᄃᆞ와 合합掌쟝ᄒᆞ며 十씹方방앳
一ᅙᅵᇙ切쳉佛뿛이 빗보ᄀᆞ로 放방光광
ᄒᆞ샤 이 東동山산애 비취더시니 즉자
히 각시브리샤 이런 긔별를 王왕씌 ᄉᆞᆯ
ᄫᆞᆼ시ᄂᆞᆯ 王왕이 깃그샤 無뭉憂훙樹쓩
미틔 가시니라 無뭉憂훙ᄂᆞᆫ 나못 일훔 미니 시름 업다 ᄒᆞ논 ᄠᅳ
7) 6) 5) 4) 3) 2) 1)

1).天女: 欲界 6千에 사는 女性. 色界 以上의 하늘에는 淫慾이 없으므로 男女의 區別이 없다. 또는 女神. 辯才 天女 등이 있다.

2).合掌: (범) Anjalikarma 두 손바닥을 합하여 마음이 한결같음을 나타내는 印度의 敬禮하는 법의 일종. 그 모양이 같지 않다. 보통으로는 두 손바닥과 열 손가락을 합하는 것인데 손가락만을 합하고 손바닥을 합하지 않는 것은 마음이 거만하고 생각이 흩어졌기 때문이라 하여 꺼린다. 密敎에서는 두 손을 合하는 것은 定慧 相應, 理智 不二를 나타내는 것이라 하여 그 公德이 廣大 無量하다.

3).빗보ᄀᆞ로: 비+ㅅ+복+ᄋᆞ로. '빗복'은 '배꼽'을 뜻함.

4).각시브리샤: 각시, 브리(다)+샤.

5).긔별: 소식.

6).깃그샤: 깃ㄱ(다)+으샤.

7).시름: 근심.

月釋二·30a

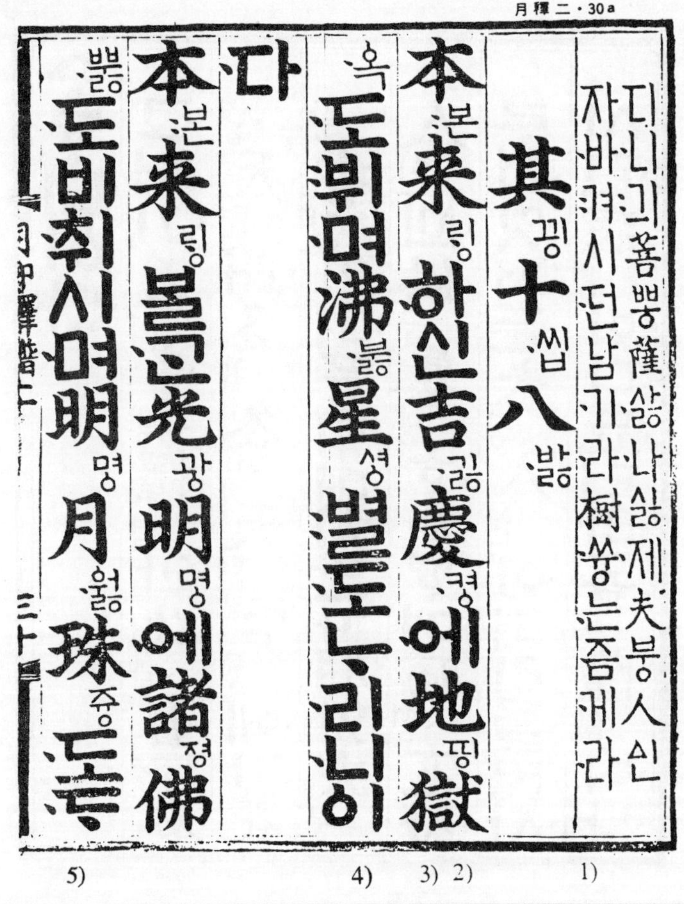
디니긔菩뽕薩삻나싫제夫붕人신
자바ᅘᅧ시던남기라樹쓩는즘게라
其끵十씹八밣
本본來링하신吉긿慶켱에地띵獄
옥도뮈며沸붏星셩별도ᄂᆞ리니이
다
本본來링ᄇᆞᆰᄀᆞᆫ光광明명에諸졍佛
뿛도비취시며明명月웛珠즁도ᄃᆞᆯ

1). 즘게라: 즘게+(이)+라. '즘·게'는 '큰 나무, 三四十里의 距離'.

2). 本來하신吉慶에: 본래 많은 좋은 경사. '하다'는 '많다, 크다, 위대하다'.

3). 地獄: (범) Naraka; Niraya 那落迦, 泥犁라 音譯. 不樂, 可厭, 無有, 無幸處라 飜譯. 地獄은 뜻 飜譯. 三道의 하나. 三惡道의 하나. 六趣의 하나. 衆生들이 자기가 지은 罪業으로 말미암아 가서 나게 되는 地下의 監獄. 南贍部洲의 아래로 2萬 由旬을 지나서 無間地獄이 있다.

4). 뷔며: 뷔(다)+며. '지옥도 뷔며'는 업에 의하여 지옥으로 떨어진 사람이 없다는 것이니 석존의 탄생에 의하여 모든 중생들이 교화되거나 공덕을 입는 것이다.

5). 明月珠: 달처럼 맑고 투명한 구슬. 천상의 보배. 明月神珠.

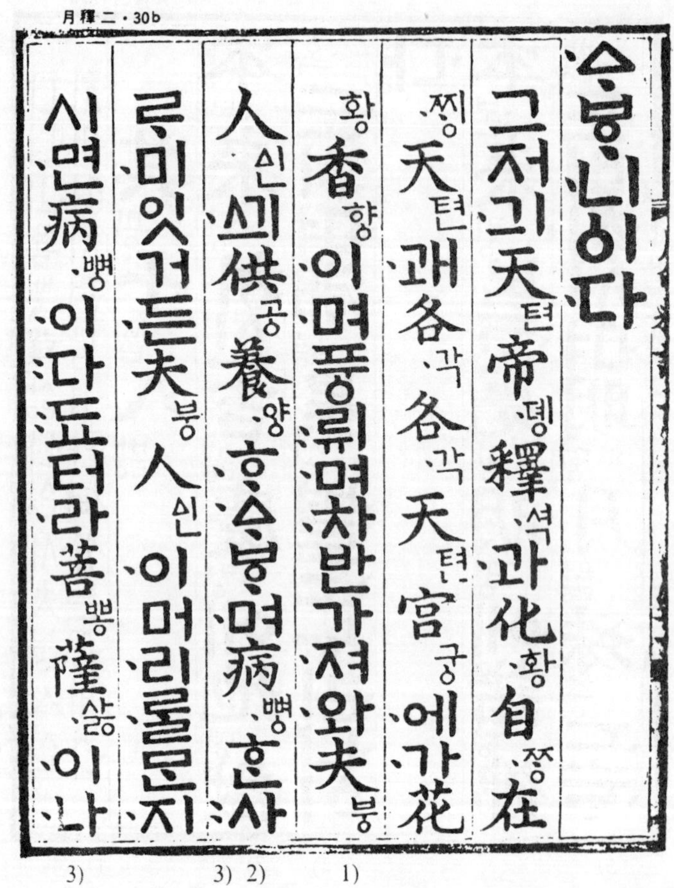
月釋二·30b

ᄉᆞᄫᆞ니이다

그저긔天텬帝뎽釋셕과化황自쯩在

쯩天텬괘各각各각天텬宮궁에가花

황香향이며풍류ᄒᆞ며차반가져와夫붕

人신ᄭᅴ供공養양ᄒᆞᅀᆞᄫᆞ며病뼝ᄒᆞᆫ사

ᄅᆞ미잇거든夫붕人신이머리를므지

시면病뼝이다됴터라菩뽕薩삻이나

3) 3) 2) 1)

1).풍류며: 風流+며. 노래하고 춤추며 노니는 것.

2).供養: 앞 주에서 설명.

3).病ᄒᆞᆫ사ᄅᆞ미: 병ᄒᆞ(다)+ㄴ+사ᄅᆞᆷ+이.

3).다됴터라: 다+둏(다)+더+라.

月釋二·31a

싫저긔 ᄯᅩ 祥썅瑞쒱 몯져 現ᅘᅧᆫᄒᆞ니 東
동山산 남기 自ᄍᆞᆼ然ᅀᅧᆫ히 여르미 열며
무틔 술윗바회만ᄒᆞᆫ 靑쳥蓮련花황ㅣ 나
며 이운 남기 고지 프며 하ᄂᆞᇗ 神씬靈령
이 七칧寶봉 술위 잇거오며 ᄯᅡ해셔 보
비 절로 나며 됴ᄒᆞᆫ 香향 내 두루 펴디며
雪숧山산앳 五옹百ᄇᆡᆨ 獅ᄉᆞᆼ子ᄌᆞᆼㅣ 門

6) 5) 4) 3) 2) 1)

---

1). 나싫저긔: 나(다)+시+ㅭ+적+의.
2). 남기: 남+ㄱ+익. '나모의 처소부사격'. '나무에'의 뜻.
3). 여르미열며: 여름+이+열(다)+며. '여름'은 '열매'이고, '녀름'은 '농사'를 뜻함.
4). 이운남기: 이울(다)+ㄴ+남기. '이울다'는 '시들다'의 뜻.
5). 고지프며: 곶+이+프(다)+며.
6). 잇거오며: 잇그(다)+어+오(다)+며.

月釋二·31b

몬 의와 벌며 白빅象썅이 ᄠᅳᆯ헤와 벌며 (楚총國귁 越윓國귁엣 象썅ᄋᆞᆫ 다 프르고 오직 西솅天텬 나라ᄒᆞᆯ해 ᄒᆡᆫ 象썅이 하니라) 하ᄂᆞᆯ해셔 ᄀᆞᄂᆞᆫ 香향 비 오며 宮궁中듕에 自쯩然션히 온가짓 차바니 주으린 사ᄅᆞᄆᆞᆯ 거리치며 (宮궁中듕ᄋᆞᆫ 宮궁 안히라) 龍룡宮궁엣 玉옥女녕 ᄃᆞᆯ히 虛헝空콩애 반만 몸 내야 이시며 하ᄂᆞᆳ 一힗萬먼玉

7) 6) 5) 4) 3) 2) 1)

---

1).벌며: 벌(다)+며. ':벌다'는 '벌리다'.

2).ᄠᅳᆯ헤와벌며: ᄠᅳᆯㅎ+에+오(다)+아+벌+며.

3).獅子送乳 香象絶流: 사자가(위대한 법도) 젖을 내어 기르고(중생을 도와 그 삶의 길을 걷게하고), 향내나는 코끼리가 흐르는 물을 끊어 지나게함(불법의 위대함이 외압의 부조리를 끊어 안전하게 중생을 제도하게함).

4).ᄀᆞᄂᆞᆫ: 가늘한.

5).온가짓차바니: 온+가지+ㅅ+차반+이.

6).주으린사ᄅᆞᄆᆞᆯ: 주으리(다)+ㄴ+사ᄅᆞᆷ+ᄋᆞᆯ.

7).거리치며: 거리치(다)+며. '거리치다'는 '건지다'.

옥女녕ᄂᆞᆫ孔콩雀쟉拂뿛자바 ᄃᆞᆷ우ᄒᆞᆯ1)
왯고 拂뿛은 毛몽鞭변ᄀᆞᆮᄒᆞᆫ 거시라 一힗萬먼玉옥女
녕ᄂᆞᆫ金금甁뼝에 甘감露롱2) ᄃᆞᆷ고 一힗
萬먼玉옥女녕ᄂᆞᆫ香향水쉉 ᄃᆞᆷ고 虛헝
空콩애 왜시며 一힗萬먼玉옥女녕ᄂᆞᆫ
幢땅蓋갱 자바 뫼ᅀᆞᄫᆞ 방이시며3) ᄯᅩ 玉옥
女녕ᄃᆞᆯ히 虛헝空콩애셔 온가짓 풍류

1).孔雀拂자바: 공작불을 타고.

2).甘露: (범) Amṛta 阿密哩多라 音譯. 不死, 天主라 飜譯. 蘇摩의 즙. 天神들의 飮料. 또, 하늘에서 내리는 단 이슬이라 하여 甘露라 이름. 예로부터 훌륭한 政事를 行하면 天地가 이 祥瑞를 내린다고 한다. 佛經에는 甘露란 말이 많은데 佛陀의 敎法이 衆生을 잘 濟度함에 比喩한 것.

3).당개자바뫼ᅀᆞᄫᆞ방이시며: 당개+잡(다)+아+뫼+ᅀᆞᇦ+아+이시+며. '-ᅀᆞᇦ-'의 客語는 菩薩(釋尊)이다.

月釋 二 · 32b

ᄒᆞ며 굴근[1] 江강이 ᄆᆞᆰ고 흐르디 아니ᄒᆞ[2]며 日ᅀᅵᇙ月웛宮궁殿뎐이 머므러 이셔 나ᅀᅡ가디 아니ᄒᆞ며[3] 沸붏星셩이 ᄂᆞ려와 侍씽衛윙ᄒᆞᅀᆞᆸ거든 녀느벼리[4] 圍윙繞ᅀᅽᇂᄒᆞ야 조차오며 圍윙는 두를 씨오 繞ᅀᅽᇂ는 버믈씨라[5] 보ᄇᆡ옛 帳댱이 王왕宮궁을 다두프며[6] 明명月웛神씬珠쥬ㅣ 殿뎐에 ᄃᆞᆯ이니[7]

1). 굴근: 굵(다)+은.

2). 흐르디아니ᄒᆞ며: 흐르(다)+디+아니ᄒᆞ(다)+며.

3). 나ᅀᅡ가디아니ᄒᆞ며: 낫(다)+아+가(다)+디+아니ᄒᆞ(다)+며.

4). 녀느벼리: 녀느+별+이. '녀느'는 '다른'의 뜻으로 'ㄱ'곡용하는 명사이다.

5). 버믈씨라: 버믈(다)+(ㄹ)씨라.

6). 다두프며: 다+둪(다)+으며.

7). ᄃᆞᆯ이니: ᄃᆞᆯ(다)+이+니.

月釋二·33a

光광明명이 희곰ᄒᆞ며 (明명月웛神씬珠즁ᄂᆞᆫ 볼ᄀᆞᆫ 돌
ᄀᆞᄐᆞᆫ 神씬奇끵ᄒᆞᆫ 구스리라) 설긧옷돌히 화예 나아
걸이며 貴귕ᄒᆞᆫ 瓔형珞락과 一힗切쳉
보비 自쫑然션히 나며 모딘벌에 ᄂᆞᆫ다
숨고 吉긿慶켱엣 새 ᄂᆞ니며 地띵獄옥
이 다 停뗭寢침ᄒᆞ니 설븐 이리 업스며
ᄯᅡ히 ᄀᆞ장 드러치니 노ᄑᆞ며 ᄂᆞᆺ가ᄫᆞᆫ ᄃᆡ

1) 2) 3) 4) 5) 6)

---

1).明月神珠: 구슬이름. 달처럼 밝고, 투명한 구슬로 천상의 보배. 233쪽 주5) 참고.

2).설긧옷돌히: 설긔+ㅅ+옷+돌ㅎ+이. '설、긧、옷'은 '장속의 옷'.

3).화: '·화'는 '홰, 횃대(옷을 거는 벽에 가로로 매단 것. 닭이 올라가서 잠을 자는 대이기도 한다'. ':화'는 명사로 '禍'이고, 감탄사로는 '허'의 뜻.

4).모딘벌에: 모디(다)+ㄴ+벌에.

5).ᄂᆞ니며: ᄂᆞᆯ(다)+니(다)+며. ᄂᆞᆯ(飛), 니(行)의 뜻.

6).드러치니: 들(다)+어+치(다)+니.

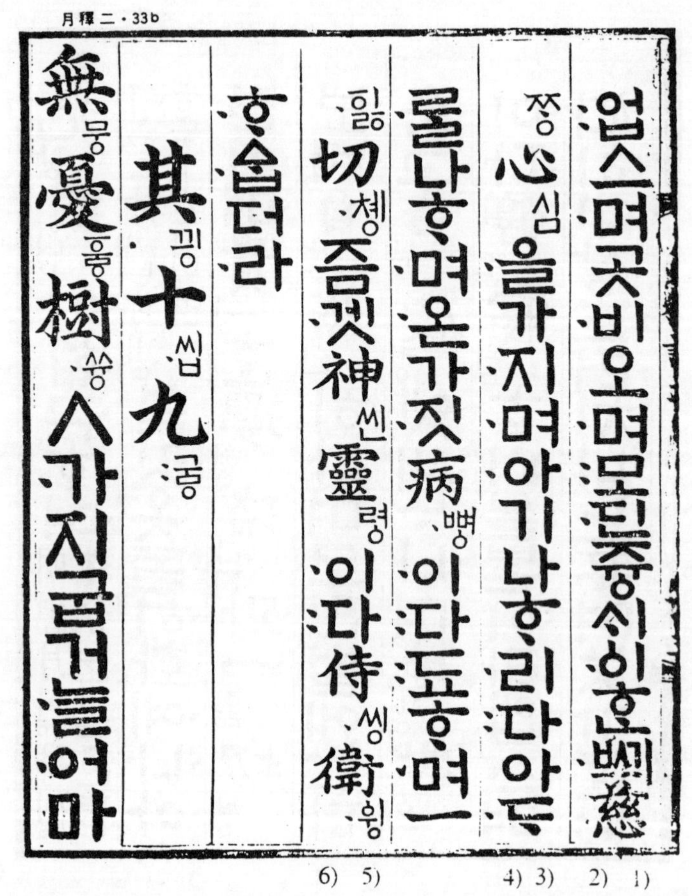
月釋二·33b

업스며 곳비 오며 모딘 즁ᄉᆡᆼ이 ᄒᆞᄢᅴ 慈ᄍᆞᆼ
心심을 가지며 아기나ᄒᆞ리 다 아ᄃᆞ
ᄅᆞᆯ 나ᄒᆞ며 온가짓 病뼝이 다 됴ᄒᆞ며 一힗
切쳉 즘겟 神씬靈령이 다 侍씽衛윙
ᄒᆞᅀᆞᆸ더라

其끵十씹九궇

無뭉憂흫樹쓩ㅅ 가지 굽거늘 어마

6) 5) 4) 3) 2) 1)

---

1). 모딘즁ᄉᆡᆼ이: 모딜+(다)+ㄴ+즁ᄉᆡᆼ+이. '모딘 즁ᄉᆡᆼ'은 '사나운 짐승'의 뜻.

2). ᄒᆞᄢᅴ: 함께. ᄒᆞᄢᅴ〉ᄒᆞᆷᄢᅴ〉ᄒᆞᆷᄭᅴ〉함께.

3). 아기나ᄒᆞ리: 아기+낳(다)+ᄒᆞᆯ+이.

4). 다아ᄃᆞᆯ나ᄒᆞ며: 다+아ᄃᆞᆯ+ᄋᆞᆯ+낳(다)+ᄋᆞ며.

5). 즘겟神靈: 즘게+ㅅ+신령. '즘게'는 '큰'의 뜻.

6). 신령이 다 시위ᄒᆞᅀᆞᆸ더라: '-ᅀᆞᆸ-'은 객어가 보살(석존)이다. 이는 화자, 청자보다 위상이 높은 것이다.

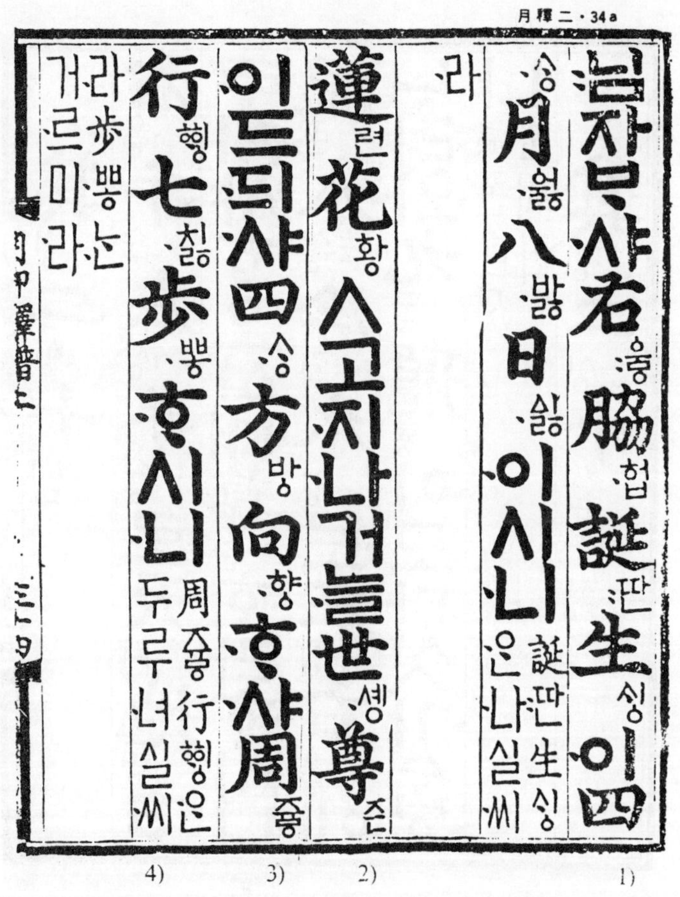

月釋二·34a

:님잡·샤 右ᅌᅮᇢ脇·협誕딴生ᄉᆡᇰ·이 四ᄉᆞᆼ月·ᅌᅯᇙ八·밣日·ᅀᅵᇙ·이시·니 誕딴生ᄉᆡᇰ·ᄋᆞᆫ :나실·씨·라 蓮련花황ㅅ 고·지 ·나거·늘 世솅尊존·이 드·듸·샤 四ᄉᆞᆼ方방向·향ᄒᆞ·샤 周쥬ᇰ行ᅘᆡᆼ七·칧步·뽕ᄒᆞ시·니 周쥬ᇰ行ᅘᆡᆼ·ᄋᆞᆫ 두루 :녀실·씨·라 步·뽕·ᄂᆞᆫ 거·르·미·라

1) 2) 3) 4)

---

1).右脇誕生: 釋尊이 母親 摩耶夫人의 右側 옆의 갈비를 통해서 誕生한 것.

2).世尊이드듸샤: 世尊+이+드듸(다)+샤.

3).周行七步: 석존이 태어나서 좌우를 살피고 연꽃잎을 디디고 일곱 걸음을 걸은 사실이다.

4).두루녀실씨라: 두루+녀(다)+시+ㄹ씨라.

月釋 二·34b

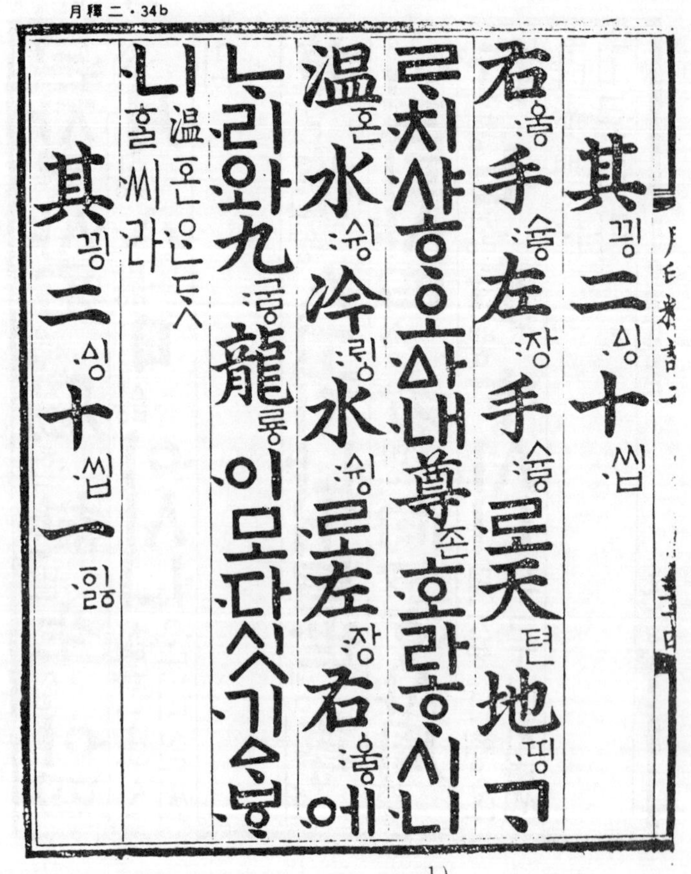
其끵二싱十씹

右:웋手:슣左:장手:슣로天텬地띵·ᄀᆞ

ᄅᆞ·치샤ᄒᆞ오ᅀᅡ내尊존호라ᄒᆞ시니[1)]

溫혼水:슁冷:링水:슁로左:장右:웋에

ᄂᆞ·리와九:궁龍룡·이모·다·ᄉᆞ·기ᅀᆞᄫᆞ

·니 溫혼ᄋᆞᆫ ᄃᆺ ᄒᆞᆯ 씨라

其끵二싱十씹一힗

1). ᄒᆞ오ᅀᅡ내존호라: 天上天下唯我獨尊으로, ᄒᆞ오ᅀᅡ+내+존ᄒᆞ(다)+오+라. '-호-'는 'ᄒᆞ+오'의 形態로 1人稱 主語의 話者表示. (파) Aggo ham asmi lokassa 이 宇宙 間에 나보다 높은 이가 없다고 한 말. 그러나 이 말은 釋尊의 傲慢함을 나타낸 것이 아니고, 사람의 性品이 尊嚴한 것을 말한 것이다.

月釋二·35a

三삼界갱受쓯苦콩ㅣ라ᄒᆞ샤仁신慈쭝ㅣ기프실씨하ᄂᆞᆯ콰ᄯᅡ히震진動똥ᄒᆞ니

三삼界갱便뼌安한케ᄒᆞ리라發벓願원이기프실씨大땡千쳔世솅界갱ㅣ장복ᄒᆞ니

四ᄉᆞᆼ月웛八밣日싏ᄒᆡ도디예八밣日싏인여

1) 2) 3) 4)

---

1). 三界受苦: 欲界, 色界, 無色界에서 죽사리를 벗어나지 못하고 六道輪廻를 받는 것.

2). 편안케호리라: 편안ᄒᆞ(다)+게+ᄒᆞ(다)+오+리+라. '-오-'는 '-리-'의 의도를 돕기 위한 것.

3). 發願: 願求하는 마음을 내는 것. 總으로는 修行을 게으르지 않게 하고 반드시 證果에 이르려고 하는 誓願을 세움. 別로는 極樂 世界를 建設하여 衆生을 救濟하려는 誓願을 일으킴. 또는 祈願을 發源이라고도 한다.

4). 히도디예: 히+돋(다)+이+예.

月釋二·35b

ᄃᆞ래니 昭쭁王왕ㄱ 스믈여ᄉᆞᆺ 차ᄒᆡ 甲갑寅인 四ᄉᆞᆼ月ᅌᅯᇙ이라 摩망耶

양夫붕人신이 雲운母뭏寶봉車겅 ᄐᆞ

시고 雲운母뭏ᄂᆞᆫ ᄃᆞᆶ비ᄂᆞ리니 雲운母뭏寶봉車겅ᄂᆞᆫ 雲운母뭏로 ᄭᅮ뮨

보ᄇᆡ옛 술위라 東동山산 구경가샤 三삼千

쳔國귁土통ㅣ 六륙種종震진動똥ᄒᆞ

거늘 四ᄉᆞᆼ天텬王왕이 술위 그스ᅀᆞᆸ고

梵뻠天텬이 길자바 無뭉憂ᅙᅮᇢ樹쓩 미

5) 4) 3) 2) 1)

---

1). ᄃᆞᆶ비ᄂᆞ리니: ᄃᆞᆯ(ㅎ)+ㅅ+비늘+이+니.

2). ᄭᅮ뮨: ᄭᅮ미(다)+우+ㄴ.

3). 보ᄇᆡ옛술위라: 보ᄇᆡ+예+ㅅ+술위+라.

4). 三千國土(三千世界): 小千世界 千개를 合한 것을 中天世界라 하고, 中天世界를 千개 합한 것을 大千世界라 한다. 이 一大千世界를 三千大千世界라 한다.

5). 六種振動: 世間에 祥瑞가 있을 때에 大地가 振動하는 모양의 여섯種. 1. 動으로 흔들려서 불안한 것. 2. 起로 아래로부터 위로 올라가는 것. 3. 용(涌)으로 솟아오르고 꺼져 내려가고 하여 여섯方으로 出沒하는 것. 4. 震으로 은은히 소리나는 것. 5. 吼로 꽝하고 소리를 내는 것. 6. 覺으로 물건을 깨닫게 하는 것. 前 3은 모양이 변하는 것. 後 3은 소리가 變하는 것.

月釋二·36a

티가시니諸졍天텬이곳비터니無뭉
憂흫樹쓩ㅅ가지절로구버오나ᄂᆞᆯ夫
붕人신이올ᄒᆞᆫ소ᄂᆞ로가질자ᄇᆞ샤곶
것고려ᄒᆞ신대菩뽕薩삻이올ᄒᆞᆫ녀브
로나샤큰智딩慧휑옛光광明명을펴
샤十씹方방世솅界갱ᄅᆞᆯ비취시니그
저긔닐굽줄깃七칧寶봉蓮련花황ㅣ

1). 비터니: 빟(다)+더+니.
2). 절로구버: 절로+굽(다)+어.
3). 오나ᄂᆞᆯ: 오(다)+나ᄂᆞᆯ(거늘).
4). 곶것고려ᄒᆞ신대: 곶+겼(다)+오+리+어+ᄒᆞ(다)+시+ㄴ+대.

月釋二·36b

숣·위·ᄠᅴ곰ᄒᆞ·니·나·아菩뽕薩삻·올ᄇᆞᆫ·ᄌᆞ
·ᄫᅵ·니·라 菩뽕薩삻·이너·기샤·ᄃᆡ兜둫率
·솛天텬·으·로·셔胎팅生싱아·니
ᄒᆞ·야即즉時씽·예正졍覺각·올일·우·련
마·론·ᄂᆞ·미疑읭心심ᄒᆞ·ᄃᆡ부텨·는本·본
來링變변化황ㅣ·디·비사ᄅᆞ·미몯홀·이
리·라ᄒᆞ·야法법듣·돌·아·니ᄒᆞ·리·랴ᄒᆞ·샤
胎팅生싱ᄒᆞ·시·며·ᄂᆞ·미너·교·ᄃᆡ夫붕人
신·이菩뽕薩삻·올·당다·이·어·려·빙나ᄒᆞ
·시·리·라ᄒᆞ·릴·씨나·못가·지ᄀᆞᆺ자·바·셔·놉
菩뽕薩삻·이나·시·며艱간難난ᄒᆞᆫ지·븨
·나샤出츌家강ᄒᆞ·시면·ᄂᆞ·미너·교·ᄃᆡ生
싱計·경艱간難난ᄒᆞ·야·즁ᄃᆞ·외·시·다ᄒᆞ

6) 5) 4) 3) 2) 1)

---

1). 일우련마론: 일우(다)+련마론. '-련마론'은 어미.

2). ᄂᆞ미: ᄂᆞᆷ+이. '다른 사람이'.

3). 變化ㅣ디뷔: 변화+이+디뷔. '이'는 서술격조사의 어간, '-디뷔'는 '-지, -지마는'으로 어미.

4). "보살이 너기샤ᄃᆡ-----법듣돌아니ᄒᆞ리아ᄒᆞ샤"의 내용은 " 석존이 모친의 태생이 되지 않고 직접 도솔천에서 내려와서 법을 펼치면 사람들이 의심하여 그의 말을 따르지 않을 것이다. 그래서 모친의 배를 통해서 평상인처럼 탄생한 것이다."의 뜻이다.

5). 너교ᄃᆡ: 너기(다)+오+ᄃᆡ.

6). 艱難ᄒᆞᆫ지븨: 간난〉가난, 집+의.

릴·씨 님금긔 나시니 이 菩뽕薩
삻ᄉ 方방便뼌 잘ᄒᆞ샤미라 ·菩뽕薩
·삻 ·이 ᄀᆞᆽ나샤 자ᄫᆞ리 업시 四ᇰ方방 ·애
닐굽 거름곰 거르시니 七칧覺각支징 예 마초ᄒᆞ노라
닐굽 거름 거르시니 七칧覺각支징ᄂᆞᆫ
覺각애 다ᄃᆞᄅᆞᄂᆞᆫ 이ᄅᆞᆯ 닐구베 ᄂᆞᆫ호아 닐
온 마리니 支징ᄂᆞᆫ ᄂᆞᆫ홀 씨라 念념覺각
支징ᄂᆞᆫ 一ᅙᅵᇙ切촁法법의 性셩이 다 ᄡᅮᆫ
ᄃᆞᆯ 볼 씨오 擇띡法법覺각支징ᄂᆞᆫ 法법
을 ᄀᆞᆯᄒᆡᄂᆞᆫ 覺각支징니 ᄉᆞᄆᆞᆺ ᄎᆞᆫ ᄠᅳ과 몯
ᄉᆞᄆᆞᆺ ᄎᆞᆫ ᄠᅳᆮ들 잘 ᄀᆞᆯᄒᆡᆯ 씨오 精졍進진覺
각支징ᄂᆞᆫ ᄇᆞ즈러니 ᄃᆞᆺ가 ᄆᆞᄅᆞ디 아니

6) 5) 4) 3) 2) 1)

---

1). ᄒᆞ릴씨: ᄒᆞ(다)+리+ㄹ씨.

2). 님금긔: 님금+긔. '-긔'는 조사로 '-한테'의 뜻.

3). ᄀᆞᆽ나샤: ᄀᆞᆽ+나(다)+샤.

4). 자ᄫᆞ리업시: 잡(다)+ᄫᆞᆯ+이+없(다)+이. '자ᄫᆞ리'>'자불이'의 '이'는 '사람'으로 대명사.

5). 거름곰: 거름+곰. '-곰'은 '-씩'의 뜻.

6). 七覺支(七覺分): Sapta-sambodhyaṅgāni 涅槃에 이르기 위하여 닦는 道行의 種類에 37種이 있는 중에 그 第 여섯 번 째. 七菩提分, 七覺支, 七覺意, 七覺이라고도 한다. 佛道를 修行하는 데 智慧로써 참되고 거짓되고 善하고 惡한 것을 살펴서 골라내고 알아차리는데 7種이 있다. 1. 擇法覺分으로 智慧로 모든 法을 살펴서 善한 것은 골라내고 惡한 것은 버리는 것. 2. 精進覺分으로 가지가지의 修行을 할 때에 쓸데없는 苦行은 그만 두고 바른 道에 全力하여 게으르지 않은 것. 3. 喜覺分으로 참된 法을 얻어서 기뻐하는 것. 4. 除覺分으로 그릇된 見解나 煩惱를 끊어버릴 때에 能히 참되고 거짓됨을 알아서 올바른 善根을 기르는 것. 5. 捨覺으로 여윌 적에 거짓되고 참되지 못한 것을 追憶하는 마음을 버리는 것. 6. 定覺分으로 定에 들어서 煩惱妄想을 일으키지 않는다. 7. 念覺分으로 佛道를 修行함에 있어서 잘 생각하여 定, 慧가 고르게 하는 것. 만일 마음이 昏沈하면 택법각분, 정진각분, 희각분으로 마음을 일깨우고 마음이 들떠서 흔들리면 제각분, 사각분, 정각분으로 마음을 고요하게 한다.

月釋二·37b

홇·씨·오喜흿覺·각支징·ᄂᆞᆫ닷·곤法·법깃[1)]
글·씨·오除띵覺·각支징·ᄂᆞᆫ더·ᄂᆞᆫ覺·각支[2)]
징·니煩뻔惱ᄂᇹ·ᄅᆞᆯ다·덜·씨·오定·뗭覺·각
支징·ᄂᆞᆫ드·론定·뗭ᄀᆞ·티·여·러法·법·ᄃᆞᆯ홇[3)]
ᄉᆞ·뭇·알·씨·오捨·샹覺·각支징·ᄂᆞᆫ世·솅間
간ㅅ法·법·에블·ᄃᆞᆼ기·이·디아·니ᄒᆞ·야·브[4)]
튼·ᄃᆡ업·스·며·마
ᄀᆞᆫ·ᄃᆡ·업:슬·씨·라 自쭝然션·히蓮련花황[5)]
ㅣ·나·아·바·ᄅᆞᆯ받:ᄌᆞᆸ더·라 如셩來링거·르·샤·매:세가·짓:이
리잇ᄂᆞ니神씬通통내·샤虛헝空콩애
거·르·샤·미ᄒᆞ나·히·오自쭝然션·히蓮련
ㅅ고·지나·아·발받ᄌᆞᄫᆞ·미·둘·히·오ᄯᅡ·해
셔虛헝空콩·애거·르·샤·ᄃᆡ·밠바·닶千쳔

---

1). 닷곤법: 닭(다)+오+ㄴ+법.

2). 깃글씨오: 겄(다)+을씨+고.

3). 드론정ᄀᆞ티: 듣(다)+오+ㄴ+정+ᄀᆞᇀ(다)+이.

4). 블ᄃᆞᆼ기이디아니ᄒᆞ야: 블ᄃᆞᆼ기이(다)+디+아니ᄒᆞ(다)+야. '블ᄃᆞᆼ기이다'는 '이끌리다'.

5). 蓮花ㅣ 나아바ᄅᆞᆯ받ᄌᆞᆸ더라: 蓮花+ㅣ+나아(다)+발+ᄋᆞᆯ+ᄌᆞᆸ+더+라. 如來가 걸으시니 세 가지 일이 일어나니 1. 虛空을 걷고, 2. 蓮花의 꽃이 나와서 如來의 발을 받들고, 3. 땅에서 虛空으로 걸으매 발바닥에 千輻輪相의 그림이 그려져 있다. 그 가운데서 두 번 째의 일을 말함이다.

月釋二·38a

輻복輪륜相샹ㅅ그미ᄡᅡᄒᆡ分분明명
ᄒᆞ미셰히라輻복은술윗사리오輪륜
은바회라올ᄒᆞᆫ소ᇇᄂᆞ로하ᄂᆞᆯᄀᆞᄅᆞ치시며왼
소ᇇᄂᆞ로ᄯᅡᄒᆞᆯᄀᆞᄅᆞ치시고獅ᄉᆞ子ᄌᆞ목소
리로니ᄅᆞ샤ᄃᆡ世솅間간앳네발ᄐᆞᆫ즁
ᄉᆡᆼ中듕에獅ᄉᆞ子ᄌᆞㅣ
위두ᄒᆞ야저호리업슬씨부텻긔가ᄌᆞᆯ
비ᄂᆞ니獅ᄉᆞ子ᄌᆞㅣᄒᆞᆫ번소리ᄒᆞ매네
가지이리잇ᄂᆞ니온가짓즁ᄉᆡᆼ이머리
옛骨곯髓슁ᄠᅥ디며香향象썅이降항
服뽁ᄒᆞ며ᄂᆞᄂᆞᆫ새ᄠᅥ러디며ᄆᆞᆳ즁ᄉᆡᆼ이
다기피들씨라부텨ᄒᆞᆫ번說쉻法법ᄒᆞ

1). 輻은술윗사리오: 輻+은+술위+ㅅ+살+이+고. '살'은 '수레바퀴의 살'을 말함이다. 수레바퀴의 원을 바치고 있는 것이 중심을 축으로 여러 개의 살(자전거 살처럼)이 있다. 고로 輪과 輻은 별개의 것이긴 하지만 꼭 함께 존재한다.

2). 輪: 수레바퀴의 둘레를 지칭함.

3). 네발ᄐᆞᆫ즁ᄉᆡᆼ: 네+발+ᄐᆞ(다)+즁ᄉᆡᆼ. 'ᄐᆞ다'는 '가지다, 태어날 때부터 가지고 온'.

4). 저호리: 젛(다)+오+ㄹ+이. '이'는 대명사.

5). 가ᄌᆞᆯ비ᄂᆞ니: 가ᄌᆞᆯ비(다)+ᄂᆞ+니. '비교가 되다'.

6). ᄠᅥ디며: ᄠᅥ디(다)+며.

7). ᄠᅥ러디며: 떨어디(다)+며.

8). ᄆᆞᆳ즁ᄉᆡᆼ이: ᄆᆞᆯ+ㅅ+즁ᄉᆡᆼ+이.

月釋二·38b

샤매 도네 가짓 이리 겨시니 온가짓 正[1)]
졍티 몯ᄒᆞᆫ 法법이 다ᄒᆞ야디며 天텬魔[2)]
망ㅣ 降ᅘᅡᇰ服뽁ᄒᆞ며 外욍道ᄄᆞᇢ이 邪쌰
曲콕ᄒᆞᆫ ᄆᆞᅀᆞ미 ᄇᆞ려디며 一ᅙᅵᇙ切쳉煩
뻔惱ᇹ놓ㅣ 업슬씨라 香향象썅은 ᄆᆞᆺ 힘
센 象썅이니 열네엄 가진 象썅이 하미[3)]
雪숧山산앳 ᄒᆞᆫ 白ᄈᆡᆨ象썅만 ᄒᆞ고 雪
숧山산ㅅ 白ᄈᆡᆨ象썅 열히 ᄒᆞ미 ᄒᆞᆫ 香향[4)]
象썅만 몯ᄒᆞ니라 하ᄂᆞᆯ우콰 하ᄂᆞᆯ아래 나ᄲᅮᆫ 尊
존호라 三삼界갱 다 受쓭苦콩ᄅᆞᄫᆡ니
내 便뼌安한케 호리라 ᄒᆞ시니 즉자히[5)]

---

1). 說法ᄒᆞ샤매: 說法ᄒᆞ(다)+시+아+ㅁ+애.
2). 다ᄒᆞ야디며: 다ᄒᆞ(다)+야+디+며.
3). 열네엄: 열+네+엄. '엄'은 '어금니, 이빨'.
4). 하ᄂᆞᆯ우콰하ᄂᆞᆯ아래: 하ᄂᆞᆯ+우ㅎ+과+하ᄂᆞᆯ+아래.
5). 便安케호리라: 便安ᄒᆞ(다)+게+ᄒᆞ(다)+오+리+라. '-오-'는 의도의 선어미 '-리-' 때문에 개입된 것.

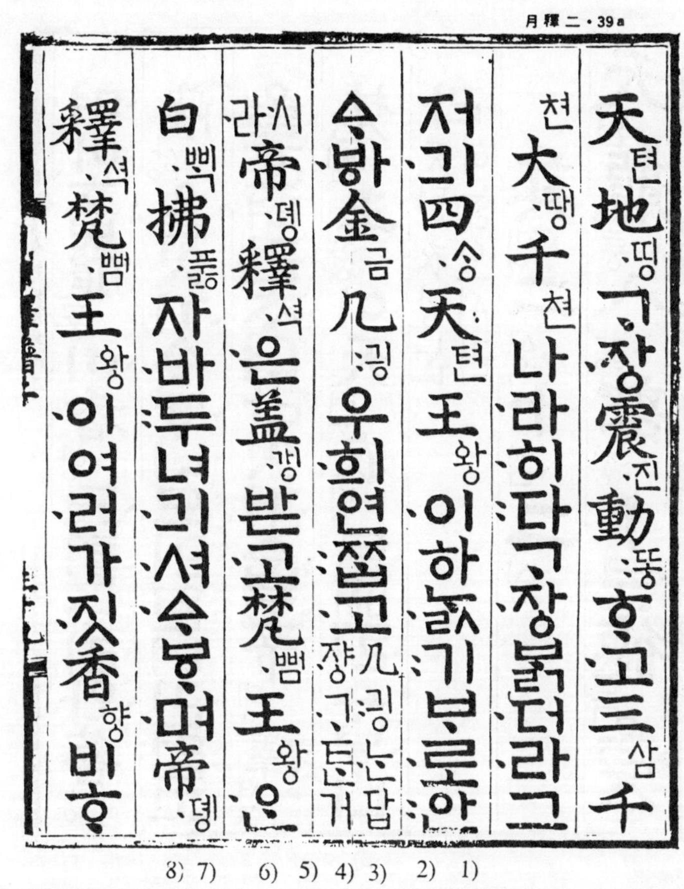

天텬地띵ㄱ장震진動뚱ᄒᆞ고 三삼千쳔大땡千쳔나라히 다ㄱ장 ᄇᆞᆰ더라 그저긔 四ᄉᆞᆼ天텬王왕이 하ᄂᆞᇗ기ᄇᆞ로 안ᄉᆞᄫᅡ 金금几깅 우희 연ᄍᆞᆸ고 几깅ᄂᆞᆫ 답쟝ᄀᆞᄐᆞᆫ거시라 帝뎽釋셕은 蓋갱 받고 梵뻠王왕은 白ᄇᆡᆨ拂픓 자바 두녀긔 셔ᅀᆞᄫᆞ며 帝뎽釋셕梵뻠王왕이 여러가짓 香향비ᄒᆞ

8) 7) 6) 5) 4) 3) 2) 1)

---

1). 하ᄂᆞᇗ기ᄇᆞ로: 하ᄂᆞᆯ+ㅅ+깁+ᄋᆞ로. '깁'은 '비단'.

2). 안ᄉᆞᄫᅡ: 안(다)+ᅀᆞᆸ+아. '-ᅀᆞᆸ-'의 객어는 '태어난 석존'이다.

3). 金几: 금으로된 앉아 기대는 도구.

4). 연ᄍᆞᆸ고: 연(다)+ㅈ+ᄌᆞᆸ+고. 'ㅈ'은 촉음. 그 'ㅈ'이 'ㅅ'이나, 'ㄷ' 등 어느 것일지라도 '-ᄌᆞᆸ-'과 만나서 '-ᄍᆞᆸ-'의 꼴이 된다.

5). 답쟝: 几를 말한다.

6). 蓋: 앞 주에서 설명.

7). 白拂: 희고 긴 터럭을 묶어 자루를 그 끝에 붙인 것. 곧, 흰 拂子.

8). 두녀긔셔ᅀᆞᄫᆞ며: 두+녁+의+셔+ᅀᆞᆸ+ᄋᆞ며.

月釋二·39b

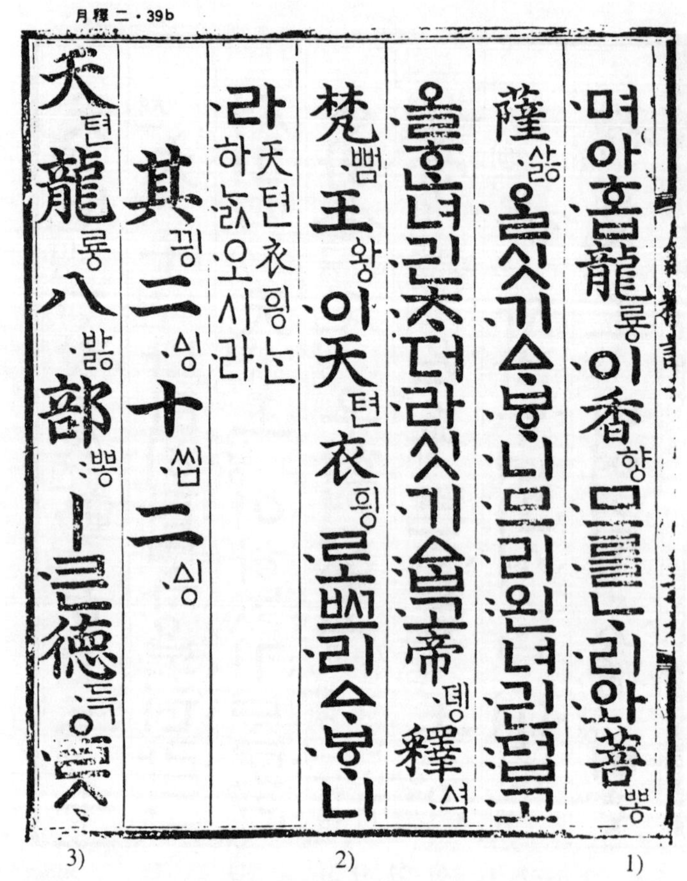
며 아홉 龍룡이 香향므를 ᄂᆞ리와[1)] 菩뽕
薩삻ᄋᆞᆯ 싯기ᅀᆞᄫᆞ니 므리 왼녀긘 덥고
올ᄒᆞᆫ녀긘 ᄎᆞ더라 싯기ᅀᆞᆸ고 帝뎅釋셕
梵뻠王왕이 天텬衣힁로 ᄠᅳ리ᅀᆞᄫᆞ니[2)]
라 天텬衣힁ᄂᆞᆫ 하ᄂᆞᆳ 오시라
其끵二싱十씹二싱
天텬龍룡八밣部뽕[3)]ㅣ 큰 德득을 讚

1). ᄂᆞ리와: ᄂᆞ리(다)+오(다)+아.
2). ᄠᅳ리ᅀᆞᄫᆞ니: ᄠᅳ리(다)+ᅀᆞᆸ+ᄋᆞ니.
3). 天龍八部: 앞 주에서 설명.

月釋二·40a

랑ᄒᆞᅀᆞᄫᅡ 놀애를 블러 깃거ᄒᆞ더니 1)

魔망王왕波방旬쓘이 큰 德득을 새 2)

오ᅀᆞᄫᅡ 앉디 몯ᄒᆞ야 시름ᄒᆞ더니 波방

旬쓘은 魔망王왕 일후미니 모디다 ᄒᆞ논 ᄠᅳ디라

太탱子ᄌᆞᇰㅣ 셜흔두 相샹이시고 셜흔두 相 3)

샹ᄋᆞᆫ 밠바당이 平뼝ᄒᆞ샤ᄃᆡ ᄯᅡ히 놉ᄂᆞᆺ 4)

가ᄫᅵ 업시 ᄒᆞᆫ가지로다 ᄒᆞ시며 밠바닶 5)

가온ᄃᆡ 즈ᄆᆞᆫ 술윗 삤그미 겨시며 솑가 6)

라기 ᄀᆞ놀오 기르시며 발ᄎᆞ기 두려ᄫᅳ 7)

---

1).波旬: Pāpīyas, Pāpimā 波卑夜, 波卑掾, 播裨라고도 音譯. 殺者, 惡者라 飜譯. 欲界 第6天의 임금인 魔王의 이름. 항상 惡한 뜻을 품고 나쁜 法을 만들어 修道人을 擾亂하고 사람의 慧命을 끊는 다고 한다. 慧琳과 旬은 眴의 잘못이라고 함.

2).새오ᅀᆞᄫᅡ앉디몯ᄒᆞ야: 새오(다)+ᄉᆞᆸ+아+안(앉)+ㅅ+디+몯ᄒᆞ(다)+(j)+아. '새、오、다'는 '시기하다'의 뜻. '-ᄉᆞᆸ-'의 객어는 '큰 德'이다. 菩薩(釋尊)의 큰 德이다.

3).三十二相: (범) Dvātriṃśatmahāpuruṣā-lakṣaṇāni 부처님 몸에 갖춘 32標相. 三十二大人相, 三十二相을 갖춘 이는 世俗에 있으면 轉輪王, 出家하면 부처님이 된다고 함. 1. 발바닥이 판판함. 2. 손바닥에 수레바퀴 같은 금이 있음. 3. 손가락이 가늘면서 긴 것. 4. 손 발이 매우 보드라움. 5. 손가락, 발가락 사이마다 얇은 비단결 같은 막이 있음. 6. 발꿈치가 원만함. 7. 발등이 높고 원만함. 8. 장딴지가 사슴 다리 같음. 9. 팔을 펴면 손이 무릎까지 내려감. 10. 男根이 오므라들어 몸 안에 숨어 있음. 11. 키가 한 발의 크기와 같음. 12. 털구멍마다 새까만 털이 남. 13. 몸의 털이 위로 쏠려 남. 14. 온 몸 빛이 黃金색임. 15. 몸에서 솟는 光明이 한길 됨. 16. 살결이 보드랍고 매끄러움. 17. 두 발바닥, 두 손바닥, 두 어깨, 정수리가 모두 판판하고 둥글며 두터움. 18. 두 겨드랑이가 펀펀함. 19. 몸매가 獅子와 같음. 20. 몸이 곧고 端正함. 21. 양 어깨가 둥글며 두둑함. 22. 이가 40개나 됨. 23. 이가 희고 큼. 25. 뺨이 獅子 것과 같음. 26. 목구멍에서 맛 좋은 진액이 나옴. 27. 혀가 길고 넓음. 28. 목소리가 맑고 멀리 들림. 29. 눈동자가 검푸름. 31. 두 눈섭 사이에 흰 털이 남. 32. 정수리에 살 상투가 있음.

月釋二·40b

시·며밠드·이노프·시·며손바·리보·ᄃᆞ·라
·ᄫᅳ샤·미兜둫羅랑綿면곤ᄒᆞ·시·며손·밠
가락·ᄉᆞ·시예가치니ᅀᅥ그려긔·발·ᄀᆞ·ᄐᆞ
시·며허·튓·비漸쪔漸쪔·ᄀᆞ·ᄂᆞᆯ오·두·려·ᄫᅳ
·샤·미사·ᄉᆞᆷ·ᄀᆞ·ᄐᆞ시·며平뼝히·셔·겨·샤·소
·니·무룹아·래·ᄂᆞ·리시·며陰음根ᄀᆞᆫ·이·우
미·여·드르·샤龍룡馬:망·ᄀᆞᆮᄒᆞ·시·며·모·매
터리·나·샤·ᄃᆡ·다몽·긔시·며머리터·리·다
우ᄒᆞ·로·ᄡᅳ·렛ᄒᆞ·샤·ᄃᆡ·올ᄒᆞᆫ녀·그·로몽·기
시·며갓·과·ᄉᆞᆯ·쾌·보·ᄃᆞ·랍·고믿믿ᄒᆞ·샤·ᄡᅡ
아·니·무드·시·며모·맷터·리·다金금ㅅ·비
·치시·며대도ᄒᆞᆫ·모·미·조ᄒᆞ·샤·더·러ᄫᅳᆫ·ᄃᆡ
:업·스시·며:입·고·리方방正졍ᄒᆞ·시·고·안
히기·프·시·며보·리方방正졍ᄒᆞ·샤獅ᄉᆞᆼ

10) 9) 8) 7) 6) 5) 4) 3) 2) 1)

(앞 주에 계속됨)

4). 밠바당: 발+ㅅ+바당.

5). 놉ᄂᆞᆽ가ᄫᅵ업시: 놉(다)+ᄂᆞᆽ갑(다)+이+없(다)+이.

6). 발바닸가온ᄃᆡ: 발바당+ㅅ+가온ᄃᆡ. 'ㅅ'은 절음, 촉음.

7). 술위ᄠᅵᆺ그미: 술위ᄠᅵ+ㅅ+금+이. 'ㅅ'은 '의'와 촉음이 구실을 한다.

1). 밠드이노ᄑᆞ시며: 발+ㅅ+둥+이+높(다)+ᄋᆞ시+며.

2). 가치니ᅀᅥ: ᄀᆞᆽ+이+닛(다)+어.

3). 그려긔: 그려긔〉그력의〉그력이〉기려기〉기러기

4). 허튓비: 허튀+ㅅ+비. '종아리, 장딴지'.

5). 여드르샤: 여들(다)+으샤.

6). 몽기시며: 몽기(다)+시+며.

7). 믿믿ᄒᆞ샤: 믿믿ᄒᆞ(다)+샤. '믿믿ᄒᆞ다'는 '매끈 매끈하다'.

8). 대도ᄒᆞᆫ모미: 대도ᄒᆞ(다)+ㄴ+몸+이. '대도ᄒᆞ다'는 '모두'의 뜻.

9). 입고리: 입+ㅅ+골+이.

10). 안히기프시며: 안ㅎ+깊(다)+으시+며. '안ㅎ'은 '마음'.

子ᄌᆞᆼㅣ 양ᄀᆞᄐᆞ시며몺골아라우히ᄉᆡᆮ
디아니ᄒᆞ샤ᄒᆞᆫ가지로充ᄎᆞᆼ實ᄊᆞᇙᄒᆞ시
며가ᄉᆞ미며허리우히거여ᄫᅵ獅ᄉᆞᆼ子
ᄌᆞᆼ곤ᄒᆞ시며엇게와목과손과발왜두
루염그러됴ᄒᆞ시며샹녜光광明명이
面면마다여듧자히시며니마ᄉᆞ니ᄀᆞ
족고조코칙칙ᄒᆞ시며네엄니희오놀
나시며모미고ᄇᆞᆫ金금ㅅ비치시며목
소리梵뻠王왕ᄀᆞᄐᆞ시며혜길오너브
샤구믿니르리ᄂᆞᆾ다ᄃᆞ프시며供공
養양ᄒᆞᅀᆞᆸ논거시고ᄇᆞᆫ上썅品픔엣마
시시며눉ᄌᆞᅀᅵ감ᄑᆞᄅᆞ며흰ᄃᆡ블근ᄃᆡ
조히分분明명ᄒᆞ시며눈ᄊᆞ리쇼ᄀᆞᄐᆞ
시며ᄂᆞ치보ᄅᆞᇝ돌ᄀᆞᆮᄒᆞ시고눈서ᄇᆡ天

9) 8) 7) 6) 5) 4) 3) 2) 1)

---

1). 아라우히샏디: 아라+우ㅎ+이+샏(다)+디.
2). 거여ᄫᅵ: 거엽(다)+이. '거엽다'는 '雄建하다'.
3). 염그러: 염글(다)+어. '염글다'는 '여물다'.
4). 가족고: 가족(다)+고.
5). 칙칙ᄒᆞ시며: 칙칙ᄒᆞ(다)+시+며.
6). 네엄니희오: 네+엄니+희(다)+고.
7). 혜길오: 혀+ㅣ+길(다)+고.
8). 구믿니르리ᄂᆞᆾ출: 구믿+니르(다)+리+ᄂᆞᆾ+올. '구믿'은 '귀밑', '리'는 '게'이 뜻.
9). 눈ᄊᆞ리쇼ᄀᆞᄐᆞ시며: 눈+ㅅ+살+이+쇼+ᄀᆞᇀ(다)+ᄋᆞ시+며.

月釋 二 · 41b

텬帝뎽ㅅ활곤ᄒᆞ시며두눈섭ᄉᆞᅀᅵ예
힌터리펴샤ᄃᆡ올ᄒᆞᆫ녀ᄀᆞ로사리여보 1)
ᄃᆞ랍고조코光광明명이빗나시며머
릿뎡바기예ᅀᅩᆯ히내와ᄃᆞ머릿조조리 2)
ᄀᆞᄐᆞ샤놉고우히平뼝ᄒᆞ실씨라兜둫 3)
羅랑ᄂᆞᆫ어르미라ᄒᆞᆫ마리오綿면은소
오미니兜둫羅랑綿면은어름ᄀᆞ티힌 4)
소오미오兜둫羅랑毦ᅀᅵᆼ라도ᄒᆞᄂᆞ니
毦ᅀᅵᆼᄂᆞᆫ보ᄃᆞ라ᄫᆞᆫ터리라方방正졍은
모나미반ᄃᆞᆨᄒᆞᆯ씨오充츙實씷은주굴 5)
위디아니ᄒᆞᆯ씨라大땡千쳔世솅界갱예放방
光광ᄒᆞ시니天텬龍룡八밣部뽕ㅣ空

1). 사리여: 사리(다)+어.

2). 뎡바기예: 뎡박이+예.

3). 내와다머릿조조리: 내+와+다+머리+ㅅ+조조리. '조조리'는 '조자리'로, 물건을 한데 묶은 것.

4). 兜羅綿: 어름 같이 희고, 부드러운 솜을 뜻함.

5). 주굴위디아니ᄒᆞᆯ씨라: 죽(다)+우+ㄹ+위+디+아니ᄒᆞ(다)+ㄹ씨라.

中듕에셔 풍류ᄒᆞ며 부텻 德득을 ᄂᆞᆯ

애 블ᅀᆞᄫᆞ며 香향 퓌우며 瓔ᅙᅧᇰ珞락

과 곳과 곳비왜 섯듣더니 그저긔 夫붕

人신이 나모 아래 잇거시ᄂᆞᆯ 네 우므리

나니 八밣功공德득水슁 ᄀᆞᆺ거늘 八밣功공

德득水슁는 여듧 가짓 功공德득이 ᄀᆞ

ᄌᆞᆫ 므리니 ᄆᆞᆯᄀᆞ며 ᄎᆞ며 ᄃᆞᆯ며 보ᄃᆞ라ᄫᆞ

며 흐웍ᄒᆞ며 便뼌安안ᄒᆞ며 머긇 제 ᄇᆡ

골폼과 목ᄆᆞᆯ롬과 一힗切쳉옛 시르미

7) 6) 5) 4) 3) 2) 1)

---

1).瓔珞: (범) Keyūra 구슬을 꿰어 몸에 달아 裝飾하는 器具. 印度의 貴人 들은 男女가 모두 瓔珞을 입으며 菩薩도 이것으로 端裝했음. 後에는 佛像이나 佛像을 모시는 宮殿을 莊嚴할 때에는 꽃 모양으로 만든 금붙이와 珠玉을 섞어 쓰는 것을 瓔珞이라 한다.

2).곳비왜섯듣더니: 곳+비(곳비)+와+ㅣ+셧(다)+듣(다)+더+니. '곳비'는 '꽃비', '섯듣다'는 '섞어떨어지다'의 의미.

3).잇거시놀: 잇(이시다)+거+시+놀. '거와, 시'의 도치는 시제선행법에 의한 것.

4).네우므리: 네+우믈+이.

5).ᄀᆞᄌᆞᆫ므리니: ᄀᆞᆽ(다)+ᄋᆞᆫ+믈+이+니.

6).흐웍ᄒᆞ며: 흐웍흐웍ᄒᆞ(다)+며. '흐웍흐웍ᄒᆞ다'는 '무르녹다, 윤택하다'의 뜻.

7).머긇제비골폼: 먹(다)+읈+제+비+곯ᄇᆞ(다)+오+ㅁ.

月釋二·42b

다.업스며머근後ᅘᅮᇢ에 모.미充츙實씷홈과.라 그므를次ᄎᆞᆼ第
뗑.로시스시니라그저긔夜양叉창王
왕ᄃᆞ리히圍윙繞ᅀᅸᇢᄒᆞᅀᆞᄫᆞ며一힗切쳉
天텬人신이다모다讚잔歎탄ᄒᆞᅀᆞᆸ고
ᄂᆞᆯ.오ᄃᆡ부톄어셔ᄃᆞ외샤衆즁生ᄉᆡᆼᄋᆞᆯ
濟졩渡똥ᄒᆞ쇼셔ᄒᆞ거늘오직魔망王
왕곳제座쫭애便뼌安한히몯안자시

3) 2) 1)

1).부톄어셔ᄃᆞ외샤: 부텨+ㅣ+어셔+ᄃᆞ외(다)+샤.

2).衆生ᄋᆞᆯ濟渡ᄒᆞ쇼셔: '-쇼셔'는 극존칭 명령형 종결어미.

3).魔王곳: 마왕+곳. '-곳'은 강세의 접미사.

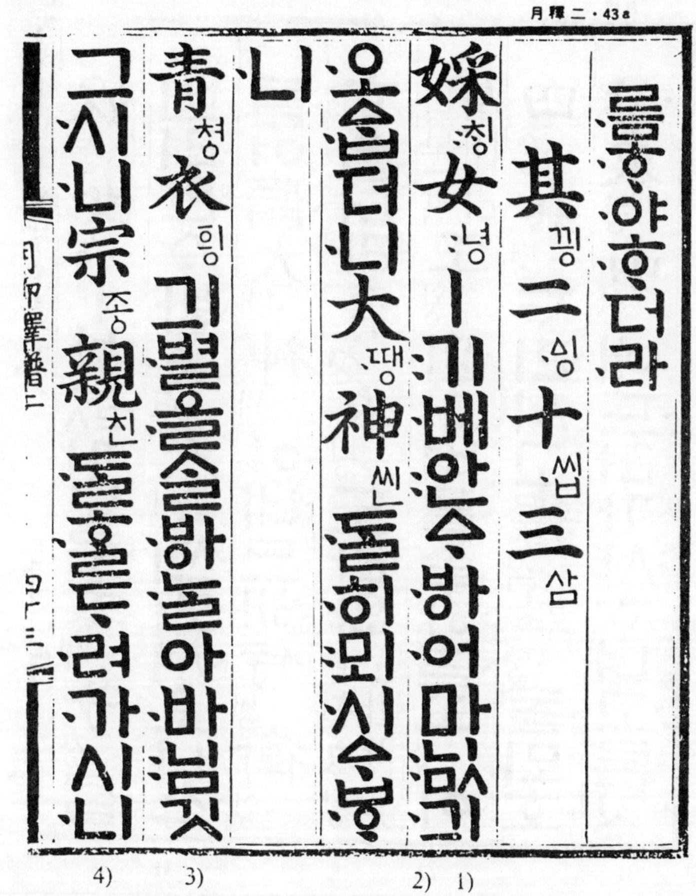
月釋二·43a

[illegible]ᄒᆞ야ᄒᆞ더라
其끵二ᅀᅵᆼ十씹三삼
婇ᄎᆡᆼ女녕ㅣ기베안ᅀᆞᄫᅡ어마ᄂᆞᇝ긔
오ᅀᆞᆸ더니大땡神씬ᄃᆞᆯ히뫼ᅀᆞᄫᅡ
니
青청衣ᅙᅴᆼ기별ᄉᆞᆯᄫᅡᄂᆞᆯ아바ᄂᆞᇝ깃
그시니宗종親친ᄃᆞᆯᄒᆞᆯᄃᆞ려가시니

4) 3) 2) 1)

1). 기베안ᅀᆞᄫᅡ: 깁+에+안(다)+ᅀᆞᇦ+아.

2). 어마ᄂᆞᇝ긔오ᅀᆞᆸ더니: 어마님+ㅅ+긔+오(다)+ᅀᆞᆸ+더+니. 'ㅅ'은 촉음, 절음, 경음부호. '-ᅀᆞᆸ-'의 객어는 마야부인(석존의 어머미)이다.

3). 깃그시니: 깃그(다)+시+니.

4). ᄃᆞ려가시니: ᄃᆞ리(다)+어+가(다)+시+니.

月釋二·43b

婇칭女녕ㅣ 하ᄂᆞᆳ기브로 太탱子ᄌᆞᆼᄅᆞᆯ
ᄡᅳ려안ᅀᆞᄫᅡ 夫붕人신씌 뫼셔오니스[1]
믈여듧大땡神씬이 네모해侍씽衛윙
ᄒᆞᅀᆞᆸ더라 青청衣힁 도라와 青청衣힁ᄂᆞᆫ 파란옷
니븐각시내라 王왕씌 기별ᄉᆞᆯᄫᅡᄂᆞᆯ 王왕이[2]
四ᄉᆞᆼ兵병 ᄃᆞ리시고 釋셕姓셩 ᄃᆞᆯ뫼ᄒᆞ
샤 東동山산애 드러가샤 ᄒᆞᆫ녀고론[3]

1). ᄡᅳ려안ᅀᆞᄫᅡ: ᄡᅳ리(다)+어+안(다)+ᅀᆞᆸ+아.
2). 각시내라: 각시+내+(이)+라. '-내'는 접미사.
3). ᄒᆞᆫ녀고론: ᄒᆞᆫ+녁+오로+ㄴ. '-오로'는 어미.

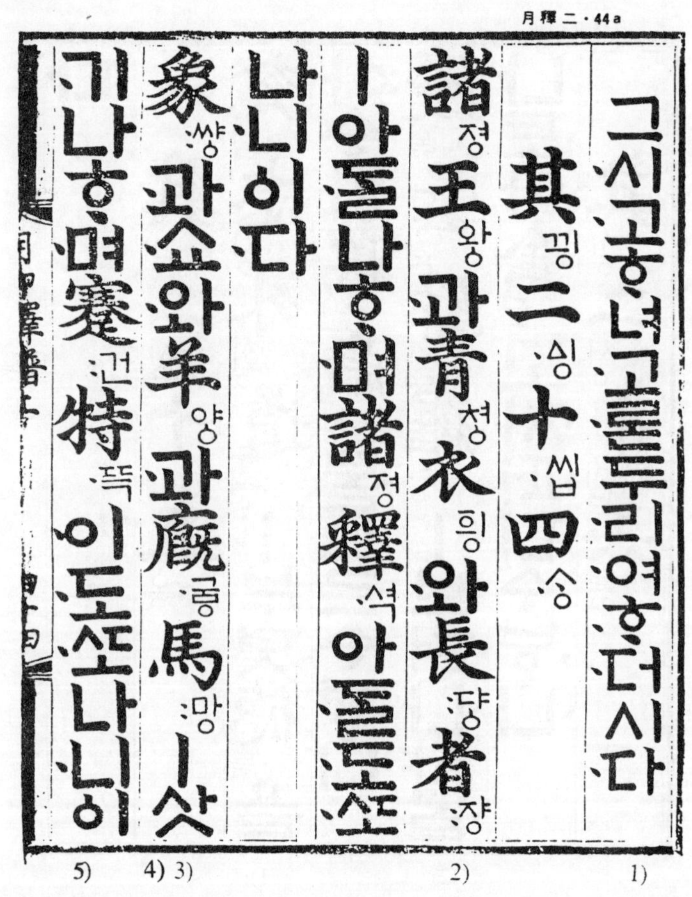

月釋二·44a

그시ᄀ고ᇰ녀ᄀ고ᄅᆞᆯ 두리여ᄒᆞ더시다[1]

其끵二ᅀᅵᆼ十씹四ᄉᆞᆼ

諸졍王왕과 青쳥衣힁와 長댱者쟝[2]

ㅣ 아ᄃᆞᆯ 나ᄒᆞ며 諸졍釋셕 아ᄃᆞᆯ ᄯᅩ

나니이다

象썅과 쇼와 羊양과 廐궁馬망[3]ㅣ 삿[4]

기 나ᄒᆞ며 蹇건特뜩[5]이 ᄃᆞ ᄯᅩ 나니ᅌᅵ

1). 두리여: 두리(다)+(j)+어. '두리다'는 '두려워하다'.

2). 長子: (범) Śreṣtha ; Gṛhapati 室隷瑟陀, 疑叻賀鉢底라 音譯. 印度에서 좋은 집안에 나서 많은 財産을 가지고 德을 갖춘 사람을 불러 長子라 한다.

3). 廐馬: 말.

4). 삿기: 삿기>샛기>새끼>새끼.

5). 蹇特: 불구의 새끼.

月釋二·44b

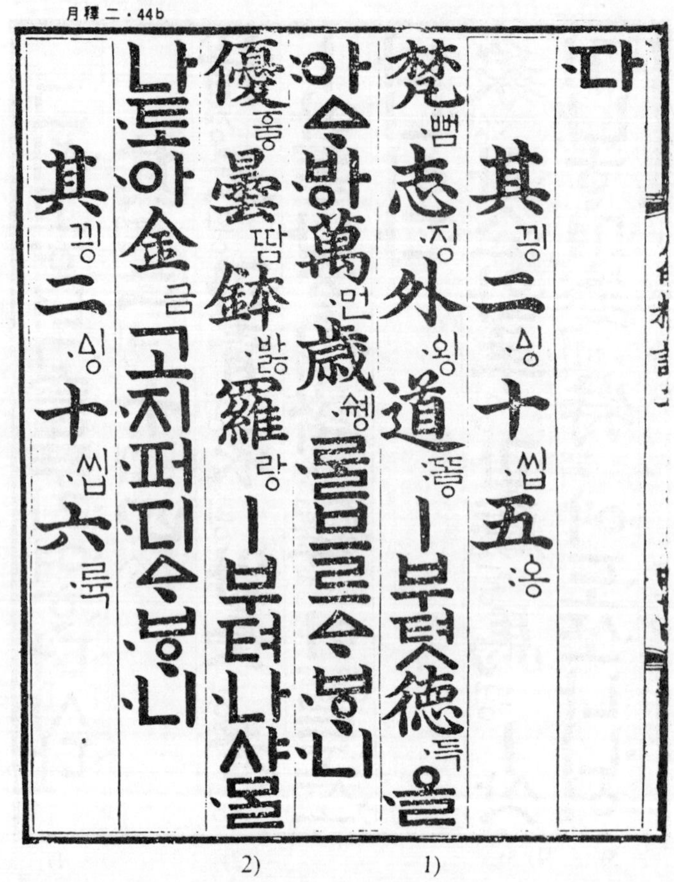
다

其끵二싱十씹五옹

梵뻠志징外욍道똫ㅣ부텻德득을

아ᅀᆞᄫᆞᆫ萬먼歲쉥ᄅᆞᆯ브르ᅀᆞᄫᆞ니

優흫曇땀鉢밣羅랑ㅣ부텨나샤ᄆᆞᆯ

나ᄐᆞ아金금고지펴디ᅀᆞᄫᆞ니

其끵二싱十씹六륙

2) 1)

---

1).梵志(外道): (범) Brahmacārin 梵士라고도 쓴다. 淨裔, 淨行이라 飜譯. 바라문의 生活 가운데 4期가 있다. 이것은 그 第1期 스승에게 가서 修學하는 동안을 말함. 이 시기는 8歲부터 16歲까지 或 11歲부터 22歲가지 種姓에 따라 제각금 다르다. 이 期間에는 스승에게 사서 熏食을 멀리하며 매일 아침에 나가 밥을 빌어가 스승에게 바치고 스승이 먹고 난 뒤에 자기가 먹는다. 나무하고 물 긷고, 스승의 이부자리를 펴고 개는 등 여러 가지 苦行을 하면서 한 마음 한 뜻으로 聖志에 이르기 위하여 精進함. 이 期間을 마치고는 집에 가서 結婚하여 살다가 뒤에 다시 숲 속에 가서 공부하면서 여러 곳으로 다니며 敎化 事業을 한다.

2).優曇鉢羅(華): (범) Uḍumbara 桑科에 딸린 無花果의 일종. 千 年만에 한 번 꽃이 핀다 하므로 아주 稀有한 일에 比喩한다.

月釋二·45a

祥쌍瑞쓍도하시며光광明명도하
시나ᄀᆞᇫ업스실씨오놀ᄅᆞᆸᄉᆞᆲ뇌1) 2) 3)
天텬龍룡도해모ᄃᆞ며人신鬼궝도4)
하나數숭업슬씨오놀ᄅᆞᆸᄉᆞᆲ뇌
그나래諸졍釋셕이모다五옹百빅아
ᄃᆞᆯ나ᄒᆞ며 諸졍釋셕은 여러 釋셕姓셩엣사ᄅᆞᆷᄃᆞᆯ히라 象썅
과ᄆᆞᆯ왜힌삿기ᄅᆞᆯ나ᄒᆞ며쇼와羊양괘5)

1). 光明도하시나: 光明＋도＋하(다)＋시＋나. '하다' '많다'.

2). ᄀᆞᇫ업스실써: ᄀᆞᇫ＋없(다)＋으시＋ㄹ써.

3). ᄉᆞᆲ뇌: ᄉᆞᆲ(다)＋노이다. '-뇌'는 '노이다'의 축약형.

4). 天龍도해모ᄃᆞ며: 天龍＋도＋하(다)＋이＋몯(다)＋ᄋᆞ며. '해'는 '하(다)＋이'로 부사가 되며, 축약형이 '해'이다.

5). 象과ᄆᆞᆯ왜힌삿기: 상과ᄆᆞᆯ＋와＋이＋희(다)＋ㄴ＋삿기. '희다'는 白의 뜻.

月釋二·45b

五옹色식 삿기ᄅᆞᆯ 五옹百빅곰 나ᄒᆞ며 1)
ᄯᅡ해 무텟던 보비 절로 나며 五옹千쳔 2)
靑쳥衣힁 五옹千쳔力륵士ᄊᆞᆼᄅᆞᆯ 나ᄒᆞ
며 녀느 나랏 王왕이 ᄒᆞᆫ날 다 아ᄃᆞᆯ 나ᄒᆞ
며 海힝中듕엣 五옹百빅 홍졍바지 보 3)
비 어더 와 바티ᅀᆞᄫᆞ며 海힝ᄂᆞᆫ 바ᄅᆞ리라 梵뻠
志징며 志징ᄂᆞᆫ ᄠᅳ디라 梵뻠志징ᄂᆞᆫ 조ᄒᆞᆫ ᄠᅳ디라 ᄒᆞᆫ 마리니 梵뻠志징 4)

1). 오백곰나ᄒᆞ며: 오백+곰+낳(다)+ᄋᆞ며. '-곰'은 '-씩'의 뜻.
2). ᄡᅡ해무텟던: ᄡᅡㅎ+애+묻(다)+히+어+잇(이시다)+더+ㄴ.
3). 홍졍바지= 홍졍바치 = 홍졍밧치 = 홍졍아치 = 홍져와치 = 장사아치, 상인. '-바、지'는 접미사.
4). 梵志: 앞 주에서 설명.

ᄂᆞᆫ婆빵羅랑門몬이니各각別볋ᄒᆞᆫ글
왈두고지븨잇거나出춣家강커나제
道똫理링올호라ᄒᆞ야ᄂᆞᆷ업시우ᄂᆞᆫ사
ᄅᆞ미라저희닐오ᄃᆡ梵뻠天텬의아ᄇᆡ
로셔나라ᄒᆞ고梵뻠天텬ㅅ法법을비
홀ᄊᆡ梵뻠志징라ᄒᆞᄂᆞ니梵뻠志징ᄅᆞᆯ
外욍道똫ㅣ라ᄒᆞᄂᆞ니라 相샹師ᄉᆞᆼㅣ모다萬먼歲
솅ᄒᆞ쇼셔브르ᅀᆞᄫᆞ며 師ᄉᆞᆼᄂᆞᆫ스스이니아못일도잘
ᄒᆞᄂᆞᆫ사ᄅᆞᄆᆞᆯ師ᄉᆞᆼㅣ라ᄒᆞᄂᆞ니相샹師ᄉᆞᆼᄂᆞᆫ相샹잘보ᄂᆞᆫ사ᄅᆞ미라 國귁
中듕엣八밣萬먼四ᄉᆞᆼ千쳔長댱者쟝

1) 2) 3) 4) 5)

---

1).婆羅門: 앞 주에서 설명.

2).올호라: 옳(다)+오+라. '-오-'는 삽입모음으로 1이칭 주어의 화자표시.

3).업시우는 : 업시우다.

4).相師: 관상 잘보는 사람. 占者.

5).스스이: 스스이〉스승이〉 스승이.

月釋二・46b

ㅣ다 아ᄃᆞᆯ 나ᄒᆞ며 國귁中듕은 나랏 가온ᄃᆡ니 나랏 內뇡ᄅᆞᆯ 다니ᄅᆞ니라 馬망廐궁ㅣ엣 八밣萬먼四ᄉᆞᆼ千쳔 ᄆᆞ리 삿기ᄅᆞᆯ 나ᄒᆞ니 馬망廐궁는 오히야ᅵ라 ᄒᆞ 나ᄒᆡᆫ ᄡᆞ로ᄃᆞᆯ아 비치오 오ᄋᆞ로 ᄒᆡ오 ᄀᆞᆲ기 다구스리 ᄢᅢ여 잇더니 일후미 蹇건特뜩이라 이ᄲᅮᆫ 아니라 녀나ᄆᆞᆫ 祥썅瑞쒱도 ᄒᆞ며 香향山산애 金금ㅅ비쳇 優홍

5) 4) 3) 2) 1)

---

1).오히야이라: 오히양+이+라. 오히양(ㅎ탈락)〉오이양〉외양(ㆍ의 탈락)〉외양(ㆁ의 소실)

2).ᄡᆞ로달아비치오: ᄡᆞ로+다ᄅᆞ(다)+아+빛+이.

3).오ᄋᆞ로: 부사로, 온전히.

4).히오: 히(다)+고. '히다'는 '희다'.

5).金비쳇우다발라화: 金+빛+에+ㅅ+우담발라화.

月釋 二·47a

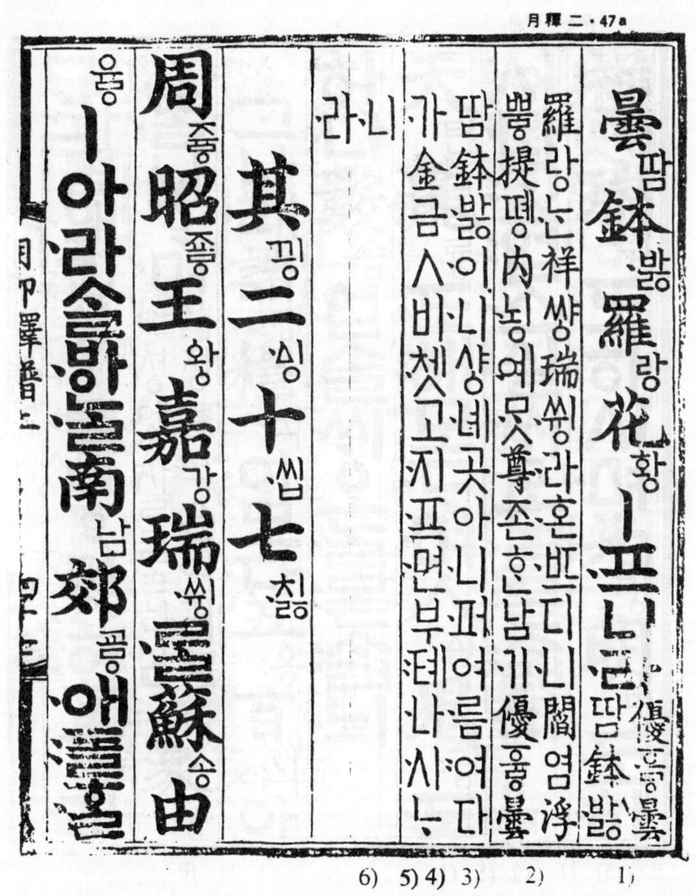
曇땀鉢밣羅랑花황ㅣ프니라 優흫曇땀鉢밣
羅랑ᄂᆞᆫ祥썅瑞쒕라ᄒᆞᆫᄠᅳ디니閻염浮
뿧提뗑內뇡예믓尊존ᄒᆞᆫ남기優흫曇
땀鉢밣이니샹녜곳아니펴여름여다
가金금ㅅ비쳇고지프면부톄나시ᄂᆞ
니라
其끵二싱十씹七칧
周즇昭좋王왕嘉강瑞쒕ㅣ로蘇송由
윻ㅣ아라ᄉᆞᆸ고ᄂᆞᆫ南남郊공애ᄀᆞ올
月印釋譜 二

6) 5) 4) 3) 2) 1)

---

1).프니라: 프(다)+니+라. 프다>피다(전설모음화).
2).믓尊ᄒᆞᆫ남기: 믓+尊ᄒᆞ(다)+ㄴ+남기(나모의 주격형).
3).샹녜: 常例(언제나).
4).펴: 프(다)+어.
5).여름여다가: 여름+열(다)+가.
6).부톄나시ᄂᆞ니라: 부텨+이+나(다)+시+ᄂᆞ+니+라.
7).ᄃᆞᆯ홀: ᄃᆞᇂ+ᄋᆞᆯ.

月釋二·47b

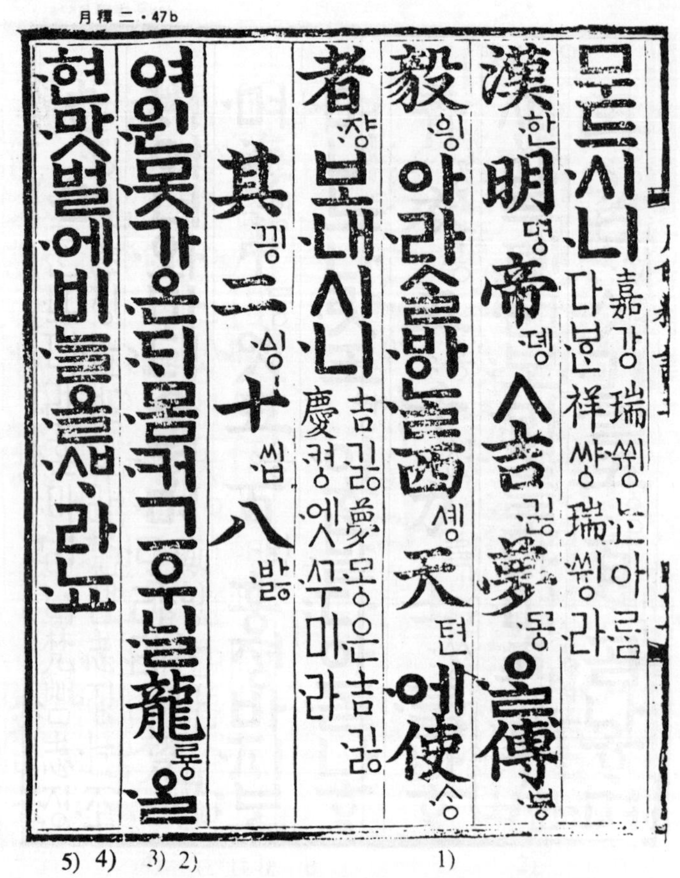
몯ᄌᆞᄫᆞ시니 嘉강瑞쒱ᄂᆞᆫ 아ᄅᆞᆷ다ᄫᆞᆫ 祥썅瑞쒱라
漢한明명帝뎽ㅅ 吉긿夢몽ᄋᆞᆯ 傳뜡
毅잉 아라ᄉᆞᄫᆞᆫ 西셍天텬에 使ᄉᆞᆼ
者쟝 보내시니 吉긿夢몽ᄋᆞᆫ 吉긿慶켱엣 ᄭᅮ미라
其끵二싱十씹八밣
여윈못 가온ᄃᆡ 몸 커 그우닐 龍룡ᄋᆞᆯ
현맛벌에 비늘ᄋᆞᆯ ᄲᅢ라뇨

5) 4) 3) 2) 1)

1). 西天=梵天.
2). 여윈못: 여위(다)+못(池).
3). 그우닐龍: 그우니(ㄹ다)+ㄹ+용. '그우닐다'는 '굴다'.
4). 현맛벌에: 현맛+벌+에. '현맛'은 '얼마의' 뜻, '벌'은 '가지, 들'.
5). 섀라뇨: 섈(다)+아+뇨. '·섈·다'는 洗의 뜻. '-뇨'는 의문형 종결어미.

月釋 二 · 48a

五옹色식雲운ㅅ가온ᄃᆡ瑞쓍相샹 뵈시ᄂᆞᆫ如ᅀᅧᆼ來ᄅᆡᆼㅅ긔현맛衆즁生ᄉᆡᆼ이머리좃ᄉᆞᄫᆞ뇨

其끵二ᅀᅵᆼ十씹九굼

世솅尊존오샤몰아ᅀᆞᆸ고소사뵈ᅀᆞᄫᆞ니녜ᄉᆞᆸᄃᆞᆫ들ᄀᆞ티라ᄒᆞ시니 世솅尊존ㅅ말ᄊᆞᄆᆞᆯ듣ᄌᆞᆸ고도라보아

4) 3) 2) 1)

---

1). 긔현맛: 긔(그)+현맛.

2). 머리좃ᄉᆞᄫᆞ뇨: 멀(다)+이+좃(다)+ᄉᆞᆸ+아+뇨. '-ᄉᆞᆸ-'의 객어는 如來이다.

3). 오샤몰아ᅀᆞᆸ고: 오(다)+시+아+ㅁ+올+알(다)+ᅀᆞᆸ+고. '-아-'는 동명사형을 위한 삽입모음, '-ᅀᆞᆸ-'의 객어는 '세존 오심'이다.

4). 소사뵈ᅀᆞᄫᆞ니: 솟(다)+아+뵈(보이다)+ᅀᆞᆸ+ᄋᆞ니. '-ᅀᆞᆸ-'의 객어는 '세존에게 보여드리려고'이다.

月釋 二·48b

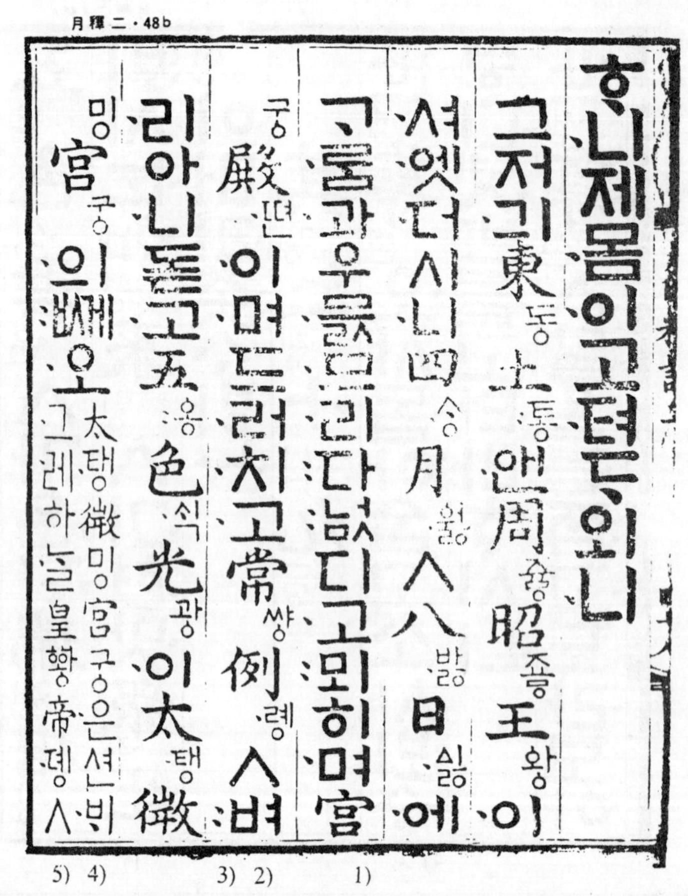

ᄒᆞ니 제 몸이 고텨 외니
그저긔 東동土토앳 周즇昭쯍王왕이
셔엣더시니 四ᄉᆞᆼ月웛 八밣日ᅀᅵᇙ에
구룸과 우뮰므리 다 넚디고 뫼히며 宮
궁殿뗜이며 드러치고 常썅例롕ㅅ벼
리 아니 돋고 五옹色식光광이 太탱微
밍宮궁이 ᄢᅦ오 太탱微밍宮궁은 션비 그레 하ᄂᆞᆯ 皇황帝뎽ㅅ

1). 우뮰므리다넚디고: 'ㅅ'은 모두 관형격촉음.

2). 드러치고: 들(다)+어+치+고.

3). 常例ㅅ벼리: 常例+ㅅ+별+이. 'ㅅ'은 관형격촉음, 常例는 '언제나 돋던 별'.

4). ᄢᅦ오: ᄢᅦ(다)+고.

5). 션비그레: 션비+글+에.

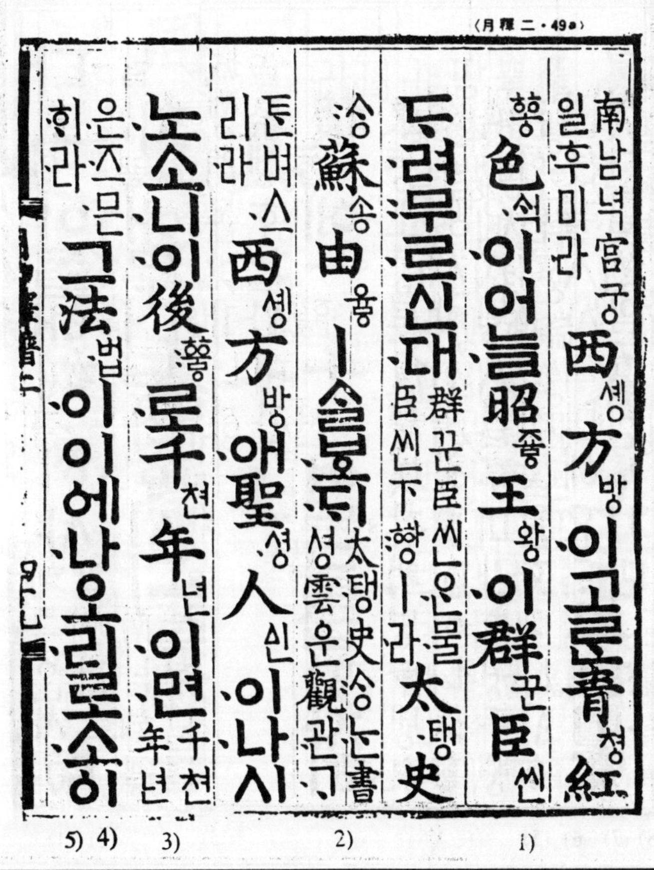
〈月釋 二·49a〉

南남녁宮궁西솅方방이고ᄅᆞᆫ靑청紅
일후미라
훙色ᄉᆡᆨ이어늘昭쬴王왕이群꾼臣씬
ᄃᆞ려무르신대群꾼臣씬온물太탱史
臣씬下ᅘᅘᅵᆼㅣ라
숑蘇송由윻ㅣ ᄉᆞᆲ보ᄃᆡ太탱史ᄉᆞᆼ논書
성雲운觀관ᄀᆡ
ᄐᆞᆫ버ᄉᆞ西솅方방애聖셩人신이나시
리라
노소니이後ᅘᅮᇢ로千쳔年년이면千쳔
年년
은ᄌᆞ믄그法법이이에나오리로소이
희라

5) 4) 3) 2) 1)

1).이어늘: 이거늘.

2).ᄉᆞᆯ보ᄃᆡ: ᄉᆞᆲ(다)+오+ᄃᆡ. '-오-'는 삽입모음. '-ᄃᆡ' 앞에 음을 고르기 위해 개입된 것.

3).노소니: '-노소·니'는 '-니, -오니, -나니'로 어미. 참고로 '-노소·라'는 '-니라, -오니라, -나니라'이고, '-노·소이다'는 '-나이다, -습니다'.

4).이에: 이에, 여기에서.

5).나오리로소이다: 나오(다)+리+로+소이다.

月釋二·49b

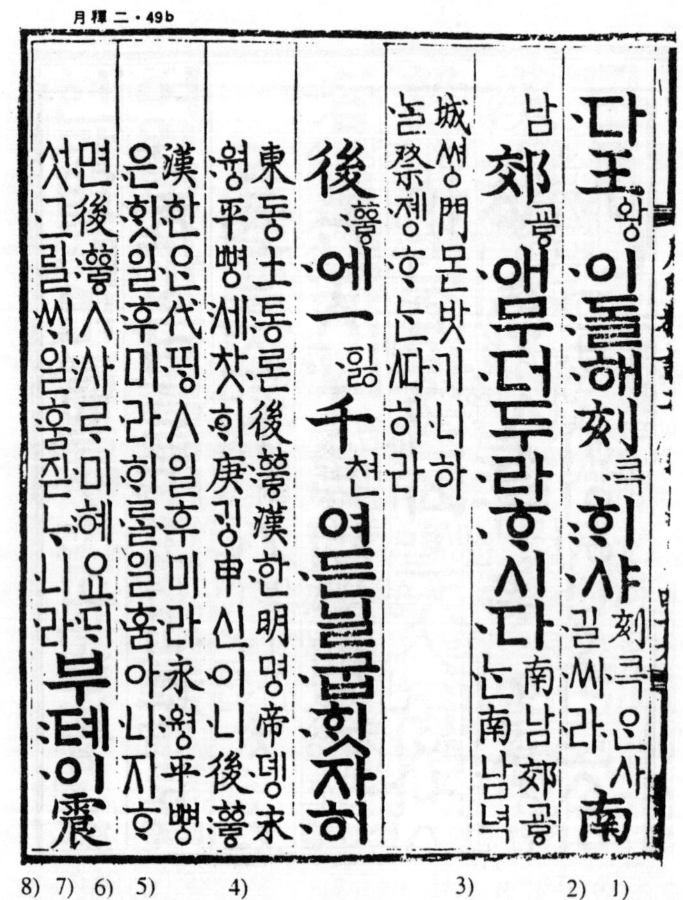

다王왕이 돌해刻극히샤 刻극은 사길씨라 南남郊공애 무더두랑ᄒᆞ시다 南남郊공ᄂᆞᆫ 南남녁 城셩門몬 밧기니 하ᄂᆞᆯ 祭졩ᄒᆞᄂᆞᆫ 따히라 後ᅘᅮᇢ에 一ᅙᅵᇙ千쳔 여듧 ᄒᆡᆺ자히 東동土통론 後ᅘᅮᇢ漢한 明명帝뎽 永ᅌᅯᇰ平뼝 세찻ᄒᆡ 庚깅申신이니 後ᅘᅮᇢ漢한은 代ᄯᅢᆼㅅ 일후미라 永ᅌᅯᇰ平뼝은 ᄒᆡᆺ 일후미라 ᄒᆡ롤 일훔 아니 지ᄒᆞ면 後ᅘᅮᇢㅅ 사ᄅᆞ미 혜요ᄃᆡ 섯그릴씨 일훔 짇ᄂᆞ니라 부톄이 震

8) 7) 6) 5) 4) 3) 2) 1)

---

1). 돌해刻히샤: 돌ㅎ+애+각+ᄒᆞ+이+샤. '-이-'는 사동의 선어말어미.

2). 사길씨라: 사기(다)+ㄹ씨라.

3). 밧기니: 밝+이+니. 단독체 '밧'의 서술격.

4). 세찻히: 세+차+ㅅ+히.

5). 지ᄒᆞ면: 짛(다)+ᄋᆞ면.

6). 혜요디: 혜(다)+(j)+오+디.

7). 섯그릴씨: 섞(다)+그리(다)+ㄹ씨.

8). 일홈짇ᄂᆞ니라: 일홈+짛(ㄷ다)+ᄂᆞ+니+라. '짛다'의 'ㅎ'이 'ㄷ'으로 변한 것은 대표소리 'ㄷ'으로 변한 것이다.

진旦단國귁衆즁生싱·이因ᅙᅵᆫ緣원

·이·니·근·ᄃᆞᆯ아ᄅᆞ·시·고 震진은東동方방·이·오旦단은

아·ᄎᆞ미·니·ᄒᆡ東동녀·긔이·시·면아·ᄎᆞ

미·오西솅ㅅ녀·긔·가·면나조·ᄒᆡᆯ·씨東

동녀·글아·ᄎᆞ미·라ᄒᆞᄂᆞ·니·라西솅天

텬에·셔中듕國귁·이東동녀·길·씨震

진旦단·이·라 ·ᄒᆞᄂᆞ니·라 教ᄁᆞᇢ化황·ᄒᆞ·리·라나·오

·시·니梓즈ᇰ潼똥帝뎽君군·이·닐·오·ᄃᆡ

梓즈ᇰ潼똥帝뎽君군·은道ᄄᆞᇢ家강·애

·스·믈닐·굽찻天텬尊존·이·라道ᄄᆞᇢ家

1) 2)

---

1).震旦(國): 또는 진단(眞丹, 振旦). 印度에서 中國을 부르는 이름. 震은 東方에 該當한다. 해가 돋는 쪽에 있다하여 震旦이라 한다.

2).호리라나오시니: ᄒᆞ(다)+오+리+라+나오(다)+시+니. '-오-'는 의도의 '-리-' 때문에 개입.

月釋 二·50b

강ᄂᆞᆫ道또ᇢ士ᄊᆞᆼ이지비니道또ᇢ士ᄊᆞᆼ
이주비ᄅᆞᆯ道또ᇢ家강ㅣ라ᄒᆞᄂᆞ니라
天텬尊존ᄋᆞᆫ하ᄂᆞᆯ햇 내ᅀᅡ래前쪈生
尊존ᄒᆞ신부니라
ᄉᆡᆼ罪쬥業업엣果광報봉ᄅᆞᆯ니버邛
꽁池띵ㅅ龍롱이ᄃᆞ외야邛꽁ᄋᆞᆫᄊᆞᆺ
일후미오
池띵ᄂᆞᆫ모시라中듕國귁西솅ㅅ녁
ᄀᆞᅀᅢ蜀쓕쪽이라ᄒᆞᇙᄀᆞ올ᄒᆞ잇ᄂᆞ니蜀
쓕ᄊᆡ셔邛꽁이 기프를아래잇다니
갓가ᄫᆞ니라
여러ᄒᆡ니ᅀᅥ위여ᄀᆞᄆᆞ니모시홇기ᄃᆞ

10) 9) 8) 7) 6) 5) 4) 3) 2) 1)

1). 주비: 統首. '주·비'는 部, 流.

2). 前生: 우리가 살다온 世上, 곧, 現生의 앞 단계 世上. 이승에서 처한 狀況은 前生에서 닦은 業에 의해 정해지는 것이다. 그리고 현생(이승)에서의 業은 다음 우리가 돌아가는 저승(내생)의 輪迴 六道를 정해주는 것이다. 이 전생, 현생, 내생의 三生은 한 번으로 끝이 나는 것이 아니고 누구나 계속 이어지는 것이다.

2). (罪)業: 앞 주에서 설명.

3). 果報: 앞 주에서 설명.

4). 邛池: 중국의 서북쪽에 있는 못.

5). ᄊᆞᆺ일후미오: ᄊᆞ(ㅎ)+ㅅ+일훔+이+고.

6). ᄒᆞᇙᄀᆞ올히: ᄒᆞ(다)+오+ㅭ+ᄀᆞ옳+이. 'ㆆ'은 절음, '-오-'는 관형사형어미 'ㄹ' 때문에 개입, 'ᄀᆞ올〉 골.

7). 기픈믈아래잇다니: '깊은 물아래 있더니'의 解釋이나, '-다-'는 回想時制 先語尾 '-더-'에 挿入母音 '-아-'가 結合되어 '더+아〉다'의 圖式이 成立된다. 이 '-다-'는 1人稱 主語의 話者 表示이다.

8). 닛위여: 닛위(다)+(j)+어. '닛위다'는 '잇대다, 계속되다'.

9). ᄀᆞᄆᆞ니 = ᄀᆞ마니 = 가마니.

10). 모시홇기ᄃᆞ외어늘: 못+이+홁+이+ᄃᆞ외(다)+거늘.

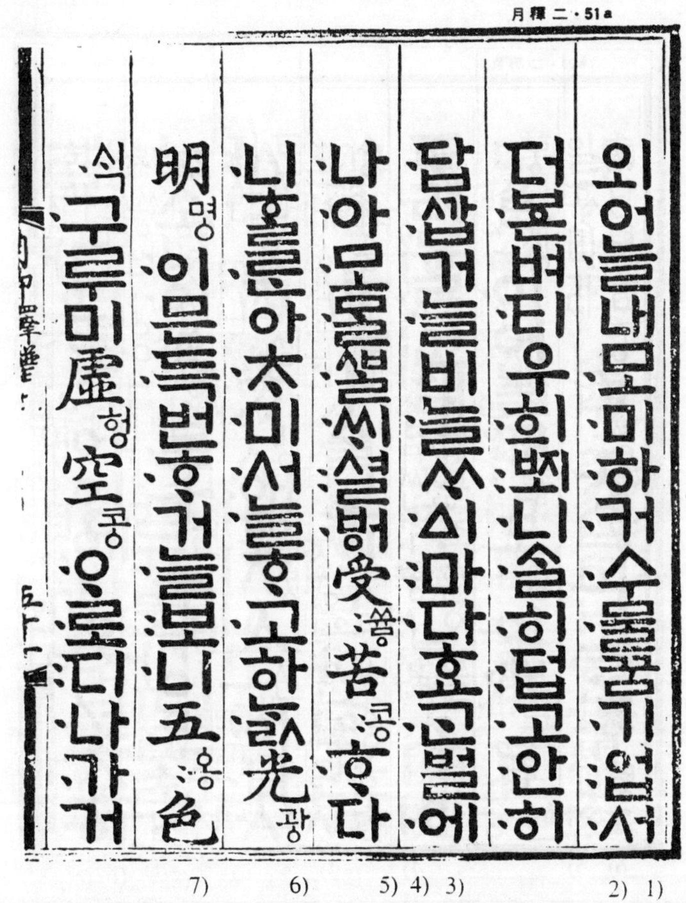

외어늘내모미하커수믈꿈기업서
더본벼티우희쬐니솔히덥고안히
답쌉거늘비늘ᄊᆡ마다효ᄀᆞᆫ벌에
나아모ᄆᆞᆯ ᄲᆞᆯ씨셜버受苦ᄒᆞ다
니ᄒᆞᄅᆞᆫ아ᄎᆞ미서늘ᄒᆞ고하ᄂᆞᆳ光
明이ᄆᆞᆺ번ᄒᆞ거늘보니五色
구루미虛空ᄋᆞ로디나가거

7) 6) 5) 4) 3) 2) 1)

---

1). 내모미하커: 내+몸+이+하(다)+크(다)+어.

2). 수물꿈기: 숨(다)+우+ㄹ+ㅅ+구무+ㄱ+이. 편의상 'ㅅ'으로 표기했지만 'ㅅ'이 아니고, 'ㄷ', 'ㆆ'이거나 모두 다음의 '구무'의 'ㄱ'과 결부되어 'ㄲ'의 된소리가 될 수밖에 없다. '구무'는 'ㄱ'곡용하는 단독체로 'ㄱ'곡용의 공식은 '나모'의 그것과 같다. '구무―마지막모음+ㄱ+格助詞'=구무의 찾고자 하는 格이 된다.

3). 답쌉거늘: 답쌉(다)+거늘. '답쌉다'는 '답답하다'.

4). 비늘ᄊᆡ: 비늘+ㅅ+ᄉᆡ.

5). 효ᄀᆞᆫ벌: 횩(다)+ᄋᆞᆫ+벌. '횩다'는 '작다'의 뜻.

6). ᄒᆞᄅᆞᆫ아ᄎᆞ미: ᄒᆞᄅᆞ(ᄒᆞᄅᆞ)+ᄋᆞᆫ+아ᄎᆞᆷ+이. 'ᄒᆞᄅᆞ'는 '一日'.

7). 번ᄒᆞ거늘: 번ᄒᆞ(다)+거늘. '번ᄒᆞ다'는 '훤하다'.

月釋二·51b

6) 5) 4) 3) 2) 1)

---

1).감ᄑᆞ론마리: 감ᄑᆞᄅᆞ(다)+ㄴ+말+이. '말'은 水藻.

2).鈿贏 = 螺鈿 : 나전 칠기할 때 쓰이는 조개나 소라.

3).모야히ᄃᆞ닚光: 모야히(이)+ᄃᆞ(데, 所)+님+ㅅ+光. '모야히'는 '모양이', 'ᄃᆞ'는 '모양이 데', '님'은 '님금'의 준말 " 金色 모야히 ᄃᆞ 닚 광이러시다"는 "金色의 모양이 데 님금의 빛이 나는 것이도다의 해석이 된다.

4).뫼햇神靈이며: 뫼ㅎ+애+ㅅ+神靈+이+며. 'ㅅ'은 촉음의 역할도 하지만, '-는'의 역할도 한다.

5).머리좃ᄉᆞᆸ고: 멀(다)+이+좃(다)+ᄉᆞᆸ+고.

6).기ᅀᆞᄫᅡ: 깃(다)+ᄉᆞᆸ+아.

歎탄ᄒᆞᅀᆞᄫᆞᆶ[1] 소리 天텬地띵 드러치

며 하ᄂᆞᆳ 香향이 섯버므러[2] 곧곧마다

붊비치 나더라 나도 머릴울워ᄉᆞᆲ[3]

버이다 救궁ᄒᆞ쇼셔 비ᅀᆞᄫᆞ니[4] 萬먼

靈령諸정聖셩이 다 날ᄃᆞ려[5] 니ᄅᆞ샤

ᄃᆡ 萬먼靈령은 萬먼萬먼神씬靈령이오 諸정聖셩은 여러 聖셩人신

이니 如셩來링 뫼ᅀᆞᄫᅡ 가시ᄂᆞᆫ 聖셩人신내라 이 西솅方방

---

1). 讚歎ᄒᆞᅀᆞᄫᆞᆶ소리: 讚歎ᄒᆞ(다)+ᅀᆞᆸ+ᄋᆞᇙ+소리. '-ᅀᆞᆸ-'의 객어는 '석존의 탄생'.

2). 섯버므러: 셧(다)+버믈(다)+어.

3). 셟버이다: ᄉᆞᆲ(다)+어+이+다. '-이다'는 '-습니다'.

4). 救ᄒᆞ쇼셔비ᅀᆞᄫᆞ니: 救ᄒᆞ(다)+쇼셔, 빌(다)+ᅀᆞᆸ+오+니. 객어는 '세존에게 구원을 비는 것'

5). 날ᄃᆞ려: 나+ᄃᆞ려. '-ᄃᆞ려'는 여격조사.

月釋 二·52b

大땡聖셩正졍覺각世솅尊존釋셕迦강文문佛뿛이시니 大땡聖셩은 큰聖셩人신이라 文문은 ᄂᆞᆷ 어여ᄡᅵ 너기시ᄂᆞ다 혼 ᄠᅳ디라 이제 教곻法법이 東동土통애 펴디릴ᄊᆡ 教곻法법은 衆즁生ᄉᆡᇰ教곻化황ᄒᆞ시ᄂᆞᆫ 法법이라 化황身신이 東동土통로 가시ᄂᆞ니라 부텻 모미 세 가지로 ᄉᆞᆲᄂᆞ니 清쳥淨쪙法법身신 毗삥盧롱遮쟝那낭와 圓원滿만報봉身신盧롱舍샹

4) 3) 2) 1)

---

1). 大聖正覺世尊釋迦文佛: 大聖-큰 성인. 正覺-올바로 깨닫다. 世尊-세상에서 가장 위대하다. 釋迦-성씨 이름. 文-利他的 행위를 하는 자. 佛-부처.

2). 어여쎄: 어엿(다)라는 동사에서, 어엿(다)+브다(형용사화 접미사), 어여쁘다〉어여쁘다

어여쁘+이(부사화 접미사)〉어여쎄.

3). 펴디릴써: 펴(다)+디(다)+리+ㄹ써. '-리-'는 추측의 선어미.

4). 淸淨法身 = 毘盧遮那 = 釋迦牟尼(圓滿報身盧舍那)

那낭와千천百빅億흑化황身신釋
셕迦강牟뭉尼닝시니라毗삥盧롱
遮쟝那낭ᄂᆞᆫ一ᅙᅵᇙ切쳉고대ᄀᆞ독다[1]
ᄒᆞᆫ논마리니眞진實씷ㅅ性셩ㅅ根
ᄀᆞᆫ源원이몯ᄀᆞ며괴외ᄒᆞ야혜아룜[2]
과일훔괘업서虛헝空콩ᄀᆞ티뷔어
믈읫보논얼구리쑤멧얼굴ᄀᆞᆮᄒᆞ며[3]
듣논소리뫼ᅀᆞ리ᄀᆞᆮᄒᆞ야이슘과업[4]
숨괘다ᄅᆞ디아니ᄒᆞᆯᄊᆡ煩뻔惱놓ㅅ[5]
根ᄀᆞᆫ源원도조ᄒᆞ야眞진實씷ㅅ功
공德득이ᄀᆞ자一ᅙᅵᇙ切쳉法법이ᄒᆞᆫ
가지佛뿛性셩이니이衆즁生싱마
다뒷논제性셩이니일훔도업건마[6]
ᄅᆞᆫ구쳐法법身신이라ᄒᆞ니라圓원[7]

1). 고대ᄀᆞ독다: 고대+ᄀᆞ독ᄒᆞ(다).
2). 혜아룜: 혜아리(다)+(j)+오+ㅁ.
3). 쑤멧얼굴: 쑴+에+ㅅ+얼굴.
4). 뫼ᅀᆞ리: 뫼아리.
5). 이슘과업숨: 이시(다)+(j)+움+과+없(다)+우+ㅁ.
6). 뒷논제性이니: 뒷(다)+ᄂᆞ+오+ㄴ+제+성+이니.
7). 구쳐: 구치(다)+어.

月釋 二·53b

은 두려ᄫᅳᆯ씨오 滿만은 ᄀᆞᄃᆞᆨᄒᆞᆯ씨니[1]
여러 구즌 이리 다 업서 德득이 다 ᄀᆞ[2]
ᄌᆞ실ᄊᆡ 圓원滿만이라 ᄒᆞ니라 報봉
身신은 부톄 ᄀᆞ장 貴귕ᄒᆞᆫ 因인緣원
으로 至징極끅 즐거ᄫᅳᆫ 果광報봉ᄅᆞᆯ
타나샤 自ᄍᆞᆼ得득히 便뼌安한ᄒᆞ실[3]
씨라 盧롱舍샹那낭ᄂᆞᆫ 光광明명이
차 비취다 ᄒᆞᆫ 마리니 智딩慧휑ㅅ 光[4]
광明명이 안ᄒᆞ로 眞진實씷ㅅ 法법[5]
界갱ᄅᆞᆯ 비취샤 ᄌᆞ개 受쓯用용ᄒᆞ시[6]
고 모ᄆᆞᆺ 光광明명이 밧ᄀᆞ로 菩뽕薩[7]
ᄿᆶ을 비취샤ᄂᆞ미 受쓯用용ᄒᆞᆯ씨니
受쓯用용은 바다 ᄡᅳ다 ᄒᆞᆫ ᄠᅳ디라 ᄌᆞ[8]
개 受쓯用용ᄒᆞ샤ᄆᆞᆫ 如셩來링 無뭉

---

1). 두려볼씨오: 두렵(다)+을씨+고.
2). 다ᄀᆞᄌᆞ실ᄊᆡ: 다+ᄀᆞᆽ(다)+ᄋᆞᆯᄊᆡ.
3). 타나샤: 타(다)+나(다)+샤. '타나다'는 통사적으로 복합어.
4). 차비취다ᄒᆞᆫ마리니: 차(다)+비취(다)+ᄒᆞ(다)+오+ㄴ+말+이+니.
5). 안ᄒᆞ로: 안ㅎ+ᄋᆞ로.
6). ᄌᆞ개: ᄌᆞ갸+이.
7). 밧ᄀᆞ로: 밗+ᄋᆞ로.
8). 바다ᄡᅳ다: 받(다)+아+ᄡᅳ다.

數숭劫겁에그지업슨福복德득을
닷ᄀᆞ샤ᄀᆞᆺ업슨功공德득을니르와
ᄃᆞ샤조ᄒᆞ미샹녜色식身신에ᄀᆞ득
ᄒᆞ며ᄆᆞᆯ고미未밍來링예니서너브
며큰法법樂락ᄋᆞᆯ샹녜受쓯用용ᄒᆞ
샤미오ᄂᆞ미受쓯用용ᄒᆞᄂᆞᆫ妙묭淨
쪙功공德득身신ᄋᆞᆯ뵈샤三삼十씹
二싱相샹八밣十씹種죵好흫ㅣᄀᆞ
ᄌᆞ샤ᄀᆞᆺᄀᆞᆫ것업슨조ᄒᆞᆫ나라해겨샤
十씹地띵菩뽕薩삻ᄋᆞᆯ爲윙ᄒᆞ샤큰
神씬通통ᄋᆞᆯ나토샤正졍法법으로
모ᄃᆞᆫ疑읭心심ᄋᆞᆯ決겷斷똰ᄒᆞ샤大
땡乘씽法법樂락ᄋᆞᆯ受쓯用용케ᄒᆞ
실씨라神씬은神씬奇끵ᄒᆞ야사ᄅᆞᆷ

5) 4) 3) 2) 1)

---

1). ᄀᆞᆺ업슨功德: ᄀᆞᆺ+없(다)+功德. 'ᄀᆞᆺ없다'는 '끝이 없다, 한 없다'.

2). 色身: 빛깔과 形象이 있는 몸. 곧, 肉身. 또는 佛, 菩薩의 相好신. 빛깔도 形象도 없는 法身에 대하여 빛깔과 形象이 있는 神像을 말함

3). ᄆᆞᆯ고미: ᄆᆞᆰ(다)+오+ㅁ+이.

4). 十地(菩薩): 菩薩이 修行하는 階位인 52位 중 第41位로부터 50位까지의 十位. 이 10位는 佛智를 生成하고 能히 住持하여 움직이지 아니하며 온갖 중생을 짊어지고 敎化 利益하는 것이 마치 大地가 萬物을 싣고 이를 潤益함과 같으므로 地라 한 것. 1. 歡喜地, 2. 離垢地. 3. 發光地. 4. 焰慧地. 5. 難勝地, 6. 現前地. 7. 遠行地. 8. 不動地. 9. 善彗地. 10. 法雲地.

4). 나토샤: 나토(다)+샤.

5). 法樂: 佛法의 妙하고 깊은 맛에 맛들여 즐김. 또, 善行을 닦고 德을 쌓아서 마음이 즐거운 것. 法會를 마칠 때 아름다운 音樂을 하거나 시, 노래를 지어서 부처님께 供養하는 것.

月釋 二·54b

모ᄅᆞᆯ·씨오 通통은 智딩慧·휑ㅅ 모·자

마ᄀᆞᆫ·디 :업슬·씨·라 千쳔百ᄇᆡᆨ億ᅙᅙᆨ·은

百ᄇᆡᆨ億ᅙᅙᆨ곰 ᄒᆞ·니 一ᅙᅙᆶ千쳔·이·라 ᄒᆞᆫ

·마·리·니 즈·믄 萬·먼·이 億ᅙᅙᆨ·이·라 一ᅙᅙᆶ

千쳔蓮련ㅅ 곶우·희 一ᅙᅙᆶ千쳔釋·셕

迦강ㅣ ᄭᅧ·시·고 곶·마·다 百ᄇᆡᆨ億ᅙᅙᆨ 나

라·히·오 나·라·마·다 ᄒᆞᆫ 釋·셕迦강ㅣ 나

실·씨 千쳔百ᄇᆡᆨ億ᅙᅙᆨ 化·황身신·이·라

ᄒᆞ·니 化·황身신·은 變·변化·황·로 나·신

모·미·라 곶우·흿 釋·셕迦강·는 盧롱舍

·샹那낭ㅅ 化·황身신·이시·고 千쳔百

ᄇᆡᆨ億ᅙᅙᆨ 釋·셕迦강·는 化·황身신ㅅ 化

·황身신·이 閻염浮뿡提뗑菩뿡提뗑

樹·쓩ㅅ 미·틔 ᄒᆞᆫᄢᅴ 成쎵佛뿛ᄒᆞ·신 釋

4) 3) 2) 1)

---

1). 一千蓮ㅅ곶우희: 蓮＋ㅅ＋곶＋우ㅎ＋의.

2). 나라히오: 나라ㅎ＋이＋고.

3). 化身: 앞 주에서 설명.

4). 閻浮提菩提樹ㅅ미틔ᄒᆞᆫᄢᅴ: 閻浮提菩提樹＋ㅅ＋밑＋의＋ᄒᆞᆫᄢᅴ. 'ᄒᆞᆫᄢᅴ'의 변화는 앞에서 설명.

셕迦강ㅣ시니라이法법身신報봉 [1]
身신化황身신이다ᄅᆞ디아니ᄒᆞ샤 [2]
性셩ㅅ根근源원을니ᄅᆞ건댄法법
身신이오智딩慧ᅘᅰᆼᄅᆞᆯ니ᄅᆞ건댄報 [3]
봉身신이오智딩慧ᅘᅰᆼᄡᅳ샤ᄆᆞᆯ니ᄅᆞ
건댄化황身신이니智딩慧ᅘᅰᆼ根근 [4]
源원性셩體뎽와마자이셔큰ᄡᅮ믈
니ᄅᆞ와ᄃᆞᆯ씨라眞진實씷ㅅ法법身신 [5]
신이虛헝空콩ᄀᆞᆮᄒᆞ야本본來ᄅᆡᆼ얼
굴업건마ᄅᆞᆫ世솅間간ㅅ衆즁生ᄉᆡᆼ [6]
為윙ᄒᆞ샤조ᄒᆞᆫ나라히며더러ᄫᅳᆫ나
라히며제여곰氣킝質짏을조ᄎᆞ샤 [7]
化황身신을뵈샤教공化황ᄒᆞ샤미 [8]
므레비췬ᄃᆞᆯ곧ᄒᆞ시니라化황身신

---

1). 法身 = 報身 = 化身.
2). 法身-- 釋尊의 性ㅅ根源을 말할 때.
3). 報身-- 釋尊의 智慧를 말할 때.
4). 化身-- 釋尊의 智慧를 使用(利他的으로)함을 말할 때.
5). 큰ᄡᅮ믈니ᄅᆞ와: 큰+ᄡᅳ+우+ㅁ+을+니ᄅᆞ(다)+오(다)+아.
6). 얼굴: 낯이아니고 형체를 말한다.
7). 제여곰: 제각기.
8). 제여곰氣質을조ᄎᆞ샤化身을뵈샤教化ᄒᆞ샤미므레비췬ᄃᆞᆯ곧ᄒᆞ시니라: 月印千江. 달이 강에 비치면 그 비친 달은 다시 다른 곳으로 반사하고 그 반사된 빛은 또, 다른 물체로 반사해서 달빛을 온 누리의 모든 삼라만상이 받아 깨달음을 얻는 것이다. 더구나 그 강물이 물결이라도 일어날 때는 그 난반사의 현란함은 형언할 수 없는 것이며, 달의 수는 헤아릴 수 없이 많은 것이다. 달빛이 비치면 사물의 형태를 볼 수 있고 그 형태는 오관에 의해 무엇인가하고 인지할 수 있기 때문에 그 달(부처님의 지혜)은 깨달음이 되는 것이다.

月釋 二·55b

이·뵈·샤·도根근源원·은·업스·샤·미因
그·림·제真진實씷ㅅ ᄃᆞᆯ·아·니로·미·ᄂᆞᆫ
ᄒᆞ·니·라蓮련花황·ᄂᆞᆫ 더·러본 ·ᄃᆡ·이·셔
도 ·더·럽·디 아·니ᄒᆞ·미 真진實씷ㅅ 法
·법界갱世솅間간法법·의 몯 ·더·러ᄫᅳ
·믈 가·ᄌᆞᆯ·비·니·라 八밣十·씹種·종好·ᄒᆞᇢ
·ᄂᆞᆫ 여·든가·짓 ·됴ᄒᆞ·신 相·샹·이·시·니 ·첫
相·샹·ᄋᆞᆫ 머·릿·뎡·바·기·ᄅᆞᆯ 보·ᅀᆞᄫᆞ·리 ·업·서
ᅀᅳ·며 ·돌·차 ·힌 ·뎡·바·깃 ·뒤 고·리 구드·시
·며 ·세·차 ·힌 ·니 ·마·히 ·넙·고 平뼝正·졍ᄒᆞ·고
시·며 ·네·차 ·힌 ·눈·서 ·비 ·놉·고 ·기·르·시·고
初총生싱ㅅ ᄃᆞᆯ·ᄀᆞ·티 ·엇·우·브·시·고 ·감
ᄑᆞ·ᄅᆞᆫ 瑠륳璃링ㅅ ·빗 ·ᄀᆞᄐᆞ·시·며 ·다ᄉᆞᆺ
·차 ·힌 ·누·니 ·넙·고 ·기르·시·며 여·ᅀᆞᆺ ·차 ·힌

5) 4) 3) 2) 1)

1).蓮花: 더러운 곳에서 자라도 그 꽃이나 잎들은 깨끗하니 진실의 법이 세간에 있어도 더럽힐 수 없는 것과 같은 것.

2).더러ᄫᅳᆯ가ᄌᆞᆯ비니라: 더럽(다)+우+ㅁ+을+가ᄌᆞᆯ비(다)+니+라. '가·ᄌᆞᆯ·비다'는 '비교하다'.

3).八十種好: 八十隨形好라고도 한다. 부처님의 몸에서 훌륭한 것 80종을 말함. 경, 논에 따라 꼭 같지 않다. 1. 손톱이 좁고 길고 엷고 구리 빛으로 윤택한 것. 2. 손가락 발가락이 둥글고 길어서 다른 사람보다 고운 것. 3. 손과 발이 제각기 같아서 별로 다름이 없는 것. 4. 손 발이 원만하고 보드라워 다른 사람보다 훌륭한 것. 5. 힘줄과 핏대가 잘 서리어서 부드러운 것. 6. 두 복사뼈가 살 속에 숨어서 밖으로 나타나지 않는 것. 7. 걸음걸이가 곧고 반듯하여 거위와 같은 것. 8. 걸음 걷는 위의가 사자와 같은 것. 9. 걸음걸이가 안평하여 상자 밑 같은 것. 10. 걸음걸이가 위엄이 있어 일체에 진동하는 것. 11. 몸을 돌려보는 것이 코끼리 같음. 12. 팔다리의 마디가 수승하고 원만한 것. 13. 뼈마디가 얽힌 것이 쇠사슬 같은 것. 14. 무릎이 원만하고 굳은 것. 15. 남근이 살속에 들어 있는 것이 말과 같은 것. 16. 봄과 팔다리가 윤택하고 미끄럽고 깨끗하고 부드러운 것. 17. 몸매가 바르고 곧아서 굽지 않은 것. 18. 몸과 팔다리가 견고하여 비뚤지 않은 것. 19. 몸매가 반듯하고 똑바른 것. 20. 몸매가 단단하여 검지 않고 기미가 없는 것. 21. 몸에 둥근 광명이 있어 사방으로 한 길씩 뻗치는 것. 22. 배가 반듯하고 가로무늬가 없는 것. 23. 배꼽이 깊숙하고 오른쪽으로 돌았으며 원만하고 묘한 것. 24. 배꼽이 두텁고 묘한 모양이 있어 두드러지거나 오목하지 않은 것. 25. 살갗이 깨끗하고 용모가 바른 것. 26. 손바닥이 충실하고 단정하고 어지럽지 않은 것 등 등 80가지의 길상을 八十種好라고 한다.

月釋 二 · 56a

곳ᄆᆞᆯ리놉고두렵고고ᄃᆞ시고굼기
아니뵈시며닐굽차힌귀두텁고넙
고기르시고귓바회세시며여듧차
힌모미ᄀᆞ장구드샤미那낭羅랑延
연ᄀᆞᄐᆞ시며那낭羅랑延연ᄋᆞᆫ金금
剛강이라혼마리라아홉차힌모미
구더허디아니ᄒᆞ시며열차힌모맷
ᄆᆞᄃᆡ굳고칙칙ᄒᆞ시며열ᄒᆞ나차힌
몸오ᄋᆞ로도라보샤미象썅이ᄀᆞᄐᆞ
시며열둘차힌모매光광明명켜시
며열세차힌모미고ᄃᆞ시며열네차
힌長땽常썅애져머늙디아니ᄒᆞ시
며열다ᄉᆞᆺ차힌양지長땽常썅ᄒᆞ웍
ᄒᆞ웍ᄒᆞ시며열여ᄉᆞᆺ차힌모ᄆᆞᆯᄌᆞ개

9) 8) 7) 6) 5) 4) 3) 2) 1)

(앞 쪽 주에서 계속됨)

4). 뎡바기뎌고리: 뎡바기+뎌고리. '뎌고리'는 '대가리'.

5). 엇우브시고: 엇웁(다)+으시+고. '엇웁다'는 '꾸부정하다'.

1). 곳ᄆᆞᆯ리: 고+ㅅ+ᄆᆞᄅᆞ+이. '곳ᄆᆞᆯ리'는 '코의 마루= 콧날', ᄆᆞᄅᆞ+이(주격조사)〉 ᄆᆞᆯ+이(ᄅᆞ의 아래아가 모음충돌로 탈락)〉ᄆᆞᆯ이〉ᄆᆞᆯ리(ㄹ첨가).

2). 고ᄃᆞ시고: 곧(다)+ᄋᆞ시+고.

3). 굼기아니뵈시며: 굶+아니(다)+뵈(다)+시+며. '구무'는 '굼기'의 단독체.

4). 귓바회: 귀+ㅅ+바회. '바·회'는 '바퀴, 바위'의 뜻이 있다. 여기서는 '바퀴'의 뜻.

5). 那羅延: (범) Nārāyaṇa 那羅延那. 飜譯하여 堅固, 鉤鎖 力士, 人生本이라 한다. 天上의 力士로서 그 힘의 세기가 코끼리의 백만 배나 되다고 한다.

6). 허디: 헐(다)+디+(부정의 보조용언).

7). 몸오ᄋᆞ로: 몸+오ᄋᆞ로. '오ᄋᆞ로'는 '온전히'.

8). 長常애져머: 長常+애+졈(다)+어. '長常'은 '늘, 언제나'의 뜻.

9). ᄒᆞ웍ᄒᆞ웍ᄒᆞ시며: ᄒᆞ웍 ᄒᆞ웍ᄒᆞ(다)+시+며. 'ᄒᆞ웍ᄒᆞ웍ᄒᆞ다'는 '윤택하다'의 뜻.

月釋 二 · 56b

이대가져돈니샤놈기드리디아니
ᄒᆞ시며열닐굽차힌모미주굴위디
아니ᄒᆞ시며열여ᄃᆞᆲ차힌아ᄅᆞ샤미
至징極끅ᄒᆞ샤기튼배업스시며열
아홉차힌擧겅動똥이ᄀᆞᄌᆞ시며스
믈차힌威휭嚴엄과德득괘ᄌᆞᆫ되ᄃᆞ
드러치시며스믈ᄒᆞ나차힌ᄂᆞᄆᆞᆯ向
향ᄒᆞ야다委휭曲콕히ᄒᆞ시고믜야
히아니ᄒᆞ시며스믈둘차힌ᄭᅧ신ᄧᅡ
하便뼌安한ᄒᆞ야바ᄃᆞ랍디아니ᄒᆞ
시며스믈세차힌이비맛가ᄫᆞ샤크
디아니ᄒᆞ고기디아니ᄒᆞ시며스믈
네차힌ᄂᆞ치넙고平뼝ᄒᆞ시며스믈
다ᄉᆞᆺ차힌ᄂᆞ치두렵고조호미보ᄅᆞᇝ

1). 놈기드리디: 놈+디드리(다)+디.

2). 기튼배: 기티(다)+은+바+이.

3). 믜야히: 매정하게.

4). 바ᄃᆞ랍디아니ᄒᆞ고: 바ᄃᆞ랍(다)+디+아니ᄒᆞ(다)+고.

5). 맛가ᄫᆞ샤: 맛갑(다)+ᄋᆞ샤. '맛갑다'는 '알맞다'.

6). ᄂᆞ치두렵고조호미: ᄂᆾ+이+두렵(다)+고+좋(다)+오+ㅁ+이. '두렵다'는 '둥글다'.

돌·ᄀᆞ·ᄐᆞ시·며ᄉᆞ믈여슷차힌셩가·신
양·ᄌᆡ·업·ᄉᆞ시·며ᄉᆞ믈닐굽차힌擧겅·신
動똥ᄒᆞ·야·돈니·샤·미象쌍·ᄀᆞ·ᄐᆞ시·며
ᄉᆞ믈·여·듧차·힌·양ᄌᆞ·ᄋᆡ·싁싁ᄒᆞ·샤·미
獅ᄉᆞᇰ子ᄌᆞᇰㅣ·ᄀᆞ·ᄐᆞ시·며ᄉᆞ믈·아홉차
힌거름거·루·미·곤·ᄀᆞ·ᄐᆞ시·며·셜·흔차
힌머리摩망陁땅那낭ᄉᆞ·여르·미·ᄀᆞ
·ᄐᆞ시·며·셜·흔ᄒᆞ나차·힌몺·비·치·빗·나
·됴ᄒᆞ시·며·셜·흔·둘차·힌밠·ᄃᆞ·이·두·터
·ᄫᅳ시·며·셜·흔세차·힌·토·비赤·쳑銅똥
葉·엽·ᄀᆞ·ᄐᆞ시·며赤·쳑銅똥葉·엽·은灌
확葉·엽香향·ᄋᆞ·라·셜·흔네차·힌·ᄃᆞ니
·슮·저·긔ᄯᅡ·해·ᄡᅳ·샤·ᄃᆡ·밠바·닶·그·미ᄡᅡ
·해·반ᄃᆞ·기바·키시·며·셜·흔다·ᄉᆞᆺ차·힌

1). 셩가신양지: 셩가시(다)+양지.

2). 거루미곤ᄀᆞᄐᆞ시며: 걷(다)+우+ㅁ+이+곤+ᄀᆞᇀ(다)+ᄋᆞ시+며. '·곤'은 '고니'. '걷다'가 '걸움'으로 변한 것은 'ㄷ'변칙이며, '걷다'의 동명사형이다.

3). 밠드이: 발+ㅅ+둥+이.

4). 토비: (손)톱+이.

5). 밠바닶그미ᄡᅡ해: 발+ㅅ+바당+ㅅ+금+이+ᄡᅡᇂ+애.

6). 반ᄃᆞ기바키시며: 반독+이+박(다)+히+시+며. '-시-'나 '-히-'는 선어말어미.

月釋 二·57b

솏가라개文문이莊장嚴엄ᄒᆞ야겨
시며셜흔여슷차힌솏가락文문이
ᄀᆞᆯ히나시며셜흔닐굽차힌솏그미
ᄀᆞᆯᄒᆡ나고고ᄃᆞ시며셜흔여ᄃᆞᆲ차ᄒᆞᆫ
솏그미기르시며셜흔아홉차힌솏
그미긋ᄃᆞ아니ᄒᆞ야나스시며마ᅀᆞᆫ
차힌손바리ᄠᅳᆫᄀᆞᄐᆞ시며마ᅀᆞᆫᄒᆞ나
차힌손과발왜붉고히샤미蓮련ㅅ
고지ᄀᆞᄐᆞ시며마ᅀᆞᆫ둘차힌귀눈입
고하됴ᄒᆞᆫ相샹이다ᄀᆞᄌᆞ시며마ᅀᆞᆫ
세차힌거름거리더디아니ᄒᆞ시며
마ᅀᆞᆫ네차ᄒᆞᆫ거름거리넘디아니ᄒᆞ
시며마ᅀᆞᆫ다ᄉᆞᆺ차힌거름거리便뼌
安한ᄒᆞ시며마ᅀᆞᆫ여슷차힌빗보기

5) 4) 3) 2) 1)

---

1).손가라개문이: 손가락+애+문+이. '손가락의 지문'.

2).솏그미ᄀᆞᆯ히나고: 손+ㅅ+금+이+ᄀᆞᆯ히(다)+나(다)+고. 'ᄀᆞᆯ히나다'는 복합어.

3).고히: 고ㅎ+이. '코가'.

4).거름거리더디아니ᄒᆞ시며: 거름+걸+이+더디(다)+아니ᄒᆞ(다)+시+며.

5).빗보기: 비+ㅅ+복+이. '빗복'은 '배꼽'.

月釋 二·58a

깁고둗겁고ᄇᆡ얌서리ᄃᆞᆺᄒᆞ야두려
ᄫᅥ올히도ᄅᆞ시며마ᅀᆞᆫ닐굽차히터
럿비치ᄑᆞ라ᄫᅳᆯ가ᄒᆞ샤미孔콩雀쟉
의모기ᄀᆞᄐᆞ시며마ᅀᆞᆫ여ᄃᆞᆲ차히터
럿비치흠흠ᄒᆞ고조ᄒᆞ시며마ᅀᆞᆫ아
홉차히모맷터리올ᄒᆞᆫ녀그로ᄡᅳ렛
ᄒᆞ시며쉰차히입과터리예다됴ᄒᆞᆫ
香향내나시며쉰ᄒᆞ나차히입시울
비치븕고ᄒᆞ웍ᄒᆞ웍ᄒᆞ야頻삔婆뺑
羅랑ㅣ라ᄒᆞᆯ여르미ᄀᆞᄐᆞ시며쉰둘
차히입시울축축ᄒᆞ미맛가ᄫᆞ시며
쉰세차히혜열ᄫᅳ시며쉰네차히一
ᅙᅵᇙ切쳉ᄉ衆즁生ᄉᆡᇰ이다즐겨보ᅀᆞ
ᄫᆞ며쉰다ᄉᆞᆺ차히衆즁生ᄉᆡᇰ이ᄠᅳ들

8) 7) 6) 5) 4) 3) 2) 1)

---

1). ᄇᆡ얌: 뱀.

2). 서리ᄃᆞᆺᄒᆞ야: 서리(다)+ᄃᆞᆺᄒᆞ(다)+(j)+아.

3). 두려ᄫᅥ올히도ᄅᆞ시며: 두렵(다)+어+올히+돌(다)+ᄋᆞ시+며. '두렵다'는 '궁글다', '올히'는 '오른 쪽'의 뜻.

4). 터럿비치ᄑᆞ라ᄫᅳᆯ가ᄒᆞ샤미: 털+의+ㅅ+빛+이+파라(ᄒᆞ다)+ᄫᅳᆯ가ᄒᆞ(다)+시+아+ㅁ+이. '아'는 동명사형을 만드는 삽입모음이고, 'ᄑᆞ라ᄫᅳᆯ가ᄒᆞ다'는 복합어이다.

5). 모기: 목+이.

6). 흠흠ᄒᆞ고: 흠흠ᄒᆞ(다)+고. '흠흠ᄒᆞ다'는 '함함하다'(털빛이 곱고 윤이 나는 것).

7). 맛가ᄫᆞ시며: 맛갑(다)+ᄋᆞ시+며. '마당하다'.

8). 혜열ᄫᅳ시며: 혀+ㅣ+엷(다)+으시+며.

月釋 二·58b

조차和ᅘᅪᆼ悅웛히더브러말ᄒᆞ시며
和ᅘᅪᆼ悅웛은溫온和ᅘᅪᆼᄒᆞ야깃거ᄒᆞ실
씨라쉰여슷차힌니ᄅᆞ시논곧마다
됴ᄒᆞᆫ마리시며쉰닐굽차힌사ᄅᆞᄆᆞᆯ
보아시든몬져말ᄒᆞ시며쉰여듧차
힌소리놉도ᄂᆞᆽ갑도아니ᄒᆞ샤衆즁
生ᄉᆡᇰ이즐겨듣게ᄒᆞ시며쉰아홉차
힌說쉃法법호ᄆᆞᆯ衆즁生ᄉᆡᇰ이제말
로조차ᄒᆞ시며여쉰차힌說쉃法법
호ᄆᆞᆯᄒᆞᆫ그에브터아니ᄒᆞ시며여쉰
ᄒᆞ나차힌衆즁生ᄉᆡᇰᄋᆞᆯ다ᄒᆞᆫ가지로
어엿비너겨보시며여쉰둘차힌몬
져보고後ᅘᅮᇢ에ᄒᆞ시며여쉰세차힌
ᄒᆞᆫ소릴내샤ᄒᆞᆫ소릴對됭答답ᄒᆞ시

4) 3) 2) 1)

1). 니ᄅᆞ시논곧마다: 니ᄅᆞ(다)+시+논+곧+마다.

2). 보아시든몬져: 보(다)+아+시+든+몬져.

3). 호ᄆᆞᆯᄒᆞᆫ그에브텨: ᄒᆞ(다)+오+ㅁ+ᄋᆞᆯ+ᄒᆞᆫ+그에+브티(다)+어.

4). 어엿비너겨보시며: 어엿(다)+브(다)+이+너기(다)+어+보(다)+시+며.

·며여·쉰네차·힌說·쉃法·법次·ᄎᆞᆼ第·뗑

ᄯᅡ因힌緣원·이·겨시·며여·쉰다·ᄉᆺ차

·힌·됴ᄒᆞᆫ신양ᄌᆞ·ᄅᆞᆯ몯내보·ᅀᆞᄫᆞ·며여

·쉰여·ᄉᆺ차·힌보·ᅀᆞᄫᆞᆸ·ᄉᆞ·ᄅᆞ·미슬ᄆᆞᇙ뉘

모ᄅᆞ·며여·쉰닐굽차·힌一힗切쳉ㅅ

소리·ᄯᅡ·ᄀᆞᆺ·ᄌᆞ·시·며여·쉰여듧차·힌됴

ᄒᆞᆫ비·치나·다나·시·며여·쉰아홉차·힌

·모·딘ᄊᆞ·ᄅᆞ·ᄆᆞᆯ보·ᅀᆞ·ᄫᆞ면降향服뽁ᄒᆞ

야·저ᅀᆞᆸ·고·므ᅀᅴ·욤·ᄃᆞᆫ·ᄂᆞᆫᄉᆞ·ᄅᆞ·ᄆᆞᆯ보·ᅀᆞ

ᄫᆞ·면·ᄆᆞᅀᆞ·미便뼌安한ᄒᆞ·며닐·흔차

·힌소리ᄆᆞᆰ·고·조ᄒᆞ·시·며닐·흔ᄒᆞᆫ나차

·힌·모·미기·우·디아·니ᄒᆞ·시·며닐·흔두

차·힌·모·미·ᄂᆞ·ᄆᆞᆯ조차크·시·며닐·흔세

차·힌·모·미·ᄂᆞ·ᄆᆞᆯ조·차·기르·시·며닐·흔[illegible]

月印釋譜 二 五十九

1). 됴ᄒᆞᆫ신양ᄌᆞᄅᆞᆯ몯내보ᅀᆞᄫᆞ며: 둏(다) + ᄋᆞ시 + ㄴ + 양ᄌᆞ + ᄅᆞᆯ + 몯내 + 보(다) + ᅀᆞᆸ + ᄋᆞ + 며.

2). 슬ᄆᆞᇙ뉘모ᄅᆞ며: 슬믜(다) + ㅭ + 뉘 + 모ᄅᆞ(다) + 며.

3). 므ᅀᅴ욤: 므ᅀᅴ(다) + (j) + 오 + ㅁ.

4). 소리ᄆᆞᆰ고조ᄒᆞ시며: 소리 + ᄆᆞᆰ(다) + 고, 좋(다) + ᄋᆞ시 + 며.

5). 모미기우디아니ᄒᆞ시며: 몸 + 이 + 기울(다) + 디 + 아니ᄒᆞ(다) + 시 + 며.

月釋二·59b

네차힌 모매 더러본 것 몯디 아니ᄒᆞ
시며 닐흔다ᄉᆞᆺ차힌 모맷 光광明명
이 各각各각 열자콤ᄒᆞ시며 닐흔여
ᄉᆞᆺ차힌 光광明명이 비취어든 ᄃᆞᆫ니
시며 닐흔닐굽차힌 모미 淸청淨쪙
ᄒᆞ시며 닐흔여듧차힌 비치 ᄒᆞ웍ᄒᆞ
웍호미 瑠륭璃링 ᄀᆞᄐᆞ시며 닐흔아
홉차힌 손바리 염그르시며 여든차
힌 손바래 德득字ᄍᆞᆼ 겨샤미라 十씹
地띵ᄂᆞᆫ 부텨 ᄃᆞ외시ᄂᆞᆫ 層쯩이 열ᄒᆞ
로ᄒᆞ야 닐굽찻 層쯩이니 ᄆᆞᆺ처ᅀᅥ믄
乾간慧쀙地띵오 둘차힌 十씹信신
이오 세차힌 十씹住뜡ㅣ오 네차힌
十씹行ᅘᆡᇰ이오 다ᄉᆞᆺ차힌 十씹迴ᅘᅬᇰ

5) 4) 3) 2) 1)

1). 열자콤ᄒᆞ시며: 열자ㅎ+곰+ᄒᆞ(다)+시+며. '-곰'은 '-씩'의 뜻.

2). 비치ᄒᆞ웍ᄒᆞ웍호미: 빛+이+ᄒᆞ웍ᄒᆞ웍ᄒᆞ(다)+오+ㅁ+이.

3). 염그르시며: 염글(다)+으시+며. '염글다'는 '영글다'.

4). 열ᄒᆞ로: 열ㅎ+ᄋᆞ로.

5). ᄆᆞᆺ처ᅀᅥ믄: ᄆᆞᆺ+처ᅀᅥᆷ+은.

月釋 二·60a

向향이오 여숫차힌 四ᄉᆞᆼ加강行ᅘᆡᇰ[1]
이오 닐굽차힌 十씹地띵오 여듧차
힌 等둥覺각[2]이오 아홉차힌 金금剛
강慧ᅘᆌᆼ오 열차힌 妙묠覺각이라 乾
간慧ᅘᆌᆼ地띵ᄂᆞᆫ 므ᄅᆞᆫ 智딩慧ᅘᆌᆼㅅ 地
띵位윙니 欲욕愛ᄋᆡᆼ 믈라 업고 므ᅀᆞ
미 ᄆᆞᆯ가 ᄀᆞᄅᆞᆫ 智딩慧ᅘᆌᆼ언마ᄅᆞᆫ 첫 地
띵位윙ᄅᆞᆯ 젼ᄎᆞ로 當당時씽ᄅᆞᆫ 如ᅀᅧᆼ
來ᄅᆡᆼㅅ 法법流륭水쉉예 브ᄐᆞᆯ디 몯홀
씨 므ᄅᆞᆫ 智딩慧ᅘᆌᆼ라 ᄒᆞ니라 信신은
섯근 것 업시 真진實씷ᄒᆞ야 거츠디
아니홀ᄊᆡ며 ᄯᅩ 서르 마조ᄊᆡ라 聖셩
人ᅀᅵᆫㅅ 地띵位윙예 드롫딘댄[3] 信신
ᄋᆞ로 첫 因ᅙᅵᆫ을 삼ᄂᆞ니 모로매 몬져

1). 四加行(位): 四善根位라고도함. 菩薩의 階位인 5位의 第2. 煖, 頂, 忍, 世第一, 이 4位는 10迴向이 地位가 圓滿하여, 다음 通達位에 이르기 위하여 특히 애써서 修行하는 자리. 또, 이를 順決擇分이라고도 한다.

2). 等覺: 1. 부처님의 다른 이름. 等은 平等, 覺은 覺悟의 뜻. 모든 부처님이 깨달은 것은 한결같이 平等하므로 等覺이라 한다. 2. 等正覺, 金剛心, 一生補處, 有上士라고도 한다. 菩薩이 修行하는 地位 중에서 第 51位의 이름 이는 菩薩의 極位로서 그 智慧가 萬德 圓滿한 부처님과 대개 같다는 뜻으로 等覺이라 한다. 또, 等은 等級의 뜻으로 이 菩薩의 覺은 부처님의 妙覺까지 1等級이 있으모로 等覺이라 한다.

3). 드롫딘댄: 들(듣다)+오+ㅭ+딘댄.

月釋 二·60b

圓원妙묭ᄒᆞᆫ道똫理링ᄅᆞᆯᄉᆞᆯ펴ᄉᆞᆺ근
것업시眞진實씷ᄒᆞ야ᄀᆞᄎᆞᆫ것업게
ᄒᆞᆫ後ᅘᅮᇢ에ᅀᅡ힝뎌글發벓ᄒᆞ야ᄆᆞᅀᆞᆷ
과法법과애ᅀᅥᄅᆞ맛게ᄒᆞ면等둥覺각
妙묭覺각이머러도어루바ᄅᆞ나ᅀᅡ
가리라住뜡는머므러아실씨니信
신ᄋᆞ로셔드러如셩來링ㅅ지븨나
아부텻智딩慧쮕예브터니르리믈
러나디아니ᄒᆞᆯ씨라行ᅘᆡᆼ은힝뎌기
나ᄒᆞ마디智딩慧쮕ᄅᆞᆯ브터부텨住뜡
ᄒᆞ시논ᄃᆡ住뜡ᄒᆞ고ᄋᆡ제微밍妙묭
ᄒᆞᆫ힝뎌글만히니ᄅᆞ와다ᄌᆞ개利링
ᄒᆞ고ᄂᆞᆷ利링케ᄒᆞᆯ씨라迴횡向향ᄋᆞᆫ
도ᄅᆞᅘᅧ向향ᄒᆞᆯ씨니모ᄃᆞᆫ젓十씹住뜡

5) 4) 3) 2) 1)

---

1). 妙覺: 佛果를 말한다. 菩薩 修行의 地位 漸次인 52位나 41位의 마지막 地位. 等覺位에 있는 菩薩이 다시 1品의 무명을 끊고 이 地位에 들어간다. 온갖 煩惱를 끊어버린 부처님의 자리.

2). 어루바ᄅᆞ나ᅀᅡ가리라: 어루+바ᄅᆞ(다)+낫(다)+아+가(다)+리+라.

3). 如來ㅅ지븨나: 如來+ㅅ+집+의+나(다).

4). 도ᄅᆞᅘᅧ: 도ᄅᆞᅘᅧ(다).

5). 十住: 菩薩이 修行하는 階位인 52位 중 제11위에서 제20위까지를 말함. 10의 理致에 安住하는 위치에 이르렀다는 뜻으로 주라 함. 1. 發心住. 2. 治地住. 3. 修行住. 4. 生貴住. 5. 具足方便住. 6. 正心住. 7. 不退住. 8. 童眞住. 9. 法王子住. 10. 灌頂住이다.

十씹行ᅘᆡᇰ은 世솅俗쑉애 날ᄆᆞᅀᆞ미
하고 大땡悲빙行ᅘᆡᇰ이 사오나ᄫᆞ니
이ᄂᆞᆫ 모로매 悲빙願원으로 일워 世
솅俗쑉애 아ᅀᆞ 衆즁生ᄉᆡᆼ을 利링케
ᄒᆞ야 眞진을 두르혀 俗쑉을 向향ᄒᆞ
며 智딩ᄅᆞᆯ 두르혀 悲빙ᄅᆞᆯ 向향ᄒᆞ야
眞진과 俗쑉괘 어울며 智딩와 悲빙
왜 ᄒᆞᆫ가지에 ᄒᆞᆯᄊᆡ 이 일후미 廻ᅘᆀᆼ向
향이며 또 十씹願원이라 ᄒᆞᄂᆞ니 닷
가나ᅀᅡ가ᄂᆞᆫ ᄒᆡᆼᄒᆞ더ᄀᆡ 아어긔다ᄃᆞ라
ᄀᆞᄌᆞ니라 세 賢현人신位윙 至징極
꾹ᄀᆟ든 이어긔 또 功공夫붕 ᄒᆡᆼᄒᆞ더 글
더ᄒᆞ야ᅀᅡ 聖셩人신ᄉ 地띵位윙예
들리라 세 賢현人신位윙ᄂᆞᆫ 十씹住

4) 3) 2) 1)

---

1).十行: 菩薩이 修行하는 階位를 52位로 한 것 중에서 10信, 10住에서 나아가 妙覺에 이르는 한 階位의 이름. 菩薩이 10주위에서 佛子인 認可를 얻은 뒤에 다시 나아가 利他의 修行을 完遂하기 위하여 衆生濟度에 努力하는 地位를 10으로 나눈 것. 1. 歡喜行, 2. 饒益行, 3. 無瞋恨行, 4. 無盡行, 5. 善現行, 6. 無着行, 7. 尊重行, 8. 善法行, 9. 眞實行, 10. 離癡亂行이다.

2).날ᄆᆞᅀᆞᆷ: 날+ᄆᆞᅀᆞᆷ. '날'은 '經緯'.

3).大悲(行): (범) Mahākaruṇā 남의 괴로움을 보고 가엽게 여겨 救濟하려는 마음을 悲라 하며 佛, 菩薩의 悲心은 깊고 크므로 大悲라 한다. 觀世音菩薩의 다른 이름.

4).廻向: 悲願으로 衆生을 이롭게 하고, 眞實로 世俗을 비취게 하며, 智慧로 하여금 悲와 같이 世俗을 向하게 하는 것이 廻向이며, 十願이다.

月釋 二 · 61b

뜯十씹十씹行ᅘᅢᇰ十씹迴ᅘᅬᇰ向ᅘᅣᇰ이라十
씹地띵논모딘法법을모도아이真진
實씷ᄃᆞ외요매니르러一ᅙᅵᇙ切쳉佛
뿛法법이이로브터날씨地띵라ᄒᆞ
니라等등覺각은ᄀᆞᆮᄒᆞᆫ아로미라혼
마니라니十씹地띵菩뽕薩삻世솅
俗쑉올섯거衆즁生ᄉᆡᆼ利링ᄒᆞ샤
ᄆᆞᆫ如ᅀᅧᆼ来ᄅᆡᆼ와ᄀᆞᆮ거시니와오직如
ᅀᅧᆼ来ᄅᆡᆼ는生ᄉᆡᆼ死ᄉᆞᆼ流률를거스려
나샤衆즁生ᄉᆡᆼ과ᄀᆞᆮᄒᆞ시고菩뽕薩
삻ᄋᆞᆫ涅녏槃빤流률를조차妙몰覺
각ᄋᆞ로ᄃᆞᄅᆞ시니이다ᄅᆞ시니라覺
각ᄀᆞᆮ새ᄒᆞ마다ᄃᆞᄅᆞ샤覺각이부텨
와다ᄅᆞ디아니ᄒᆞ실씨等등覺각이

1) 2) 3) 4) 5)

---

1). 진실ᄃᆞ외요매: 진실, ᄃᆞ외(다)+(j)+오+ㅁ+애.

2). 이롤부터날씨: 이ᄅᆞ(다)+ㄹ+부터+나(다)+ㄹ씨.

3). ᄀᆞᆮᄒᆞᆫ아로미라: ᄀᆞᆮᄒᆞ(다)+ㄴ+알(다)+오+ㅁ+이+라.

4). 거스려: 거스리(다)+어.

5). 覺=부텨=法身. 깨달음(부처의 경지에 도달할 수 있을 정도로)

라ᄒᆞ니라이비록等둥ᄒᆞ샤도잘ᄃᆞ
르싫부니오妙묭애다ᄃᆞᆮ디몯ᄒᆞ시ᄂᆞ
니모로매큰寂쩍滅멿바ᄅᆞ래ᄆᆞᄅᆞᆯ
거스려나샤衆즁生ᄉᆡᆼ과ᄀᆞᆮᄒᆞ샤ᅀᅡ
妙묭覺각이라ᄒᆞ리라金금剛강慧
쒱ᄂᆞᆫ金금剛강ᄆᆞᅀᆞᄆᆡᆺ첫乾간慧쒱
라혼ᄠᅳ디니첫乾간慧쒱브터等둥
覺각이다ᄃᆞᆮ고ᄯᅩ金금剛강心심ᄋᆞᆯ
니ᄅᆞ와다처ᅀᅥᆷ브터여러地띵位윙
ᄅᆞᆯ다시디내야ᄀᆞ장ᄀᆞᄂᆞᆫ그림제몯
後흫ㅅ無뭉明명을ᄒᆞ야ᄇᆞ려죠고
맛ᄃᆞ틀도업게ᄒᆞ야ᅀᅡ妙묭覺각애
들리라처ᅀᅥᆷ브터다시始싱作작ᄒᆞᆯ
ᄡᅵ일후미金금剛강心심中듕初총

6) 5) 4) 3) 2) 1)

1). 잘그르싫부니오: 잘+들(듣다)+으시+ㄺ+분+이+고. 'ㄺ'의 'ㅅ'은 촉음.

2). 寂滅: 涅槃의 飜譯. 生死하는 因, 果를 滅하여 다시 迷한 生死를 계속하지 않는 寂靜한 境界.

3). 니ᄅᆞ와다처엄브터: 니ᄅᆞ(다)+오(다)+아+다+처엄+브터.

4). ᄀᆞ장ᄀᆞᄂᆞᆫ그림제: ᄀᆞ장+ᄀᆞᄂᆞᆯ(다)+ㄴ+그림제.

5). ᄒᆞ야ᄇᆞ려: ᄒᆞ야ᄇᆞ리(다)+어. 'ᄒᆞ야ᄇᆞ리다'는 '헐어버리다'의 뜻.

6). 죠고맛드틀: 죠고맛(관형사)+드틀(티끌).

月釋 二·62b

乾간慧휑地띵라 첫乾간慧휑는如
셩來링ㅅ法법流률水쉉예븓디몯
고 이乾간慧휑는如셩來링ㅅ妙묳
莊장嚴엄海힝예븓디몯ᄒᆞ리라 流
륭는ᄒᆞ르는므리라 처섬브터잇ᄂᆞᆫ
자히因힌이오 妙묳覺각이果광ㅣ
시니 네ᄒᆞ마맛나ᅀᆞᄫᆞ니 前쪈生싱
ㄱ罪쬥業업을어루버스리라ᄒᆞ실
ᄊᆡ 내모미自쫑然션히솟ᄃᆞ라ᄒᆞᆫ
光광明명中듕에드러아랫果광報

1). 븓디몯고: 븓(다)+디+몯(ᄒᆞ다)+고.

2). 네ᄒᆞ마맛나ᅀᆞᄫᆞ니: 네(주격조사가 무형으로 개재)+ᄒᆞ마+맛나(다)+ᅀᆞᇦ+아+니.

3). 前生ㄱ罪業: 'ㄱ'은 촉음으로 生(생)의 종성이 'ㆁ'이기 때문에 같은 牙音 系列의 'ㄱ'이 사잇소리로 사용된 것이다.

4). 솟ᄃᆞ라: 솟ᄃᆞᆮ(다)+아. 'ᄃᆞᆮ'이 'ㄹ'로 변칙한 형태.

月釋二·63a

봉 견니단주를 ᄉᆞᆲ보니 世솅尊존이

對됭答답ᄒᆞ샤ᄃᆡ 됴타 네 아래 어버

ᅀᅵ 孝ᅘᅩᇢ道ᄄᆞᇢᄒᆞ며 님금긔 忠듕貞뎡

ᄒᆞ고 (님금 섬기ᅀᆞ보ᄆᆞᆯ 힚ᄀᆞ장 ᄒᆞᆯ씨 忠듕이라 貞뎡은 正졍ᄒᆞᆯ씨라)

ᄯᅩ 世솅間간앳 衆쥬ᇰ生ᄉᆡᇰᄋᆞᆯ 어엿비

너겨 護ᅘᅩᇰ持띵ᄒᆞᇙᄉᆞᄆᆞᆯ 내ᅘᅧᄃᆡ 因

ᅙᅵᆫ果광ㅣ 몯담차이실씨 (因ᅙᅵᆫ果광ᄂᆞᆫ 因)

1). 견니단주를ᄉᆞᆲ보니: 견니다+ㄴ+줄+을+ᄉᆞᆲ(다)+오+니. '견니다'는 '견디다', '줄'은 의존 명사.

2). 어버ᅀᅵ: 어머니, 아버지.

3). 忠貞: 忠誠, 忠正은 모두 같은 말이다.

4). 힚ᄀᆞ장: 힘+ㅅ+ᄀᆞ장. 'ㅅ'은 촉음과, 경음의 구실을 겸한다.

5). 내ᅘᅧᄃᆡ: 내(다)+ᅘᅧ(다)+ᄃᆡ. '내ᅘᅧ다'는 복합 동사.

月釋 二 · 63b

인緣원果광報봉ㅣ라 怨원讎쓩와ᄒᆞ야ᄃᆞ토
맷ᄆᆞᅀᆞ몰두어人신相샹我앙相샹
ᄋᆞ로ᄆᆞ딘ᄠᅳ들내혀 人신相샹ᄋᆞᆫᄂᆞ미相샹이오我
앙相샹ᄋᆞᆫ내相샹이니ᄆᆞᅀᆞ미뷔디몯ᄒᆞ야내몸닫혜오ᄂᆞ미몸닫혜요
몰人신相샹我앙相샹이라ᄒᆞᄂᆞ니라 ᄂᆞ미그에怒농
ᄅᆞᆯ옮길씨그罪쬥業업의갑ᄉᆞ로果
광報봉겻구미次ᄎᆞᆼ第뗑러니이제

8) 7) 6) 5) 4) 3) 2) 1)

---

1). ᄒᆞ야ᄃᆞ토맷ᄆᆞᅀᆞ몰: ᄒᆞ야+ᄃᆞ토(다)+오+ㅁ+애+ㅅ+ᄆᆞᅀᆞᆷ+올. '-오-'는 원문에서는 보이지 않지만 동명사형이기 때문에 무형적 유형으로 봐야한다.

2). 我相: 나라는 相. 我人이라고도 한다. 四相의 하나. 五蘊이 化合하여 組織된 것을 實我가 있다고 하고 또, 내 것이 있는 줄로 생각하는 것. 證得한 것을 執着하여 잊지 않고 我를 인정하여 '나'를 내세우는 것.

3). 人相: 四相의 하나. 五蘊의 化合으로 말미암아 생긴 것 가운데 우리는 사람이니 地獄趣나 畜生趣보다 다르다고 執着하는 見解. 智境思想의 하나. 나는 悟道에 執着하지 않는 다고 執着함.

4). ᄆᆞᅀᆞ미뷔디몯ᄒᆞ야: ᄆᆞᅀᆞᆷ+이+뷔(다)+디+몯ᄒᆞ(다)+(j)+아. '마음을 비운다는 말은 事物 또는 五官에 의한 慾心을 버리는 것이다.'

5). 닫혜요몰: 닫(다)+혜(다)+(j)+오+ㅁ+올.

6). ᄂᆞ미그에: ᄂᆞᆷ+ᄋᆡ+그에. '남의 그것에'.

7). 값ᄋᆞ로: 값+ᄋᆞ로.

8). 겻구미: 겻ㄱ(다)+우+ㅁ+이.

다시 뉘으처 버서나고져 ᄒᆞᄂᆞ니 네 이제도 ᄂᆞ외야 ᄂᆞᆷᄆᆡ 본ᄠᅳ들 ᄃᆞᆯᄯᅡᇂ ᄒᆞ야시ᄂᆞᆯ 내 至징極끅ᄒᆞᆫ 말ᄊᆞᄆᆞᆯ 듣ᄌᆞᄫᆞ니 ᄆᆞᅀᆞ미 ᄆᆞᆷ과 안팟기 훤ᄒᆞ야 虛헝空콩ᄒᆞᆫ 더니 내 ᄆᆞᄆᆞᆯ 도라ᄒᆞ니 즉자히 스러디고 男남子ᄌᆞᆼ ㅣ ᄃᆞ외야 灌관頂뎡智딩ᄅᆞᆯ 得득ᄒᆞ야 부텨ᄭᅴ

1). ᄂᆞ외야: ᄂᆞ외(다)+(j)+아.

2). ᄂᆞᆷᄆᆡ본ᄠᅳ들: ᄂᆞᆷ+ᄆᆡᆸ(다)+은+ᄠᅳᆮ+을.

3). ᄃᆞᆯᄯᅡᇂᄒᆞ야시ᄂᆞᆯ: ᄃᆞᆯ+ᄯᅡᇂ+ᄒᆞ(다)+(j)+아+시+ᄂᆞᆯ.

4). 안팟기: 안ㅎ+ᄫᅡᆰ+이. '이'는 주격조사.

5). 도라ᄒᆞ니: 도라ᄒᆞ(다)+니.

6). 灌頂(智): (범) Abhiṣecana ; Abhiṣeka 阿鼻詮左라 音譯. 물을 정수리에 붓는다는 뜻. 本來 印度에서 임금의 卽位式이나 입태자식을 할 때에 바다물을 정수리에 붓는 의식. 여러 부처님이 大慈悲의 물로써 菩薩의 정수리에 붓는 것. 等覺 菩薩이 妙覺 뒤에 오를 때에 부처님이 그에게 灌頂하여 佛果를 證得하게 한다. 여기에는 여러 부처님이 정수리를 만져 授記하는 摩頂灌頂이고, 말로 授記하는 授記灌頂이고, 光明을 놓아 이롭게 하는 放光灌頂의 3種이 있다.

月釋二·64b

歸귕依힁ᄒᆞᅀᆞᄫᆞᇙ디라 灌관頂뎡은 十
씹住뜡엣 열찻住뜡ㅣ니 灌관頂뎡은 브
슬씨오 頂뎡은 머릿뎡바기니 德득
이 ᄀᆞ자 부텻이ᄅᆞᆯ 맛뎜직호미 나랏
이ᄅᆞᆯ 쟝太 世솅子ᄌᆞᆼ씌 맛됴리라 ᄒᆞ
야 바ᄅᆞᇝ믈로 머리예 브숨ᄀᆞ토미 灌
관頂뎡住뜡ㅣ라 바ᄅᆞᇝ믈 브수믄 한
智딩慧쀙ᄅᆞᆯ 쓰리라 혼 ᄠᅳ디라 그ᄢᅴ 東동土통애 後
漢한明명帝뎽 셔아겨시더니 明
명帝뎽 ᄭᅮ메 ᄒᆞᆫ 金금 사ᄅᆞ미 ᄠᅳᆯ헤 ᄂᆞ

8) 7) 6) 5) 4) 3) 2) 1)

1). 歸依: 부처께 돌아가 의지함. 모든 것을 부처의 도리에 맞게 생활하는데 용해시킴.
2). 브슬씨오: 븟(다)+을씨+오.
3). 뎡바기니: 뎡박+이+니.
4). 덕이ᄀᆞ자부텻이ᄅᆞᆯ: 덕+이+ᄀᆞᆽ(다)+아+부텨+ㅅ+일+ᄋᆞᆯ.
5). 맛뎜직호미: 맛(맛디다)+뎜+직ᄒᆞ(다)+오+ㅁ+이.
6). 맛됴리라: 맛디(다)+오(다)+리+라.
7). 브숨ᄀᆞ토미: 븟(다)+우+ㅁ+ᄀᆞᆮᄒᆞ(다)+오+ㅁ+이.
8). 사ᄅᆞ미ᄠᅳᆯ헤: 사ᄅᆞᆷ+이+ᄠᅳᆯㅎ+에.

月釋 二 · 65a

라오시니 킈 크시고 머리예 ᄒᆡᆺ光광 잇더시니 아ᄎᆞ미 臣씬下ᅘᆞᆼ ᄃᆞ려 무ᄅᆞ신대 太탱史ᄉᆞᆼ傳붕毅ᅌᅵᆼ ᄉᆞᆯᄫᆞᄃᆡ 周즇昭죵王왕ㄱ 時씽節졇에 西솅天텬에 부톄 나시니 그킈 丈땽六륙이오 (丈땽ᄋᆞᆫ 열자히니 丈땽六륙은 열여슷자히라) 金금ㅅ 비치러시니 陛뼹下ᅘᆞᆼ ᄡᅮ샤미 ᄃᆞᆼ다

7) 6) 5) 4) 3) 2) 1)

1). 킈크시고: 킈(키)+크(다)+시+고. '킈'에서 주격조사 '이'가 zero로 개입됨.

2). 머리예: 머리+예. '-예'라는 처소격조사가 사용된 것은 모음 충돌회피 현상으로 반모음 'j'가 개입된 것이다.

3). 臣下ᄃᆞ려: 臣下+ᄃᆞ려. '-ᄃᆞ려'는 '-에게'임.

4). 부톄나시니: 부톄+나(다)+시+니.

5). 金비치러시니: 金빛+이+더+시+니. '-더-'가 '-러-'로 된 것은 그 앞의 'ㅣ'모음 때문에 유음화 현상이 된 것이다.

6). 陛下: 층계 아래. (단상에는 임금이 계시기 때문에 계하는 임금으로 상징되기도 한다).

7). ᄡᅮ샤미: ᄡᅮ(다)+시+아+ㅁ+이. '-아-'는 삽입모음. 동사형을 만들기 위한 개입.

月釋 二·65b

이긔샤ᄉᆞᆼ이다 陛뼹下ᅘᅡᆼᄂᆞᆫ 버텅아래니 皇ᅘᅪᇰ帝뎽ᄅᆞᆯ 바ᄅᆞ 몯ᄉᆞᆯᄫᅡ 버텅 아래ᄅᆞᆯ ᄉᆞᆲᄂᆞ니라[1] 明명帝뎽 中듕郎랑 蔡챙暗함과 傅박士ᄊᆞᆼ 秦찐景경 돌 열여듧 사ᄅᆞᄅᆞᆯ 西솅域웍에 브리샤[2] 中듕郎랑과 傅박士ᄊᆞᆼᄂᆞᆫ 벼스리오 域웍은 나라히니 부텻나라히[3] 中듕國귁에셔 西솅ㅅ녀길씨[4] 西솅域웍이라 ᄒᆞᄂᆞ니라 佛뿛法법을 求끃ᄒᆞ더시니 세ᄒᆡᆺ자히 永웡平뼝

1). 버텅아래니: 버텅+아래+(이)+니. '버텅'은 돌계단임.

2). 브리샤: 브리(다)+샤. '브리다'는 '부리다(使)'의 뜻.

3). 부텻나라히: 부텨+ㅅ+나라ㅎ+이.

4). 서녀길씨: 서녁+이+ㄹ씨.

月釋二·66a

여ᄉᆞᆺ찻ᄒᆡ 癸귕亥ᅘᆡᆼ라 蔡챙暗함ᄃᆞ려 天텬竺듁國귁 이웃나라 月웛支징國귁에 다ᄃᆞ라 天텬竺듁은 西솅天텬나라히라 梵뻠僧승 攝셥摩망騰뚱과 竺듁法법蘭란이 僧승은 쥬이니 梵뻠僧승은 조ᄒᆞᆫ ᄒᆡᆼ뎍 ᄒᆞᄂᆞᆫ 쥬이라 經경과 佛뿛像썅과 舍샹利링ᄅᆞᆯ 白뵉馬망애 시러 나오거늘 經경은 ᄌᆞᄅᆞᆷ길히니 經경 비화 부텨 ᄃᆞ외ᄂᆞ니

1) 2) 3) 4)

1). 天竺: 印度를 가리키는 말. B. C 20世紀 경 아리아족이 西北쪽인 中央 아시아로부터 南下하여 世界의 지붕이라는 파밀高原을 넘어 지금의 인더스평원에 드러서자 그 푸르게 草木이 우거진 平原과 揚揚하게 흐르는 강물을 보고 敬歎하는 소리를 발한 신두(Sindhu 물, 큰 바다의 뜻)라는 말이 이 강과 이 지방의 이름이 되고, 이것을 중국에서 辛頭, 身毒, 賢頭, 天豆 등으로 音譯, 이것이 차차 달라져 天竺이 된 것이 이 天竺이란 이름은 일찍이 漢나라 때부터 使用. 印度라는 이름도 이 身毒 등에서 訛傳된 것.

2). 月支(國): 月氏라고도 한다. 西域에 있던 큰 王國. 이 나라 種族은 본래 中國의 敦皇과 祈連의 사이 곧, 감숙성 지방에 살았는데 紀元前 174 匈奴에게 쫓겨 이리천과 실타리야천의 上流 곧 熱河의 南方에 도망함. 紀元前 158경에 다시 오손의 侵略을 받아서 서쪽으로 다라나 지금의 사말칸트 地方에 根據를 정하고 塞種을 征伐, 南方으로 몰아내다.

3). 梵僧: 梵은 淸淨하다는 뜻. 淸淨한 戒行을 지니는 스님.

4). 舍利: (범) Śarīra 新譯에서는 設利羅, 室利羅라 하고 身骨, 遺身, 靈骨이라 飜譯. 한량없는 六婆羅密 功德으로 생기며 또 戒, 定, 慧로써 熏修하여 생기는 것으로 매우 얻기 어렵고 제일 가는 福田이 됨. 全身舍利, 碎身舍利, 生身舍利, 法身舍利의 區別이 있다. 全身舍利는 多寶佛과 같이 全身이 그대로 舍利인 것. 碎身舍利는 釋迦佛의 舍利와 같이 몸에서 나온 낟 알로 된 것. 生身舍利는 如來가 滅度한 뒤에 全身舍利나 碎身舍利를 남겨 두어 人과 天이 供養하게 하는 것. 法身舍利은 大乘, 小乘의 一切 經典. 本來는 身骨이나 주검을 모두 舍利라 하였는데 後世에는 火葬한 뒤에 나온 작은 구슬 모양으로 된 것만을 舍利라 한다.

月釋二·66b

욤셸로미 펀길헤 ᄌᆞ릆길ᄒᆞᆯ씨 經
경이라ᄒᆞᄂᆞ니 經경은 四ᄉᆞᆼ十씹
二ᅀᅵᆼ章쟝經경이라 像쌍ᄋᆞᆫ ᄀᆞᄐᆞᆯ씨
니 부텻 양ᄌᆞᄅᆞᆯ ᄀᆞᄐᆞ시 그리숩거
나 ᄆᆡᇰᄀᆞ숩거나 ᄒᆞᆯ씨라 舍샹利링ᄂᆞᆫ
靈령ᄒᆞᆫ 뼤라 ᄒᆞ논 마리니 戒갱定뗭慧
휑닷가나신 거시니 뭇 위두ᄒᆞᆫ 福
복바티라 白ᄈᆡᆨ馬망ᄂᆞᆫ 힌 ᄆᆞ리라
나아ᄒᆞᆫ 쁴 도라오니 ᄯᅩ 읻힛 ᄌᆞ히ᅀᅡ
永웡平뼝 여듧찻 ᄒᆡ 乙힗丑튷ㅣ라 셔울 드러오니라
摩망騰뜽이 大땡闕퀋에 드러 進진

6) 5) 4) 3) 2) 1)

---

1). 셸로미: 섀ᄅᆞ(다)+오+ㅁ+이. 섀ᄅᆞ+오+ㅁ〉 셸(어간 두 번 째 음절의 haitus에 의해 탈락)옴〉 셸롬(ㄹ첨가).

2). 길헤ᄌᆞ릆길: 길ㅎ+에+ᄌᆞ름+ㅅ+길(ㅎ).

3). 靈ᄒᆞᆫ뼤라: 령ᄒᆞ(다)+뼈+이라.

4). 닷가나신: 닭(다)+나(다)+시+ㄴ.

5). 福바티라: 복+밭+이라.

6). 읻힛자히ᅀᅡ: 이+ㄷ+히+ㅅ+자ㅎ+이+ᅀᅡ. '읻히'는 '二年'을 뜻함. '자히'는 전술한 바처럼 '째'가 된다.

月釋 二·67a

上:썅ᄒᆞᅀᆞᄫᆞᆫ대 明명帝뎽 ᄀᆞ장 깃그 1)
샤 城쎵ㄱ 西솅門몬 밧긔 白ᄈᆡᆨ馬:망 2)
寺쑹ㅣ라 ᄒᆞᇙ 뎔 이르샤 두즇을 살에 3)
ᄒᆞ시고 뎔 이르샤미 永:웡平뼝 열찻 4)
ᄒᆡ 丁뎡卯:묭ㅣ라 經경을 힌
ᄆᆞᆯ게 시러 올씨 白ᄈᆡᆨ馬:망寺쑹
ㅣ라 ᄒᆞ니 寺쑹ᄂᆞᆫ 뎌리라 그 뎌레
行ᅘᆡᇰ幸ᅘᆡᇰᄒᆞ신대 行ᅘᆡᇰ은 녈씨오 幸 5)
ᅘᆡᇰ은 아니너균 깃 6)
븐 일이실씨니 님금 가신 ᄯᅡ ᄒᆞᆫ 百ᄇᆡᆨ
姓셩을 수을 밥 머기시며 쳔랴ᇰ 도주 7)

1). ᄀᆞ장깃그샤: ᄀᆞ장+깃그(다)+샤.

2). 밧긔: 밝+의. '밧'의 처소격.

3). 라ᄒᆞᇙ뎔이르샤: -라ᄒᆞ(다)+ᇙ+뎔+(에)+이르(다)+샤.

4). 두쥬을살에ᄒᆞ시고: 두+즇+을+살(다)+게+ᄒᆞ(다)+시+고.

5). 行幸: 王의 行次.

6). 아니너균깃븐일이실씨니: 아니(다)+너기+(j)+우+ㄴ+깃브(다)+ㄴ+일+이+시+ㄹ씨+니. '-우-'는 관형사형어미 'ㄴ' 때문에 개입됨.

7). 수을밥머기시며: 수을(술)+밥+먹(다)+이+시+며.

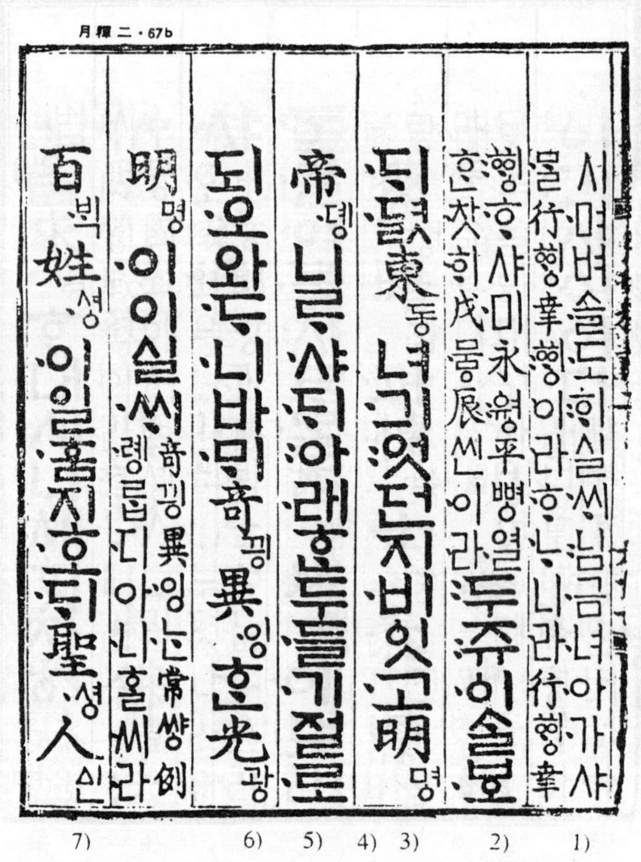
月釋 二 · 67b

셔며벼슬도ᄒᆡ실씨님금녀아가샤
믈行ᅘᆡᇰ幸ᅘᆡᇰ이라ᄒᆞᄂᆞ니라行ᅘᆡᇰ幸
ᅘᆡᇰᄒᆞ샤미永ᄋᆑᇰ平ᄈᆑᇰ열
ᄒᆞᆫ찻ᄒᆡ戊뭏辰씬이라두쥬이ᅀᆞᆯᄫᅩ
ᄃᆡ덦東동녀긔엇더지비잇고明명
帝뎽니르샤ᄃᆡ아래ᄒᆞᆫ두들기절로
되오와ᄃᆞ니바미奇끵異잉ᄒᆞᆫ光광
明명이이실씨奇끵異잉ᄂᆞᆫ常썅例롕롭디아니ᄒᆞᆯ씨라
百빅姓셩이일훔지호ᄃᆡ聖셩人신

7) 6) 5) 4) 3) 2) 1)

1). 녀아가샤: 녀(다)+아+가(다)+샤.
2). 두쥬이술보디: 듀즁+이+숣(다)+오+디.
3). 덦東녀긔: 뎔+ㅅ+동+녁+의.
4). 엇더지비잇고: 엇던+집+이+이+ㅅ고. '-잇고'는 '-습니까'의 의미.
5). 훈두들기: 훈+두들기. '두들기'는 '두둑, 언덕'.
6). 되오와ᄃᆞ니: 되오왇(다)+ᄋᆞ니. '되오왇다'는 '되알지게 되다'.
7). 일훔지호디: 일훔+짛(다)+오+디.

月釋 二 · 68a

무더미라ᄒᆞ더라 摩망騰뚱이 ᅀᆞᆯᄫᅩ
ᄃᆡ녜 阿항育육王왕이 阿항育육은 시름업다ᄒᆞ
논ᄠᅳ디니 처ᅀᅥᆷ 낢저긔[2] 어마니미 便뼌安한히 나ᄒᆞ실ᄊᆡ 일후믈 阿항育
육이라 지ᄒᆞ니라 如셩來링ㅅ舍샹利링ᄅᆞᆯ
天텬下ᅘᅡᆼ애 八밣萬먼四ᄉᆞᆼ千쳔고
ᄃᆞᆯ갈ᄆᆞ니이 震진旦단國귁中듕에
열아홉고디니 이그ᄒᆞ나히니이다

1) 2) 3)

1). 阿育(王): (범) Aśoka 舊譯은 아서가, 新譯은 아수가. 飜譯하여 無憂. 紀元前 2世紀에 전 印度를 統一하고 佛敎를 保護한 王. 南傳 北傳에 그 記錄이 꼭 같지 않으나 王은 紀元前 321경 印度에 孔雀王朝를 開倉한 전타굴다 大王의 손자. 빈두사라왕의 아들로 출생. 어려서 성품이 거칠고 사나워서 父王의 사랑이 없었다. 領土인 덕차시라국에 反亂이 일어나자 이를 征服 歸順하게 하였다. 父王이 죽은 후 이모형 수사마를 주이고 卽位. 狂暴함은 그치지 아니하여 臣下와 女子들을 죽여 地獄을 만들었다. 그러다가 어떤 沙門의 說法을 받았다고 한다.

2). 낢저긔: 나(다)+ㅭ+적+의.

3). 고ᄃᆞᆯ갈ᄆᆞ니: 곧+ᄋᆞᆯ+갊(다)+ᄋᆞ니. '갊다'는 '감추다'.

月釋 二·68b

明帝 ᄀᆞ장 놀라샤 즉자히 그 두들게 가 절ᄒᆞ시니 두려ᄫᅳᆫ 光明이 두들 우희 現ᄒᆞ시고 그 光明中에 세 모미 뵈여시ᄂᆞᆯ 明帝 ᄀᆞ장 깃그샤 그 우희 塔 셰시니라 舍利 나오신 여ᄉᆞᆺ 마내 永平 열네 ᄒᆡ 辛未라 道士ᄃᆞᆯ히 서레 님금

7) 6) 5) 4) 3) 2) 1)

---

1).즉자히: 즉시, 곧.

2).두들게가: 두들기+에+가(다).

3).두려본: 두렵+은. '두ㆍ렵ㆍ다'는 '둥글다, 원만하다'이고, '두렵다'는 '두렵다'이다. 여기서는 전자이다.

4).現: 보이다, 나타나다.

5).셰시니라: 셰(다)+이+시+니+라. '-이-'는 선어말 어미.

6).道士: 本來는 佛道를 修行하는 스님들을 말함이나 뒤에는 道教의 祭酒를 부르는 말로 되었다.

7).서레: 서로+에.

뵈ᅀᆞᄫᆞ라 모다 왯다가[1] 서르 닐오ᄃᆡ
天텬子ᄌᆞᆼㅣ 우리 道ᄃᆞᇢ理링ᄅᆞᆯ ᄇᆞ리
시고[2] 天텬子ᄌᆞᆼᄂᆞᆫ 하ᄂᆞᆳ 아ᄃᆞ리니 東동土통애셔 皇황帝뎽ᄅᆞᆯ 天텬
子ᄌᆞᆼㅣ시다 ᄒᆞᄂᆞ니라 먼ᄃᆡ 胡홍敎ᄀᆞᇢᄅᆞᆯ[3] 求끃
ᄒᆞ시ᄂᆞ니 胡홍ᄂᆞᆫ 되니 中듕國귁이 西솅域윅 사ᄅᆞᄆᆞᆯ 胡홍ㅣ
라 ᄒᆞᄂᆞ니라 오ᄂᆞᆯ 朝뚷集찝을 因힌ᄒᆞ야
연ᄌᆞᆸ져ᄒᆞ고[4] 朝뚷ᄂᆞᆫ 아ᄎᆞ미니 님금 뵈ᅀᆞᄫᆞᆯ 씨오 集찝ᄋᆞᆫ 모ᄃᆞᆯ

1). 왯다가: 오(다)+아+잇(이시다)+다가.
2). ᄇᆞ리시고: ᄇᆞ리(다)+시+고. ᄇᆞ리다>바리다> 버리다(모음교체 현상).
3). 胡教: 중국에서 西域을 일컫는 말이다.
4). 연ᄌᆞᆸ져ᄒᆞ고: 연ᄌᆞᆸ(다)+(고)져+ᄒᆞ(다)+고.

月釋 二·69b

씨니朝똥集찝은님금 뵈ᅀᆞᄫᆞ려모ᄃᆞᇙ씨라 表봏 지ᅀᅥ 엳1)

ᄌᆞᄫᆞ니 그 表봏애 ᄀᆞ로ᄃᆡ2) 臣씬下향ㅣ 님긊긔3)

엳ᄌᆞᄫᆞᆫ글와ᄅᆞᆯ表봏ㅣ라ᄒᆞᄂᆞ니라 五옹岳악十씹八

밣山산觀관大땡山산三삼洞똥弟

뗑子중褚뎡善쎤信신ᄃᆞᆯ히 주긇罪4)

쬥로 ᄆᆞᆯᄊᆞᄆᆞᆯ 엳ᄌᆞᆸ노이다5) 우리 드로6)

니 ᄆᆞᆺ처ᅀᅥ믜7) 形뼝體톙 업스며 形뼝體톙

7) 6) 5) 4) 3) 2) 1)

---

1).表: 임금에게 素懷를 적어 드리던 글

2).ᄀᆞ로ᄃᆡ: ᄀᆞ로(다)+ᄃᆡ. 'ᄀᆞ로다'는 불구동사로 활용을 하지 못함.

3).님긊긔: 님금+ㅅ+긔. 'ㅅ'은 촉음, '-긔'는 '-께'로 높임의 조사다.

4).주긇죄로: 죽(다)+읋+죄+로.

5).-노이다: ᄂᆞ+오+이+다. ᄂᆞ+오〉 노, '-이-'는 '-습니-'와 같아서 공손법의 지표가 되며, '-노-'는 1인칭 주어의 화자표시이다.

6).드로니: 들(듣다)+오+니: '-오-'는 삽입모음으로 1인칭 주어의 화자 표시이다.

7).ᄆᆞᆺ처ᅀᅥ믜: ᄆᆞᆺ+처ᅀᅥᆷ+의. '맨 처음에'.

月釋 二 · 70a

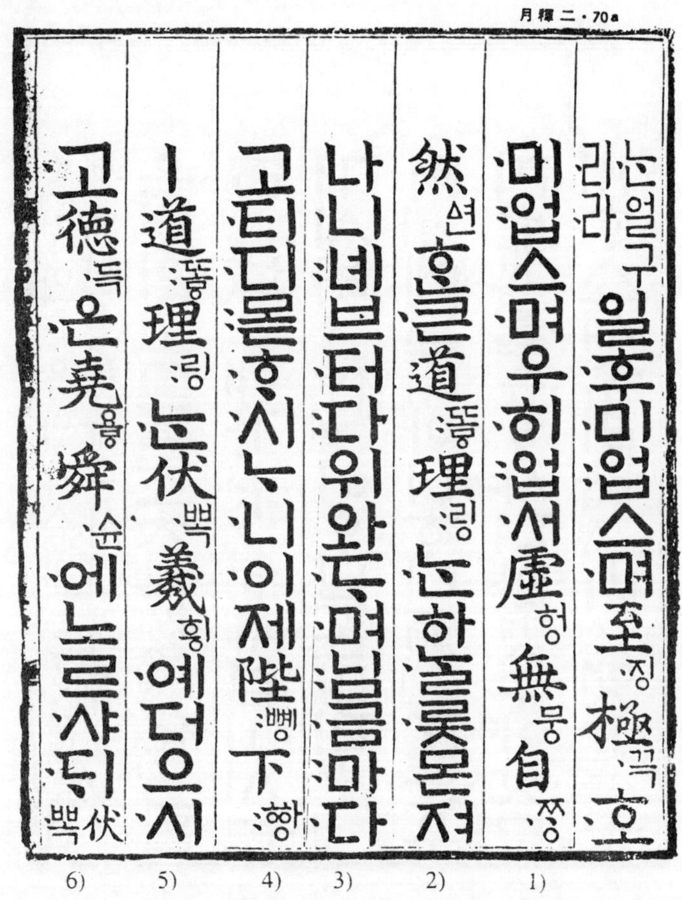
는얼구리라 일훔미업스며至징極끅ᄒᆞ
미업스며우히업서虛헝無뭉自쭝
然션ᄒᆞᆫ道똥理링는하ᄂᆞᆯ롯몬져
나니넵브터다위왇ᄃᆞ며님금마다
고티디몯ᄒᆞ시ᄂᆞ니이제陛뼹下향
ㅣ道똥理링는伏뽁羲힁예더으시
고德득은堯용舜슌에ᄂᆞ르샤ᄃᆡ伏뽁

6) 5) 4) 3) 2) 1)

---

1).虛無自然: 無爲自然(자연 그대로의, 우주의 흐름과 질서대로의 뜻)

2).하ᄂᆞᆯ롯몬져: 하ᄂᆞᆯ+로+ㅅ+몬져. 'ㅅ'은 '부터'의 의미이나, 촉음의 구실을 다하기 위해 일상적인 형태의 'ㅅ'으로 표기한 것이다. 몬져〉몬지어〉먼져〉먼저.

3).위와ᄃᆞ며: 위왇(다)+ᄋᆞ며: '위왇다'는 '떠받들다'.

4).고티디몯ᄒᆞ시ᄂᆞ니: 고티(다)+디+몯ᄒᆞ(다)+시+ᄂᆞ+니. '고ㆍ티ㆍ다'는 '곧ㆍ티ㆍ다'와 같이 '고치다'의 뜻이다.

5).伏羲: 중국 고대의 제왕. 三皇五帝의 首位를 차지하며, 八卦를 처음으로 만들고 그물을 발명하여 고기잡이의 방법을 가르쳤다. "列子"에 이르기를 몸은 뱀이고 얼굴은 사람으로 소의 머리와 범의 꼬리를 가졌다고도 기록됨. 創造神으로 알려짐.

6).堯舜: 堯임금과 舜임금의 禪讓과 王道政治의 실현으로 太平聖代를 이루던 德治의 모범을 말함.

7).ᄂᆞ르샤: ᄂᆞᆯ(다)+ᄋᆞ샤.

月釋 二·70b

羲힁와堯욯와舜슌과는根근源원
녯어딘皇황帝뎽시니라
을리고그틀조ᄎᆞ샤敎꾱化황롤
西솅域윅에가求꿓ᄒᆞ샤셤기시논
거시胡홍神씬이닐온마리中듕
國귁에븓디아니ᄒᆞ니願원ᄒᆞᆫ돈우
리罪쬥롤쇼ᄒᆞ샤뎌와겻구아맛보
게ᄒᆞ쇼셔우리諸졍山산앳道똫士

7) 6) 5) 4) 3) 2) 1)

---

1). 그틀조ᄎᆞ샤: 긑+을+좇(다)+ᄋᆞ샤. '긑'은 '끝'.

2). 셤기시논거시: 셤기(다)+시+ᄂᆞ+오+ㄴ+것+이. 관형사형 어미 'ㄴ' 때문에 '-오-'가 개입됨.

3). 닐온마리: 니ᄅᆞ(다)+오+ㄴ+말+이. 삽입모음 '-오-'의 개입은 주2)와 같다.

4). 븓디아니ᄒᆞ니: 븓(다)+디+아니ᄒᆞ(다)+니.

5). 원ᄒᆞᆫ돈: 원ᄒᆞ(다)+ㄴ돈. '-ㄴ돈'은 접미사로 '-건댄'.

6). 쇼ᄒᆞ샤: 쇼、ᄒᆞ(、다)+샤. '쇼·ᄒᆞ·다'는 '용서하다'의 뜻.

7). 뎌와겻구아맛보게ᄒᆞ쇼셔: 뎌(대명사)+와+겻구(다)+아+맛보(다)+게+ᄒᆞ(다)+쇼셔. '겻·구·다'는 '겨루다'의 뜻. '맛보다'는 '만나보다', '-쇼셔'는 극존칭명령형 어미.

月釋 二·71a

ᄯᆞᆼ ᄃᆞᆯ히 諸졍山산ᄋᆞᆫ 여러 山산이라 ᄉᆞᄆᆞᆺ보며 머
리드르며 經경을 ᄆᆞᆫ히 아라 이 經경은 道ᄯᅩᇢ
士ᄯᆞᆼ의 經경이라 太탕上쌍群꾼錄록과 太
탕虛헝符뿡呪쥼ᄅᆞᆯ ᄉᆞᄆᆞᆺ모ᄅᆞᄂᆞᆫᄃᆡ
업스며 太탕上쌍群꾼錄록과 太탕虛헝符뿡呪쥼ㅣ 다 道ᄯᅩᇢ士
ᄯᆞᆼ의 經경 일후미라 시혹 鬼귕ㅅ 것도 브리며
시혹 브레 드러도 아니 ᄉᆞᆯ이며 시혹

6) 5) 4) 3) 2) 1)

---

1). ᄉᆞᄆᆺ보며: ᄉᆞᄆᆞᆺ(부사로, 심히, 투철히)+보(다)+며.

2). 머리드르며: 머리+들+으며.

3). 太上群錄, 太虛符呪: 道敎의 經 이름.

4). 시혹: '혹시'으로 도치.(음절 도치)

5). 鬼ㅅ것도브리며: 鬼+ㅅ+것+도+브리(다)+며.

6). 브레드러도아니ᄉᆞᆯ이며: 블+에+들(다)+어+도+아니(다)+ᄉᆞᆯ(다)+이+며. '-이-'는 피동의 선어말 어미.

月釋二·71b

므를 볿ᄫᅡ도 아니 ᄢᅥ디며 시혹 나ᅀᅵ [1)] [2)]
하ᄂᆞᆯ해 오ᄅᆞ며 시혹 몯 얻긔 수므며 [3)]
術쓣法법이며 藥약材쬥 ᄒᆞ기 니르 [4)]
리다 몯ᄒᆞ논 일 업스니 願원ᄒᆞᄂᆞᆫ 뎌 [5)]
와 지ᅀᅩᆯ 겻구면 ᄒᆞ녀고론 陛뼹下향
ᄉᆞᄇᆞ디 便뼌安한ᄒᆞ시고 ᄂᆞᆷ 차 ᄒᆞᆫ 真
진實씛와 거즛 이롤 ᄀᆞᆯᄒᆡ시고 세차 [6)]

1). 므를볼바도: 믈+을+볿(다)+아+도.
2). 써디며: 써디(다)+며.
3). 몯얻긔수므며: 몯+얻(다)+긔+숨(다)+으며.
4). 니르리: 니르(다)+리: 니를(다)+이.
5). 뎌와지졸겻구면ᄒᆞ녀고론: 뎌+와+지조+ㄹ+겻구(다)+면+ᄒᆞ녁+오로+ㄴ. '-오로'는 '-으로'이다.
6). 거즛이롤ᄀᆞᆯ히시고: 거즛+일+올+ᄀᆞᆯ히(다)+시+고.

ᄒᆞᆫ 道ᄄᆞᇢ理링 一ᅙᅵᇙ定뗭ᄒᆞ고 네차

ᄒᆞᆫ 中듕國귁 風봉俗쑉ᄋᆞᆯ 호리우디

아니ᄒᆞ리니 風봉ᄋᆞᆫ ᄇᆞᄅᆞ미오 俗쑉ᄋᆞᆫ 비ᄒᆞ시라 님금 德득

ᄋᆞᆫ ᄇᆞᄅᆞᆷ ᄀᆞᆮ고 효ᄀᆞᆫ 百ᄇᆡᆨ姓셩ᄋᆞᆫ 플 ᄀᆞᆮ

ᄒᆞ니 ᄇᆞᄅᆞ미 플우희 불면 다 ᄒᆞᆫᄢᅴ ᄡᅳ

렛호미 님금 ᄒᆞ시논 이ᄅᆞᆯ 百ᄇᆡᆨ姓셩

이 다 본바다 보미 ᄀᆞᄐᆞᆯᄊᆡ 百ᄇᆡᆨ姓셩

의 모다 비화 ᄒᆞ논 이ᄅᆞᆯ 風

봉俗쑉이라 ᄒᆞᄂᆞ니라 우리옷 계

우면 큰 罪쬥ᄅᆞᆯ 닙ᅀᆞᆸ고 ᄒᆞ다가 이긔

---

1). 비ᄒᆞ시라: 비ᄒᆞ(다)+시+라. '비·ᄒᆞ·다'는 '베풀다'의 뜻.

2). 효ᄀᆞᆫ: 횩(다)+ᄋᆞᆫ. '횩다'는 '작다'.

3). 플ᄀᆞᆮᄒᆞ니: 플+ᄀᆞᆮᄒᆞ(다)+니.

4). ᄒᆞᆫᄢᅴᄡᅳ렛호미: ᄒᆞᆫᄢᅴ+ᄡᅳᆯ(다)+에+ㅅ+ᄒᆞ+오+ㅁ+이.

5). 우리옷계우면: 우리+곳(강세조사)+계우(다)+면. '계우다'는 '이기지 못함'.

月釋 二 · 72b

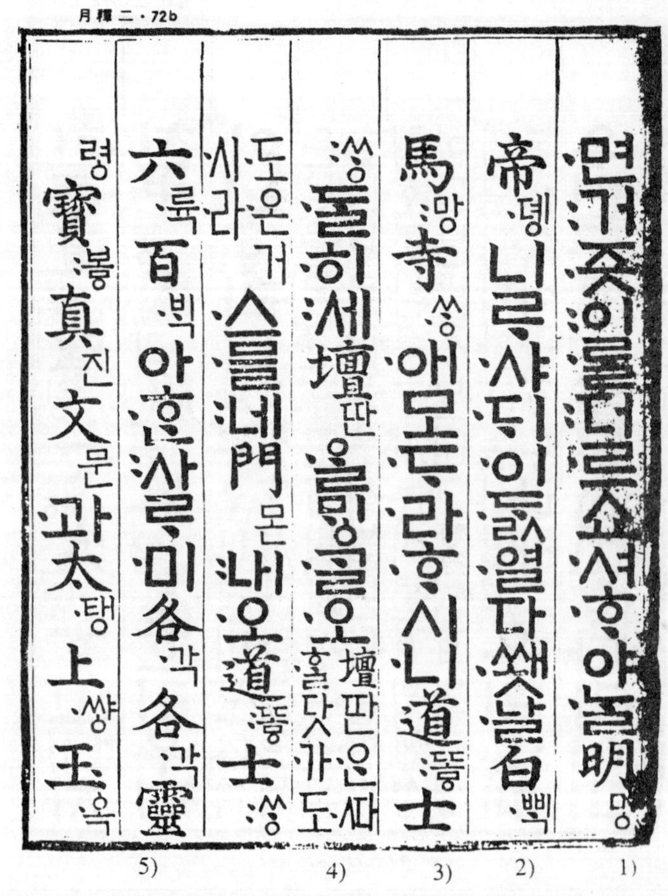

면 거즛이를 더르쇼셔[1] ᄒᆞ야ᄂᆞᆯ 明명帝뎽 니ᄅᆞ샤ᄃᆡ 이ᄃᆞᇌ 열다쐣날[2] 白ᄈᆡᆨ馬망寺ᄊᆞᆼ애 모ᄃᆞ라ᄒᆞ시니[3] 道ᄄᆞᇢ士ᄊᆞᆼᄃᆞᆯ히 세 壇딴 ᄆᆡᇰᄀᆞᆯ오 (壇딴ᄋᆞᆫ ᄧᅡ홀 닷가 도도온 거시라)[4] 스믈네 門몬 내오 道ᄄᆞᇢ士ᄊᆞᆼ 六륙百ᄇᆡᆨ 아ᄒᆞᆫ 사ᄅᆞ미 各각各각 靈령寶봉眞진文문과 太탱上썅玉옥[5]

1). 더르쇼셔: 덜(다)+으쇼셔.

2). 이ᄃᆞᇌ열다쐣날: 이+ᄃᆞᆯ+ㅅ+열닷쇄+날.

3). 모ᄃᆞ라ᄒᆞ시니: 몯(다)ᄋᆞ라+ᄒᆞ(다)+시+니.

4). ᄧᅡ홀닷가도도온거시라: ᄧᅡㅎ+ᄋᆞᆯ+닭(다)+아+돋(다)+오+오+ㄴ+것+이+라. 앞의 '오'는 선어말어미'-오-'이고, 뒤의 '-오-'는 삽입모음이다.

5). 靈寶眞文과 太上玉訣: 모두 道敎의 經典이다.

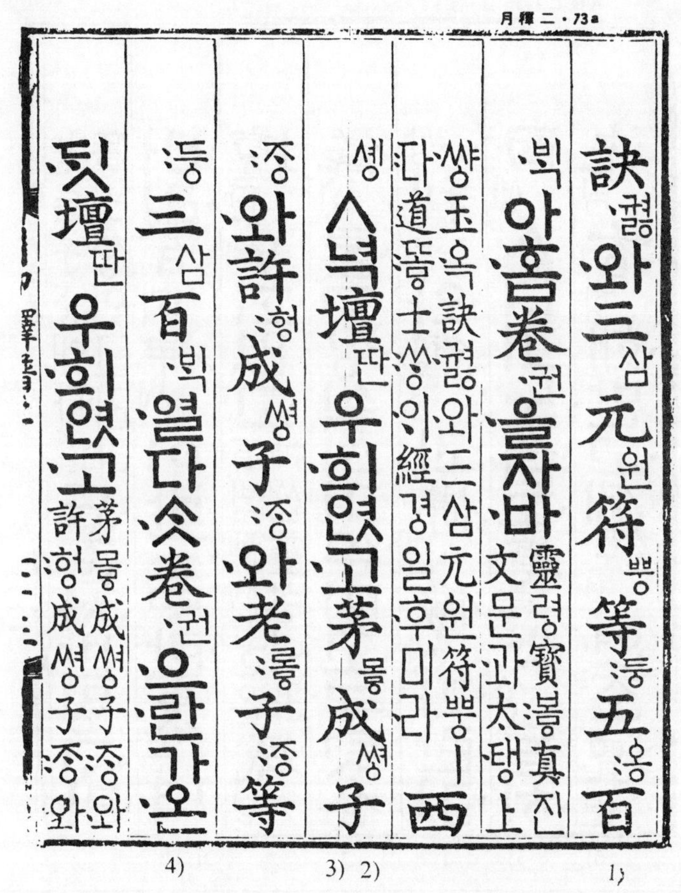

1).三元符: 도교의 경전.

2).우희엿고: 우ㅎ+의+엿(다)+고. '엿·다'와, '엳·다'는 '얹다'의 뜻.

3).茅成子와許成子와老子: 모두 道士들의 글이다.

4).-으란: 주제격조사.

月釋 二・73b

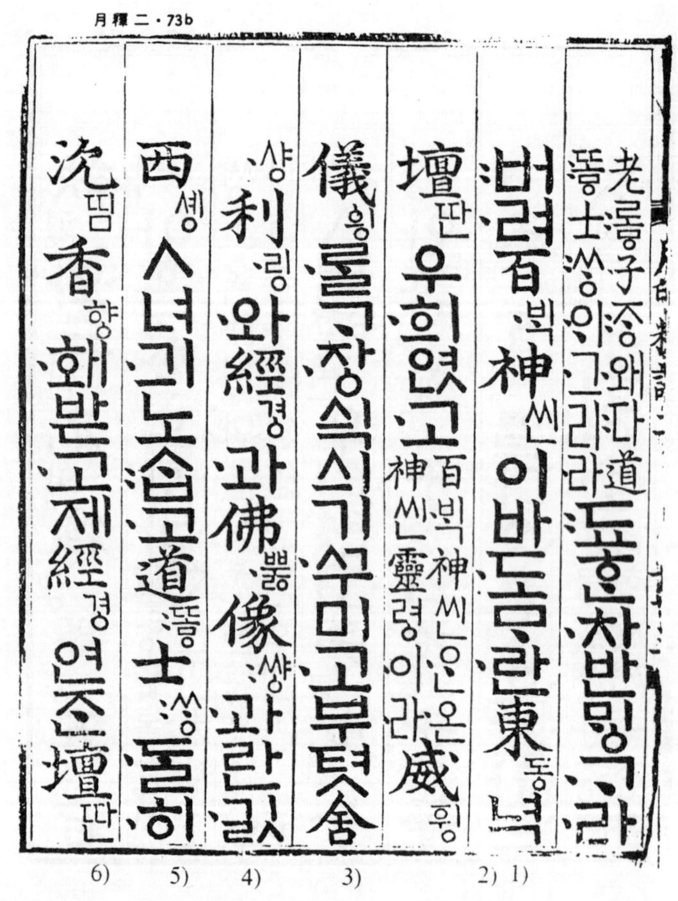

老롷子중왜다道똫士쑹이그리라 ᄃᆞ홇차반밍ᄀᆞ라
버려百빅神씬이바도ᄆᆞ란東동녁
壇딴우희연고 百빅神씬온神씬靈령이라 威휭
儀읭ᄅᆞᆯᄀᆞ장ᄉᆞᆨᄉᆞᆨ기ᄭᅮ미고부텻舍
利링와經경과佛뿛像썅과란긼
西솅ㅅ녀긔노ᄉᆞᆸ고道똫士쑹ᄃᆞᆯ히
沈띰香향쇄받고제經경연ᄌᆞᆫ壇딴

6) 5) 4) 3) 2) 1)

---

1). 버려: 버리(다)+어.(設)의 뜻.

2). 이바도ᄆᆞ란: 이받(다)+오+ㅁ+ᄋᆞ란 '이받·다'는 '供饋하다'.

3). ᄀᆞ장ᄉᆞᆨᄉᆞᆨ기ᄭᅮ미고: ᄀᆞ장+ᄉᆞᆨᄉᆞᆨ(ᄒᆞ다)+이+ᄭᅮ미+고.

4). -란, -ᄋᆞ란(-으란)은 모두 주제격조사. '-는'(은, ᄂᆞᆫ, ᄋᆞᆫ)의 의미.

5). 긼西ㅅ녀긔노ᄉᆞᆸ고: 길+ㅅ+西+ㅅ+녁+의+노(놓다)+ᄉᆞᆸ+고. '-ᄉᆞᆸ-'의 객어는 '사리와 경과, 불상'이다.

6). 쇄받고: 쇄(불붙인 쇄)받(다)+고. '받·다'는 '받들어 올리다'. "쇄를 받들고"의 의미.

울며 울오닐오ᄃᆡ 우리 ᄂᆞᆷ히 大땡
極끅大땡道또ᇢ元원始ᄉᆡᆼ天텬尊존
씌와 大땡極끅大땡道또ᇢ元원始ᄉᆡᆼ ᄂᆞᆫ 道또ᇢ家강애셔 니ᄅᆞ논 ᄆᆞᆺ 위
두ᄒᆞᆫ 天텬尊존ㅅ 일후미라 衆즁仙션百ᄇᆡᆨ靈령
씌 열ᄌᆞᆸᄂᆞ니 이제도ㅣ 中듕國귁ᄋᆞᆯ 어
즈리거늘 天텬子ᄌᆞᆼ ㅣ 邪썅曲콕ᄒᆞᆫ
마ᄅᆞᆯ 올히 드르시ᄂᆞ니 正졍ᄒᆞᆫ 敎ᄀᆞᇢ

6) 5) 4) 3) 2) 1)

---

1). 울오닐오ᄃᆡ: 울(다)+고+니르(다)+오+ᄃᆡ.
2). 大極大道元始天尊: 道敎의 가장 위에 두는 神格인 이름.
3). -끠열ᄌᆞᆸᄂᆞ니: -끠+열+ᄌᆞᆸ+ᄂᆞ+오+니.
4). 이제도ㅣ: 이제+도+ㅣ. 'ㅣ'는 주격조사.
5). 邪曲: 妖邪스럽고 狡猾하다.
6). 올히드르시ᄂᆞ니: 옳(다)+이+들(듣다)+으시+니. '-이'는 부사화접미사.

月釋 二 · 74b

化황ㅣ 길흘 일허 貴귕ᄒᆞᆫ 風봉俗쑉
이 그처디릴ᄊᆡ 우리ᄃᆞᆯ히 블로 效ᅘᆞᇢ
驗엄을 내여 모ᄃᆞᆫ ᄆᆞᅀᆞᄆᆞᆯ 여러 뵈야
眞진實씷와 거즛 이ᄅᆞᆯ ᄀᆞᆯ히에 ᄒᆞ고져
ᄒᆞ노니 우리 道ᄯᅡᇢ理링은 닐며 믈어
듀미오 ᄂᆞᆷ나래 잇ᄂᆞ니 이 다 ᄒᆞ고 블
를 브티니 道ᄯᅡᇢ士ᄊᆞᆼ이 經경은 다 ᄉᆞ

1) 2) 3) 4) 5) 6) 7)

1). 길흘일허: 길ㅎ+을+잃(다)+어.

2). 그처디릴쎠: 그처디(다)+리+ㄹ쎠. '-리-'는 추측의 선어말 어미.

3). 여러뵈야: 열(다)+어+보(다)+이+(j)+아. '-이-'는 사동의 선어말 어미.

4). 眞實와거즛이롤: 眞實+과+거즛+일+올.

5). ᄀᆞᆯ히에코져: ᄀᆞᆯ히(다)+게+ᄒᆞ(다)+고져(쟈). '-고져'는 원망형 어미.

6). ᄒᆞ노니: ᄒᆞ(다)+ᄂᆞ+오+니. '-오-'는 삽입모음으로 1인칭 주어의 화자 표시.

7). 닐며믈어듀미오: 니르(다)+며, 믈(믈다)+어+두(다)+(j)+ㅁ+이+고. 두+j+ㅁ+이>듐이(두다의 동명사형).

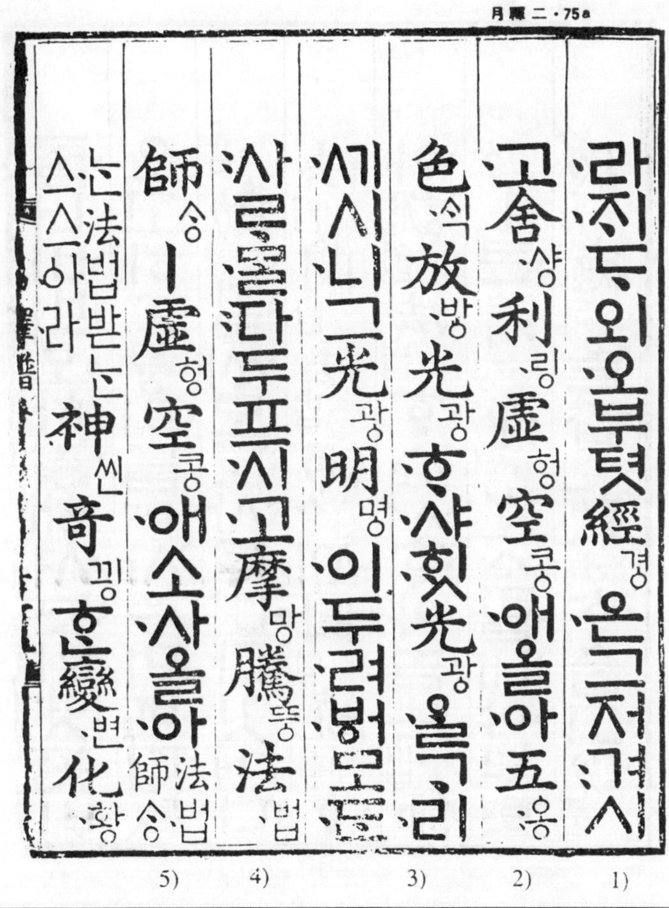

月釋二·75a

ᄉᆞ라지ᄃᆞ외오부텻經경은그저긔ᄉᆞ 1)
고舍샹利링虛헝空콩애올아五옹 2)
色식放방光광ᄒᆞ샤힛光광ᄋᆞᆯᄀᆞ리 3)
ᄢᅵ시니그光광明명이두려ᄫᅳᆫ모ᄃᆞᆫ
사ᄅᆞᄆᆞᆯ다두프시고摩망騰ᄄᆞᆼ法법 4)
師ᄉᆞᆼㅣ虛헝空콩애소사올아法법師ᄉᆞᆼ 5)
ᄂᆞᆫ法법받ᄂᆞᆫ神씬奇낑ᄒᆞᆫ變변化황
ᄉᆞᄉᆞ아라

1). ᄉᆞ라지ᄃᆞ외오: ᄉᆞᆯ(다)+아+지(보격조사가 무형으로 내재)+ᄃᆞ외(다)+고. '·ᄉᆞᆯ·다' '태우다, 사르다'.

2). 올아: 오ᄅᆞ(다)+아.

3). ᄀᆞ리ᄢᅵ시니: ᄀᆞ리(다)+ᄢᅵ(다)+시+니. 'ᄀᆞ·리·ᄢᅵ·다'는 '가리고 끼다'.

4). 두프시고: 둪(다)+으시+고.

5). 솟아올아: 솟(다)+아+오ᄅᆞ(다)+아. 오ᄅᆞ+아>올아(ㆍ가 탈락하고, 어간 첫 음절 '오'에 결부되고, 연음이 되지 않는 것은 ㆍ가 탈락은 했으나 하나의 몸체였던 '오-'에 결부되는 것이다. 이른 바 설측음화 현상이다.

月釋 二·75b

ᄅᆞᆯ 너비 뵈오 ᄒᆞᄂᆞᆯ해셔 보ᄇᆡ옛곶비 1)
오고 하ᄂᆞᇗ풍류ㅣ 들여 ᄉᆞᆯᄫᆞ미 ᄠᅳ디 感 2)
감動똥ᄒᆡᆯ씨 모ᄃᆞᆫ ᄉᆞᄅᆞ미 다 깃거다 3) 4)
法법蘭란法법師ᄉᆞᆼ ㅣ 圍윙繞ᅀᅸᇢᄒᆞ 5)
야 說쉃法법ᄒᆞ쇼셔 ᄒᆞ야ᄂᆞᆯ 法법師
ᄉᆞᆼ ㅣ 큰 淸청淨쪙ᄒᆞᆫ 소릴 내야 부텻
功공德득을 讚잔歎탄ᄒᆞᅀᆞᆸ고 說쉃

---

1). 보ᄇᆡ옛곶비: 보ᄇᆡ+예+ㅅ+곶+비. '-예'는 'j+에'로 분석되는데 'j'는 모음충돌 회피 현상에 의해 반모음으로 개입된 것이다.

2). 하ᄂᆞᇗ풍류ㅣ들여: 하ᄂᆞᆯ+ㅅ+풍류+ㅣ+들+이(다)+어. '들(·ㅇ)·다'는 '들리다'의 뜻. '-이-'는 피동의 선어말어미.

3). 感動ᄒᆡᆯ씨: 감동ᄒᆞ(다)+이+ㄹ씨. '-이-'는 사동의 선어말어미.

4). 깃거다: 깃ㄱ(다)+어다. '깃ㄱ다'는 '기뻐하다'이고, '-어다'는 '-다'의 강조.

5). 圍繞 = 繞匝(잡): 부처를 둘러싸고 움직임. 上客.

月釋 二·76a

法법ᄒᆞ고 偈꼥 지ᅀᅥ 닐오ᄃᆡ 偈꼥ᄂᆞᆫ 마ᄅᆞᆯ 글1)
지ᅀᅥ 니ᄅᆞᆯ ᄊᆡ라 엿이2) 獅ᄉᆞ子ᄌᆞᆼㅣ 아니며 燈
등이 日ᅌᅵᇙ月ᅌᅯᇙ이 아니며 日ᅌᅵᇙ은 ᄒᆡ오 月ᅌᅯᇙ은
ᄃᆞ리라 모시바ᄅᆞ리3) 아니며 두듥기 뫼
ᄒᆡ 아니라 法법雲운4)이 世솅界갱예
펴며 ᄃᆞᇝ온ᄡᅵ내혀5)ᄂᆞ니 쉽디 몯ᄒᆞᆫ 法
법을 神씬通통ᄋᆞ로 나토샤6) 곧곧마

6) 5) 4) 3) 2) 1)

1).偈 = 伽陀: (범) Gāthā 9部教의 하나. 12部經의 하나. 1. 伽陀, 偈陀, 偈라고만 쓰기도 한다. 諷誦, 偈頌, 造頌, 孤起頌, 頌이라 飜譯, 노래라는 뜻을 가진 語根 gai에서 생긴 名詞. 歌謠, 聖歌 등의 뜻으로 쓰임. 지금은 散文體로 된 經典의 1節 또는 總結한 끝에 아름다운 句글로써 이것을 孤起頌, 不重頌偈라고 함은 本文의 內容을 거듭 말한 重頌에 대하여 本文과 관계없이 노래한 韻文이란 뜻.

2).엿이: 엿+이. 여우.

3).모시바ᄅᆞ리: 못+이+바ᄅᆞᆯ+이.

4).法雲: 부처의 가르침이 담긴 지혜로움.

5).됴ᄒᆞᆫᄡᅵ내혀: ᄃᆞᇂ(다)+ᄋᆞᆫ+ᄡᅵ+내(다)+혀(다).

6).나토샤: 나토(다)+샤. '나토샤'는 '나타내다'.

月釋二·76b

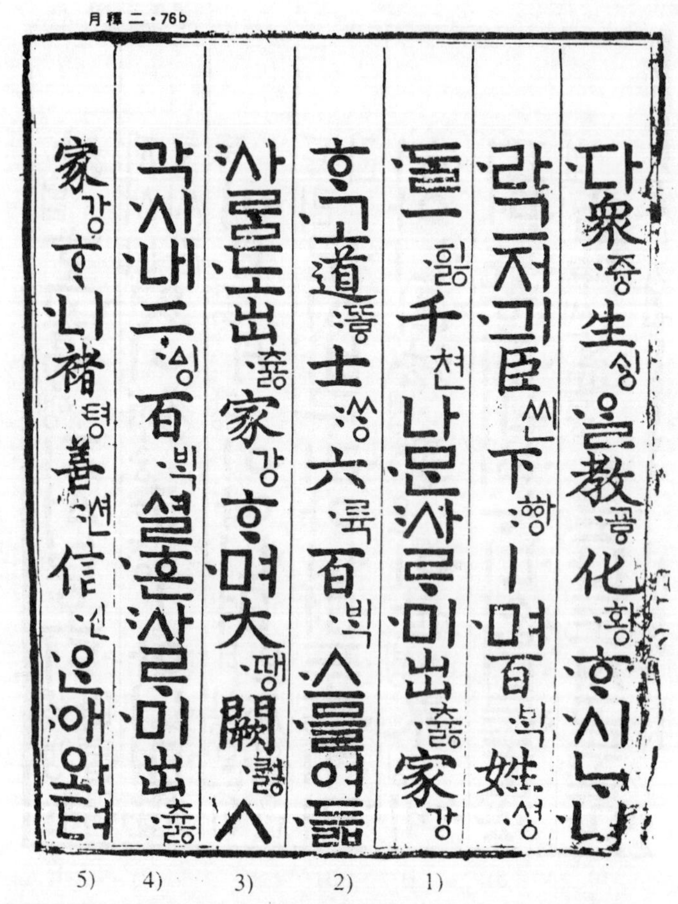

다 衆生ᄋᆞᆯ 敎化ᄒᆞ시ᄂᆞ니
라 그저긔 臣下ㅣ며 百姓
ᄃᆞᆯ 一千 나ᄆᆞᆫ 사ᄅᆞ미 出家
ᄒᆞ고 道士 六百 스믈여듧
사ᄅᆞ미 出家ᄒᆞ며 大闕ㅅ
각시내 二百 설흔 사ᄅᆞ미 出
家ᄒᆞ니 褚善信ᄋᆞᆫ 애와텨

5) 4) 3) 2) 1)

---

1). 一千나ᄆᆞᆫ사ᄅᆞ미: 일천+남(다)+ᄋᆞᆫ+사ᄅᆞᆷ+이.
2). 여듧: 앞 주에서 설명.
3). 大闕ㅅ각시내: 대궐+ㅅ+각시+내. 'ㅅ'은 소유격조사, '-내'는 접미사.
4). 出家: 앞 주에서 설명.
5). 애와텨: 애와티(다)+어. '애와·티·다'는 '애타다'.

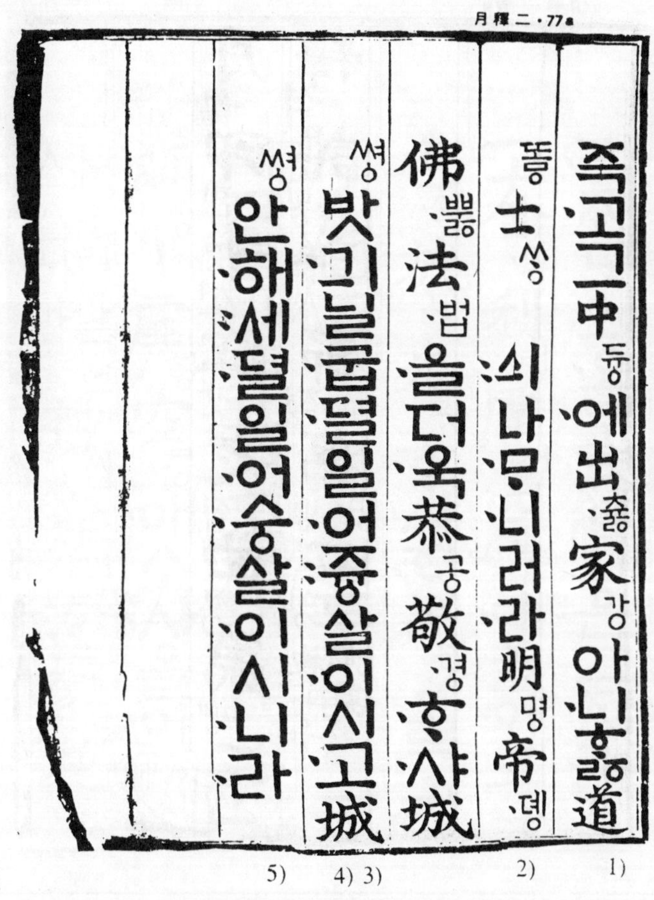
月釋二·77a

죽고 그 中듕에 出츓家강 아니ᄒᆞᇙ 道
똫士ᄊᆞᆼ ᄭᅴ 남ᄋᆞ니러라 明명帝뎽
佛뿛法법을 더옥 恭공敬경ᄒᆞ샤 城
쎵 밧긔 닐굽 뎔 일어 즁 살이시고 城
쎵 안해 세 뎔 일어 즁 살이시니라

1) 2) 3) 4) 5)

1). 아니ᄒᆞᇙ道士: 아니ᄒᆞ(다)+ㅭ+道士.

2). -러라: -러(더)+라. 회상시제 선어말어미 '더'(중세국어에는 2, 3인칭에만 쓰임)가 그 앞이 'ㅣ'모음 때문에 '러'(유음화 현상)로 변한 것이다.

3). 닐굽뎔일어: 닐굽+뎔+일(다)+어. '닐굽> 일(두음법칙)굽> 일곱(유추현상).

4). 살이시고: 살(다)+이+시+고. '살이다' '이'는 선어말어미.

5). 안해↔밧긔(안ㅎ+애, 밝+의)

〈月釋 二·77b

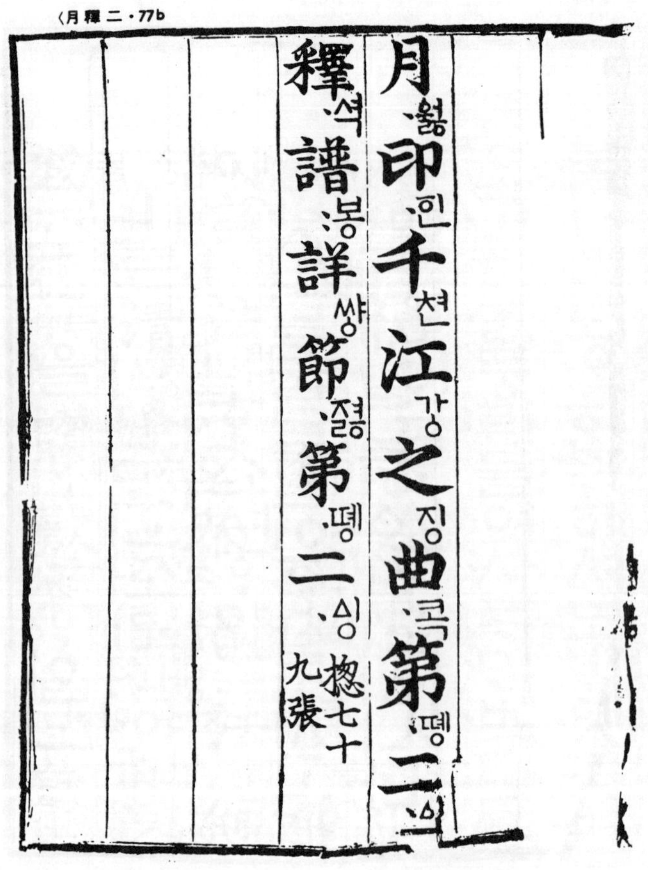

月웛印힌千쳔江강之징曲콕第뗑二싱

釋셕譜봉詳썅節졇第뗑二싱 揔七十九張

저 자 약 력

姜 圭 善

충남 부여 출생(석성).

성균관대학교에서 석사, 박사 학위 받음.(국어학)

저서 : 대학한문, 국어의 경어법 연구

논문 : 경어법 관계, 훈민정음 관련 논문 다수.

현, 청주대학교 국어국문학과 교수.

註解 月印釋譜(卷1, 2)

1998년 8월 23일 초판 발행
1999년 9월 9일 재판 발행

지은이 : 강 규 선
발행인 : 김 홍 국
도서출판 보고사
주소 : 서울시 동대문구 이문2동 219-60
한빛빌딩 B01호
전화 : 959-2032~3
팩스 : 966-5614

ISBN 89-86142-73-2　　　　가격 15,000원